教育部人文社会科学重点研究基地武汉大学中国传统文化研究中心创新工程系列成果

传统中国研究丛书

丛书主编　冯天瑜　杨华

谢贵安　著

中国实录史学新探

湖北省高等学校哲学社会科学研究重大项目（即湖北省社科基金前期项目）「《清实录》湖北史料整理与研究」（项目编号：22ZD001）；湖北省高等学校哲学社会科学研究青年项目「西学东渐背景下《清宣宗实录》的历史书写」（项目号：210100）阶段性成果

武汉大学出版社
WUHAN UNIVERSITY PRESS

图书在版编目(CIP)数据

中国实录史学新探/谢贵安著. —武汉:武汉大学出版社,2023.6
传统中国研究丛书/冯天瑜,杨华主编
ISBN 978-7-307-21714-0

Ⅰ.中…　Ⅱ.谢…　Ⅲ.史学史—研究—中国　Ⅳ.K092

中国版本图书馆 CIP 数据核字(2020)第 151920 号

责任编辑:李　程　　责任校对:汪欣怡　　版式设计:马　佳

出版发行:**武汉大学出版社**　 (430072　武昌　珞珈山)
　　　　(电子邮箱:cbs22@whu.edu.cn 网址:www.wdp.com.cn)
印刷:武汉中科兴业印务有限公司
开本:720×1000　1/16　印张:24.25　　字数:347 千字　　插页:2
版次:2023 年 6 月第 1 版　　2023 年 6 月第 1 次印刷
ISBN 978-7-307-21714-0　　定价:86.00 元

总　序

杨　华

　　统，原指从蚕茧中抽出的丝绪之结。缫丝时"抽其统纪"，抓住纲领，方能有序而高效。它引申为一脉相承的系统，这包括两个方面：一是空间上，如《公羊传》所谓"大一统"；二是时间上，如《孟子》所谓"君子创业垂统"。

　　"传统"，本是一个动宾结构的词汇。传什么统呢？《后汉书》谓，日本岛上有三十余国与汉朝通使，"国皆称王，世世传统"，显然是指嫡嗣血统。明代"大礼议"时，廷臣们援引"三代传统之礼"以解决政治危机。所谓三代传统，即"父死子继，兄终弟及"。这是基于血统的政统，正如《文史通义》所概括，"易姓为代，传统为朝"。

　　在血统、政统之外，还有学统和道统。三教九流，诸子百家，各个学派都有其学术传承，称之学统。而道统，则专指从尧、舜、禹、汤到文、武、周公，再到孔、孟的儒家脉络，其核心是儒门"心传"的仁义道德。经过韩愈、朱熹等人发挥，成为后儒"判教"的法门。

　　儒家是否存在一以贯之的道统？自其说提出伊始，便备受批评。有学者由此而对整个中国文化是否存在传统也产生怀疑。其说有四：其一，从华夏到汉族，再到近代才形成的中华民族，混同杂居，族群融合，根本没有一脉相传的血缘统绪。其二，几千年来，文化存在巨大的时代差异，前朝后代之间，文化大不相同。其三，即使在同一王朝内，文化也存在巨大的地区差异。其四，上层文化与下层文化之间互有隔阂，儒家文化表面上占统治地位，下层社会则更崇拜菩萨、神仙及各种迷信。所以，有论者认为，不仅儒家思想没有成为唯一的统治思想，甚至不存在一种整个历史时期全民族一致的、共同的文化传统。

诚然，儒家学说不是中国文化的全部，也不能代表中国的整体传统。和而不同，三教共弘，多元并进，或许更接近中国文化发生发展的历史真相。但是，对儒家正统的怀疑，不能引申出对整个中国文化传统的否定。

就空间差异而言，共时性的文化之间总有高低、主次之分。中国版图广大，地域辽阔，东西南北自然环境差异明显，人民生活方式和文化形态复杂多样，正所谓"百里不同风，千里不同俗"。历代统治者借以整齐风俗，统一文化的精神工具，当然是儒家文化。读历代正史的《良吏传》《循吏传》即知，经过经学训练和科举选拔的各级官吏，每到一地，必兴利除弊，移风易俗，将正统思想推广到社会的毛细血管。扬雄《法言》说："孰为中国？曰：五政之所加，七赋之所养，中于天地者为中国。"华夏衣冠的文化力量无远弗届，历史上少数民族和边疆政权大多认同华夏始祖，极力与之攀附亲戚。匈奴自称夏人遗民，拓跋鲜卑自称黄帝后裔（昌意少子），慕容鲜卑也自称黄帝后裔（高辛氏帝喾之后），北周宇文氏自称炎帝神农后裔。鲜卑以"华"自居而称柔然为"夷虏"，金人以"汉节""华风"自居而称蒙古为"夷狄"。诸如此类，都说明游牧文明对农耕文明的追慕向往，仅仅用华夏之辨、正闰之辨不能做出完满的解释。正如唐人皇甫湜所说："所以为中国者，礼义也；所谓夷狄者，无礼义也。"两千多年来，无论华夷胡汉，大多"尊经术，崇儒雅"，文化认同远大于种姓差别和地缘距离。这是一种传统。

就时代传承而言，历代文化风貌既有增损变易，也有沿袭继承，但总体而言，后者大于前者。且不说汉字经历至少三千五百年而今仍能为国人所识读，学术层面的继承性也相当明显。从先秦诸子到两汉经学，从魏晋玄学到隋唐佛学，从宋明理学到乾嘉朴学，每种形态既是对前代学术的批判，也是对前代学术的继承，没有前代的学术成就便没有后代的文化新变。再比如，从诗骚到汉赋，从唐诗到宋词，从元杂剧到明清小说，虽然状貌大有不同，有些文学样式呈现出"能事已竭"的高度而令后代无法超越，但是这些文学样式之间并非断裂关系，而是承递关系。形式是如此，内容也是如此，"诗言志"和"文载道"本身就构成连续的文学传统。在价值层面，作为其传承载体的经史文献，浩如烟海，但其核心文本则相对稳定，能够为不同时期士人共读共鸣。体现在这些文本中的核心价值观念也一以贯之，为不同时期士人所尊崇。以史学传统为例，后朝为前朝修史，虽然在政治上改朝换代，否定前朝，但在价值观上则绍承前朝。后朝所修的前朝历史，大多以前朝之是非为是非，而不是相反，如是代代相沿。这也是一种传统。

就阶层区隔而言，精英文化与民间文化确实存在差别，但这不足以否定传统的存在。文化的二元乃至多元并存，是世界各民族文化史的共同现象。在中国历史上，民间文化具有多样性和复杂性，但并未全然消解精英文化的正统地位。这二者的互动和流变，本身就是一种传统；换言之，雅俗之间、朝野之间，有时互相转换，但总体而言，小传统并未取代大传统。研究表明，在兵燹动乱时期，草根阶层对于中国文化的传承起到更大作用。这更是一种传统。

总之，如果否定中国文化的继承性和连续性，否定中国文化传统的存在，很容易陷入历史虚无主义，对于今天传承弘扬中国优秀传统文化，凝聚民族精神，实现民族复兴，有害无益。

武汉大学中国传统文化研究中心，是教育部百所人文社会科学重点研究基地之一，也是其中惟一以中国传统文化为研究主旨的学术机构。二十年来，我们致力于中国传统文化的理论研究和源流考察，致力于讲清楚中华传统文化的发展脉络、价值理念、社会结构、文化特质等问题，致力于挖掘传统文化中的有益资源，促进中华传统文化的创造性转化和创新性发展。尤其在中国传统文化的元典时期和近代转型时期，亦即一源一流研究上，取得重大进展。

为了深化相关研究，我们编纂这套丛书。本丛书的选编，遵从以下原则：一是跨时代，无论传统之久暂与新旧，只要在中国文化史上产生过影响，均在研究范围之内。二是跨学科，学科分类和畛域划分纯是为了研究方便，如果藩篱视野而阻碍创新，则果断摒弃。三是开放性，既欢迎我中心学者的专精著述，也吸纳中心之外的学术成果。

中国广大，代有盈缩；传统悠久，时有损益。我们既关注传统的中国，也关注中国的传统。

2019 年 5 月 4 日于珞珈山麓

目　　录

第一章　中国及东亚实录研究的学术路径

　　东亚实录是一种特殊的史学现象，是以中国为中心的"东亚文化圈"中普遍分布的史学样态。实录本是中国南朝萧梁时所首创的以记录皇帝及其朝政为主要内容的史书，体裁上属于编年体。除元、清二朝实录外，其他的实录则属于编年体下属的"编年附传体"，即以皇帝编年为主，以大臣的传记为辅，在大臣去世的时候插入他们的传记。中国实录随着"东亚文化圈"的扩散效应，其体裁和形式传播到中国周边的朝鲜、越南和日本等国，并在落户各国时作了适应性的变型，但在以实录记载君主的事迹，反映东方王权制度上，东亚各国的实录并无二致。本章将"中国"与"东亚实录"并称，则后者专指除中国外的朝鲜（"二战"后分裂成朝鲜和韩国）、越南和日本三国的实录。朝鲜实录是指《高丽王朝实录》（毁于战乱）和《朝鲜李朝实录》（也称《朝鲜王朝实录》），后者记载了朝鲜王朝25代君主472年的历史，全书共1893卷；越南实录分黎朝的《蓝山实录》《两朝实录》《五朝实录》和阮朝的《大南实录》，后者为越南最后一个王朝阮朝的官修史书，记载了从阮主到启定帝时期（1558—1925）长达367年的越南历史，全书共584卷；日本实录包括《圣德天皇实录》《三代实录》《明治天皇实录》《大正天皇实录》《昭和天皇实录》等。

第一节　民国以来学者对《明实录》化旧为新的学术创举

　　自民国以来，中国的学术面貌发生了天翻地覆的变化，西方史

1

学大量涌入中国，"新史学"运动风起云涌，起而响应，受西方影响产生的"新汉学""新宋学""疑古学派"和"国粹学派"一波接一波地涌现。中国本土史学受到西学的强烈冲击，从而发生分化、瓦解、变型和重生。《明实录》作为中国传统史学的代表性史籍，也在近代西学主导的学术格局中沉浮不定，并终获新生，反映出中国传统史学在近代学术体系中无论遭到如何冲击，最终会被接纳的历史趋势。这一事实也证明了近代史学不可能在空中建立楼阁，必然要奠基于中国厚重的史学土壤之上。

一、从抛弃到继承：《明实录》的新旧判断与转折

《明实录》自明朝灭亡后，便被清廷发往明史馆用于修纂《明史》。在编纂《四库全书》竣工后，乾隆四十八年（1783）下令将《明实录》原本予以销毁。① 销毁《明实录》的目的，是为了泯灭满洲人早期作为建州女真隶属于大明帝国的历史。不过，在晚明时《明实录》便已陆续被传抄出宫，清代明史馆馆臣在修《明史》过程中也抄写了《明实录》作为参考。乾隆销毁明官方抄本后，民间传抄的《明实录》版本也遭到禁毁，"存者遂鲜"②，但仍有部分民间抄本流传于世，清代明史馆抄本也侥幸保存了下来。民国时北平国立图书馆收藏的红格抄本《明实录》，被证实是明史馆抄本。③ 不过，整个清代，都将《明实录》视为禁书，《四库全书》中绝无该书的影踪，学者也甚少阅读与应用。《明实录》被深埋在历史深处。

晚清民国以来，西方史学更加强势地进入中国。梁启超通过日

---

① 黄彰健：《明实录校勘记引据各本目录》，《明清史研究丛稿》，台湾"商务印书馆"1977 年版，第 312 页。

② 黄彰健：《明实录校勘记引据各本目录》，《明清史研究丛稿》，台湾"商务印书馆"1977 年版，第 312 页。

③ 黄彰健：《校印国立北平图书馆藏红格本明实录序》，《明清史研究丛稿》，台湾"商务印书馆"1977 年版，第 305 页；黄彰健：《明实录校勘记引据各本目录》，《明清史研究丛稿》，台湾"商务印书馆"1977 年版，第 311、312、314 页。

本学者浮田和民等人的著作，① 接受了西方新史学的观念，将其传入中国，在中国举起了"新史学"的大旗，掀起了波澜壮阔的"新史学"运动。将二十四史为代表的正史视为旧史学，肆意攻击，极力打倒，以达破旧立新之目的。梁启超指斥"二十四史非史也，二十四姓之家谱而已"，"吾国史家，以为天下者君主一人之天下，故其为史也，不过叙某朝以何而得之，以何而治之，以何而失之而已。舍此非所闻也"，"二十四史，真可谓地球上空前绝后之一大相斫书也"。这些旧史是维护专制统治、愚弄人民的工具，是"霸者的奴隶"。梁氏批判旧史学具有"四弊二病"："一曰知有朝廷而不知有国家"，"二曰知有个人而不知有群体"，"三曰知有陈迹而不知有今务"，"四曰知有事实而不知有理想"。以上四者，"实数千年史家学识之程度也。缘此四弊，复生二病"："其一能铺叙而不能别裁"，"其二能因袭而不能创作"，"合此六弊，其所贻读者之恶果，厥有三端，一曰难读，二曰难别择，三曰无感触"。② 梁启超还对旧史学"不过记述人间一二有权力者兴亡隆替之事，虽名为史，实不过一人一家之谱牒"③，进行批判。梁氏所列举的旧史学之弊端，实录这种皇帝专书几乎全都具备，自然属于旧史学之列，而受到新史学的唾弃。自唐以后的正史史料多来自本朝所修的皇帝实录。二十四史之一的《明史》史料便来自《明实录》，后者因之成为旧史学的陈腐史籍，连带遭到否定。二十四史是为帝王陈述家谱，实录作为皇帝专史，更是为帝王传家谱的陈腐史书，遭受新史学的嫌弃自在情理之中。只是当时的《明实录》深埋于书阁深处，无人得见，故无人直接对之进行攻击，但对二十四史的抨击，已让《明实录》受到牵连，难以幸免。

然而，新旧史学的标准因人而异，新旧判定的转捩只在一瞬之

① 邬国义：《梁启超新史学思想探源》，浮田和民著，邬国义编校：《史学通论四种》卷首，华东师范大学出版社2007年版，第7~18页。
② 梁启超：《新史学·中国之旧史》，《饮冰室合集》第一册《文集之九》，中华书局1989年版，第3~6页。
③ 梁启超：《中国史叙论》，《梁启超全集》第1册，北京出版社1999年版，第448页。

间。与以史论为特长的梁启超"新史学"派不同，以史料见长的"新考证派"代表人物傅斯年则将《明实录》作为实现其新史学建设的一个支点。傅斯年(字孟真)与梁启超，虽然都从事近代史学体系的建构，但二人各有偏重。梁氏注重"破"，而傅氏重视"立"。杜维运指出："自晚清迄今百年间的新史学，其创获辉煌成绩者，不是梁启超、何炳松所倡导的新史学，而是傅孟真先生所实际领导的新史学。"①傅斯年在德国柏林大学留学时，接受了德国实证主义史学大师兰克的学术理念。② 他宣称"我们是中国的朗克(即兰克)学派"③，并在《〈史料与史学〉发刊词》中明确指出："本所同人之治史学，不以空论为学问，亦不以'史观'为急图，乃纯就史料以探史实也。史料有之，则可因钩稽有此知识，史料所无，则不敢臆测，亦不敢比附成式。此在中国，固为司马光以到钱大昕之治史方法，在西洋，亦为软克(即兰克)、莫母森之著史立点。史学可为绝对客观者乎？此问题今姑不置答，然史料中可得之客观知识多矣。"④同时，傅斯年还受到兰克后学伯伦汉的影响⑤，后者将兰克主张归结为史学即史料学。傅斯年在1928年发表的《历史语言研究所工作之旨趣》中指出："历史学不是著史……近代的历史学只是史料学，利用自然科学供给我们的一切工具，整理一切可逢着的史

　　① 杜维运：《傅孟真与中国新史学》，台湾《当代》第116期，1995年，第55页。

　　② 参见张广智：《傅斯年、陈寅恪与兰克史学》，《安徽史学》2004年第2期；易兰：《兰克史学之东传及其中国回响》，《学术月刊》2005年第2期；陈峰：《趋新反入旧：傅斯年、史语所与西方史学潮流》，《文史哲》2008年第3期。

　　③ 侯云灏：《20世纪中国史学思潮与变革》，北京师范大学出版社2007年版，第301页。

　　④ 傅斯年：《傅斯年全集》第3卷，湖南教育出版社2003年版，第335页。原载《中央研究院历史语言研究所集刊》外编第二种《史料与史学》，1945年11月。

　　⑤ 王汛森语，转引自张广智：《傅斯年、陈寅恪与兰克史学》，《安徽史学》2004年第2期；欧阳哲生：《傅斯年全集·序言》，《傅斯年全集》第1卷，湖南教育出版社2003年版，序言第34页。

料。"《明实录》的内容虽然以帝王将相为记载对象，但它的史料则以档案为首选，① 这与兰克主张的重视档案等"一手史料"的主张相同，因此它成为傅斯年建立近代史学的理想寄托。傅斯年担任中央研究院历史语言研究所所长后，开始实施兰克史学的理念，启动了两大重要工程——殷墟考古发掘和内阁大库明清档案的整理。后者其中一项重要的内容便是对《明实录》进行校对和整理。可以说，傅斯年是将《明实录》放在西方兰克史学的框架中加以整理和研究，以作为构建近代史学的重要载体。傅斯年认为对旧传统"长期的破坏，不见建设的事业，要渐渐丧失信用的"，如果"把长期破坏的精神，留几分用在建设上，成就总比长期破坏多"。② 于是，他开始创建新的史学体系，对《明实录》的整理和研究便是重要内容之一。欧阳哲生指出："傅斯年推动的另一项明清史料整理工作是《明实录》的整理。"③据当年史语所成员劳幹回忆："历史语言研究所曾经有系统的整理《明实录》。《明实录》的整理是孟真先生首先注意到的，搜集了七种本子来校，并且经过故李晋华先生的用心整理，大致已经有头绪了，因为经费问题，尚未付印。"④据后期主持《明实录》整理工作的黄彰健指出："史语所校勘《明实录》是傅先生主持所务时开始的"，"中央研究院历史语言研究所校勘国立北平图书馆藏红格本晒蓝之《明实录》，开始于抗战前"。并明确指出"史语所校勘《明实录》，与整理内阁大库旧藏明清档案有关"。当时内阁大库中藏有部分《明实录》的散页和本子，其中有《熹宗实录》散页和朱丝阑精抄本《成祖实录》二卷，极其珍贵。在民国十九年(1930)，史语所整理内阁大库档案，发现其中有明内阁进呈《熹宗实录》散页。由于《熹宗实录》今存红格本缺十三卷，"既发现这

---

① 参见谢贵安：《明实录研究》，上海古籍出版社2013年版，第254～255页。

② 傅斯年：《破坏》，《新潮》第1卷第2号，1919年2月1日。

③ 欧阳哲生：《傅斯年全集·序言》，《傅斯年全集》第1卷，湖南教育出版社2003年版，序言第48页。

④ 劳幹：《傅孟真先生与近二十年来中国历史学的发展》，收入《傅故校长哀挽录》，台湾大学，1951年6月，第71页。

些散页，所长傅孟真先生就想从散页中找寻缺卷，并改正红格本的脱漏及误字。内阁大库所藏明清档案系原始资料，可纠正官书的讳饰，使人对明清史有一新的了解；而实录系根据档册修成，明代档册多已散佚，则《明实录》也可说是原始资料。历代修正史，多取材于实录，《明实录》是纪录明代朝章国政最重要的典籍，因此傅先生就决定，一方面整理内阁大库档案，编印明清史料，同时又筹划校勘《明实录》了"①。可见，《明实录》的校勘与整理，是整理明清档案的自然延伸，也是倡导史料即史学、信奉兰克"一手史料"观念的傅斯年的当然选择。此套大书从1962年开始陆续出版，至1967年完成。

从1930年始，历史语言研究所对北平国立图书馆藏红格抄本《明实录》进行了大规模整理和校勘。此次整理和校勘，以红格本为底本。1931年，史语所将红格抄本晒蓝，作为底本，并广罗善本，以抱经楼本、广方言馆本、北大本、武大本、礼王府本、嘉业堂本、天一阁本、明内阁精写本、梁鸿志影印本、内阁大库藏清初明史馆抄本等数十种本子为对校本，进行校勘，对《明实录》中的错讹进行了长时间大规模的校正，先后有傅斯年、李晋华、那廉君、李诗熙、潘悫、李光涛、王崇武、吴相湘、姚家积、黄彰健、杨庆章等专家参加，凝结了几代人的心血。抗战爆发后，史语所《明实录》校勘人员从北平随所迁往长沙，又由长沙迁往云南昆明，旋迁往近郊龙泉镇，1940年秋迁往四川南溪李庄。1948年冬迁至台湾杨梅镇，1954年秋迁至南港。可谓历尽艰难和坎坷。《明实录》终于在1961年校勘完毕，并以红格抄本的缩微胶卷影印成100巨册的台本《明实录》。校勘的难度从王崇武给院方民国三十年（1941）度至三十二年（1943）度的工作报告中可以看出："这一校订工作，颇费时日。每有异文，除显然错误者外，均需参考有关史传文集以求其正，故每因一字费若干日之力。"此次整理和校勘的结果是影印了经过校勘的本子——台本，和撰成了具有相当分量的

---

① 黄彰健：《校印国立北平图书馆藏红格本明实录序》，《明清史研究丛稿》，台湾"商务印书馆"1977年版，第287~288页。

《明实录校勘记》。

二、史料的运用：近现代学术语境下《明实录》的研究价值

20世纪30年代初，是北平乃至全国学者聚焦于《明实录》的特别时期。许多学者都不约而同地关注到了《明实录》。除上面提到的傅斯年外，孟森、顾颉刚、李晋华、吴晗和卞鸿儒等都在当时对《明实录》产生了特别的兴趣。

孟森是为了弄清被清廷掩盖了的明清早期关系，而对《明实录》开始关注的。他在《明史讲义》中，称自己为探清明清早期关系，查证了《明实录》："《明史》所以有须隐没之事实，即在清代与明本身之关系。清之发祥，与明之开国约略同时，清以肇祖为追尊入太庙之始，今核明代《实录》，在成祖永乐间已见肇祖事迹，再参以《朝鲜实录》，在太祖时即有之。至清之本土所谓建州女真部族，其归附于明本在明太祖时。建州女真既附于明，即明一代二百数十年中，无时不与相接触。《明史》中不但不许见建州女真，并凡女真皆在所讳，于是女真之服而抚字，叛而征讨，累朝之恩威，诸臣之功过，所系于女真者，一切削除之。"①孟森对《明实录》的关注，也在20世纪30年代初。据商传说："这部《明史讲义》是孟森先生20世纪30年代初在北京大学授课时的讲义。"②在孟森所编纂的《明元清系通纪》一书中，摘录和汇集了《明实录》和《朝鲜王朝实录》的史料。他在深入研究历史疑案时，也查阅和利用实录，如在探讨袁崇焕被清太宗用反间计遭到崇祯冤杀一事时，"今约取《明实录》、《清实录》及《明史·袁崇焕本传》，重叙其事实经过如下"③。

顾颉刚对《明实录》的关注，也是在20世纪30年代初期。他

① 孟森：《明史讲义》上册，中华书局1981年版，第2页。
② 商传：《明史讲义导读》，孟森：《明史讲义》上册卷首，中华书局1981年版，导读第1页。
③ 孟森：《明清史论著集刊》，中华书局1959年版，第24页。

曾要求自己在燕京大学的学生李晋华，将《明实录》与《明史》对勘一遍。据 1933 年 11 月 5 日顾颉刚在为《明史修纂考》写的序中称："《明实录》自启祯以前幸无残缺，我辈对于前朝之人与事又得以自由批评，不复如专制时代之多忌讳，常谓苟能以《明实录》及其他史料与《明史》——校勘之，且——讨论之，则既可以测《明史》可信之程度，使其价值得一估定，而史家有作，又可备新体《明史》之取材，其有助于史学界者实非浅。"①他把这一任务交给了李晋华。同月 10 日，李晋华在其《明史修纂考》自序中叙述道："昔时先生曾命余将《明史》与《实录》对勘，作《明实录考》一篇，惟以事迹浩繁，卷帙又多，一时未敢从事，然先生期望之意则甚殷。"②

正是在顾颉刚的要求下，李晋华开始阅读《明实录》，并将它与《明史》对照。他发现二书之间记载多异："然考其书（指《明史》）与《实录》异者多矣。"③在将《明实录》与《明史》的对读中，才华横溢的李晋华很快完成了两部专著。据顾颉刚的序称："李君晋华居平数载，学于燕京大学研究院，专力研究明代史事，未尝稍倦，先于去春作《明代敕撰书考》，又于去冬写此《明史纂修考》一卷，以为其治《明史》之初步工作。"④可见，这两部书分别写成于 1932 年的春天与冬季。这是研读《明实录》后的重要学术成果。李晋华"卒业于国立中山大学历史系后，即入燕京大学文科研究所研究，著有《明代敕撰书考》及《明史纂修考》二书"。1933 年 7 月，参与实录校勘工作。黄彰健指出："民国二十二年七月，助理员李

---

① 顾颉刚：《明史修纂考·序》，民国丛书第四编第 74 册，上海书店 1989 年版，第 2 页。

② 李晋华：《明史修纂考·自序》，民国丛书第四编第 74 册，上海书店 1989 年版，第 4 页。

③ 李晋华：《明史修纂考·自序》，民国丛书第四编第 74 册，上海书店 1989 年版，第 4 页。

④ 顾颉刚：《明史修纂考·序》，民国丛书第四编第 74 册，上海书店 1989 年版，第 2 页。

晋华先生到职,从事校勘《明实录》。"①也正是他对读《明实录》和
《明史》的经历,以及所著的《明代敕撰书考》②和《明史纂修考》③
两部专著,加上他是傅斯年在中山大学的学生,而得以顺利进入史
语所工作。

1930 年,辽宁省图书馆馆长卞鸿儒率先发表《馆藏写本明实录
提要》一文,是对《明实录》版本最早的研究成果。④ 卞鸿儒所介绍
的《明实录》,实际上就是史语所据为底本的北平图书馆藏红格抄
本,也就是清代明史馆抄本。是吴廷燮在宣统二年(1910)内阁所
藏明史馆抄本《明实录》移藏学部图书馆后,特别是民国五年至十
六年(1916—1927)他担任政事堂主计局、国务院统计局局长时,
用公用纸所抄。据其自述,宣统二年(1910)"是年学部设图书馆
(即京师图书馆),移内阁庋藏诸书存之。有明帝实录,燮时往写
录"⑤。可能是受当时北平学人对《明实录》热切关注的影响,1930
年 1 月,吴廷燮将其抄本《明实录》256 册捐赠给了辽宁省立图书
馆。⑥ 于是,馆长卞鸿儒便写成了那篇有关《明实录》版本的最早的
论文。《明实录》的研究,还进入国际学术视野,影响到东瀛学者,
小田省吾发表了《半岛现存の皇明实录に就いて》的论文⑦。

自 20 世纪 30 年代中央研究院历史语言研究所介入《明实录》
校勘和整理后,该所便利用实录史料,研究明史,产生了一系列可
观的成果。如果说李晋华利用实录撰成《明代敕撰书考》等书是在

---

① 见氏著《校印国立北平图书馆藏红格本明实录序》,《明清史研究丛
稿》,台湾"商务印书馆"1977 年版,第 288 页。

② 李晋华:《明代敕撰书考》,哈佛燕京学社引得特刊之三,燕京大学
图书馆引得编纂处,1932 年 6 月。

③ 李晋华:《明史纂修考》,燕京学报专号之三,哈佛燕京学社,1933
年 12 月。

④ 卞鸿儒:《馆藏写本明实录提要》,《辽宁图书馆馆刊》1930 年第 1 期。

⑤ 吴廷燮:《景牧自订年谱》,《国史馆馆刊》1938 年第 1 卷第 4 号。

⑥ [日]牟仁隆辑:《辽宁地区图书馆纪事(解放前部分续)》,《图书馆
学刊》1989 年第 2 期。

⑦ [日]小田省吾:《半岛现存の皇明实录に就いて》,《青丘學叢》13,
14,1933 年。

入所之前的话，那么王崇武和黄彰健等人的成果，则是在整理《明实录》过程中及以后才产生的。王崇武在整理实录过程中，对明初史事的研究及与实录的辨正用力颇深，成就甚大，撰成了一系列成果，如《明本纪校注》（1946）、《奉天靖难记注》（1948）、《明靖难史事考证稿等》（1948）。在上述三书中，通过分析《太祖实录》和《太宗实录》的史料，对明初史事进行了卓有成效的辨正。20世纪60—70年代，负责《明实录》校勘的黄彰健，利用实录史料，创作了一系列实录研究成果。黄彰健在领导史语所校印台本过程中，发表了有关《明实录》版本的三篇文章：《明末实录书成誊写四分说》《明实录校勘记引据各本目录》《影印国立北平图书馆藏红格本明实录并附校勘记序》（《史语所集刊》31，1960；32，1962），成为研究《明实录》版本最为权威的论著。黄彰健还在《读明刊〈毓庆勋懿集〉所载明太祖与武定侯郭英敕书》（《史语所集刊》34，1963），《明史纂误》《明史纂误续篇》《明史纂误再续》（《史语所集刊》31，1960；36，1965；37，1966）等文中，以《太祖实录》为证据来辨析《明史》之误。台本《明实录》问世后，流传很广，同时方便了史语所以外的学者们的研究工作。60—70年代，远在美国的黄仁宇，每周阅读一本台本《明实录》，并利用其史料，撰写成了其博士学位论文，以及著名的《万历十五年》。①

20世纪40年代，不知是否为了与重庆国民政府的中央研究院历史语言研究所校勘《明实录》相竞争，或是受到国际学术界特别是日本人重视《明实录》的影响，汪伪政府的监察院院长福建长乐人梁鸿志，于1941年借来江苏省立国学图书馆所藏全套《明实录》（仅缺《光宗实录》），据以影印成册，形成所谓的"梁本"。这是中国《明实录》的第一部印刷本。在梁本印行之前，《明实录》的研究在日本等国开始兴起。1940年，莫尔②和古德里奇③等人先后发表

① 黄仁宇：《万历十五年·自序》，中华书局1982年版，第1页。

② A. C. Moule, Chung Kei Woon, The Ta-Ming Shih-Lu, T'oung Pao, 1940(XXXV)。

③ L. C. Goodrich, A Note on the Ta-Ming Shih-Lu, T'oung Pao, 1940 (XXXV)。

介绍《明实录》的文章。1941年，日本人松浦嘉三郎撰写《沈阳图书馆藏明实录に就いて》①一文。他所介绍的《明实录》版本，正是吴廷燮抄本，原藏于辽宁省图书馆，该图书馆后来改名为沈阳图书馆。梁本出版后，日本学者纷纷加以介绍，或据以撰写论文。岛田好发表《明实录の刊行につき》②一文，三田村泰助撰成《明实录の传本に就いて》③的论文；浅野忠允写了《明实录杂考：影印本を中心として》④的文章。直到1957年，间野潜龙还撰写了《皇明实录私考》⑤的论文。甚至到1963年，间野潜龙还写了《明实录の研究》⑥长文。该文于1979年收入《明代文化史研究》，作为其第一章，下分四节，分别是《明实录》相关的研究、明代历朝实录的成立（上）、明代历朝实录的成立（下）、实录修纂的过程。⑦

梁本及其前身江苏省立国学图书馆藏本《明实录》，还可能催生了黄云眉《明史考证》这样的巨著。黄云眉通过将《明实录》与《明史》全面对照和互订，改正了彼此间大量的记载问题。正如他所言："《明史》采用资料，大部分出于《明实录》。……除以原文或节文止证《明史》部分出处外，如《实录》之疏漏纰缪，诸书之同异不一者，《明史》已否尽予补订，《实录》及诸书之记载，其于虚构矫诬者，《明史》已否尽予裁正？以正实录及诸书确凿之记载，《明

① ［日］松浦嘉三郎：《沈阳图书馆藏明实录に就いて》，《满洲学报》第6册，1941年。

② ［日］岛田好：《明实录の刊行につき》，《书香》140号，1942年。

③ ［日］三田村泰助：《明实录の传本に就いて》，《东洋史研究》第8卷第1号，1943年。

④ ［日］浅野忠允：《明实录杂考：影印本を中心として》，《北亚细亚学报》第3辑，1944年。

⑤ ［日］间野潜龙：《皇明实录私考》，《神田博士还历纪念书志学论集》，1957年。

⑥ ［日］间野潜龙：《明实录の研究》（初刊于田村实造主编的《明代满蒙史研究》，日本京都大学文学部1963年版）。

⑦ ［日］间野潜龙：《明代文化史研究》，"东洋史研究丛刊"之三十一，（日本）同朋舍株式会社1979年版。

史》应采用而未采用，或采用而犹未免违舛之类，比属考证范围。"①据其妻徐飞卿称，是书撰于抗日战争时期，即1937年，迄1972年"历数十载"完成草稿。在此期间所用的《明实录》版本，当不会是台本实录。台本实录虽然1962年在台出版，但大陆根本看不到，20世纪80年代初，被上海书店翻印，大陆学者才得以一睹真容。因此，黄云眉所用的《明实录》，可能依据了天一阁本、江苏省立国学图书馆本（即梁本的母本）和梁本等。天一阁本之用是因为他本就是宁波余姚人，1927年执教宁波中学，常去天一阁查阅图书，那里藏着一部缺了6卷的《明世宗实录》；江苏省立国学图书馆本之用是因为他于1929年在南京任金陵大学文化研究所研究员和教授，有可能接触到该实录。他在抗战期间正式撰写《明史考证》时，梁本问世，他也有可能利用过这个版本。《明史考证》这样的史考之作，虽是传统的史学成就，但在近代学术分科背景下，已获得了历史学下历史文献学或明史专业的承认，成为近代学术的一员。

可见，20世纪30—40年代，是《明实录》为近代史学体系所接纳、所重视的时期。在问题意识和专题研究的支配下，《明实录》的史料价值得到重新的肯定，从而被广泛征引和应用，滋润了大量的学术论著，为明史研究奠定了坚实的史料基础。

之后，由于梁本《明实录》和台本《明实录》的相继印行，用《明实录》的史料开展现代学术研究的论文大量出现。不少学者将《明实录》作为研究资料，通过它窥见和探讨明代的各种历史问题，如袁森林的《〈明实录〉所见的明代语言文字政策》（吉林大学硕士学位论文，2005年）和《〈明实录〉所见明代语言文字政策的历史地位及价值》（《科教文汇》2007年7月下旬刊），对明代的语言文字政策作了专题研究；蒋仁梅的《〈明实录〉中的湖南自然灾害研究》（《湘潭师范学院学报》2007年第3期），何伟福的《〈明实录〉所见天津及附近地区水利营田探析》（《贵州民族学院学报》2008年第4期），

---

① 黄云眉：《本书内容挈要》第1页，《明史考证》第一册卷首，中华书局1979年版，内容挈要第1页。

对明代的自然灾害和水利建设作了探讨；谭平的《〈明实录〉中记载的"清议"评述》(《成都大学学报》2006年第2期)对明代政治中的清议现象作了探讨；刘次沅、刘瑞的《崇祯实录及长编中的天文资料》(《陕西天文台台刊》1998年第2期)则分析了《崇祯实录》及《长编》中的天文资料；张文德的《从〈明实录〉看中亚帖木儿王朝的政治制度》(《历史档案》2009年第3期)，谢贵安的《明实录所见登州的对外往来》(《登州与海上丝绸之路》，人民出版社2009年版)则讨论了明代的对外关系。此外，原为国史的《明实录》，也被拿来研究地方史。谢贵安的《试述〈明实录〉对武当山的记载及其价值》(《江汉论坛》2011年第12期)和边百森的《〈明太祖实录〉中的"小云南"》(《寻根》2011年第1期)等均是这方面的作品。作为皇帝专史的《明实录》已成为近现代学术的养分。

三、史料的分类：近现代学科架构下《明实录》的解构与重构

除了利用《明实录》史料撰成明史研究论文外，在新史学观念的影响下，以及现代分科之学和问题意识的支配下，《明实录》还被分解和重构成适应各种学科和专题的史料书籍。

有人可能会认为二十四史和实录这种旧史，改编其史料，仍然是"新瓶装旧酒"，其实不然。如果说二十四史和皇帝实录内容单一，仅仅记载帝王将相的个人活动，那么无论怎样改编，都会出现新瓶装旧酒的现象。然而，二十四史和实录中的内容十分丰富，虽然以朝代或皇帝为名，其实记载了一国的各种史事。1905年，国粹派学者黄节就曾分析过："史迁所创若《河渠》《平准》与夫《刺客》《游侠》《货殖》诸篇，其于民物之盛衰，风俗、道艺之升降，靡不悉书。至如范晔之传党锢，谢承之传风教，王隐之传寒俊，欧阳修之传义儿，是皆有见夫社会得失之故，言之成理，为群史独例。概以谓吾国四千年旧史皆一家一姓之谱牒，斯言也，毋亦过当与？"①同年，严复也反驳了"或谓中国之史，不过数帝王之家谱"

---

① 黄节：《黄史·总叙》，《国粹学报》第1期，1905年。

的观点，指出："中国既为专制矣，则一家之所为，自系一民之休戚。"①衡诸《明实录》所载，的确如此，虽然名为《太祖实录》《太宗实录》《熹宗实录》等，其实里面记载了大量的明代的政治、军事、经济、文化、教育等史实。将《明实录》加以解构，重新编排成各种史料汇编，就变成了"新史学"倡导的"专题研究"、"问题研究"、民族史、文化史和社会史研究的学术新格局，成为现代学术研究的养分。这是中国传统史学转型的重要路径之一。

无论是国粹派的刘师培，还是新文化主将胡适，都不约而同地提出整理国故的方法，就是按西方近代学科及其形成的专题类别进行。刘师培在《周末学术史序》中对心理学史、伦理学史、社会学史、宗教学史等16种学科的发展进行了梳理和阐释②，余英时认为"这明明是要将中国原有的'四部'系统转化为西方学术分类"。胡适在探讨"整理国故"时提出了"中国文化史"的概念，包括民族史、语言文字史、经济史、政治史、国际交通史、思想学术史、宗教史、文艺史、风俗史、制度史等十个方面。③ 张越指出这"实际上包含了对传统学术分类的摒弃"，"希求以各种现代意义的专史研究充实于历史学的各个研究领域"，以此"构建中国史学的新体系"，这样做，"实际上是在学术体系方面有效打通了新旧史学的界限，从学科分类的角度指明了从古代史学到近代史学的转变方式"。④

民国以后，随着西方学科观念传入并在其影响下，中国传统经、史、子、集的学术分类也受到冲击，产生了分科之学，对传统史书也开始进行解构，将其史料分成政治、经济、文化、军事、司法、教育等类。在梁启超"新史学"派眼中的帝王家谱——《明实

---

① 严复：《政治讲义》，《严复集》第5册，中华书局1986年版，第1249页。

② 刘师培：《刘申叔先生遗书》第14册《周末学术史序》，宁武南氏校印，1934年。

③ 胡适：《国学季刊发刊宣言》，《国学季刊》第1卷第1号，1923年。

④ 张越：《论中国近代史学的开端与转变》，《史学理论研究》2017年第4期。

录》,也被重新分类,以适应近代学科的发展趋势。20世纪60年代,我国台湾学者黄彰健在《校印明实录序》中提出应该将分类整理《明实录》作为一项重要工作。陈高华、陈智超等在《中国古代史史料学》中也主张把《明实录》"分门别类,收录汇辑,可以构成比较完备而有系统的专题史料"①。张舜徽指出:"明清两代修纂实录,除取材于起居注、日历、时政记等史料外,还广泛参考了许多重要文件和档案,汇集而成以封建帝王为中心的编年体史书。它年经月纬,将当时的政治、经济、军事、文化,以及自然变化、社会情况,都一一记载。于是一部实录,就是一代的史料汇编。研究整理明清史的专家们,征文考献,多取材于这两部实录,是理所当然的事。"又指出,《明实录》毕竟是明代"汇集各种史料而纂成的国史长编",不仅详载了最高统治者的言行和大臣们的业绩,"更包括了一代政令法制、职官科举、人口丁壮、钱粮财赋、封疆建置、军备征战、外交封贡、文化典籍以及自然灾异等各种历史资料"②。

由于"新史学"反对君史,倡导群史,对民族史十分重视,于是《明实录》被改编成各民族的史料汇编。关于民族的管理与研究,古代只有政府机构理藩院和《职贡图》,近代以后才有民族所和民族史的概念。从20世纪50年代开始,不断有民族学研究机构从《明实录》中摘编出各民族史料,纂成新书。1957年,中国科学院历史研究所蒙古史研究室编成《明实录蒙古史料抄》(北京);1982年,《准噶尔史略》编写小组编成《明实录瓦剌资料摘编》(全一册,新疆人民出版社1982年版);1959年,云南省少数民族研究所等编成《明实录有关云南历史资料摘抄》(上中下三册,云南人民出版社1959年版)。1988年,刘耀荃编、练铭志校补之《〈明实录〉广东少数民族资料摘编》问世(全一册,广东人民出版社1988年版);1983年,《西藏研究》编辑部编成《明实录藏族史料》(两册,西藏

---

① 陈高华、陈智超:《中国古代史史料学》,北京出版社1983年版,第357页。

② 张舜徽:《张舜徽学术论著选》,华中师范大学出版社1997年版,第68、71页。

人民出版社 1983 年版）；1981 年罗香林编成《明清实录中之西藏史料》（香港大学亚洲研究中心，全一册，第 3~98 页辑录《明实录》中有关乌思藏之资料）；甚至日本学者也加入民族史视野下的史料汇编，1983 年谷口房男、小林隆夫编成《明代西南民族史料——明实录抄》[（日本）东洋大学 1983 年版]。

"新史学"也关注本民族与世界其他民族之间的关系及命运。受此影响，近代学术特别重视中外关系的研究，《明实录》适应了这种学术需要，被学者从中摘录出中外关系史料。1968 年及 1970 年，赵令扬、陈学霖、陈璋、罗文先后编成《明实录中之东南亚史料》上册及下册（香港学津出版社 1968 年版、1970 年版）；1983 年，王其榘编成《明实录邻国朝鲜篇资料》（中国社会科学院中国边疆史地研究中心）。

《明实录》还被按各种学科需要汇编成册。1985 年，何丙郁、赵令扬编成《明实录中之天文资料》（上下两册，香港大学中文系）；1989 年，郭厚安编成《明实录经济资料选辑》（全一册，中国社会科学出版社 1989 年版）。

按地域汇编《明实录》的现象更是层出不穷。《明实录》本是明代国史，即皇朝元首及其中央政府的史书，但在近现代社会，被解构成一部部地方史。1971 年，台湾银行经济研究室编成《明实录闽海关系史料》一册（《台湾文献丛刊》第 296 种）；1989 年，吉林省社会科学院历史研究所编成《明实录东北史资料辑》（全五册，辽沈书社 1989 年版）；1990 年，《明实录广西史料摘抄》出版（广西人民出版社 1990 年版）；2013 年，银川市文物局、银川市文物管理处编，张志军主编的《明实录长城资料辑录》（宁夏人民出版社 2013 年版）问世。

如果说以上的分类汇编只是零星进行的话，那么从 1987 年始至 1995 年止，华中师范大学历史文献研究所李国祥、杨昶等主持《明实录类纂》的项目，则是进行大规模、有系统的分类汇编。该项目从两个系列着手进行，一是以现今行政区划着眼，编成各省区的史料系列；一是以内容的类别着眼，按宫府朝廷、中外关系、人物传记、地理沿革、战争、刑法、礼乐、选举、宗教等事项为准，分门别类，构成专题史料系列。①《明实录类纂》编成湖北、四川、山东、广东海南、安徽、浙江上海等卷外，还编成《职官任免卷》《经济史料卷》《文教科技卷》《军事史料卷》《涉外史料卷》《司法监察卷》《宫廷史料卷》《宗藩贵戚卷》《妇女史料卷》《人物传记卷》和《自然灾异卷》等。在这种学术改造下，《明实录》已经不再属于梁启超"新史学"所抨击的为帝王陈述家谱的旧史，而成为适应"新史学"所影响下的学科性、专题性的形式和内容了。

南宋袁枢《通鉴纪事本末》是对北宋司马光《资治通鉴》的解构和重组，结果改变了原书的内在结构，成为一种新的体裁。当然，《通鉴纪事本末》一书反映古代专制制度、为皇朝政治提供资治和借鉴的主题并未改变。今天，将《明实录》改编成《明实录类纂》则大不一样，不仅改变了其结构，而且改变了它的宗旨。比较一下《明实录》修纂的主题思想与《明实录类纂》的宗旨，就能发现两者之间的明显区别。两相比较，《实录》的主题是在位皇帝为先皇宣扬伟业和"显亲尽孝"②，但解析和重构后的史料汇编，主题完全改变，主要是为国家和社会提供政治、外交、军事、经济、文化、教育、科技等各方面的史实，为现代社会的建设提供服务。该书主编李国祥、杨昶指出，"《明实录》虽然带有官修史书无法避免的通弊"，但它"可视为一部研究明代政治、经济、军事、社会必须凭藉的重要文献"，据《实录》编成的"《明实录类纂》为一个整体，各卷自成一书又相互关联，条条块块，相辅相成，构筑明代社会的全方位轮廓"。③ 从中可见，《明实录类纂》显然已完全抛弃了《明实录》为已故皇帝"显亲尽孝"的旧有主题，从君主之史变成了社会之史，即从"君学"完全变成了"群学"。

---

① 李国祥、杨昶：《明实录类纂·〈明实录及其整理概述（序言）〉》，武汉出版社 1990 年版。

② 参见谢贵安：《明清实录比较研究》，《河南师范大学学报》2016 年第 6 期。

③ 李国祥、杨昶：《明实录类纂·〈明实录及其整理概述（序言）〉》，武汉出版社 1990 年版。

四、史书的研究：《明实录》专论与专著的出现

在近现代学科区分和学术视阈下，《明实录》本身的研究受到前所未有的关注，出现了不少研究其修纂、版本、价值、传播的论文，甚至综合性的专著。

就在 20 世纪 30 年代的那一波《明实录》研读热潮中，吴晗也开始关注《明实录》。他所做的工作起初与孟森一样，是想探寻明清早期关系。吴晗所阅读的本子似乎与史语所所据的北平图书馆红格抄本为同一部书。

清朝销毁了明代官方修纂的《明实录》本子，并在所修《明史》中成功回避建州女真隶属明奴儿干都司的历史，留下了明清早期关系的历史迷雾。辛亥革命"排满"成功后，民国学者尝试弄清满族与明朝的关系时遇到了史料的瓶颈，于是开始发掘《明实录》和《朝鲜实录》中的史料。至 20 世纪 30 年代，清华大学的吴晗试图通过查阅中国的《明实录》和邻国的《朝鲜王朝实录》，以寻绎明清之间的关系。[①] 据翁独健介绍："早在三十年代初期，吴晗同志在清华大学任教时，为了研究明代史事中的问题，经常到北平图书馆查阅《明实录》和《朝鲜李朝实录》等史料。"[②]在 1934 年 9 月 20 日完成的一篇论文中，吴晗自述道："最近北平图书馆得到一部影印本《朝鲜李朝实录》，记建州初期史实极详尽，从此我们可以拿中国、朝鲜两方实录来对勘会证，重新来写明清史中关于建州的一部分的记载了。"[③]

阅读《明实录》和《朝鲜实录》的结果，使吴晗与孟森一样，产出了一个成果，即辑录了《朝鲜李朝实录中的中国史料》一书。与

---

① 吴晗：《关于东北史上一位怪杰的新史料》，《燕京学报》第十七期，1935 年。此文于 1935 年 6 月收入《读史札记》，改名为"朝鲜李朝实录中之李满住"。

② 翁独健：《朝鲜李朝实录中的中国史料·序言》，中华书局 1980 年版。

③ 吴晗：《关于东北史上一位怪杰的新史料》，《燕京学报》第十七期，1935 年。

孟森不一样的是，孟氏只是应用《明实录》的史料研究问题，而吴晗则开始研究《明实录》本身的问题，并为此开始搜集相关史料。到 1940 年，时为西南联大教授的吴晗，终于撰成长达 5 万字的《记明实录》一文，直到抗战结束后的 1948 年才正式发表①，是当时研究该实录"最深入而具权威性的著作"②，将明代十三朝《实录》分评骘、史官、仪制、掌故、传布五部分作了探讨，"而此文就是根据'数十百条'札记而成"③。惟因时局动荡，资料欠缺，故未臻完备。④

　　20 世纪下半叶，在近代学科体系下，作为历史文献学专业的博士学位论文《明实录研究》问世。1990—1993 年，笔者在华中师范大学中国历史文献学研究所撰写了博士学位论文《明实录研究》。《明实录》这种被"新史学"视为专写帝王将相的旧史学，在近代学科体制下，获得了合法性的地位。至此，中国传统史学转换成新的史学要素，已无任何障碍。1995 年，《明实录研究》在台湾文津出版社正式出版，两个修订本分别于 2003 年、2013 年在湖北人民出版社和上海古籍出版社出版。该专著对《明实录》的国史地位，与明代史学生态的关系，史料渊源及流动线索，作为修纂机构的史馆，列朝实录的修纂过程、修纂程序、参修人员，实录的主题与体例、版本与收藏、价值与缺陷等问题都作了探讨。

　　就像 20 世纪史语所整理《明实录》带动了《明实录》和明史研究向前发展一样，21 世纪中华书局点校《明实录》再一次引发了对《明实录》和明代历史研究的热潮。南炳文先生带领课题组成员以及他的博士生们，承担了中华书局点校《明实录》的任务，并申报成为 2013 年度（第二批）国家社科基金重大项目，推进着《明实录》

　　①　吴晗：《记明实录》，《中央研究院历史语言研究所集刊》第 18 本，1948 年。

　　②　见陈学霖：《〈明实录〉与明初史事研究》，《汉学研究之回顾与前瞻》，中华书局 1995 年版。

　　③　张显清、赵克生：《从创造到普及：吴晗先生的学术贡献》，《古代文明》2009 年第 3 期。

　　④　见吴晗：《记明实录》，《读史札记》，三联书店 1956 年版。

与明史研究的发展。2015年5月南炳文教授指导的南开大学程彩萍的博士学位论文《〈明孝宗实录〉研究》通过答辩，又于2017年获得国家社会科学基金后期项目支持。该论文单刀突进，对明孝宗一朝的实录进行深入研究，特别是对其史料的来源作了一一的考订，对《明孝宗实录》文本进行了校勘，补充了台本《明实录校勘记》中失校的内容。参加了南炳文课题组的王志跃，撰成了《〈明世宗实录〉校正》一稿，除对台版《明世宗实录》增加版本对校以外，还参稽现存诏令、文集、奏疏、当事人著述、墓志碑铭、年谱、进士登科录、进士题名碑录、《明功臣袭封底簿》、《大明一统志》、《大明会典》、史料笔记、地方志等880余种史籍进行了他校。这些成果，是对《明实录》本身所作的研究，虽然与传统的考证之学并无二致，但却是在现代分科之学背景下进行的，属于近代史学体系的一部分。通过这些工作，证明中国史学的传统与近代之间的界限早已跨跃。

论文和学位论文是近代学术的重要表征。在中国史学史、历史文献学和中国古代史(明史)专业下，关于《明实录》的研究论文大量涌现。

对《明实录》本身的修纂情况进行研究，有谢贵安的《睿宗、崇祯及南明诸朝实录修纂考述》(《史学史研究》1999年第2期)。对明代实录修纂体例、过程和人员探讨的，有谢贵安的《明实录体裁与体例研究》(《史学史研究》1997年第3期)、《明实录修纂考述》(《历史文献研究》总第18辑，1999年)、《明实录修纂程序述要》(《武汉大学学报》2000年第1期)。对《明实录》版本及价值的研究，有商传的《关于〈明太祖实录〉三修本的评价问题》(《文史》第28辑，中华书局1987年版)、陈学霖的《〈明实录〉与明初史事研究》(《汉学研究之回顾与前瞻》，中华书局1995年版)，南炳文的《〈万历起居注〉、〈明神宗实录〉和〈李文节集〉中的李廷机内阁奏疏》(《西南师范大学学报》2003年第4期)等论文。对实录修纂机构研究的，有王鸿雁的《明代实录馆考述》(《齐鲁学刊》1999年第6期)和谢贵安的《明代史馆探微》(《史学史研究》2000年第2期)等论文。用现代科学精神和怀疑理念，对《明实录》的书法问题进行分析和辨正的论文,有谢贵安的《试论直书与曲笔对明实录价值的影响》(《历史文献研究》总第 21 辑,2002 年),杨永康的《朱元璋罢建中都与〈明太祖实录〉的隐讳》(《南京师范大学学报》2009 年第 5 期),谢贵安的《试述〈明太祖实录〉对朱元璋形象的塑造》(《学术研究》2010 年第 5 期)、《试析〈明实录〉对刘基形象的记述与塑造》(《明史研究》第 12 辑,黄山书社 2012 年版)、《试论〈明实录〉对建文帝的态度及其变化》(《北京联合大学学报》2010 年第 3 期)和《试述〈明太宗实录〉对建文帝形象的描写与塑造》(《学习与探索》2011 年第 1 期)。对《明实录》传播海外研究的有孙卫国的《〈明实录〉之东传朝鲜及其影响》(《文献》2002 年第 1 期)和《〈明实录〉与〈李朝实录〉之比较研究》(《求是学刊》2005 年第 2 期)等论文。用新理论研究《明实录》的有,谢贵安的《明代国史与野史的生态关系——以〈明实录〉的禁藏与流传为线索》(《学术月刊》2000 年第 5 期)和万明的《万历君臣:〈明实录〉所见情感世界的个案分析》(《明史研究》第 10 辑,黄山书社 2007 年版)。用政治学理论研究《明实录》的有,谢贵安的《明代起居注的兴废及其对明实录修纂的影响——兼论儒家意识与君主专制的冲突与摩擦》(《史学月刊》2002 年第 4 期)和《明实录修纂与明代政治斗争》(《武汉大学学报》1997 年第 1 期)等论文。

对《明实录》学术进行制度性承传的,是历史学下属历史文献学、中国史学史和中国古代史诸专业硕士和博士学位论文的撰写、答辩和出版。除了谢贵安的博士学位论文《明实录研究》、程彩萍的博士学位论文《〈明孝宗实录〉研究》外,孙彩霞的硕士学位论文《〈明武宗实录〉所塑王琼奸佞形象考》(陕西师范大学,2007 年)、郭翠丽的硕士学位论文《文献的瑰宝史料的渊薮——〈明实录〉史料、学术价值研究》(安徽大学,2005 年)、张红的硕士学位论文《〈明实录〉附传与〈明史〉列传比较研究》(武汉大学,2016 年)等也纷纷涌现,使《明实录》的研究代代相承,永不停息。

作为具有数千年悠久文明史和漫长史学传统的中国,在西方文化强烈刺激和冲击下开始的近代转型,不可能完全抛弃自己的传统而全面倒向西方。《明实录》在近代作为旧史学的典型,与二十四史一样被斥为帝王的家谱，而遭到打倒和屏弃的威胁。然而，新旧之间并没有不可逾越的障碍，在傅斯年等学者用新的学术观念从新的角度打量《明实录》时，便发现它重视档案等一手史料的科学性，从而将它作为其新史学建设的两大工程之一，使《明实录》成为新史学建设的载体。20 世纪 30 年代前后，在探寻明清早期关系等问题意识的驱动下，孟森、吴晗等人将目光投向了《明实录》，使它成为研究问题的史料来源，从而赋予了《明实录》新的意义和价值。此后《明实录》便成为研究明史的重要史料。50 年代以后，在"新史学"重视民族、文化和社会的学术理念，以及近现代学术分科重视专业和专题的影响下，《明实录》被解构后重构，汇编民族史和政治、经济、文化、军事、外交、司法、教育、科技、自然灾异等不同类别，以及北京、湖北、山东、四川、浙江、上海、广东、海南等不同地方的史料书籍。经此改造，《明实录》不再是帝王之家谱，而是一部部专门史、社会史和文化史，不再是高高在上的国史，而成为一部部地方史，从而发挥前所未有的史学价值。在现代学术体制下，关于《明实录》本身研究的学术论文和学位论文层出不穷，使这部传统旧籍代代相承，获得了勃勃生机。在这种新旧转换过程中，《明实录》被置于中外对照、古今交汇的不同环境和影响中，取得了大量的创新性成果，研究水平提升到更新的高度。

第二节　中国史家对东亚实录研究的学术路径

本节东亚实录，是指除中国实录之外的朝鲜、日本和越南三国实录。

民国初年，中国学者开眼看世界，瞩目于国力强盛的西方，故对西方史学比较关注，兰克史学和鲁滨逊的新史学风靡一时，而对于东亚文化圈内各国的实录关注较少，当时主要通过辑录朝鲜实录以作为研究明清关系的资料，此为中国史家研究东亚实录的第一阶段；随着 20 世纪后半叶中国改革开放形势的发展和经济的强劲增长，中国学者开始关注东亚文化圈内史学的发展状况，除了继续辑录东亚实录中的史料外，对东亚实录本身的研究开始增广加深，重视开展对《李朝实录》和《大南实录》文本的探讨，成果日益增多，此为研究的第二阶段；进入 21 世纪后，东亚实录的研究势头发展迅猛，学者们对朝鲜、越南实录进行了深耕细作式的研究，最终产生高质量的专著，此为研究的第三阶段。下面就以上三个阶段，探讨中国学者在东亚实录研究上所走过的学术路径。

一、关注中国，取材邻邦：20 世纪前半叶东亚实录研究的发端

中国学者对东亚实录的研究，发端于 20 世纪 30 年代。当时是出于对中国本国历史的关注才放眼于中国近邻朝鲜的实录。

辛亥革命"排满"后，到了 30 年代，中国学者开始尝试弄清满族与中国的关系，便从清与明的关系入手展开研究，但遇到了史料的瓶颈。由于清代所修的《明史》讳言清代祖先女真人与明朝的关系，于是激进的共和派学者孟森和时为书斋学者的吴晗，便试图通过近邻朝鲜的记载，来窥透明清之间的关系，触发了对《朝鲜王朝实录》的关注和整理。由于当时是为解决国内历史问题而取资于邻国实录，因此首要的工作是对《朝鲜王朝实录》的史料进行辑录，而未对其本身进行研究。当时，北京大学教授孟森（1869—1937）在讲授"满洲开国史"时，对女真人与明朝关系颇感兴趣，开始从北平图书馆所藏《朝鲜王朝实录》中抄录女真等相关史料，最终辑录成《明元清系通纪》一书。明清两朝史书中的女真史料，"既为明史所削而不存，又为清史所讳而不著"，而孟森从《朝鲜王朝实录》中辑录出的史料"正为明清两史补齐共同之缺也"①。《明元清系通纪》于 1934 年刊行，只刊印了前编 1 卷和正编前 15 卷的内容。四年后孟森去世，正编的其他内容无从刊出，直到 1966 年，台湾学者才将此书全部内容出齐②。

几乎与孟森同时，清华大学吴晗（1909—1969）也开始关注女真与明朝的关系，同样从《朝鲜王朝实录》中寻找史料。他在 1934

① 孟森：《明元清系通纪前编弁言》，排印本，1934 年。
② 孟森编：《明元清系通纪》，台湾学生书局 1966 年版。

年 9 月 20 日所写的一篇文章中自述："最近北平图书馆得到一部影印本《朝鲜李朝实录》，记建州初期史实极详尽，从此我们可以拿中国、朝鲜两方实录来对勘会证，重新来写明清史中关于建州的一部分的记载了。过去我曾把这书中涉及中国、朝鲜和朝鲜与建州、建州与明的史料辑录为《朝鲜李朝实录中之中国史料》一书，体例一仍原书。"①由此可见，他在 1934 年以前已开始编纂《朝鲜李朝实录中的中国史料》。据翁独健称："早在三十年代初期；吴晗同志在清华大学任教时；为了研究明代史事中的问题，经常到北平图书馆查阅《明实录》和《朝鲜李朝实录》等史料"，"这就是吴晗同志编录《朝鲜李朝实录中的中国史料》的缘起"。是书广录中朝两国的政治交往、经济联系和文化交流的史料，内容已不限于最初设想的女真与明朝的关系。吴晗编纂这部史料持续的时间比较长，据翁独健称他"长期致力于此项研究和辑录工作"②。1961 年前后，吴晗将全稿整理校阅一遍，把《李朝实录》中的有关中国史料，一直辑录到 1894 年甲午战争时期。此书将李朝以前史事辑录为前编，李朝太祖至仁祖时期的史事辑为上编，孝宗以后辑成下编。全稿当时已经排版待出，因 1966 年"文革"的爆发而停止，直到 1980 年 3 月才由中华书局出版发行③。

　　稍后于朝鲜实录的辑录，从 40 年代开始，中国学者对《朝鲜王朝实录》本身进行了研究。谢国桢发表了《朝鲜〈李朝实录〉纂修述略》一文④，对《朝鲜王朝实录》纂修缘起、内容和卷数进行了考论，"是国内最早的《朝鲜王朝实录》研究成果"⑤。这似乎是超越本国历史而直接关注邻国实录，但其实不然，谢国桢研究朝鲜实录

---

　　① 吴晗：《关于东北史上一位怪杰的新史料》，《燕京学报》第十七期，1935 年。

　　② 翁独健：《朝鲜李朝实录中的中国史料·序言》，中华书局 1980 年版。

　　③ 吴晗编：《朝鲜李朝实录中的中国史料》，中华书局 1980 年版。

　　④ 谢国桢：《朝鲜〈李朝实录〉纂修述略》，《中德学志》，1943 年。

　　⑤ 郭江龙：《朝鲜王朝前期实录研究(1392—1608)》，南开大学博士学位论文，2017 年，第 5 页。

的目的，仍然是为了帮助中国明清史的研究。他后来在谈到拓展明清史研究的史料时，指出应该"从当时遗留下来的明清两朝'实录'和我们邻邦朝鲜李朝'实录'等书以及当时地方政府所储存的档册、情报、公文、阅件等史料入手"①，显然是他当年从事朝鲜实录研究得出的经验之谈，也反映了他仍然遵循 20 世纪上半叶中国学者关注本国而取材邻邦实录的探讨路径。

与中国学者因关注本国历史而旁及朝鲜实录不同，日据时代的台湾学者则纯粹由于访学而接触到越南实录——《大南实录》。陈荆和于 40 年代访学越南时，在顺化借阅《大南实录》，并将其与砆本比对。陈荆和将其访学经历写成了《顺化城研究旅行杂记》一文②加以记载。不过，这种直接探讨他国实录的学术取径，在当时的中国并非主流。

二、继续辑录，开始研究：20 世纪后半叶东亚实录研究的增广加深

20 世纪下半叶，中国学者对东亚实录的研究，出现了两个现象，一是继续从东亚实录中辑录史料，二是开始利用东亚实录展开对相关各国历史及其与中国关系的研究。下面分述于下。

第一，继续辑录东亚实录的史料，编纂成书。

中国学者对《朝鲜王朝实录》史料的辑录与应用之风，从 20 世纪前半叶一直延续到后半叶。1959—1960 年，清史专家王锺翰于沈阳参加《满族简史》编撰工作时，为了修订史稿中有关明代女真人的历史，便从辽宁省档案馆所藏《朝鲜李朝实录》中摘抄出相关史料，编纂成《朝鲜〈李朝实录〉中的女真史料选编》一书。1979年，辽宁大学历史系将该书排印时，王锺翰在所撰《序言》中交代了该书编纂的缘起，并且指出："从十五世纪之初，1403 年，朝鲜

---

① 谢国桢：《对于研究明清史的一点体会》，《中国史研究》1979 年第 3期。

② 陈荆和：《顺化城研究旅行杂记》，《台湾文化》第 3 卷第 5 期，1948年。

'三府会议女真事'起，直到十七世纪三十年代，1636 年，后金改号大清(前一年，女真已改用满洲新族名)为止，凡有关女真各部在中、朝边境的分布、迁徙、社会经济和文化发展情况，以及它们于明朝政府的隶属关系、它们与朝鲜的相互交往和经济联系，在《李朝实录》中都有详略不同、深浅不一的记载，因此，尽可能地按朝代和年、月、日的先后，统统照原文抄出，其一般来往无关紧要者不抄。"全书大约 20 万字，刊印之前又据日本学习院东洋文化研究所影印本《朝鲜王朝实录》作了校对。① 与 20 世纪前半叶的学者相似，王锺翰也是为了研究本国的满族历史，而取材于《朝鲜李朝实录》的。

稍晚于王锺翰，台湾学者李光涛 1960 年从《朝鲜王朝实录》等书中辑录成《壬辰倭乱史料》②。他不满于此前日本与国人对壬辰援朝抗倭战争模糊乃至歪曲的认识，"为欲明了当初明人援韩史事的真实性起见"而编纂此书，所用的绝大部分史料辑自《朝鲜王朝实录》，特别是《朝鲜宣祖实录》。宣祖名李昖，1567—1608 年在位，在其任内发生了壬辰倭乱。《壬辰倭乱史料》分为 5 册，17 部分，共有 50 余万字。其中的实录史料都以年代为序，第 1 ~ 14 部分史料来自《宣祖实录》，乃 1591 年至 1608 年壬辰战争时期的相关资料；第 15 部分来自《宣祖修正实录》；第 16 部分来自光海君、仁祖、孝宗等朝《实录》。③

至 90 年代，辑录东亚实录史料之风，从朝鲜实录蔓延到越南实录。1999 年，段立生从《大南实录》中辑录出泰国相关史料，编成《泰国吞武里皇郑信中文史料汇编》④，并作了注释。段立生

① 王锺翰编：《朝鲜〈李朝实录〉中的女真史料选编》(清初史料丛刊第七种)，辽宁大学历史系，1979 年。

② 李光涛：《壬辰倭乱史料》，台湾"中央研究院"历史语言研究所，1970 年。

③ 参见 Roland：《壬辰战争研究的重要史料》，https：//book.douban.com/review/3513574/。

④ 段立生辑注：《泰国吞武里皇郑信中文史料汇编》，华侨崇圣大学出版社 1999 年版。

1944 年生于云南，1967 年毕业于北京大学东语系泰语专业，1983 年毕业于中山大学东南亚研究所，获历史硕士学位并留校任教。次年应邀在泰国清迈大学讲学。1994 年起在泰国华侨崇圣大学担任教授，并于任内编成《泰国吞武里皇郑信中文史料汇编》一书，为崇圣大学中华文化研究丛书之一。

此外，还出现了将东亚实录译成英文的情况。1993 年，澳大利亚华人学者李塔娜曾将《大南实录》的部分史料翻译成英文。①

第二，大规模地利用朝鲜和越南等国实录，对朝鲜、越南历史以及中朝、中越关系史进行研究。

20 世纪对东亚实录的研究与应用，细分为两个时段。第一时段为 50—70 年代。在这 30 年中，大陆学者的史学研究基本上局限在"五朵金花"上，而承接民国学者对东亚实录进行应用和研究的主要是台湾学者。台湾"中研院"史语所李光涛利用朝鲜实录，对朝鲜历史及与中国的关系进行研究，成绩最为突出。从 1955 年起，他便以《朝鲜王朝实录》为中心，开始连续撰成有关朝鲜历史及与中国关系的研究性论文。1955 年，李光涛发表《记〈李氏朝鲜实录〉》②；1957 年，发表《箕子朝鲜——朝鲜实录论丛》③和《中韩民族与野人——朝鲜实录论丛》④二文；1958 年，发表《记〈朝鲜实录〉中之"经筵"》⑤《记东国朝鲜之求书——朝鲜实录论丛》⑥两篇

①　Li Tana, Southern Vietnam Under the Nguyen: Documents on the Economic History of Cochinchina (Dang Trong), 1602-1777, Institute of Southeast Asian Studies, 1993.

②　李光涛：《记〈李氏朝鲜实录〉》，《中韩文化论集》（一），台湾"中华文化出版事业委员会"1955 年版。

③　李光涛：《箕子朝鲜——朝鲜实录论丛》，台湾《"中央研究院"历史语言研究所集刊·庆祝赵元任先生六十五岁论文集》第 29 本下册，1957 年。

④　李光涛：《中韩民族与野人——朝鲜实录论丛》，台湾《学术季刊》第 6 卷第 2 期，1957 年。

⑤　李光涛：《记〈朝鲜实录〉中之"经筵"》，台湾《学术季刊》第 6 卷第 3 期，1958 年。

⑥　李光涛：《记东国朝鲜之求书——朝鲜实录论丛》，台湾《大陆杂志》第 16 卷第 10、11、12 期，1958 年。

论文。60 年代，李光涛对朝鲜实录的研究，更加厚积薄发，成果不断。1960 年，他连续发表了《记汉化的韩人——朝鲜实录论丛》①《记〈朝鲜实录〉中之大报坛》②《记〈朝鲜实录〉中之中韩民族》③三篇论文，接着于 1961 年发表《记朝鲜实录中之〈皇明全史〉——兼论乾隆年刊之〈明史〉》④，于 1962 年发表《〈朝鲜实录〉中所见之中韩文化关系》⑤和《汉人与朝鲜——朝鲜实录论丛》⑥两篇论文。1968 年发表了《记〈朝鲜实录〉中之"铸字"》⑦一文。70—80 年代，李光涛仍然在朝鲜实录研究上成果叠出，发表《〈朝鲜实录〉中的〈事大文书〉》和《记朝鲜实录中之〈训民正音〉》三文⑧。从 50 年代至 80 年代，长达三十年的时间里，李光涛先生对朝鲜实录进行了持续的、不懈的研究，成为台湾对朝鲜实录研究最为充分透彻的一位学者。他对朝鲜实录的研究，有一个鲜明的特色，便是通过《朝鲜王朝实录》的记载和史料，论述朝鲜的问题，以及朝鲜与中国的关系。除了《记〈李氏朝鲜实录〉》一文外，其他的论文都是通过朝鲜实录对朝鲜的国情与文化进行研究，如对箕子朝鲜，汉人与朝鲜，中韩民族与女真，朝鲜的经筵、著作、报坛，中韩文化关

---

① 李光涛：《记汉化的韩人——朝鲜实录论丛》，台湾《大陆杂志》第 21 卷第 1 期，1960 年。

② 李光涛：《记〈朝鲜实录〉中之大报坛》，台湾《"中央研究院"历史语言研究所集刊外编》第四种，1960 年。

③ 李光涛：《记〈朝鲜实录〉中之中韩民族》，台湾《"中央研究院"历史语言研究所集刊》第 31 本，1960 年。

④ 李光涛：《记朝鲜实录中之〈皇明全史〉——兼论乾隆年刊之〈明史〉》，台湾《"中央研究院"历史语言研究所集刊》第 32 本，1961 年。

⑤ 李光涛：《〈朝鲜实录〉中所见之中韩文化关系》，台湾《"中央研究院"历史语言研究所集刊》第 33 本，1962 年。

⑥ 李光涛：《汉人与朝鲜——朝鲜实录论丛》，台湾《幼狮学志》第 1 卷第 1、2 期，1962 年。

⑦ 李光涛：《记〈朝鲜实录〉中之"铸字"》，台湾《大陆杂志》第 36 卷第 1 期，1968 年；又收入《目录学考订》，台湾大陆杂志社 1970 年版。

⑧ 李光涛：《〈朝鲜实录〉中的〈事大文书〉》《记朝鲜实录中之〈训民正音〉》，《明清档案论文集》，台湾联经出版事业公司 1986 年版。

系等展开讨论。就在李光涛 1955 年发表《记〈李氏朝鲜实录〉》一文的同时，台湾另一位学者吴相湘与其同集发表《朝鲜〈李朝实录〉对于明清史研究之贡献》①一文，两篇论文分别从《朝鲜王朝实录》的纂修内容、史库保存和史料价值等方面作了考述，肯定了其作为"胡来文书"在明清史研究上的重要价值。

　　第二时段为 80—90 年代的 20 年。由于改革开放，大陆学者也开始对东亚实录进行较多的研究和应用。与此同时，台湾学者的研究也在继续。在朝鲜实录的研究上，1981 年，中国社会科学院滕绍箴撰写了《从朝鲜〈李朝实录〉看明代女真族与朝鲜族的友好关系》②一文，1983 年，吉林省社会科学院蒋秀松也发表了《〈李朝实录〉中的兀良哈》③一文。1994 年，另一位吉林学者刘永智在所著《东北亚研究——中朝关系史研究》④第四部分"《李朝实录》评价"中，详细介绍和讨论了《李朝实录》的编纂、贮藏、流传、内容、价值和缺陷等方面的情况。在越南《大南实录》的研究上，杨保筠 80 年代在远东学院访学时见到《大南实录》中未刊刻的部分——《大南实录正编第六纪附编》与《大南实录正编第七纪》两书，并于 1984 年发表《关于〈大南实录〉的一些补充介绍》⑤一文，简明扼要地介绍了这两部实录的一些相关情况。郑州大学于向东教授对《大南实录》研究成果比较突出。1988 年，他探讨了《大南实录》与其他几部史籍的联系，特别是与《抚边杂录》之间的关系。⑥ 1998 年，

---

　　① 吴相湘：《朝鲜〈李朝实录〉对于明清史研究之贡献》，《中韩文化论集》(一)，台湾"中华文化出版事业委员会" 1955 年版。

　　② 滕绍箴：《从朝鲜〈李朝实录〉看明代女真族与朝鲜族的友好关系》，《延边大学学报》1981 年第 3 期。

　　③ 蒋秀松：《〈李朝实录〉中的兀良哈》，《北方文物》1983 年第 1 期。

　　④ 刘永智：《东北亚研究——中朝关系史研究》，中州古籍出版社 1994 年版。

　　⑤ 杨保筠：《关于〈大南实录〉的一些补充介绍》，《印支研究》1984 年第 3 期。

　　⑥ 于向东：《试论〈抚边杂录〉与几种史籍之间的因袭关系》，《印度支那》1988 年第 4 期。

他与其硕士生导师戴可来教授联名发表了有关《大南实录》与《洋事始末》关系的论文。① 2003 年，于向东还用越语发表了探讨《大南实录》的论文。② 同年，他还发表《〈洋事始末〉文本及其与〈大南实录〉的关系》③的论文。上述作品通过史源与史流的梳理研究《大南实录》与其他史书之间的关系。

在大陆学者对东亚实录展开研究的同时，台湾学者接着前半叶的研究之风，继续对东亚实录进行探讨。1985 年，台湾学者许晏骈发表《朝鲜李朝实录中所透露的明朝宫闱秘密》④的文章。许晏骈（1922—1992）笔名高阳，出生于浙江杭州市。1949 年随军赴台，成为著名的历史小说家。他的这篇文章与他的文学作品风格一脉相承。1995 年，庄吉发发表《从〈朝鲜王朝实录〉看朝鲜君臣心目中的中国帝王》⑤的论文，同年又发表《从〈李朝实录〉看朝鲜君臣心目中的皇太极》⑥一文。这一年，蔡茂松在其《韩国近世思想文化史》的第二章"朝鲜初期的思想与文化"中，对于《朝鲜王朝实录》的卷册、编纂年代等问题作了介绍，对其纂修机构的建制、纂修官员的组成等作了讨论。⑦ 1996 年，叶高树发表《朝鲜"李朝实录"所见君

---

① 戴可来、于向东：《关于法国入侵越南的专题史料〈洋事始末〉》，《东南亚纵横》1998 年第 1 期。

② VU HƯỚNG ĐÔNG，Văn bản DƯƠNG SỰ THỦY MẠT và quan hệ của nó với ĐẠI NAM THỰC LỤC，Tạp Chí Hán Nôm số 6 (61) năm 2003.

③ 于向东：《〈洋事始末〉文本及其与〈大南实录〉的关系》，（越南）《汉喃杂志》2003 年第 6 期。

④ 许晏骈：《朝鲜李朝实录中所透露的明朝宫闱秘密》，《韩国学报》1985 年第 5 期。

⑤ 庄吉发：《从〈朝鲜王朝实录〉看朝鲜君臣心目中的中国帝王》，《第七届中国域外汉籍国际学术会议论文集》，台湾联经出版事业公司 1995 年版。

⑥ 庄吉发：《从〈李朝实录〉看朝鲜君臣心目中的皇太极》，《第八届中国域外汉籍国际学术会议论文集》，台湾联经出版事业公司 1995 年版。

⑦ 蔡茂松：《韩国近世思想文化史》，台湾东大图书股份有限公司 1995 年版，第 81~82 页。

臣对"三藩之乱"的态度》①一文，利用异域文献探讨了康熙与其大臣在三藩之乱问题上态度的异同。台湾学者在 20 世纪的后 20 年中，发表的论文基本上是利用朝鲜实录来研究中国问题，这又回到了 20 世纪前半叶孟森和吴晗等人的路径上。

与此同时，台湾学者陈荆和（1917—1995）对《大南实录》开展了研究。陈荆和生于台湾台中市，幼年移居日本东京，后毕业于庆应义塾大学，先后进入位于越南河内的法国远东博物院、巴黎大学高级中国研究所深造。历任台湾大学、香港大学、日本创价大学教授，越南顺化大学、西贡大学、大叻大学、日本庆应义塾大学和美国南伊利诺伊大学客座教授。1987 年，他撰写了《〈大南实录〉与阮朝硃本》②一文，介绍了《大南实录》以及阮朝硃本的基本情况，并深入论述了二者的关系。

以上事实表明，20 世纪后半叶中国学者已开始摆脱前半叶为研究中国而单纯辑录东亚实录的现象，开始直接利用东亚实录研究相关国的历史以及与中国的关系。

三、深耕细作，专著问世：21 世纪前 17 年东亚实录研究的迅速发展

进入 21 世纪后，中国学者对东亚实录的研究呈迅速发展的态势，不仅继续加深对朝鲜、越南实录本身的研究，而且出现了将朝鲜实录与中国实录进行比较的研究，甚至出现了研究朝鲜和越南实录的硕士和博士学位论文，成为具有代表性的学术专著。

2005 年，南开大学孙卫国教授发表《〈明实录〉与〈李朝实录〉之比较研究》一文，率先将《明实录》与《朝鲜王朝实录》进行比较，通过纂修、贮藏、体例和价值等方面，探讨中朝两国官方史学的异同之处，指出："朝鲜的《李朝实录》与《明实录》属同一性质的官修

① 叶高树：《朝鲜"李朝实录"所见君臣对"三藩之乱"的态度》，台湾《辅仁大学历史学报》1996 年第 8 期。

② 陈荆和：《〈大南实录〉与阮朝硃本》，塔娜译，《中国东南亚研究会通讯》1987 年第 1~4 期合刊。

史书。二者在诸多方面互有异同，将之予以比较研究，有助于加深对官方史学活动的认识。"①将中外实录进行比较研究，以该文为最早。2010年，南开大学曹中屏教授发表《朝鲜朝历史学与编纂学考》一文，对《朝鲜李朝实录》的编纂、内容、保存以及体例等情况有所讨论。② 2012年，中国社会科学院朱昌荣发表《清前中期李朝对明奉行"义理"思想新探——基于〈朝鲜王朝实录〉的考察》一文。③ 2015年，孙卫国与其博士生郭江龙合作发表《〈朝鲜王朝世宗实录〉的编纂与中国实录传统的影响》的论文。④ 同年，南开大学历史学院张光宇发表了《朝鲜王朝后期政治与实录纂修——以〈景宗实录〉的修正为中心》的论文，认为《朝鲜王朝实录》仿中国古代的官方修史制度，"正祖朝所成的《景宗修正实录》由老论主修"，"逆转了少论主修《景宗实录》中，老论、少论的忠逆之论"，改修实录"体现了国王意志、大臣党争对朝鲜实录纂修的深刻影响"。⑤ 2016年，南开大学郭江龙发表了《"戊午史祸"与"王权伸张"——朝鲜燕山君时期〈成宗实录〉的编纂和影响》一文，认为发生于朝鲜燕山君四年(1498)的"戊午史祸"，是由勋旧派李克墩等人告发史官金驲孙史草"不敬宗社"引起的，并直接影响到《成宗实录》的编纂，"燕山君在实录编纂中扮演了重要的角色，左右了朝中勋旧与士林的党争局面"。⑥ 上述论文，既有利用朝鲜实录史料对李朝政治和思想进行研究的，也有直接对朝鲜实录本身进行研讨的。根据

① 孙卫国：《〈明实录〉与〈李朝实录〉之比较研究》，《求是学刊》2005年第2期。

② 曹中屏：《朝鲜朝历史学与编纂学考》，《韩国研究论丛》第22辑，世界知识出版社2010年版。

③ 朱昌荣：《清前中期李朝对明奉行"义理"思想新探——基于〈朝鲜王朝实录〉的考察》，《史学集刊》2012年第5期。

④ 孙卫国、郭江龙：《〈朝鲜王朝世宗实录〉的编纂与中国实录传统的影响》，《史学理论研究》2015年第3期。

⑤ 张光宇：《朝鲜王朝后期政治与实录纂修——以〈景宗实录〉的修正为中心》，《当代韩国》2015年第2期。

⑥ 郭江龙：《"戊午史祸"与"王权伸张"——朝鲜燕山君时期〈成宗实录〉的编纂和影响》，《史林》2016年第5期。

作者的单位来看，以南开大学的学者为最多。

朝鲜王朝实录的研究，最主要的成果是出现了三部学位论文，其中两部硕士学位论文，一部博士学位论文。此为前两个阶段所从未出现的现象。无论是硕士还是博士学位论文，都是集中讨论朝鲜实录的长篇著作，篇幅较此前的研究性论文都大。

两部硕士学位论文，一是 2008 年山东师范大学孙红英完成的硕士学位论文《清朝前期朝鲜对华观——以〈朝鲜王朝实录〉为中心》。作者指出："本文以《朝鲜王朝实录》为基本资料，并参照清朝和朝鲜其他文献资料，阐述清前期朝鲜的对华观，并以此为依据，揭示该时期中朝两国关系的变化发展。"①二是同年中国中医科学院硕士生全世玉完成的学位论文《〈朝鲜王朝实录〉中的医学史料研究》。该文指出："《实录》中与医学相关的记录，涉及宫廷医事、药物、医学书籍、医学交流、君主疾病治疗以及医学制度等。可以说，这部巨著的存世，有助于解决李朝时期专门医学史料缺乏的困难，为朝鲜医学史研究提供丰富多彩的原始材料。"于是作者从《朝鲜王朝实录》中搜集到逾四十万字的医学相关史料，选用其中的部分内容作为该文的主要史料来源，针对宫廷医事、药物、医药书籍、疾病治疗及疫病五大主题展开论述，力求描绘出朝鲜李氏王朝医学的发展状况和脉络，阐述其对后世乃至现代朝鲜医学所产生的影响。②

一部博士学位论文是 2017 年由郭江龙撰成的《朝鲜王朝前期实录研究（1392—1608）》，约 31 万字，共分七章：分别对朝鲜王朝前期实录的概况及成书过程、史料来源、纂修机制、贮藏与管理、编纂特点、实录纂修与政治斗争、实录的地位价值及缺陷等问题进行了逐一研究。指出，《朝鲜王朝实录》是汇集《时政记》《承政院日记》、史官史草、《经筵日记》、各司誊录以及文书、档案等文献修

　　①　孙红英：《清朝前期朝鲜对华观——以〈朝鲜王朝实录〉为中心》，山东师范大学硕士学位论文，2008 年。

　　②　全世玉：《〈朝鲜王朝实录〉中的医学史料研究》，中国中医科学院硕士学位论文，2008 年。

纂而成；春秋馆是朝鲜王朝的官方修史机构，设置有较为完备的史官制度，实录纂修官分为总裁、堂上、郎厅三级；实录纂修完成之后，朝鲜王朝按例分别将其贮藏于春秋馆实录阁和地方各道的外方史库中；实录的编纂特点是在编年体的基础上，有机地插入人物附传，基本上继承了中国古代实录"编年附传"的体裁特点，但亦演化出了其自身的特点，如典志另立、小字细注、卷首附录和论赞（史臣曰）四个方面；朝鲜王朝前期实录的纂修与本朝政治斗争有着千丝万缕的联系，实录成为各种政治势力角逐和争斗的舞台，主要体现在王朝易代、王朝党争以及王权专制三个方面。修纂者"经常将自身的权力意志和政治诉求移植至实录的纂修中，以此建立由其所主导的权力话语体系"；朝鲜实录的价值"体现在史料的唯一性、原始性、丰富性、补阙性和借鉴性五个方面"。①

21 世纪前 17 年中，中国学者对越南实录的研究也较前两个阶段有了很大的发展。2000 年，台湾许文堂在整理与辑录《大南实录》资料上作出了贡献。他从日本出版的《大南实录》影印本中辑录出中越关系的相关内容，编纂成《大南实录清越关系史料汇编》②一书。2015 年，广西民族大学王柏中在许文堂汇编的基础上，增删史料，编辑出版了《〈大南实录〉中国西南边疆相关史料辑》③。西南师范大学出版社主持出版"域外汉籍珍本文库"，正在开展《大南实录》的整理与点校工作。

在对《大南实录》的研究上也有论文发表。2012 年，郝晓静撰成《〈大南实录〉若干问题探析》一文，约 5600 字，从编修过程、主要内容、版本及流传情况、史料价值、与史实不符的若干记载五个部分对《大南实录》作了简要的介绍。④ 2014 年，区显锋的《论〈大

---

① 郭江龙：《朝鲜王朝前期实录研究（1392—1608）》，南开大学博士学位论文，2017 年。

② 许文堂、谢奇懿：《大南实录清越关系史料汇编》，台湾"中央研究院"东南亚区域研究计划，2000 年。

③ 王柏中等：《〈大南实录〉中国西南边疆相关史料辑》，社会科学文献出版社 2015 年版。

④ 郝晓静：《〈大南实录〉若干问题探析》，《中原文物》2012 年第 2 期。

南寔录〉之修纂及其流传》，与上文探讨的问题大同小异。两篇文章行文都比较简略。① 同年，叶少飞《越南正和本〈大越史记全书〉编撰体例略论》一文，在分析《大越史记全书》编纂体例时，从"本纪""实录"等角度，简述了中国史学体例所产生的影响。② 与朝鲜王朝实录研究的深厚相比，越南实录的研究尚待进一步深入。

虽然越南实录的研究状况不如朝鲜实录，甚至也缺乏像研究朝鲜实录那样的硕士学位论文，但是越南实录的研究却与朝鲜实录一样，出现了高水平的博士学位论文，那就是 2017 年武汉大学宗亮博士撰成的《〈大南实录〉研究》。全书约 30 万字，分为六章，分别对《大南实录》的修纂机构（阮朝国史馆）、修纂过程、修纂程序、史料源流、保藏与流传、价值缺陷等问题进行了深入研究。作者指出，越南从后黎朝开始撰著君主实录，而今存规模最为庞大、内容最为丰富、延续时间最长的实录为阮朝《大南实录》，十代帝王每人皆有一部实录，以编年为主，又杂以大臣传记或单列名臣列传。《大南实录》的修纂主题"与中国明清实录一样，皆是为了阐明正统、显亲尽孝、宣扬忠义及留下资治鉴戒"。《大南实录》的修纂程序，包括下诏、开馆到进呈、升赏等流程，特别是其"焚草"制度受中国制度深刻影响。《大南实录》的史料来源于档案，主要是阮朝硃本。作者还从文本的信实与不实两个截然不同的方面衡量《大南实录》的真实价值，尤其结合边界海洋等方面考察《大南实录》的价值问题，以及法国殖民统治对实录成书的影响。该文最后总结道："总体而言，《大南实录》是阮朝史官在帝王的指示下，通过对阮朝硃本史料进行整理和择取，精心编修、反复润阅，最终形成的具有鲜明越南特色的实录史学著作。《大南实录》对数百年越南历史进程的记载、对中华文化在周边国家拓展与延伸所作的反映，都有不可取代的价值。《大南实录》承袭了中越史学的优良传统，成

---

① 区显锋：《论〈大南寔录〉之修纂及其流传》，第二届东亚文化与国际关系研讨会论文，香港浸会大学历史系，2014 年。

② 叶少飞：《越南正和本〈大越史记全书〉编撰体例略论》，《域外汉籍研究集刊》第 10 辑，中华书局 2014 年版。

为东亚史籍中的瑰宝。"①

琉球王国历史上虽然没有实录，但嘉兴学院南湖学院人文系老师、日本冲绳县立艺术大学大学院艺术文化学专业博士吴海燕，在2011年完成的博士学位论文中揭示，琉球王国的官方正史实际上具有某些中国实录史书的特征。②

从上可见，21世纪的前17年中，虽然时间很短，但中国学者对东亚实录的研究速度正在加快，研究的深度也日益加深，无论是朝鲜实录还是越南实录都产生了具有较高水平的博士学位论文。这是中国经济强劲增长、国力全面提升在学术上的反映。对外国实录的主动研究，反映了中国人的学术自信。

四、存在的问题与研究趋势

中国学者关于东亚实录的研究，从无到有，从少变多，从浅入深，取得了丰富而可观的成果，值得大力肯定。中国学者对东亚实录的研究，有一个特点，即从事中国历史研究的学者比较多，而世界史专业的相对较少，因此利用东亚实录来研究中国问题以及中朝、中越关系的成果就比较多，利用这些实录纯粹研究李朝和阮朝历史的相对要少。

从总体上看，中国学者对东亚实录的研究，在取得重大成就的同时，也存在着明显的不足，主要是不平衡。对朝鲜、越南和日本等国实录的研究，其状况若历阶而下，研究最为充分的是朝鲜实录，其次是越南实录，最次的是日本实录。东亚三国中，作为经济文化最为发达的日本，其实录却为中国学者所严重忽视，迄今为止，似只有网站上有一些介绍日本实录的信息③，研究成果难觅踪迹。笔者在探讨实录可"展开中外比较研究"时，也只是提出将中国帝王实录与"越南实录（《大南实录》等）乃至日本实录（《文德天

---

① 宗亮：《〈大南实录〉研究》，武汉大学博士学位论文，2017年。

② 吴海燕：《琉球における漢文史書の研究：首里王府の史書編纂の特性と漢文文化の受容を中心に》，沖縄県立藝術大学博士論文，2011年。

③ https：//baike.so.com/doc/9090281-9422205.html。

皇实录》《三代实录》《大正天皇实录》等)作比较研究"的建议,① 并未展开讨论。上述现象产生的原因,显然并非关乎国家实力的强弱以及对中国影响的大小。在孟森和吴晗率先关注东亚实录时,日本在东亚如日中天,而中国人并未去关注日本实录。其实,上述问题产生的原因在于其实录是否记录中国历史。东亚诸国实录记载的历史信息越与中国有关,越容易受到中国学者的关注、应用和研究。唐代之后,日本游离于东亚文化圈的边缘,时近时远,其实录中对中国历史的关注,远不如朝鲜和越南实录那样密切。因此,才会出现受到中国学者忽视的状况。当然,还有一个原因,即日本天皇长期以来大权旁落,镰仓、室町、德川三个幕府相继专权(1185—1867),使得记载天皇事迹的实录,不像中、朝、越那样能够直接反映整个国家的历史本质,因此也就未能受到中国学者的重视。此外,部分日本实录(如《昭和天皇实录》)是用日文撰著,与《朝鲜李朝实录》和《大南实录》纯用古代汉语撰述不同,这无疑增加了中国学者研究的语言障碍,也是受到中国人忽视的原因之一。

中国学者对朝鲜实录的研究虽然相对充分,但仍然存在不少盲点。对它进行整体研究的代表著作,非郭江龙的博士学位论文《朝鲜王朝前期实录研究(1392—1608)》莫属,不过该著仅对其前半套实录作了探讨,至于后半套实录的研究尚付阙如。越南实录的研究,相对于朝鲜实录而言,研究论文明显偏少,深度也难与前者比肩。宗亮的博士学位论文《〈大南实录〉研究》,一下子将越南实录的整体研究拉高到与朝鲜实录研究相同的高度,诚属不易。

鉴于上述状况,未来中国学者对东亚各国实录研究的趋势,会出现以下状态:在朝鲜实录研究的良好基础上,继续扩大朝鲜实录的研究战果,会特别重视其下半套实录的整体研究;越南实录的研究会增加其广度和深度,将有更多的学术论文问世,特别是有关南海问题的争议,会促进中国学者更多地关注、研究和应用《大南实录》;日本实录由于属于研究的空白地带,会激发中国学人填补空白的学术愿望,很快受到关注和重视,可望出现首批论文甚至专

---

① 谢贵安:《明实录研究》,上海古籍出版社 2013 年版,第 12~13 页。

著；除了从事中国史研究的学者继续进行东亚各国实录的探索外，可能会出现世界史学者(如专门研究朝鲜—韩国、越南和日本史的中国学者)投身其中，使东亚实录的研究出现新的面貌。

第二章 中越实录的修纂比较

作为古代东亚文化圈中心的中国，其皇帝实录对周边各国的实录产生了直接而深远的影响，导致日本、朝鲜和越南君主实录的产生和编纂形式上的效仿。所谓实录，是产生于中国南朝梁代专以帝王及其朝政为记载对象的编年体史书。中国实录除元、清两朝外，其他各朝实录皆为"编年附传"体。这种以君主为记载对象、专名为"实录"的史书形式，向东亚文化圈的周边传播，日本、朝鲜和越南等国均出现了以"实录"命名、专记君主及其政府历史的史书，体裁承中国实录的形式而稍有变异，文字基本上使用的是古汉语（除日本部分实录夹杂片、平假名之外）。实录的出现与传播，反映了东亚文化圈中文化扩散与共振现象。

关于中国实录和越南实录的研究，学术界均有较为丰富的成果：前者有金毓黻、方甦生、吴晗、黄彰健和陈捷先等人导夫先路①，笔者《实录研究书系》②则承继而光大之；后者有陈荆和、于向东、高自清、阮伯勇、郝晓静、阮南、区显锋、林正子、嶋尾稔

---

① 金毓黻：《历代实录考略》，《经世》第 37 期，1939 年；方甦生：《清太祖实录纂修考》，《辅仁学志》第 7 卷 1～2 期，1939 年；吴晗：《记明实录》，《中央研究院历史语言研究所集刊》第 18 本，1948 年；黄彰健：《明末实录书成誊写四分说》，台湾《"中央研究院"历史语言研究所集刊》第 31 本，1960 年；陈捷先：《满文清实录研究》，台湾大化书局 1978 年版。

② 谢贵安：《实录研究书系》（包括《中国已佚实录研究》《宋实录研究》《明实录研究》《清实录研究》），上海古籍出版社 2013 年版。

对越南实录所作的探讨①，宗亮博士的《〈大南实录〉研究》则集其大成②。迄今为止，将中越两国实录专门进行比较的研究，尚未见成果面世。笔者一向主张将实录研究扩展至更广阔的空间，将中国帝王实录与越南实录(《大南实录》等)"作比较研究"③。现在是实践学术倡议的时候了。由于越南实录出现于后黎朝和阮朝时期(1428—1945)，跨越中国的明清两代，故本章主要用中国的《明实录》和《清实录》与越南的《大南实录》进行比较研究，兼及《元实录》等其他实录。

第一节　两国实录产生的背景与状况

中国与越南实录的修纂，本是有等级差别的。在东亚文化圈中，近代以前的中国作为"天朝上国"，对周边各国拥有名义上的"宗主"地位，而越南、朝鲜、琉球、苏禄等国则属于"藩国"和"朝贡国"。按照"天朝"的等级制度，只有中国的皇帝才能拥有最高的帝王符号和标志，如只有中国的统治者才能称为"皇帝"，各藩属国只能称为"王"；只有北京的紫禁城才能使用金色琉璃瓦，诸藩

---

① 陈荆和：《〈大南实录〉与阮朝硃本》，塔娜译，《中国东南亚研究会通讯》1987 年第 1~4 期合刊。于向东：《〈洋事始末〉文本及其与〈大南实录〉的关系》，(越南)《汉喃杂志》2003 年第 6 期。高自清：《据〈大南实录正编第六纪附编〉看大内三银窖》，《发展与研究》2011 年第 4 期。阮伯勇：《漫谈〈大南实录正编第六纪附编〉》，《星火》2011 年第 23 期。郝晓静：《〈大南实录〉若干问题探析》，《中原文物》2012 年第 2 期。阮南：《"历史"的忽略角落——读〈大南实录正编第七纪〉》，《古与今》2013 年第 421/422 期。区显锋：《论〈大南寔录〉之修纂及其流传》，第二届东亚文化与国际关系研讨会论文，香港浸会大学历史系，2014 年。林正子：《『大南寔録』の成立過程(四)：『正編第四紀』の黒旗軍記事にみる編纂意図》，《跡見学園女子大学文学部紀要》2008 年第 41 期，第 29~48 页；林正子：《『大南寔録』の成立過程(六-A)——嘉定と仏山》，《跡見学園女子大学文学部紀要》2010 年第 44 期，第 29~46 页；林正子：《『大南寔録』の成立過(六-B)——ルグラン・ド・ラ・リラエ師》，2012 年第 47 期，第 89~105 页。嶋尾稔：《阮朝硃本と『大南寔録』》，《慶応義塾大学言語文化研究所紀要》2010 年第 41 期，第 205~224 页。

② 宗亮：《〈大南实录〉研究》，武汉大学博士学位论文，2017 年。

③ 谢贵安：《明实录研究》，上海古籍出版社 2013 年版，第 12~13 页。

国宫殿只能覆以绿瓦(青瓦)。这种"天朝规制",越南、朝鲜、琉球基本上都曾遵循。不过,这些藩国统治者对中国自称为"王",而一回到国内,关起门来仍然自称"皇帝";宫殿因为容易被天朝使者看见,基本遵循了使用绿瓦(青瓦)的规制,即使并非中国藩属国的日本皇宫也覆以绿瓦(青瓦),越南则予以折衷,在其顺化皇宫的中间部分覆盖黄瓦,两边则保留青瓦。按规定,只有天朝的皇帝所修实录才称皇帝实录,但周边各藩国却模仿"天朝",在国中也修纂本朝皇帝的实录。各藩国实际成为天朝上国的缩小版。

中国实录修纂较早,始于南朝梁代(502—557),历经唐、宋、五代、元、明而迄于清代。除元、清两代实录为少数民族统一政权所修而只用编年体外,其他各朝实录均为"编年附传"之体。其中《明实录》和《清实录》完整地保存了下来。《明实录》是明朝所修的编年附传体的皇帝实录,包括太祖、太宗、仁宗、宣宗、英宗、宪宗、孝宗、武宗、世宗、穆宗、神宗、光宗、熹宗,共 13 朝,2760 卷,1600 余万字。[①]《清实录》是清代所修当朝列帝的编年体系列史书。清朝在位的 12 个皇帝有 11 个都修有实录,即太祖、太宗、世祖、圣祖、世宗、高宗、仁宗、宣宗、文宗、穆宗、德宗。末帝史录未敢称为实录,而取名为《宣统政纪》,但实际上就是皇帝实录;加上最早修撰的图文并茂的《满洲实录》,清朝共修有 13 部实录,计 4433 卷,3658 万多字。《清实录》除《满洲实录》外,其他 12 部史书体例相同,皆为编年体。[②]《清实录》的编年体例与《明实录》"编年附传"体不同,与另一部由少数民族入主中原建立统一政权的元朝所修的《元实录》相似。然而,《元实录》在修纂皇帝编年的同时,还编纂了与之配套的《后妃功臣列传》,形成皇帝编年与大臣列传"二位一本"的特殊模式。以上三部中国实录的修纂,对越南《大南实录》都产生了程度不同的影响。

越南实录出现较晚,始于后黎朝(1428—1527)。太祖黎利(1428—1434)于蓝山举旗抗明,命阮廌编撰了《蓝山实录》三卷,

---

① 参见谢贵安:《明实录研究》,上海古籍出版社 2013 年版,第 14 页。

② 参见谢贵安:《清实录研究》,上海古籍出版社 2013 年版,第 1 页。

记载黎太祖蓝山反明之事，用汉文写成。黎太祖特地用"蓝山洞主"的别号为该实录作序。此为越南有实录之始。黎仁宗(1443—1459)时纂修了《两朝实录》。黎昭统帝被西山派阮惠扶上皇位后，任命前来投奔的吴时任为校讨兼纂修国史，修订了黎熙宗至黎懿宗之间的《五朝实录》。阮朝(1802—1945)建立后，先后将国号命名为越南(1802—1839)、大南(1839—1945)，修纂了当代国史《大南实录》，记载本朝从阮主迄启定帝长达300余年的越南历史，是"越南今存规模最为庞大、内容最为丰富、延续时间最长的实录"①。是书共584卷，分为《前编》和《正编》。《前编》主要追述割据广南的阮主时期的史实。《正编》分为第一纪、第二纪、第三纪、第四纪、第五纪、第六纪、第六纪附编、第七纪以及列传前编、列传初集、列传二集等部分，从阮世祖嘉隆帝开始，迄阮弘宗启定帝为止，共十代帝王，基本上每帝皆有一部实录(被废的皇帝列入附编)，皆由后代皇帝为先帝所修，显然符合中国实录修纂之规②。《大南实录》以帝王事迹为中心，"以月系序，序系年"，又修纂了相配套的《大南列传》，与中国多数实录"编年附传"有纪有传的特征大致相符。

　　本来，按天朝规制，越南应修"大王实录"，但它却模仿"天朝"制度，在国内修纂"皇帝实录"。阮朝明命二年(1821)，"初建国史馆。帝谕群臣曰：'国家开拓以来，列圣相承，垂二百年，迨我世祖高皇帝中兴，混一区宇，其间事迹勋烈，苟非史册，何以垂示永久。朕欲建立史馆，命儒臣纂修《国史》《寔录》，以表建笃基勤之盛。'"③可见，阮朝国君自称为"朕"，称其先祖为"世祖高皇

---

　　① 宗亮：《〈大南实录〉研究》，武汉大学博士学位论文，2017年，"中文摘要"第1页。

　　② 中国实录在唐代前期是"今上实录"与"先帝实录"并修时期，即由现任皇帝为自己修"今上实录"，同时为前任修"先帝实录"；唐代中后期则形成现任皇帝为前任修"先帝实录"的惯例，并一直延续至清。参见钱茂伟：《实录体起源、发展与特点》，《史学史研究》2004年第2期；[英]杜希德：《唐代官修史籍考》，黄宝华译，上海古籍出版社2010年版，第106页。

　　③ 阮朝国史馆：《大南寔录正编第二纪》卷三，(日本)庆应义塾大学言语文化研究所1961—1981年影印版，第1487~1488页。

帝”，要为他们修纂皇帝实录。阮朝所修的实录名为“大南寔录”，
“大南”是国名，不按某帝实录命名，似有避免触犯天朝规制的意
图；而将“实录”改称“寔录”，则是为避明命帝皇后胡文实名讳。

　　越南实录对中国实录的模仿，有一个滞后过程，即它主要不是
从同时代的清代实录修纂中学习，而往往是向中国前几朝实录修纂
的经验借鉴。越南阮朝既修纂《大南实录》又修纂与之配套的《大南
列传》，所形成的“二位一体”的模式，似借鉴了中国元朝既修《元
实录》同时又修与之配套的《后妃功臣列传》的模式。《大南实录》修
纂的主题思想、具体体例、修纂机构及其运作特点，主要借鉴自
《明实录》以及据之所修的《明史》。《大南实录》所附的《列传》前
编、初集、二集“以类相从”的编纂方法来自《明史》①，而非清国
史。绍治帝强调史臣修史“宜仿《明史》而行之”②。本来，阮朝与
清朝属于同一时代，应该向清朝的实录馆借鉴其修纂经验，但考察
了阮朝修纂实录的过程后，发现此类现象比较少见。其政治上的原
因，似在于阮氏政权迅速崛起，清朝因阮朝统一越南全舆已成事实
才转而承认阮朝的藩属国地位，导致阮朝对清朝的态度面恭实倨，
对其制度(包括实录修纂制度)并无主动效仿的意愿。从文化上来
说，阮朝对明朝有亲和感，喜欢关注明代历史。明命帝好读《明
史》，写有《读〈明史〉十咏》，宣称“验明世之兴衰，阅朱家之政
体，非效文人而好为议论，实凭公道而用以劝惩”③。这与朝鲜王
朝被清征服后，表面上臣服清朝，但暗中仍然尊奉明朝正统的现象
相类似。当然，《大南实录》个别修纂制度和措施也借鉴自同时代
的《清实录》。越南阮朝实录修纂虽然仿效了中国之制，但也在具
体的修纂过程中有所改动和改进。正如李未醉所指出的那样，越南
在史学上继承了中国史学上的优良传统，采用中国古代史书的体

---

　　①　《大南列传前编·凡例》在交代后妃传书写方法时，指出是“仿《明
史》传体也”。

　　②　阮朝国史馆：《大南寔录正编第三纪》卷二三，(日本)庆应义塾大学
言语文化研究所1961—1981年影印版，第5072页。

　　③　转引自丁克顺：《越南阮朝明命帝及其〈御制诗集〉》，《宫廷典籍与
东亚文化交流国际学术研讨会论文集》，故宫博物院，2013年，第648页。

裁，同时也结合本国实际，有所创新。①

第二节　主题与体例之比较

一、主题比较

由于同处东亚文化圈中，有着相同或相似的文化样态和价值观，导致中、越两国实录在修纂主题上存在许多共同之处，在存史显亲、据实直书和鉴戒劝惩上均有一致性的取向，但两国实录的主题也有一些细微的差别。现分述于下。

第一，存史显亲。

实录是以本朝先帝为记载对象，修纂的目的主要是存史显亲。存史就是将先帝的一生事迹记录下来，以便永远流传下去；显亲就是继位的皇帝通过修纂实录，让作为已故皇帝的父祖兄长的形象在历史的长河中光焰不灭。

中国的实录是"家国一体"的集中表现形式，它既是国家大典，又是皇家私史，修纂实录的目的既是为国家保存史实，更是为先帝存史显亲。存史是显亲的基础，必须将先帝的事迹记载下来。每临实录修纂，皇帝都会要求史臣为先帝存史。明孝宗为修《明宪宗实录》所下的诏书中就声称："自古帝王功德之实，皆有纪述以垂示后世。尧、舜、汤、武之绩见于书，汉、唐、历代之事备诸史。"因此，"我皇考宪宗纯皇帝聪明神圣，孝敬宽仁，继体守成二十四载，洪谟伟烈，昭布万方，自非载诸简册，用彰盛美，则天下后世何所仰至德而被休光?"②要求翰林院史馆编纂乃父《实录》。于是，史臣们秉承皇帝之旨，为先帝存史。杨士奇等人请修《宣宗实录》时表态："宣宗皇帝临御十年，大功大德在国家在生民者必当纪

---

① 李未醉：《古代越南史学对中国史学的继承与创新》，《阜阳师范学院学报》(社会科学版)2004年第3期。

② 《明孝宗实录》卷一〇，弘治元年闰正月戊辰。

载，垂于万世。今宜依祖宗故事，纂修《实录》以彰盛美。"①

显然，实录修纂的主要目的就是存史。不过，存史的史学意义背后，还蕴含着伦理价值，就是显亲尽孝。宋徽宗即位伊始，侍御史陈次升便奏《上徽宗论修〈神宗实录〉》疏，明确指出："圣人之治无以加于孝，孝莫大于严父，严父莫大显名于后世。"让神宗功业"流传万世"的最好方式是重修实录。陈瓘也在《上徽宗乞别行删修绍圣〈神宗实录〉》的奏疏中，说明"国史、实录皆欲显扬宗庙之美"②。南宋范成大也明确提出："追孝莫大于显亲，显亲莫大于述事。"清皇太极在诏修《清太祖实录》时说，若不将皇考太祖行政用兵之道"一一备载，垂之史册，则后世子孙无由而行，岂朕所以尽孝乎?"③清顺治帝亲政后，内院大学士希福提议"纂修实录大典，尤不可缓"，因为太宗的德业"必载史册，永为法守，用昭我皇上孝思"。④ 清代史臣在《进世宗实录表》中也表示"遵圣主敬承之志，分年系月，有美毕书;焕先朝垂裕之模，述德征功，无词能赞"。修纂实录就是要存史以显，显亲以尽孝。

阮朝史学受到中国的直接影响，其修纂实录的目的，也是为了存史显亲。明命帝修纂《大南实录前编》的目的，是为了记录祖宗创业垂统历史，承传祖宗之基图和谟烈。他说："国之有史，所以信诸今而传诸后，自古帝王代有制作，莫不著于记载，垂示将来。"对于阮朝"太祖肇基"以来"史文尚阙如"的情况表示不满，要求史臣修纂实录，"自成信史，庶于神传圣继之基图，文显武承之谟烈，昭垂不朽"。嗣德皇帝在下令修纂《实录正编》"第三纪"的谕令中，根据"自古圣帝明王，继天立道，制治保邦，一代之兴必有一代之史，所以阐扬懿烁，垂示来兹"的惯例，要求对"我皇考宪祖章皇帝承列圣之传，守一中之道"的"武烈文谟"以及"七年在宥，

---

① 《明英宗实录》卷八，宣德十年七月丙子。

② 赵汝愚编:《宋名臣奏议》卷六〇《百官门·史官》，景印文渊阁四库全书本。

③ 《清太宗实录》卷一六，天聪七年十月己巳。

④ 《清世祖实录》卷六一，顺治八年十二月戊辰。

万世蒙恩，治底十成，崇臻四美"的事迹加以记载，以张扬其"盛德大业"①。建福帝在谕令修纂"第四纪"时指出："《世祖高皇帝第一纪寔录正编》暨我《圣祖仁皇帝第二纪寔录正编》、《宪祖章皇帝第三纪寔录正编》，前经奉准纂辑"，已经使得他们的"嘉言懿行，伟绩丰功"记录在册，保存于史书之中。对于"我皇考翼尊英皇帝光绍丕基，励精图治，在御三十六年，恭俭之德，孝敬之诚"，以及高明的圣学，渊粹的圣文，好贤惠士，勤政爱民的德行、才学和事迹，要求必须"布在简册"。他深切地认识到，要使先帝功德大业"传之从远，深惟史为一大"，因此要求"史臣等各宜加心稽究"，"及早成编，以慰予一人继述之意"。② 建福帝在谕令修纂《实录正编》"第六纪"时，也对景尊纯皇帝"外睦邻交，内安黎庶，善政班班"的事迹，提出"取次继修为《寔录正编》，俾与《前编》并《正编》诸纪同垂永久"的要求。③ 让先帝事迹垂之永久，就是想达到存史显亲的目的。

相比较而言，中国皇帝实录在存史显亲的同时，尽孝的主题更为明显一些。阮朝实录存史显亲的主旨与明清实录一致，但其少提及显亲以尽孝的目的。这是二者之间的细微差异。可能与阮朝皇位传承纷乱有关。如阮朝嗣德帝去世后，皇帝立废频繁，先是皇长子瑞国公嗣位，三日后即被废黜，朗国公即位，数月后又废，之后是建福帝继立。这一现象使得实录修纂中"子为父修"的常见模式被打乱，使尽孝的主题大为削弱。

第二，据实直书。

中越实录不仅共同强调要为先帝存史，而且一致要求为先帝存信史。既然要存信史，就必须据实直书。中越两国在修实录时，都提出过据实直书的要求。直书成为实录修纂的主题之一。

---

① 阮朝国史馆：《钦定大南会典事例续编》卷四九，法国远东学院图书馆藏，编号 Paris EFEO VIET/A/Hist. 32(1-28)。

② 阮朝国史馆：《钦定大南会典事例续编》卷四九，法国远东学院图书馆藏，编号 Paris EFEO VIET/A/Hist. 32(1-28)。

③ 阮朝国史馆：《大南寔录正编第六纪附编》卷六，法国远东学院图书馆藏，编号 Paris EFEO VIET/A/Hist. 9(1-13)。

中国明朝的太宗皇帝诏令监修李景隆，在二修《明太祖实录》时，必须"端乃心，悉乃力，以古良史自期，恪勤纂述，必详必公"。神宗在《明穆宗实录·序》中，明确要求史臣"据事属辞，庶几不失其真"。于是史臣便遵旨而行。总裁解缙等人在二修《明太祖实录》的《进实录表》中，声称自己"皆据事而直书，不假一辞之赞美"。刘吉等人在《进（明宪宗）实录表》中也强调他们在修《明宪宗实录》时，尽量做到秉笔直书："贤否决于众论之同，是非公于天定之后。"《明孝宗实录》的总裁李东阳等在《进实录表》中自白道："是曰是，非曰非，岂敢专于独见；疑传疑，信传信，庶以备于将来。"叶向高等则在《进（明光宗）实录表》中指出："言必信而有征。"虽然现任皇帝对其父祖先帝难免粉饰，但保存信史的信念，又让他们要求史臣据实直书。

越南阮朝在修纂实录时，也强调据实直书。如在修纂记载建福和咸宜两帝的《大南实录正编第五纪》时，群臣奏称："臣等谨推求古义，考按实事，请钦修《简宗毅皇帝寔录》应继为《第五纪正编》，炤依《正编》义例办理，就中凡事何系出于权臣之意，则据事直书，以著其专，此自有史法。"①史臣们在最后奏上的"第五纪"的凡例中，再次强调据事直书："是纪自嗣德三十六年十月，至咸宜元年八月以前，虽由权臣阮文祥、尊室说专政，但其间施设除授并诸事务，系遵炤典例行者，凡有应书，仍依以前诸纪例书书之，何系出于权臣私意则据事直书，以著其非。"②据实直书的目的就是要撰成信史。明命帝下令修纂《大南实录前编》时指出，"国之有史，所以信诸今而传诸后，自古帝王代有制作，莫不著于记载，垂示将来"，要求史臣"自成信史"。③绍治帝在修"第二纪"时谕令道："一代之兴，必有一代信史，所以述前徽而垂来世也。"嗣德帝在谕

---

①　阮朝国史馆：《大南寔录正编第六纪附编》卷五，法国远东学院图书馆藏，编号 Paris EFEO VIET/A/Hist. 9(1-13)。

②　《阮朝硃本档案》，成泰九年四月初九日，越南国家第一存档中心藏。

③　阮朝国史馆：《大南寔录正编第二纪》卷九，（日本）庆应义塾大学言语文化研究所 1961—1981 年影印版，第 1555~1556 页。

令修纂"第三纪"时要求史臣:"务要文有足征,事皆纪实,无愧佚狐之笔,永留班马之香,庶期增贲前光,昭垂信史,以副朝廷委用之至意。"①建福帝在谕令修纂"第四纪"时,命令"史臣等各宜加心稽究编摩,务要文有足征,事皆纪实"②。通过实录修纂时的据实直书,以达到为先帝存信史的目的。

第三,鉴戒劝惩。

中越实录修纂的另一相同的主题便是政治鉴戒和道德劝惩。

中国实录的修撰目的往往是为皇权政治提供历史鉴戒,为后嗣君主治国行政提供经验和教训,以保证本王朝皇位传之万世。从皇帝为实录所作序中,可以看出实录修纂的鉴戒主题。明太宗朱棣在为三修本《明太祖实录》作的《序》中指出:"自古帝王之有天下,其言行政治必有史臣纪载以垂鉴戒,此古今之盛典,朝廷之先务也","自古兴国之时,皆由勤俭而得之,衰弱之季,皆由奢侈而败之。后世子孙臣庶,仰观我皇考创立之艰难,栉风沐雨,劳心焦思,辛勤万状,得之不易,自不容于奢纵矣。于乎,所以垂宪万世者,此欤!"并要求"后之览者其钦承之!"③史臣心领神会,在上书表中,表示已将先帝的"创业垂统"的丰功,和"继天立极"的"至治"等都记录下来。④清顺治时期彭之凤请修实录时奏称"皇上宜及时先修《世祖皇帝实录》,良法美意,嘉言懿行,勒成一书以资政治"⑤。与政治鉴戒相伴的主题是道德劝惩,劝是通过实录对先帝或大臣事迹的赞扬来鼓励后人发扬光大,惩是对先帝或大臣失德的贬斥以告诫后人避免再犯。清康熙帝指出:"史之作也,不惟其备

---

① 阮朝国史馆:《钦定大南会典事例续编》卷四九,法国远东学院图书馆藏,编号 Paris EFEO VIET/A/Hist. 32(1-28)。

② 阮朝国史馆:《钦定大南会典事例续编》卷四九,法国远东学院图书馆藏,编号 Paris EFEO VIET/A/Hist. 32(1-28)。

③ 《明太祖实录》卷首《序》。

④ 《明太祖实录》卷首《进实录表》。

⑤ 《皇清名臣奏议》卷一六《请修实录疏》,都城国史馆琴川居士排字本。

记载而已，将以昭劝惩于万世。"①《明英宗实录》的总裁陈文等人在《进实录表》中，就表明他们贯彻了惩恶扬善的鉴戒主题："书君上之言动得其要，断臣下之善恶以其公。"《明孝宗实录》的总裁李东阳、监修张懋等在《进实录表》中也说："关劝惩者，细亦不遗。"《明太宗实录》的《修纂凡例》也明确规定："有特旨罢黜，干系劝惩者，不限职之大小并书。"

　　越南实录修纂的主题，也有政治鉴戒和道德劝惩。嗣德五年(1852)国史馆臣张登桂等人在进书表中，称所修之《大南实录·列传前编》对"内而后妃、皇子、公主、尊室，外而诸臣、循吏、文学、忠义，以至隐逸、高僧与夫酷吏、逆臣、奸臣，皆类登之，所以存往跻而昭鉴戒者也"②。《大南实录·第五纪》修纂前，商量《实录》编辑义例时，史臣对于此间政变不断、废兴无常的史实，认为"凡此类者，实皆名义关重，千万世公是公非，鉴戒所系"③。也强调了鉴戒主题。成泰七年，国史馆总裁、纂修等官奏曰："窃炤实录之体，又有列传，所以补本纪之所不载，凡当辰人之善恶、事之功罪，莫不集而登之，所以备观省而垂鉴戒也。"④《大南实录·列传正编二集》完成后，史馆负责人高春育等上表指出："是皆其人其事可则可征，公是公非为鉴为戒者也，然则国必有史，而史必有传，夫非所以备鉴戒而垂来许者欤！……斯当辰人物，后世可共传之，俾各汇成，方为永鉴……庶使本来面目，没世不忘，唤起精神，九原可作，想亦备劝惩之一政也。"⑤以上诸例中，阮朝史

　　① 清圣祖：《圣祖仁皇帝御制文集·初集》卷二九《书通鉴纲目后》，景印文渊阁四库全书本。

　　② 阮朝国史馆：《大南列传前编》卷首，(日本)庆应义塾大学言语文化研究所1961—1981年影印版。

　　③ 阮朝国史馆：《大南寔录正编第六纪附编》卷五，法国远东学院图书馆藏，编号 Paris EFEO VIET/A/Hist. 9(1-13)。

　　④ 《阮朝硃本档案》，成泰七年八月二十二日，越南国家第一存档中心藏。

　　⑤ 阮朝国史馆：《大南正编列传二集》卷首，(日本)庆应义塾大学言语文化研究所1961—1981年影印版。

臣都提到修实录是为了鉴戒或劝惩。

不过，通过比较，可以发现，中国的实录政治鉴戒和劝惩既针对皇帝也针对臣子而言，而越南实录修纂中的鉴戒和劝惩，似乎多是针对臣子而言，故凡提到"鉴戒"或"劝惩"，均是在修纂与实录相配的列传时。这似乎是中越史学主题存在的一个差异。

二、体例比较

越南实录仿照中国实录而修纂，因此在体例上大致相似。不过，中国实录的体例亦不完全相同，像唐、宋、明等朝实录皆为编年附传体，而清朝实录却是单纯的编年体。那么，越南实录就存在一个仿照中国哪朝实录体例的问题。根据比较发现，越南阮朝的《大南实录》及与之配套的《大南列传》二位一体的模式，基本上仿行的是《元实录》及与之配套的《后妃功臣列传》所形成的编年与列传既分立又偕配的模式。

中国实录从大的类别来看，属于编年体，但具体细分，像唐、宋、明等朝实录又属于"编年附传"体。它将编年体与纪传体相互结合，"杂取编年纪传之法"①而成。南宋陈振孙指出实录的体例特征："编年附传，大略用实录体。"②晁公武接着指出："后世述史者，其体有三：编年者，以事系日月而总之于年，盖本于左氏明；纪传者，分记君臣行事之终始，盖本于司马迁；实录者，其名起于萧梁，至唐而盛，杂取两者之法而为之。"③北宋的《崇文总目》在史部下专立"实录类"一目，排序仅在正史（纪传）、编年类之后，居第三位。南宋尤袤的《遂初堂书目》、晁公武的《郡斋读书志》、高似孙的《史略》，均将实录单独列为一类。元苏天爵《论修〈功臣列传〉疏》也认为："史有二体，编年始于左氏，纪传始于太史公。

① 王应麟：《玉海》卷四八《艺文·实录》，景印文渊阁四库全书本。

② 陈振孙：《直斋书录解题》卷五《杂史类·建康实录》，徐小蛮、顾美华点校，上海古籍出版社1987年版，第143页。

③ 晁公武：《郡斋读书志校证》卷五，孙猛校证，上海古籍出版社1990年版，第174页。

考一时之得失，则编年为优，论一人之始终，则纪传为备。要之二者，皆不可阙。近代作为实录，大抵类乎编年，又于诸臣薨卒之下，复为传以系之，所以备二者之体也。"①肯定了实录体具有集编年与纪传二者之长的独特优势。以《明实录》为例，它的体例特征便是"编年附传"。《明实录》中的附传约占整个《明实录》的1/16。据《明太宗实录》的《修纂凡例》得知，实录收录人物传记的标准是："凡公、侯、驸马、伯，在京文武官三品以上，近侍五品以上，在外都司、布政司、按察司正官，殁皆书卒及概见其行实、善恶，务合公论。其有赠谥及赐祭赙赠之类皆书。若文武官有治行功绩显著，不限职之大小皆书"，以及"文武臣僚有殁于王事皆书"。据张红的统计，《明实录》共有人物附传2464个。她指出，《明实录》将附传插入编年史实之中，其切入点大致有三："以传主'卒'写起、以传主升迁写起、以传主去职写起。"②通过以上形式，使实录拥有了皇帝本纪（编年）夹杂列传的特殊形式。然而，实录体"编年附传"的体例在元、清两朝却有了改变，于皇帝编年中去掉了附传。元朝史馆将《元实录》修纂成单纯的皇帝编年史，同时配套修纂《后妃功臣列传》。也就是说，《元实录》首次将实录体"编年附传"的体例，拆分成编年与列传两部分，形成各自成书，且又互相偕配的模式。

　　元朝史馆在修纂《元实录》的同时，还修纂了与之配套的《后妃功臣列传》。③据《元史》卷24《仁宗纪一》载："（至大四年五月）丙子，命翰林国史院纂修先帝《实录》及累朝《皇后功臣列传》，俾百司悉上事迹。"《元史》卷27《英宗纪一》载："（至治元年三月）甲申，敕纂修《仁宗实录》、《后妃功臣传》。"《元史》卷38《顺帝纪一》亦载："（至元元年四月）己卯，诏翰林国史院纂修累朝《实录》及《后

---

① 杨士奇：《历代名臣奏议》卷二七七《国史》，景印文渊阁四库全书本。

② 张红：《〈明实录〉附传与〈明史〉列传比较研究》，武汉大学硕士学位论文，2016年，第11页。

③ 参见谢贵安：《中国已佚实录研究》，上海古籍出版社2013年版，第392~393页。

妃功臣列传》。"《元史》卷41《顺帝纪四》载："（至正八年正月辛亥）诏翰林国史院纂修《后妃功臣列传》，学士承旨张起岩、学士杨宗瑞、侍讲学士黄溍为总裁官，左丞相太平、左丞吕思诚领其事。"至元元年（1335）到至正八年（1348），其间相隔十三年，所修的《后妃功臣列传》应该不是同一部，前者是与累朝实录配套而修，后者应该是与《泰定帝实录》和《宁宗实录》配套而修的。据明初宋濂在为元代史臣周伯琦写的墓志铭中称："公讳伯琦，字伯温，姓周氏，饶之鄱阳人……以翰林学士张文穆公起岩、欧阳文公玄荐，迁征事郎、翰林国史院编修官，预修泰定帝、宁宗《实录》、《后妃功臣列传》，六年上进。"①斯可为证。清代实录虽然也像《元实录》一样，皇帝编年成为纯粹的编年史，但它与元代又有所不同，元代实录在修纂的同时，还配套修纂了《后妃功臣列传》，成为"二位一体"的形式。《清实录》则没有修配套的列传。

现在流传的《大南实录》后面附有《大南列传》，二者合成一书，其实是后人所为。修纂之初，《实录》与《列传》是二书并修，并行不悖。阮朝史馆先修成编年体的《大南实录》，然后又配套修成传纪体的《大南列传》，二者相辅相成。成泰七年，阮朝国史馆总裁和纂修等人在奏疏中，表明他们对"编年附传"的实录体有纪（编年）有传（附传）的特点了解得很清楚："窃炤实录之体，又有列传，所以补本纪（指皇帝编年）之所不载。"但是，他们却决定将皇帝编年与列传各自独立修纂，既然前面修了《大南实录》的"第二纪"，因此他们决定补修《大南列传二集》②。显然，阮朝实录已改变了中国主流实录"编年附传"的体例，不再像《明实录》等书那样，通过"书卒"等方式将列传插入编年正文，融入全书，而是单独成传，形成列传与编年（本纪）分立且又相配的特殊形式。这一形式，与《元实录》—《后妃功臣传》二位一体的模式十分相似。不过，阮朝在修《大南列传》时，具体的编纂体例则是模仿了根据《明实录》史

---

① 宋濂：《宋学士文集》卷六四《芝园续集》卷四《元故资政大夫江南诸道行御史台侍御史周府君墓铭》。

② 《阮朝硃本档案》，成泰七年八月二十二日，越南国家第一存档中心藏。

料修纂而成的《明史》的"以类相从"的体例。

《大南实录》除《前编》是追述阮主割据广南时代 200 余年的历史外，《正编》与中国实录一样，基本上是一个皇帝修成一部实录。《大南实录正编第一纪》记录的是阮朝开国皇帝阮福映及其朝政的历史，阮福映庙号世祖，故此书或又称《世祖高皇帝实录》。《正编》"第二纪"记载的是明命帝及其朝政的历史，明命帝庙号圣祖，此书或称《圣祖仁皇帝实录》。《正编》"第三纪"是记载绍治帝及其朝政的实录，绍治帝庙号宪祖，此书或称为《宪祖章皇帝实录》。《正编》"第四纪"是记载嗣德帝及其朝政的实录，嗣德帝庙号翼宗，此书又被称为《翼宗英皇帝实录》。《正编》"第五纪"是记载建福、咸宜两代帝王事迹的实录，其中建福帝的事迹列入正纪部分，而咸宜帝的事迹则被列为"附编"。因为建福帝庙号简宗，故此书又称为《简宗毅皇帝实录》。是书其实记载了两位皇帝的事迹。这有点像《明英宗实录》后附《郕戾王附录》一样。《正编》"第六纪"专记同庆帝事迹，同庆帝庙号景尊，故此书或又称《景尊纯皇帝实录》。第六纪除了正纪外，还有附编，记载了两个废帝，卷一至卷十九是"成泰废帝附编"，卷二十至卷二十九是"维新废帝附编"。既是"废帝"，故未列入正纪。父子二人先后被法国殖民者驱逐和废黜。《正编》"第七纪"记录了启定帝在位期间的历史，是阮朝最后一部实录，因为启定帝庙号弘尊，故又称《弘尊宣皇帝实录》。虽然阮朝称其实录为《大南实录正编（或附编）》第一纪至第七纪，但实际上每帝各有自己的实录，甚至别名就直呼为《世祖高皇帝实录》《圣祖仁皇帝实录》等，这与《明实录》等中国实录的体例并无本质的差别。

在修纂《大南实录》前编、正编、附编同时或稍后，阮朝史馆又编撰了与皇帝同时代的大臣传记《大南列传》前编、初集、二集。

《大南实录前编》修纂的同时，阮朝就在筹划修纂与之配套的《列传前编》。嗣德五年，史臣张登桂等人指出，早在"绍治元年，钦修《列圣实录前编》，经奉面敕并行修辑《列传》"①。可见，《实

---

① 阮朝国史馆：《大南列传前编》卷首，（日本）庆应义塾大学言语文化研究所 1961—1981 年影印版。

录前编》与《列传前编》是相配而成、二位一体的史籍。在修纂顺序上，是先修《实录前编》，接着才修《列传前编》。《大南实录前编》始修时间为明命二年（1821）五月，竣工于绍治四年（1844）三月。与之配套的《大南列传前编》的始修时间失载，修成后进呈时间为嗣德五年（1852）三月，竣工时间较《大南实录前编》为晚。[1]《大南实录正编》"第一纪"始修于明命二年（1821），至嗣德元年（1848）二月修竣进呈。与之相配的是《大南正编列传初集》（简称《列传初集》）。初集内容上承《列传前编》，主要记载嘉隆帝时期的人物，被认为是"实录正编第一纪人物列传"[2]。《列传初集》始修于嗣德五年（1852），成泰元年（1889）十月竣工。事实上，该书最初的书名就叫"第一纪正编列传"，是为实录正编第一纪配套修纂的附传。修成后改名为"正编列传初集"。还在《前编列传》告成之际，史馆馆臣便上奏声称"奉继修《第一纪正编列传》，当次馆臣参互考订，分目汇编，首后妃，次皇子公主，次诸臣，次行义、列女，末附以僭窃、外国等传，凡八目共三十三卷，题曰《正编列传初集》"[3]。此后，又有史馆馆臣明确提道："我国家《前编列传》久已成书，《第一纪正编列传》于嗣德五年钦修，兹镌刻工竣，俟印刷进呈。"[4]既然把实录《正编》"第一纪"与《第一纪正编列传》相配，那么按照当时的设想，下面会依次编纂实录《第二纪正编列传》《第三纪正编列传》以迄《第七纪正编列传》，但阮朝后来却改变了一纪一传的模式，改为多纪一传。将与实录正编第二纪至第五纪相关的人物列传，合编成一书《正编列传二集》。

中国实录中的附传，一般是按人物卒年为切口插入编年正文中

① 参见宗亮：《〈大南实录〉研究》，武汉大学博士学位论文，2017年，第47、49、52页。

② 陈荆和：《〈大南实录〉与阮朝硃本》，《中国东南亚研究会通讯》1987年第1~4期合刊。

③ 阮朝国史馆：《大南正编列传初集》卷首，（日本）庆应义塾大学言语文化研究所1961—1981年影印版。

④ 《阮朝硃本档案》，成泰七年八月二十二日，越南国家第一存档中心藏。

的，而《大南实录》中的《列传前编》《正编列传初集》和《正编列传二集》中的人物却是按类编纂的，实际上是"类传"。《大南列传前编》的内容"首后妃，次皇子、公主，重伦序也。次诸臣，表勋业也。次隐逸，旌恬退也。次高僧，备录也。次逆臣、奸臣，惩恶也"①。显然，《列传前编》是按后妃、皇子、公主、诸臣、隐逸、高僧、逆臣、奸臣八个类别编撰的。这是中国纪传体正史列传中的类传的分法和体例。《大南正编列传初集》的内容也是按类编纂，与《前编》大同小异，"分目汇编，首后妃，次皇子、公主，次诸臣，次行义、列女，末附以僭窃、外国等传，凡八目共三十三卷"②。虽然也是八个类别，但有小的改动，去掉了高僧，增加了列女、外国，将隐逸改为行义，将逆臣、奸臣合并为僭窃。阮朝《大南实录》及其配套《大南列传》"以类相从"的类传写法，应该是从中国纪传体中学来的。《大南列传前编》凡例在交代《后妃传》书写方法时，指出是"仿《明史》传体也"③。这透露出《大南列传》编纂体例的来源。

　　虽然《大南列传》与《大南实录》修纂时间不同步，体例也相异，但二书相配偕行的特点，使二书具有二位一体的性质。同时，《大南列传》中的史料，首先来自《大南实录》。据阮朝史臣表述的凡例"列传事迹并依《寔录》及参考诸行状家谱，此外旁询博访，凡有事实可据者，并采之"④。此话反映了《大南列传》史料主要来自《大南实录》的事实，史料成为二书之间的血缘纽带。宗亮指出："现代史家将《列传》视为《实录》的一部分，且将它们合为一书影印出

---

　　①　阮朝国史馆：《大南寔录前编》卷首，（日本）庆应义塾大学言语文化研究所 1961—1981 年影印版。

　　②　阮朝国史馆：《大南正编列传初集》卷首，（日本）庆应义塾大学言语文化研究所 1961—1981 年影印版。

　　③　阮朝国史馆：《大南寔录前编》卷首，（日本）庆应义塾大学言语文化研究所 1961—1981 年影印版。

　　④　阮朝国史馆：《大南寔录前编》卷首，（日本）庆应义塾大学言语文化研究所 1961—1981 年影印版。

版，其选择似不无道理。"①

由上可见，越南阮朝《大南实录》及与之配套的《大南列传》的编纂模式，使得其国史中既有帝王编年，又有大臣列传，基本上符合中国主流实录有纪（皇帝编年）有传（大臣附传）的特点，但其《大南实录》与《大南列传》修纂不同时以及二书并立的状态，则与中国正统实录的"编年附传"体不符，而与中国元代官方所修的《元实录》及其《后妃功臣传》二位一体的形式相似。不过，《大南实录》及《大南列传》具体的编纂体例，则分别仿自《明实录》及《明史》，而非《元实录》。《元实录》与《后妃功臣列传》是同时修纂，越南阮朝《大南实录》与《大南列传》修纂于不同时，且一传（《列传二集》）多纪（明命、绍治、嗣德、建福、咸宜、同庆六帝编年）的形式，又与《元实录》的修纂有所不同，表明越南阮朝修纂实录，在吸收中国历代实录之长时，还根据自己的需要随时改进。

第三节　修纂机构之比较

中越实录都是官修性质的国史。中国从唐朝开始，实录修纂皆在中央政府所设的史馆中进行。此后一直延续到明清。明清两代修纂实录，都是在皇家宫城——紫禁城中设馆。明代在左顺门史馆修纂实录，而清代实录馆地点则屡有变换，但始终未出宫中。然而，越南阮朝修纂实录的机构史馆并不在皇宫之中。不过，阮朝史馆与翰林院毗邻，则又残留明朝翰林院统属史馆的历史痕迹。

中国明朝的翰林院负责史书的修纂。明初"循元之旧，翰林有国史院"，至洪武十四年，"更定官制，罢国史院"，但仍"以修撰、编修、检讨专为史官，隶翰林院"②。翰林"学士掌制诰、史册、文翰之事"，其下设的修撰、编修和检讨是法定的史官，"史官掌修国史。凡天文、地理、宗潢、礼乐、兵刑诸大政，及诏敕、书檄、

---

① 宗亮：《〈大南实录〉研究》，武汉大学博士学位论文，2017 年，第 54页。

② 陆容：《菽园杂记》卷一四。

批答王言，皆籍而记之，以备实录"①。洪熙元年闰七月修《明仁宗实录》时，宣宗皇帝诏令"礼部悉恭依修皇祖《太宗文皇帝实录》事例，通行中外采辑（史实），送翰林院编纂《实录》"②。翰林院具体的修史机构是史馆。同样是宣宗，在一周后的诏令中，要求"行在礼部以纂修《仁宗昭皇帝实录》移文南北二京各衙门，及遣进士陆征等分往各布政司暨郡县，采求事迹，类编文册，悉送史馆，以备登载"③。这两处对应的史料说明，翰林院具体修纂史书的机构就是它的史馆。按理，明代史馆应该与翰林院设在一起，但事实上，由于明代皇权专制主义的加强，导致史馆既不在翰林院中，亦未与翰林院毗邻，而是在紫禁城中。明翰林院的位置与清朝一样，在北京承天门（清称天安门）以东的东长安门（清称长安左门）外、御（玉）河桥西南。翰林院在东长安门外，"正统七年始建为院"④。从翰林院的位置来看，它处在午门外的外朝之地。然而，翰林院下属的史馆却设在午门内的皇宫中。确切地说，明代史馆距翰林院的内署机构——内阁相距不远。从午门进入皇宫，午门—奉天门—奉天殿这一南北轴线的东面，有一排平行的庑房，庑房的正中有一门，坐东朝西，这便是左顺门。史馆便在左顺门附近，与文渊阁的东阁相连。《明会要》载："东阁在左顺门，廊接史馆。虽有大学士官，其职在文渊阁，而司诰敕官多坐东阁。"⑤据曾为史官的尹直讲，景泰间某日，帝驾从对面的右顺门过，正在史馆修史的"左顺门诸公（史官）多踦东阁门争睹之"⑥，足证史馆在禁中的左顺门附

---

① 《明史》卷七三《职官志二》，中华书局1974年版，第1786页。

② 《明宣宗实录》卷五，洪熙元年闰七月乙巳。

③ 《明宣宗实录》卷五，洪熙元年闰七月壬子。

④ 孙承泽：《春明梦余录》卷三二《翰林院》，景印文渊阁四库全书本；又赵洛《明清玉堂之署——翰林院》（《文史知识》1982年第6期），亦有相同的说明。

⑤ 龙文彬：《明会要》卷三〇《职官二·宰辅杂录》引王圻《通考》，中华书局1956年版，第494页。

⑥ 尹直：《謇斋琐缀录》卷二，邓士龙辑，许大龄、王天有主点校：《国朝典故》卷54，北京大学出版社1993年版，第1260页。

近。黄佐在《翰林记·史馆》中明确指出"今史馆凡十所，在东阁之右"。《明实录》的修纂就是在史馆中进行的。宣德五年正月，太宗与仁宗两朝《实录》修竣后，"设宝舆及香亭于史馆"，监修官英国公张辅等率总裁、纂修官将《实录》置舆中，鸿胪寺官引《实录》舆"从左顺门东廊出，由金水桥中道行"①。送《实录》的宝舆设在史馆，说明《实录》是在史馆修纂的；史官迎《实录》的路线，正是从左顺门东廊经过，然后到奉天门进呈，说明史馆的地点就在左顺门一带。② 清代实录馆虽然地点叠有变化，但从未出紫禁城。③

越南对明代翰林院与史馆的密切关系似有知晓，故将翰林院与史馆建在一处。越南阮朝统一全国后，于嘉隆十年(1811)议设"史局"和"史官"，但至明命二年(1821)才正式设置国史馆，并选定建馆地点："乃命择地于京城内之左，鸠工营筑，月余而成。"④地点选在京城左面的富文坊。据越南史志称"国史馆，在京城内富文坊"，并叙述"馆庭前有井极清甘"。⑤ 另有记载称史馆"正堂三间二厦，庭前房屋二，各七间，四围砖墙，前后各辟门一"⑥。越南阮朝将翰林院建在史馆旁边。明命十一年，建翰林院于史馆之右，五间二厦，厨家一间，砖墙前辟门一。⑦《大南一统志》也称"翰林

① 《明宣宗实录》卷六一，宣德五年正月壬戌。

② 谢贵安：《明代史馆探微》，《史学史研究》2000 年第 2 期。

③ 谢贵安：《清实录研究》，上海古籍出版社 2013 年版，第 45～52 页。

④ 阮朝国史馆：《大南寔录正编第二纪》卷三，(日本)庆应义塾大学言语文化研究所 1961—1981 年影印版，第 1487～1488 页。又见于阮朝国史馆：《钦定大南会典事例续编》卷四九，法国远东学院图书馆藏，编号 Paris EFEO VIET/A/Hist. 32(1-28)。

⑤ 阮朝国史馆：《大南一统志(嗣德版)》，西南师范大学出版社 2015 年版，第 258 页。

⑥ 阮朝国史馆：《钦定大南会典事例》卷二一○，越南汉喃研究院藏，编号 VHv. 1680/1-94。

⑦ 阮朝国史馆：《钦定大南会典事例》卷二一○，越南汉喃研究院藏，编号 VHv. 1680/1-94。

院，在国史馆之西"①。将翰林院建在史馆西边，似是承明朝史馆归翰林院管辖之遗意。越南"阮朝的都城规划仿照中国的都城规划模式，其都城格局大致包括京城—皇城—紫禁城三个层次。其中紫禁城是最核心的宫殿群所在之处，皇城内则是重要的公署建筑群分布场所"②。阮朝的史馆并不在宫城中，而是在宫城外的皇城中。这与明清实录修纂机构——史馆或实录馆设于宫城之内明显不同。阮朝史馆的固定化，与明朝制度相接，而不同于清朝实录馆变动不居的情形。

中越实录修纂的史官制度，也大致相同。通过比较，发现阮朝实录修纂的史官名称与明朝相仿，而与清朝有一定的距离，只有个别官名和规制可能来源于后者。

中国实录修纂机构史馆（或实录馆），非常开之馆，皆为例开之馆，即每临新实录修纂之际，便设馆修纂，一旦修纂完毕便闭馆，修纂人员解散，回到各自的衙门。明代实录修纂的机构史馆，每至开馆之时，便拣选史官，任命馆中职务。《明实录》修纂时所设史官，分为监修、总裁、副总裁、纂修、稽考、校正、催纂、誊录、收掌，以及勤杂人员吏匠等。监修官例由勋戚侯伯武臣担任，实施政治监督，"不预秉笔"③。总裁是史馆业务的总负责人，往往由内阁首辅担任。由于日理万机，一般对史馆的纂修工作较少过问。副总裁协助总裁处理史馆的修纂事务，一般由兼任翰林院学士或侍读、侍讲学士的六部尚书及左右侍郎担任，则反映出翰林院与史馆的特殊关系。副总裁中才有专职史官。如修《宪宗实录》时，吏部右侍郎杨守陈担任副总裁，"乞辞部事，专赴史馆供职"④，孝宗命他"专典史事"。纂修官是史馆中直接动手修纂的生力军，人员众多，专门编纂实录草稿。稽考参对是核对史料考其真伪正误的

---

① 阮朝国史馆：《大南一统志（嗣德版）》，西南师范大学出版社 2015 年版，第 261 页。

② 宗亮：《〈大南实录〉研究》，武汉大学博士学位论文，2017 年，第 17 页。

③ 黄佐：《翰林记》卷一二"监修"，景印文渊阁四库全书本。

④ 《明孝宗实录》卷一二，弘治元年三月戊寅。

官员。校正官则专门校正修纂官所成稿子的内容错误和字句讹误。催纂负责催促各官加快修纂进度。誊录官负责将纂修官编纂好的稿子誊写清楚。收掌文籍官是史馆中管理参考书、史料、文件档册之类的图籍以及《实录》等典籍未就稿的官员。除此之外，史馆还有一种地位颇低的勤务人员，如办事吏、裱褙匠和校尉等。清代实录馆中的机构设置复杂，但其史官设置与明代大同小异，按其职位高低依次有监修总裁、总裁、副总裁、提调、总纂、纂修官（分满文、蒙古和汉文纂修官）、收掌、翻译、誊录（分满文、蒙古文和汉文誊录）。王记录按史官在史馆中的工作性质和地位，将其分为管理人员（监修总裁、总裁、副总裁、提调）、纂修人员（总纂、纂修、协修）、佐修人员（校对、翻译、誊录）和勤杂人员（收掌、供事、承发、匠役）四类。① 相比较而言，越南阮朝《大南实录》修纂的国史馆的史官设置，与明代更为接近。

越南阮朝史馆在修纂实录时，所设史官官职有监修、总裁、副总裁、纂修、编修、考校、校刊、收掌、办事、誊录等员。明命二年，阮朝在商议设置史馆时，明命帝谕臣下道："史馆职掌，当有故典可考。明年修史设官，非可缓也。"②明命帝这里所说的"故典"，"应当是指中越相关职官典则"③。根据实际情况来看，更多的是依据中国明朝的故典来设置史官。明命二年四月，阮朝颁布了史馆的职官制度，"文武臣等稽首顿首百拜，谨奏为奉旨拣员充史馆事，钦此。臣等奉议：监修国史，请旨简命皇弟皇子兼领。总裁、副总裁，均请旨钦点一品二品官兼理，其纂修、编修、考校、校刊、收掌、办事、誊录等员人，臣等议选充补，现得若干，谨列职官、姓名、年贯于次，具奏以闻"④。显然，阮朝史馆所设官员

---

① 王记录：《清代史馆的人员设置与管理机制》，《史学史研究》2005 年第 4 期。

② 阮朝国史馆：《大南寔录正编第二纪》卷六，（日本）庆应义塾大学言语文化研究所 1961—1981 年影印版，第 1522 页。

③ 宗亮：《〈大南实录〉研究》，武汉大学博士学位论文，2017 年，第 19 页。

④ 《阮朝硃本档案》，明命二年四月初五日，越南国家第一存档中心藏。

与明代史馆制度基本一致，阮朝史馆所设的考校、校刊与明代史馆所设之稽考和校正名异实同。

阮朝按照明制设"监修"，而未按清代设立"监修总裁"。阮朝大臣建议"监修国史，请旨简命皇弟皇子兼领"①。用皇弟皇子兼领监修，目的是用皇帝放心的人进行政治监督。然而，宗亮考察了所掌握的全部相关材料后指出："最终未见阮朝有任命监修官的记录，在修成的实录职官表中也未见'监修'一项。"②由于监修官并未实授，那么监修实录便由阮朝皇帝亲自出马，这又似乎是模仿了清代实录修纂时由皇帝审阅小黄绫本的制度③。

阮朝史馆的"总裁"官，"往往以首班大臣或朝廷核心重臣来出任"④。如阮仲合、高春育二人都曾是阮朝权臣，因而先后担任过总裁。其中阮仲合于成泰元年以辅政大臣充任国史馆总裁兼管钦天监，"向例国史馆、钦天监均以首班大臣充之，仲合当朝耆硕，故有是准"⑤。以首班大臣充任总裁，与明代史馆以内阁首辅充任总裁的制度相吻合，应该是仿行明代的结果。

阮朝实录的"纂修"官与明朝所设的"纂修"，名同实异。虽然二朝均设有"纂修"，但阮朝另外设有"编修"，则为明代所无。因此，阮朝在仿明制时，实际上有所改进。阮朝所设"纂修"相当于清实录馆所设的"提调"，其"编修"才相当于明朝的"纂修"。因为，阮朝的"纂修"官"专掌院内一切事务"⑥，与明代的"纂修"从

---

① 《阮朝硃本档案》，明命二年四月初五日，越南国家第一存档中心藏。

② 宗亮：《〈大南实录〉研究》，武汉大学博士学位论文，2017年，第27页。

③ 清代皇帝亲自审阅小黄绫恭阅本《清实录》，参见谢贵安：《〈清实录〉稿底正副本及满汉蒙文本形成考论》，《史学集刊》2008年第2期；谢贵安：《清实录官藏版本考》，台湾《中国历史学会史学集刊》第40期，2008年。

④ 宗亮：《〈大南实录〉研究》，武汉大学博士学位论文，2017年，第28页。

⑤ 阮朝国史馆：《大南寔录正编第六纪附编》卷一，法国远东学院图书馆藏，编号Paris EFEO VIET/A/Hist. 9(1-10)。

⑥ 此述古学院制度，但该制度是仿国史馆而来的，故可溯流及源。见阮朝国史馆：《大南寔录正编第七纪》卷八，法国远东学院图书馆藏，编号Paris EFEO VIET/A/Hist. 10(1-10)。

事业务编撰并非一事，而与清朝提调官负责"一切往来文移咨查事宜及考核各员功课"①的职能相似。阮朝的"纂修"官来源较杂，既有来自翰林院的，也有来自其他部门的。如明命二年，阮朝任命的纂修官有参知陈明义、翰林掌院学士黄金焕、太常寺卿黎全裹等10人。这与清朝提调官来源较杂相似。如光绪间修《清穆宗实录》的提调官中，有翰林院侍讲学士嵩申、理藩院郎中恒龄、军机章京理藩院员外郎承恩等9人。无论清朝提调还是阮朝的纂修，都专理馆事。阮朝"纂修等员请亦免其兼办本衙事务，俾有专责"②。

事实上，阮朝的"编修"才相当于明朝史馆的"纂修"，二者均具体从事业务编纂。明代"纂修"多是翰林院官员，如侍读学士、侍讲、编修、检讨等，也有一部分纂修官从中央乃至州县的其他衙门中调入。明朝"纂修"的职能与身份，与阮朝的"编修"职责契合。阮朝的"编修"官负责"专稽究编辑等事"③，所任用的基本上都是翰林院的编修。如明命二年四月初五日任命的史馆"编修"官裴增辉、吴福会、裴郑誉等21人均为翰林院编修，只有高辉耀是翰林院侍读。④ 这种任命翰林院编修担任史馆"编修"的做法，可谓实行了专职史官制度。阮朝的"编修"实行坐班制度，专门修史，"自编修以下各坐馆专行"⑤；"自编修以下各坐馆专办"⑥。

总结一下中越实录修纂官员的构成：中国从事具体修纂实录的官员开放性和流动性强，但专业化较弱，史官既有翰林院官员，也有其他各部门官员，甚至还有地方官员，随考核和任命而迁调不

---

　　① 《清会典馆奏议》，国家图书馆分馆藏。

　　② 阮朝国史馆：《大南寔录正编第三纪》卷一一，（日本）庆应义塾大学言语文化研究所1961—1981年影印版，第4939~4941页。

　　③ 古学院制度，是仿国史馆而来的。阮朝国史馆：《大南寔录正编第七纪》卷八，法国远东学院图书馆藏，编号 Paris EFEO VIET/A/Hist. 10(1-10)。

　　④ 《阮朝硃本档案》，明命二年四月初五日，越南国家第一存档中心藏。

　　⑤ 阮朝国史馆：《钦定大南会典事例续编》卷四九，法国远东学院图书馆藏，编号 Paris EFEO VIET/A/Hist. 32(1-28)。

　　⑥ 阮朝国史馆：《大南寔录正编第三纪》卷一二，（日本）庆应义塾大学言语文化研究所1961—1981年影印版，第4939~4941页。

常。阮朝实录的修纂官员，除了挂名的上层官员和从事史馆管理者外，基本上都是翰林院官员。正如《钦定大南会典事例》所记载的那样："今开设史馆，钦修列朝《国史》《寔录》，专委勋旧大臣与词臣(指翰林院官员)等充史臣。"①

此外，明清史馆均无自己的印信，而阮朝史馆颁给了印信。明代史馆既隶属于翰林院，又受制于内阁，翰林院对史馆并无决策权。② 明代史籍中未见史馆拥有独立印信的记载。清朝康熙改内三院为内阁后，实录馆行文自称"内阁实录馆"，盖内阁典籍厅印③，也无独立的印信。清末实录馆奏请"刊刻木质关防，并开用日期事"，但皇帝仅传旨"知道了"，未予批准，④ 且数月后清朝就灭亡了。阮朝国史馆却被授予了单独的印信。嗣德三十一年九月，内阁奏："本月十二日，国史馆臣奉将拟请制给印篆折一，臣等奉照，印篆所以昭信令，兹折叙该馆向来无有制给，奉有奏对咨报，或用总裁关防，或用纂修私篆，恐有未合，拟请制给铜印一颗，内刻'国史馆印'四字，牙钤一颗，刻'史馆'二字，并朱泥盒函锁匙各一，交该馆奉守，以备行用。"皇帝批转工部办理。⑤ 此前，阮朝国史馆并无专门印信，一直使用总裁或纂修的印章，这次颁给"国史馆印"及"史馆"印，是体现其独立性的一个标志。⑥ 这是越南史馆制度不同于明清史馆制度的地方。

---

① 阮朝国史馆：《钦定大南会典事例》卷一一九《礼部·修书·纂修寔录》，越南汉喃研究院藏，编号 VHv. 1680/1-94。

② 谢贵安：《明实录研究》，上海古籍出版社 2013 年版，第 79 页。

③ 徐中舒：《再述内阁大库档案之由来及其整理》，《中央研究院历史语言研究所集刊》第 3 本第 4 分，1933 年；又载《徐中舒历史论文选辑》，中华书局 1998 年版，第 355 页。

④ 《六月初八日内折传旨事由单》，《政治官报》第 1320 号，一九一一年六月初九日，第 139 页。

⑤ 《阮朝硃本档案》，嗣德三十一年九月十七日，越南汉喃研究院藏。

⑥ 宗亮：《〈大南实录〉研究》，武汉大学博士学位论文，2017 年，第 21 页。

通过中越实录修纂及其制度的比较，可以发现两国官方史书的编纂有许多共同点。两国都由中央政府设馆修纂以皇帝及其朝政为对象的实录，均赋予实录以国史性质，在国家控制史学上都体现了东亚王权主导的特点。中国作为东亚文化圈的核心，许多史学创制都比较早，越南等周边国家起而仿效，时间相对滞后。越南之有实录，始于中国明清时期，其阮朝所修的《大南实录》与清朝所修的《清实录》基本同时，但《大南实录》却多仿行此前的元、明实录制度。《大南实录》与《大南列传》相配偕行的"二位一体"的模式，仿效的是《元实录》及其《后妃功臣传》，具体的修纂主题、体例主要仿效《明实录》及据之而修的《明史》，只有个别修纂措施与制度来自其同时代的《清实录》。阮朝国史馆的设置与运行，基本上仿效的是明代史馆，而非清代史馆。越南欣慕明朝而疏离于清朝制度，还可能因为明为华夏正统，而清为"夷狄"入主中原，缺乏正统性之故。就像朝鲜李朝虽为清所征服，但一直奉明为正统一样。这一现象反映了东亚文化圈边缘对中心的固有认知及其坚持。尽管越南《大南实录》的修纂多模仿中国元明清实录编纂之制，但也做了一些微调和改动：在体例上，《大南实录》以列帝编年为主体，另修与之配套的《大南列传》，虽与元代相似，但出现了以《列传二集》对《实录》"第二纪"至"第五纪"的"一传多纪"形式，就是对中国实录修纂之制的改动。此外，《大南实录正编第七纪》卷九偶有"附录阮长祚事状备考"，则又似在模仿《明实录》"编年附传"体例，但是阮长祚去世于1871年，而卷九附录却出现在1924年，因当时有大臣提议追授其谥号而插入，相隔半个多世纪，显与中原体制不合，反映出越南实录修纂的灵活性和随意性。越南史馆之设与翰林院相邻，却置于宫城之外，也不同于明清之制。以上诸端，均反映出越南民族在史学上虽出于中国而坚持保持自己特色的价值取向。

第三章 《宋实录》《明实录》作者分析

宋、明实录作者，前人已有较多的考证，但对于《宋实录》作者群体的构成分析，则较少有人研究；对于第二次修纂《明太祖实录》的总裁解缙及其相关问题，前人也多付缺如。本章拟对上述两个方面进行分析，以加深对宋、明实录作者的研究。

第一节 《宋实录》河南作者群体

《宋实录》包括北宋实录和南宋实录，是两宋政府设馆修纂的以本朝皇帝为中心、以编年附传为体裁的官方史书。北宋经历太祖、太宗、真宗、仁宗、英宗、神宗、哲宗、徽宗、钦宗九朝，南宋经历高宗、孝宗、光宗、宁宗、理宗、度宗、恭帝七朝(端宗、帝昺两位流亡君主除外)，共历16朝，除度宗、恭帝外，均修有实录，共计14朝实录。14朝实录中，《太祖实录》修过4次；《神宗实录》先后修过6次，太宗①、哲宗与徽宗《实录》各修过2次；理宗时，高宗、孝宗、光宗三朝《实录》再次重修，因此这三朝实录也各修过2次。上述14朝实录参与修纂的作者甚多，但有些作者已经失载，故本章只能以现存史料记载过的作者为对象，作一大概的统计与探讨，并特别以北宋实录作者最多的河南群体和南宋实录作者最多的四川群体为对象，加以重点讨论。

---

① 传统观点认为《宋太宗实录》修纂过两次，笔者曾因缺乏足够的证据而认为只修纂过一次。此处仍依传统观点，从两修之说。然再修《宋太宗实录》的作者缺乏记录，故只能以初修作者作为统计对象。

本节试图将现实与历史相结合，从今日政区着眼，看待历史上河南籍史家在《宋实录》修纂中的作用与地位。

处在中原腹地的河南，是中华民族的主要发祥地，也是北宋的"首善之区"。河南在宋代不仅经济发达，而且文化也很繁荣，反映在史学上也是如此。河南拥有汴京和洛阳两大都会，人才济济，史学成果斐然。有些史学著作虽然是外籍人所撰，但却都在河南撰成，如山西人司马光的《资治通鉴》，就是在洛阳历十五年之久撰著出来的。本节则从今天的河南政区出发，不对在河南撰成史著的外籍作者进行讨论，仅仅对参与《宋实录》修纂的河南籍史学家作一探讨，以考察河南地理人文氛围对本省史家成长及其成就的培育状况。河南在北宋时期，主要包括以开封为中心的京畿路、以洛阳为中心的京西北路，河北西路南端、永兴军路东端和京西南路北端的部分地区，本节所探讨的与修《宋实录》的河南籍作者就包括在上述地区。关于河南在宋代的文化繁荣情况，学界多有涉及和讨论①。本节拟从《宋实录》的作者角度，来观察河南在宋代史学中的地位。这一研究，目前尚未见论著发表。

一、参与《宋实录》修纂的河南作者的统计

宋代史学是中国史学史发展的一个高峰，陈寅恪对此有很高的评价："中国史学，莫盛于宋……元明及清，治史者之学识更不逮宋"，"有清一代经学号称极盛，而史学则远不逮宋人"②，"宋贤史学，今古罕匹"③。在宋代史学中，《宋实录》是其中官方史学的代表成果，是两宋朝廷组织修纂的官方史书，属于"国史"系统，反映的是以皇帝为核心的全国政事，属于编年附传体裁的当代史。《宋实录》的修纂和应用，关乎大宋王朝的"祖宗家法"和"祖宗规

---

① 如葛兆光：《洛阳与汴梁：文化重心与政治重心的分离——关于11世纪80年代理学历史与思想的考察》，《历史研究》2000年第5期。

② 陈寅恪：《陈寅恪集·金明馆丛稿二编》，三联书店2001年版，第272、269页。

③ 陈寅恪：《陈寅恪集·隋唐制度渊源略论稿·六　兵制》，三联书店2001年版，第148页。

模"。宋高宗曾明确指出"令进累朝《实录》，盖欲尽见祖宗规模，此是朕家法，要得遵守！"①宋廷基本上自始至终都遵循祖制编修实录，正如洪迈所言"检照国朝典故，累圣祔庙之后，即诏国史院修纂《实录》"②。

《宋实录》的作者由朝廷从史馆、国史院和实录院，以及其他馆阁机构中选用，但例无专官，多为兼职，故不一定纂修到底，经常半途置换。可以说，《宋实录》的修纂者并非专意挑选，而具有某种程度的随意性。正是在这种随意中，河南籍作者较大规模入选的事实，是概率作用的结果，反映出河南籍作者较高的素质和河南地区文化发达的状态。

与最后成书的《清实录》修纂人员完备地附载于每部实录卷首不同，《宋实录》的修纂人员连同实录本身都已散佚。只能依据考证，尽量弄清其作者情况。据笔者的粗略统计，宋代共进行了26次修纂，纂成14朝实录，有据可考的修纂官员共达253人次（由于有些人多次出纂不同的实录，故本书以人次来计算），其中河南籍作者有24人次，占9.49%，换言之，为整个宋实录作者的1/10.5，即接近十分之一。

《宋实录》作者分省统计情况参见表3.1。

表3.1 　　　　　《宋实录》作者分省统计情况一览表

排序	省籍（今日）	人次	所占比例	备注（本省作者在所有作者中的平均数）
1	四川	44	17.39%	1/5.8
2	浙江	40	15.81%	1/6.3
3	福建	34	13.44%	1/7.4

① 留正：《皇宋中兴两朝圣政》卷九《高宗九》；《宋史全文》卷一八上《宋高宗五》。

② 《宋会要辑稿·职官》一八之七〇—七一，中华书局1957年版，第2789~2790页

续表

排序	省籍（今日）	人次	所占比例	备注（本省作者在所有作者中的平均数）
4	江西	29	11.46%	1/8.7
5	**河南**	**26**	**10.28%**	**1/9.7**
6	江苏	24	9.49%	1/10.5
7	河北	17	6.72%	1/14.9
8	山东	11	4.35%	1/23.0
8	安徽	10	3.95%	1/25.3
10	湖北	6	2.37%	1/42.2
11	山西	5	1.98%	1/50.6
12	广东	2	0.79%	1/126.5
13	陕西	1	0.40%	1/253.0
13	湖南	1	0.40%	1/253.0
	未知籍贯	3	1.86%	1/84.3（董淳、宗度、任守忠）
	总计	253	100%	

根据表3.1分析可见，在所有十四个省份（省为元代区划，在此借用其概念）中，河南籍实录作者人数（人次）排名第六位，似乎居于中游水平，考虑到宋代河南的京畿地位，上述排名并不令人满意。然而，以上只是综合统计，如果分北南两宋进行统计的话，则排序又有变化。

北宋《宋实录》作者统计情况参见3.2。

表3.2　　　　北宋《宋实录》作者统计情况一览表

排序	省籍（今日）	人次	在南北宋所有作者中所占比例	备注（北宋本省作者在南北宋所有作者中的平均数）
1	**河南**	**18**	**7.11%**	**1/14.1**
2	福建	15	5.93%	1/16.9

68

续表

排序	省籍(今日)	人次	在南北宋所有作者中所占比例	备注(北宋本省作者在南北宋所有作者中的平均数)
3	河北	15	5.93%	1/16.9
4	江西	13	5.14%	1/19.5
5	四川	9	3.56%	1/28.1
6	江苏	9	3.56%	1/28.1
7	山东	9	3.56%	1/28.1
8	浙江	6	2.37%	1/42.2
9	安徽	4	1.58%	1/63.3
10	湖北	3	1.19%	1/84.3
11	山西	2	0.79%	1/126.5
12	陕西	1	0.40%	1/253.0
13	广东	0	0	0
14	湖南	0	0	0
	未知籍贯(董淳、宗度、任守忠)	3	1.86%	1/84.3
	北宋合计	107		
	南北宋总计	253		

从表 3.2 可以看出,由于河南的京畿地位,文化繁荣,史学发达,影响到当地的人文环境,《宋实录》的河南籍作者占有绝对的地位,在参与修纂的十四个省份中排名第一。

而到了南宋,由于疆域的缩减和变化,《宋实录》作者的省籍排序发生了相应的变化。河南作者锐减,但由于浓厚史学传统的影响,因此其排名还不至于靠后。

南宋《宋实录》作者统计情况参见表 3.3。

表 3.3 南宋《宋实录》作者统计情况一览表

排序	省籍（今日）	人次	在南北宋所有作者中所占比例	备注（南宋本省作者在南北宋所有作者中的平均数）
1	四川	35	13.83%	1/7.2
2	浙江	34	13.44%	1/7.4
3	福建	19	7.51%	1/13.3
4	江西	16	6.32%	1/15.8
4	江苏	15	5.93%	1/16.9
6	**河南**	**8**	**3.16%**	**1/31.6**
7	安徽	6	2.37%	1/42.1
8	湖北	3	1.19%	1/84.3
8	山西	3	1.19%	1/84.3
10	河北	2	0.79%	1/126.5
10	山东	2	0.79%	1/126.5
10	广东	2	0.79%	1/126.5
13	湖南	1	0.40%	1/253.0
14	陕西	0	0	0
	南宋合计	146		
	南北宋总计	253		

从表 3.3 可见，虽然河南全境基本上沦陷于金，只有与湖北和安徽交界处的信阳军、光州等极少数地区幸免于难，但是，河南籍的实录作者仍然在全国居于中游。排在第二个梯队（个数位）的第二位，说明河南的人文底蕴深厚，其史学传统流衍至南宋，仍有一些河南籍作者坚持自己的籍贯，并以此身份参与实录的修纂，使河南的史学在南宋也得以光大。

二、河南籍作者与修《宋实录》的三个阶段

根据表 3.1~3.3 可知，河南籍作者参与宋实录修纂的人次具有阶段性，北宋众多，而南宋剧减。下面，将北宋河南籍作者与修实录的情况分成两个阶段，与南宋一起，共分三阶段加以讨论。

（一）北宋前期河南籍修纂者

北宋是河南籍《宋实录》作者人才辈出的时代，参与实录修纂的作者总共出现了 18 人次，占整个两宋河南籍作者（26 人次）的 69.2%。这一时期又分为前后两期。

北宋前期是指从《太祖实录》的初纂（太宗太平兴国三年，公元 978 年）迄于《真宗实录》的纂成（仁宗天圣二年，公元 1024 年）。这一时期，共修成了《太祖实录》《太宗实录》和《真宗实录》三部，其中《太祖实录》先后修纂了四次。

《太祖实录》的四次修纂中，除了二修外，其他三次修纂，河南籍的作者都参与其中。初修时，有据可考的与修者共 9 人，河南就有 3 人，占总人数的三分之一。这三人是李穆、郭贽和沈伦。

李穆，字孟雍，开封府阳武人，《宋史》中记载，太平兴国三年冬，"加史馆修撰，判馆事，面赐金紫。四年，从征太原，还，拜中书舍人，预修《太祖实录》，赐衣带、银器、缯彩"①。李穆为人与李昉、扈蒙相似，"尤宽厚，家人未尝见其喜愠"②。郭贽作为《太祖实录》的初修人员，是《宋史·李昉传》透露的："太宗即位，加昉户部侍郎，受诏与扈蒙、李穆、郭贽、宋白同修《太祖实录》。"据《宋史》郭贽本传载："字仲仪，开封襄邑人。乾德中，举进士，中首荐……太平兴国初，擢为著作佐郎、右赞善大夫"，后与宋白并拜中书舍人。真宗时加集贤院学士、判院事，特拜工部尚书、翰林侍读学士，迁礼部尚书。③ 沈伦是接替李昉的《太祖实录》的监修，字顺仪，开封太康人。太平兴国初，"加右仆射兼门下侍郎，监修国史……五年，史官李昉、扈蒙撰《太祖实录》五十卷，伦为监修以献，赐袭衣、金带"④。

---

① 《宋史》卷二六三《李穆传》；《续通志》卷三〇四《李穆传》。
② 《宋史》卷二六三《李穆传》。
③ 《宋史》卷二六六《郭贽传》。
④ 《宋史》卷二六四《沈伦传》；《续通志》卷三〇五《沈伦传》。

《太祖实录》三修时，参与者共 8 人，河南籍作者有 2 人，占四分之一。虽然吕端是监修，但主要负责人钱若水是河南人（河南府新安县）。《宋史·真宗纪一》载："诏吕端、钱若水重修《太祖实录》。"由于耻于与挂名的监修吕端同被提名，钱若水曾提出辞职："己巳，诏宰相吕端、集贤院学士钱若水同领其事，若水恳辞。"但为真宗所挽留。① 除钱若水外，河南人赵安仁也是三修作者。《宋史》卷二八七本传有载："赵安仁，字乐道，河南洛阳人……真宗即位，拜右正言，预重修《太祖实录》。"②

四修《太祖实录》的 6 位作者中，河南籍的就有 2 人，仍占三分之一。他们是赵安仁和晁迥。王应麟在《玉海》卷四八《艺文·实录》中指出："大中祥符九年，复诏赵安仁、晁迥、陈彭年、夏竦、崔遵度同修，王旦监修。"赵安仁事已见前。他之所以参与四修祖录，是由于此前参加过三修祖录，有纂修经验的缘故。晁迥，《宋史》卷三〇五有传："字明远，世为澶州清丰（今河南清丰县）人，自其父佺，始徙家彭门。"举进士，"真宗即位，用宰相吕端、参知政事李沆荐，擢右正言、直史馆"，召试，除右司谏、知制诰，判尚书刑部，后加右谏议大夫，进翰林学士。未几，知审官院，"同修国史"。累迁尚书工部侍郎。"加史馆修撰"，"史成，擢刑部侍郎，进承旨"。杨亿曾称晁迥"所作书命无过褒，得代言之体"；加之晁迥"喜质正经史疑义，摽括字类"的爱好，使其在修纂《太祖实录》时能够较为持平精审。

《太宗实录》修纂人员有 7 名，虽然只有钱若水一个河南人，但他却是业务实际负责人。至道三年(997)钱若水奉命组织人员纂修实录。据《宋史》卷六《真宗纪一》载："(至道三年十一月)乙巳，诏工部侍郎钱若水修《太宗实录》。"另北宋曾巩所撰《学士钱公若水》的碑铭明确指称"钱若水，字淡成""修《太宗实录》"③。上述文献中，虽然没有讲以钱若水为负责人，但实际上就是业务负责者。

---

① 李焘：《续资治通鉴长编》卷四三，真宗咸平元年九月己未。

② 《续通志》卷三二四《赵安仁传》亦有相同记载。

③ 杜大珪编：《名臣碑传琬琰之集下》卷六。

这从《太宗实录》最终的署名中可以看出："《太宗实录》八十卷。钱若水修。"①钱若水素"有器识，能断大事""所至推诚待物，委任僚佐，总其纲领，无不称治"的美誉。② 其委任僚佐，史书有载："俄诏修《太宗实录》，若水引柴成务、宗度、吴淑、杨亿同修。"③钱若水为此次修纂的负责人，从他推荐、组织修纂人员的行为上可以得到印证。修成后，由于吕端只是挂名监修，因此钱若水不署吕端之名。"吕端虽为监修，而未尝莅局，书成不署端名。至抉其事，以为专美。若水称，诏专修，不隶史局，又援唐朝故事若此者甚众。时议不能夺。"④钱若水正因为这次出色的组织和修纂才能，又被任命为次年四修《太祖实录》的业务负责人。

《真宗实录》有据可考的修纂人员共有 9 位，河南籍的作者只有监修冯拯一位。乾兴元年修纂开始一个月后，宰臣冯拯被任命为监修。⑤《宋史》卷二八五载，冯拯，字道济。父冯俊徙居河阳(今河南孟州市)。乾兴元年，冯拯"进封魏国公，迁司空兼侍中"，代丁谓"为司徒、玉清昭应宫使、昭文馆大学士、监修国史"。

北宋前期《宋实录》的河南籍作者共有 9 人，《太祖实录》的初修、三修和四修中，河南籍作者均占三分之一或四分之一，比例之高，说明河南在北宋王朝前期的重要地位。与修《太宗实录》和《真宗实录》的河南籍作者虽然皆只有一人，但不是负责业务，便是肩负监修重任。以上足以说明河南在宋初的特殊地位。

(二)北宋后期河南籍作者

北宋后期是指从《仁宗实录》的始修(神宗嘉祐八年，公元 1063 年)迄于《哲宗实录》的初修完毕(徽宗宣和四年，公元 1122 年)。这一时期，共修成了《仁宗实录》《英宗实录》《神宗实录》和《哲宗实录》四部。

---

① 《宋史》卷二〇三《艺文志二》。
② 《宋史》卷二六六《钱若水传》。
③ 《宋史》卷二六六《钱若水传》；《续通志》卷三〇七《钱若水传》。
④ 李焘：《续资治通鉴长编》卷四三，真宗咸平元年八月乙巳。
⑤ 王应麟：《玉海》卷四八《艺文·实录》。

　　《仁宗实录》的修纂者，有据可稽的共 11 位。其中河南籍作者有 4 人，基本上占三分之一。其中提举（相当于此前的监修）便是河南人韩琦。《宋史》卷三一二本传载，字稚圭，相州安阳人。治平元年二月戊辰，英宗"命韩琦提举修撰《仁宗实录》"①，"进左仆射兼枢密院事，提举修《仁宗实录》"②。韩琦辅佐英宗即位后，"提举修《仁宗实录》，仍进右仆射门下侍郎同中书门下平章事"。③除韩琦外，在仁录修撰人员中排名第二的贾黯也是河南人。其修史事迹首见于其同事、仁录修撰王珪所撰的《贾翰林黯墓志铭》中："治平二年十月戊子，翰林侍读学士长乐贾君卒于京师……诏撰《仁宗实录》，更群牧使。治平二年，拜给事中，权御史中丞，充理检使。"④《宋史》卷三〇二有传："贾黯，字直孺。邓州穰人。擢进士第一，起家将作监丞，通判襄州，还为秘书省著作佐郎，直集贤院，迁左正言，判三司开拆司。黯自以年少遭遇，备位谏官，果于言事……英宗即位，迁中书舍人，受诏撰《仁宗实录》，权知审刑院，为群牧使。"⑤韩维是开封雍丘人，也参与了此次实录的修纂。据《东都事略》卷五八《韩维传》载："（韩）维，字持国……为史馆检讨……迁右正言，知制诰，知通进银台司，修撰《仁宗实录》。"陈绎与韩维是老乡，开封人。马端临《文献通考》在介绍《仁宗实录》时称："治平中，又命陈荐、陈绎同编修。"⑥王应麟在《玉海》四七《艺文·治平补日历》中说道："四年六月癸酉，监修韩琦乞差实录检讨陈绎同补未修《日历》，从之。"说明治平四年六月时，陈绎正好是实录检讨，当时所修的正是《仁宗实录》。更有力的证据是《南宋馆阁续录》所收录的一份《白札子》，言："只如仁宗一朝四十二年之中，事迹可谓繁伙，然自嘉祐八年十二月奉诏修撰，至

①　徐乾学：《资治通鉴后编》卷七二《英宗》。

②　杜大珪编：《名臣碑传琬琰之集上》卷一《两朝顾命定策元勋之碑》。

③　杜大珪编：《名臣碑传琬琰之集中》卷四八李清臣《韩忠献公琦行状》。

④　杜大珪编：《名臣碑传琬琰之集》中卷九。

⑤　清修《续通志》卷三三二《贾黯传》所载与此相同，当取材于此。

⑥　马端临：《文献通考》卷一九四《经籍考》二一《史·起居注》。

熙宁二年书已告成，首尾才阅六年。而当时修撰官止王珪、贾黯、范镇、冯京，检讨官止宋敏求、吕夏卿、韩维、陈荐、陈绎，前后秉笔不出此九人而已。"①明确指出陈绎为仁录的检讨官。陈绎生平见载于《宋史》卷三二九本传："陈绎，字和叔，开封人。中进士第，为馆阁校勘、集贤校理。"英宗临政后，"称其文学，以为实录检讨官。神宗立，为陕西转运副使，入直舍人院修《起居注》。知制诰，拜翰林学士，以侍讲学士知郡州"。其中也明确提到他是实录检讨官。参与仁录修纂的河南籍作者，既有提举，也有纂修人员，人数最多，所占比例也最大。

《英宗实录》的修纂者，有据可稽的共9位，河南人只有韩维入选其中。与《仁宗实录》相比，真是大起大落。《文献通考》著录《英宗实录》道："吕公著、韩维修撰，孙觉、曾巩检讨。三月，又以钱藻检讨。四月，又以王安石、吴充为修撰。"②富有修纂经验的河南开封雍丘人韩维是排名第二的修撰。他曾参与修纂过《仁宗实录》，先任检讨，后任修撰。此次他直接担任《英宗实录》的修撰官。

初修《神宗实录》的史官有据可考的共有19人，但只有宦官张茂则是河南人，但他的角色和地位比较特别。除了提举官外，朝廷还派了入内都都知张茂则负责管理实录院："哲宗元祐元年二月……乙丑，命……入内都都知张茂则都大提举管勾。"③这是继修《仁宗实录》任命任守忠为管勾后，第二次任命宦官作实录管勾。张茂则，《宋史》卷四六七有传："字平甫，开封人。初补小黄门……迁领御药院……熙宁初，同司马光相视恩、冀、深、瀛四州生堤及六塔、二股河利害，进入内都知……哲宗即位，迁宁国军留后，加两省都都知。"他就是在这时管勾《神宗实录》的。

北宋修的最后一部实录是《哲宗实录》的初修本。始修于元符三年，初成于大观四年，最后进呈于宣和四年，参加修纂的史官有据可考的共有19人，其中河南籍作者有3人，约占六分之一。尽

---

① 《南宋馆阁续录》卷一《沿革·实录院》。
② 马端临：《文献通考》卷一九四《经籍考》二一《史·起居注》。
③ 李焘：《续资治通鉴长编》卷三〇，哲宗元祐元年二月乙丑。

管数量较前减少，但提举仍是河南人担任。初修本《哲宗实录》的首任提举官是相州安阳人韩忠彦。据《宋史全文》卷一四载："提举实录院韩忠彦奏，陈瓘、晁补之皆有词学，堪备史职，故有是命。"《宋史》卷三一二《韩琦传附子忠彦》载，韩忠彦是前宰相韩琦长子，字师朴，初为将作监簿，复举进士。父死后，为直龙图阁，后拜礼部尚书。元祐中，召为户部尚书，擢尚书左丞。徽宗即位，以吏部尚书召拜门下侍郎，进左仆射兼门下侍郎，封仪国公。"而曾布为右相，多不协，言事者助布排忠彦，以观文殿大学士知大名府"。除韩忠彦外，郑居中也是河南籍史官。大观元年闰十月，"郑居中自资政殿学士、太中大夫、中太乙宫使兼侍读、实录修撰仍前官同知枢密院事"①。《宋史》卷三五一有传，郑居中，字达夫，开封人。登进士第。崇宁中，以郑贵妃从兄弟缘故，连擢为中书舍人、直学士院、翰林学士。大观元年，同知枢密院。初附蔡京，因结怨而攻之。政和中，再知枢密院，官累特进，寻拜少保、太宰、太保，连封崇、宿、燕三国公。另一位《哲宗实录》的修撰官谢文瓘，是河南陈州人，《宋史》卷三五四有传，字圣藻，陈州人。进士甲科，元丰间反对新法。崇宁元年，出知濮州。后入元祐党籍，帝特命出籍，授集英殿修撰，知济州，卒。

北宋后期《宋实录》的河南籍作者共有 9 人次，分布不均，一头一尾的仁录和哲录较多，中间的英录、神录初本各只一人次。与前期相比，各占一半。

（三）南宋时河南籍修纂者

由于中原沦陷，河南几乎全部为金所占，南宋的河南籍作者比例急剧降低，有据可考的仅为 8 人次，只占整个河南籍作者的30.8%。南宋所修实录，有北宋的《神宗实录》《徽宗实录》和《钦宗实录》，和本朝的《高宗实录》《孝宗实录》《光宗实录》《宁宗实录》和《理宗实录》，河南籍的史官参与了除宁宗和理宗外的所有的实录修纂，但人数甚少，每部实录的修纂从未超过二人次。

河南籍作者参与了绍兴四年《神宗实录》的第四次修纂。参加

---

① 《宋史》卷二一二《表三·宰辅三》。

修纂的史官有据可考的共有 17 人，只有检讨环中和著作佐郎张九成是河南籍作者。张九成在《宋史》卷三七四中有传："字子韶，其先开封人，徙居钱塘。游京师，从杨时学。"绍兴初授镇东军签判，"赵鼎荐于朝，遂以太常博士召。既至，改著作佐郎，迁著作郎"，不久又"召除宗正少卿、权礼部侍郎兼侍讲，兼权刑部侍郎"。被秦桧排挤出朝，谪守邵州，谪居南安军，后起知温州，数月后病死。他祖籍开封，徙居于杭州。

重修本《哲宗实录》始修于宋高宗绍兴四年五月，参加修纂的史官有据可考的共有 16 人，只有秘书少监尹焞是河南人。尹焞，《宋史》卷四二八《道学传二》有传："字彦明，一字德充，世为洛人……少师事程颐。"金人陷洛阳，尹焞阖门被害，焞死复苏。绍兴四年，居于涪，"侍读范冲举焞自代，授左宣教郎，充崇政殿说书，以疾辞……诏以秘书郎兼说书，趣起之，焞始入见就职。八年，除秘书少监，未几，力辞求去"。后"以焞直徽猷阁，主管万寿观，留侍经筵"，因得罪秦桧去职，绍兴十二年卒。尹焞的行实在《南宗馆阁录》卷七《官联上》中也有记录："秘书少监，绍兴以后四十人：……尹焞（字彦明，河南人。以和靖处士赐出身。八年正月除。四月除直徽猷阁，主管万寿观）。"

《徽宗实录》初修始于绍兴七年，据现有史料考知，参加修纂的史官共有 18 人，其中贺允中是河南"上蔡人"①。贺允中曾任福建安抚使参议官和给事中②，绍兴二十六年九月癸卯，"权尚书礼部侍郎贺允中兼实录院修撰"③，二十八年二月癸巳，"修撰贺允中等请重修大观以前实录"④，后任吏部尚书和参知政事⑤。宋韩元吉《南涧甲乙稿》卷二〇载其墓志铭，称其"字子忱，登政和五年进士第"。

《高宗实录》的修纂人员，根据现存史料考稽，约有 12 人。其

---

① 李心传：《建炎以来系年要录》卷四三，绍兴元年三月丙午。
② 熊克：《中兴小纪》卷三五、卷三七。
③ 李心传：《建炎以来系年要录》卷一七四，绍兴二十六年九月癸卯。
④ 王应麟：《玉海》卷四八《艺文·实录》。
⑤ 熊克：《中兴小纪》卷三八。

中只有修撰官傅伯寿是河南籍人。据清雍正《河南通志》卷六五《文苑传》载："字景仁，济源人，为修撰，著有《高宗实录》二百八十卷。"但《宋诗纪事》卷五三却称："伯寿，字景仁，晋江人，隆兴元年进士，绍熙中官浙西提刑。"说明他是从河南济源徙居福建晋江。

傅伯寿还参加修纂了初修本《孝宗实录》。据《两朝纲目备要》卷七载："宁宗……嘉泰二年（壬戌年），是岁，诏修孝宗、光宗《实录》。诏宝文阁学士傅伯寿、直华文阁陆游同修，盖专以委之。"又据《河南通志》卷六五《文苑》称："宋傅伯寿，字景仁，济源人。为修撰，著有……《孝宗实录》五百卷。"

傅伯寿又参加修纂了《光宗实录》的初修。嘉泰二年冬，傅伯寿和陆游被召回朝中继续修纂《光宗实录》。傅伯寿是嘉泰二年替代龚颐正修《光宗实录》的重要修纂者之一。嘉泰初，"朝廷以中兴史未成，召傅景仁龙学于泉南，起陆务观华文于既老，皆以京祠专领史事"[1]。不过，傅伯寿只是祖籍为河南济源，南宋时已迁至福建晋江，只是在追宗认祖上，还保有中原的史学传统。

最后，河南新安人，国史院实录编校吴龙翰参加了《理宗实录》的修纂工作。

南宋的河南籍史家，除高宗时南渡者外，只拥有河南的史学传统，而不享有河南的人文环境了。

三、河南籍作者分布特点

宋代河南籍实录作者的分布，有两大特点，一是地理的分布，呈现集中于开封和洛阳的状况；一是家族的分布，不像四川那样集中于几大史学家族，而是呈现分散的局面。

第一，地理上，主要集中在开封（开封府）和洛阳（河南府）。

北宋虽然拥有四京，但北京大名府（今河北大名县）和南京应天府（今河南商丘市）都是新都，缺乏足够的人文涵养和文化积淀，故史学不彰，基本上没有出现《宋实录》的修纂者。而其东京开封府（汴京）和西京河南府（洛阳），则拥有很浓厚的文化底蕴，因此

---

[1] 李心传：《建炎杂记乙集》卷一三《杂事一》。

成为北宋史学的重要基地，《宋实录》修纂者的籍贯大多出于该区。史载："东京，汴之开封也。梁为东都，后唐罢，晋复为东京，宋因周之旧为都。"又载，洛阳"唐显庆间为东都，开元改河南府，宋为西京，山陵在焉"①。南宋时，虽然两京已经沦陷，但南渡学者中仍然坚持自己的两京籍贯，使宋实录作者中增加了来自开封和洛阳的面孔。

两宋时河南籍《宋实录》作者情况参见表3.4。

表3.4　　　两宋时河南籍《宋实录》作者情况一览表

序号	修纂人员姓名	表字	籍贯	当时职任	备注
1	沈伦	顺仪	开封府太康县	右仆射兼门下侍郎、监修国史	初修《太祖实录》
2	李穆	孟雍	开封府阳武县	中书舍人（曾任史馆修撰，判馆事）	初修《太祖实录》
3	郭贽	仲仪	开封府襄邑县	中书舍人	初修《太祖实录》
4	钱若水	淡成	河南府新安县	集贤院学士	二修《太祖实录》
5	赵安仁	乐道	河南府洛阳	右正言	二修《太祖实录》
6	赵安仁	乐道	河南府洛阳	右正言	四修《太祖实录》
7	晁迥	明远	澶州（开德府）清丰县	史馆修撰	四修《太祖实录》（其父时迁家彭门，即徐州）
8	钱若水	淡成	河南府新安县	集贤院学士	《太宗实录》实际修纂负责人

――――――――

① 《宋史》卷八五《地理志一·京城》。

续表

序号	修纂人员姓名	表字	籍贯	当时职任	备注
9	冯拯	道济	孟州河阳县	司徒、昭文馆大学士，监修国史	与修《真宗实录》
10	韩琦	稚圭	相州安阳县	左仆射兼枢密院事，实录提举	与修《仁宗实录》
11	贾黯	直孺	邓州穰县	中书舍人、修撰	与修《仁宗实录》
12	韩维	持国	开封府雍丘县	秘阁校理、检讨（后任修撰）	与修《仁宗实录》
13	陈绎	和叔	开封	检讨（一作同编修）	与修《仁宗实录》
14	韩维	持国	开封府雍丘县	同修起居注、修撰	与修《英宗实录》
15	张茂则	平甫	开封	入内都都知、都大提举管勾（宦官）	初修《神宗实录》
16	韩忠彦	师朴	相州安阳县	左仆射兼门下侍郎，实录提举	初修《哲宗实录》
17	郑居中	达夫	开封	资政殿学士、太中大夫、中太乙宫使兼侍读、实录修撰（外戚）	初修《哲宗实录》
18	谢文瓘	圣藻	陈州	承议郎、试给事中、实录修撰	初修《哲宗实录》
19	张九成	子韶	开封	著作佐郎	四修《神宗实录》（徙居钱塘）
20	尹焞	彦明	河南府洛阳	秘书少监	二修《哲宗实录》（少师事程颐）
21	贺允中	子忱	蔡州上蔡县	权尚书礼部侍郎兼实录院修撰	初修《徽宗实录》
22	傅伯寿	景仁	孟州济源县	实录院修撰	与修《高宗实录》

续表

序号	修纂人员姓名	表字	籍贯	当时职任	备注
23	傅伯寿	景仁	孟州济源县	实录院修撰	初修《孝宗实录》
24	傅伯寿	景仁	孟州济源县	实录院修撰	初修《光宗实录》

从表3.4可见，开封府籍的《宋实录》作者有9人次，河南府籍(洛阳)的有5人次，二者相加就是14人次，占了所有《宋实录》河南籍与修人次的一大半。葛兆光称在11世纪七八十年代出现了政治中心与文化中心的分离现象，开封与洛阳分别成为政治和文化中心，而反映出治统与道统的分离倾向。① 然而，至少在《宋实录》修纂上面，开封作为北宋的首都，其文化和史学的中心并未改变。当然，洛阳也步开封的后尘，成为重要的文化和史学中心。

第二，较少集中于史学家族，而出现分散的局面。

与《宋实录》四川作者不同，河南作者中缺乏史学家族。两宋时，四川出现了成都华阳范氏、眉州丹棱李氏和邛州蒲江高氏等大的史学家族，史学人才辈出，并进入实录院参修本朝实录。成都华阳范家是一个历久不衰、纵贯南北两宋的史学世家，出现了好几位《宋实录》的修纂人员，为宋代史学发展作出了卓越贡献。范家第一代实录修纂专家是范镇，参与撰写了《仁宗实录》；第二代实录修纂官员是范镇的从孙范祖禹，参与修纂了《神宗实录》；第三代实录修纂者是范祖禹的儿子范冲，参与了四修本《神宗实录》和重修本《哲宗实录》的撰写。南宋时，四川眉州丹棱李氏家族崛起，形成著名的史学世家，出现了李焘及其子李垕、李壁(一作璧，按辈分，似当作璧)和李壂一门四杰的盛况。稍后于丹棱李氏崛起的是邛州蒲江高氏。高家也是南宋时实录修纂的著名史学世家，叔父

① 如葛兆光：《洛阳与汴梁：文化重心与政治重心的分离——关于11世纪80年代理学历史与思想的考察》，《历史研究》2000年第5期。

高定子和侄子高斯得都是南宋实录的修纂者，前者与修了《孝宗实录》，后者于理宗时参修了《孝宗实录》的重修本。

河南籍《宋实录》作者虽然在北宋居于首位，但却并不集中。与四川相比，河南只出现了一个实录修纂的史学世家，那就是相州安阳韩家。英宗时，韩琦以左仆射身份担任《仁宗实录》的提举官。《宋史》卷三一二《韩琦传》载，字稚圭，相州安阳人。治平元年二月戊辰，英宗命韩琦提举修纂《仁宗实录》。徽宗时初修《哲宗实录》，首任提举官的竟是韩琦的长子，相州安阳人韩忠彦。父子二人先后提举实录修纂，虽然官员的身份掩过了史臣的身份，但也算是实录修纂的世家。不过，宋代的实录修纂世家仅此而已。

究其原因，是因为河南在北宋时属中原腹地和京畿地区，人才辐辏而集中，容易相互产生影响，取代了家族内的史学蕴绳，加之人才流动频繁，故史学家族难以形成。而四川相对封闭，容易形成史学世家，导致与修《宋实录》的四川作者多出现在一些特定的家族中，与河南适成对比。

作为宋代官方史学代表的《宋实录》，其作者的构成，反映了河南在当时的重要地位。在有据可考的整个宋朝参与实录修纂的253人次中，河南共有24人次，居全国第6位。但若将北宋与南宋分开统计的话，则北宋河南作者达18人次，居北宋各省份第1位，而南宋仅有6人次，居南宋各省份第7位。这是因为南宋时，作为中原腹地的河南全境基本沦陷，被金朝占领，再也无法像北宋那样为本朝实录的修纂输出人才，只是靠其文化信念和史学传统，河南籍作者才在南宋继续发挥影响，但是这种影响已无法与北宋同日而语。河南籍实录作者的北多南少，与四川籍作者的北少南多正好相反。川蜀作者北宋时甚少，仅有9人次，而南宋时大量增多，多达35人次。河南与四川实录作者人数的消长，正好说明了北南两宋因为辖区的盈缩，对文化和史学产生的冲击和影响。河南籍实录作者的分布，基本上集中于北宋的东京开封和西京洛阳，两大都城贡献了超过一半的河南籍实录作者；另一方面，河南籍作者的分布又不像四川那样集中于几个史家家族，而呈分散状态，这与北宋时河南的京畿地位和人才的频繁交流密不可分。《宋实录》河南籍作者的上述变化与特点，既与河南当时的地位相适应，又与宋朝的命运相关联。

第二节 《宋实录》川蜀作者群体

作为"天府之国"的川蜀①是中国文化在西部的主要"产区"，与东部的江浙遥相对应。川蜀所拥有的这一崇高地位，在史学上也有突出的显现。特别是两宋时期，川蜀籍史家大放异彩，撰成许多重要的史学著作，如成都华阳人范祖禹的《唐鉴》、成都人吴缜的《新唐书纠谬》、新津人张唐英的《唐史发潜》、眉州丹棱（眉山市丹棱县）人李焘的《续资治通鉴长编》、隆州井研（乐山）人李心传的《建炎以来系年要录》等。两宋时，川蜀地区包括成都府路、梓州路（南宋改潼川府路）、利州路（南宋后期分为利州东路、利州西路）、夔州路等。本节所论川蜀作者，便限定在以上诸路。虽然四川是今天通行的地理概念，但以四川盆地为主要地理单元所形成的特殊的生态环境，则并不受行政区划的变化而改变，其对史学人才孕育所赋予的自然条件是既定的，变化的只是该地的社会经济和文化的荣衰，进而影响到该地的人才增减以及这些人才对国家史学贡献的大小。目前，关于四川古代史家的研究，学界已有一定的成果②，但

---

① "川蜀"是宋代四川的俗称。南宋程珌在《洺水集》卷二《奏疏·丙子轮对札子》中称："伏愿陛下申诏诸将，使之相度山川形势……上而川蜀，中而襄汉，下而两淮，凡彼之所必攻而我之所当备……酌其轻重，量其缓急。"又据《宋史·选举志六》称："方今国家之兵，东至淮海，西至川蜀，殆百余万。"可证。

② 如王定璋的《四川古代著名史学家》（巴蜀书社2004年版），对整个古代四川著名史家作了概括，也涉及宋代史家，如李焘、李心传等人，但该书属于通俗读物，着力于介绍而未予深研；蔡崇榜的《宋代修史制度研究》（台湾文津出版社1988年版）涉及《宋实录》的修纂问题，但未从川蜀地方史角度对其作者进行考察；熊斌、黄博的《以史论政：宋代四川史家的前朝史研究——以范祖禹、李焘为主线的考察》（《吉林师范大学学报》2011年第1期）则是与本节较为切近的研究成果，但该文针对四川宋代史家的前朝史研究，而不像本节这样针对四川宋史家的本朝史研究展开论述。

据笔者目力所及，尚无专门研究《宋实录》作者群的论著，故本节不揣冒昧，拟就此问题加以探讨。

一、国史《宋实录》与川蜀地方作者

作为国史的《宋实录》，其作者由朝廷选拔，例无专官，多为兼职，经常半途置换。正是在这种随意中，川籍作者较大规模入选的事实，反映出川籍作者较高的素质和四川地区文化发达的状态，是川蜀人才之多的概率作用的结果。

前文已述及，宋代共进行了26次修纂，纂成14朝实录，有据可考的修纂官员共达253人次，其中川籍作者共44人次，约占1/6（1/5.8），即17.39%。参见前述表3.1。

从表3.1看，四川作者人数最多，占整个修纂人员的比例最大，反映了宋代川蜀地区文化发达的盛况以及在史学上所具有的实力。

二、川蜀作者修纂《宋实录》的阶段性特征

川蜀史家对《宋实录》的修纂，并非一开始就占有优势，而是经历了一个发展过程，相比较而言，川蜀实录作者北宋时较少，只有9人次，南宋时达到极盛，多达35人次。大致而言，经历了从无到有再到盛的三个阶段。

（一）第一阶段：北宋初川籍作者的缺席

从人数上看，川蜀作者修纂《宋实录》并非一开始就具有优势。在最初所修的《太祖实录》4次修纂与《太宗实录》的修纂，共5次纂修中，都没有川蜀人的身影。《太祖实录》初修9人次，其中河北、河南籍各3人次，山东、江苏各1人次，未知籍贯1人次；二修4人次，其中河北3人次，江苏1人次；三修8人次，其中河北3人次，河南、山东各2人次，江苏1人次；四修6人次，共中河南、江西各2人次，山东、湖北各1人次。《宋太宗实录》有7人次，其中江苏2人次，河南、河北、山东、福建各1人次，未知籍贯1人次。在以上出场人员中，河北最多，达10人次；河南次之，达8人次；山东和江苏再次之，各达5人次。江西2人次；湖北、

福建各 1 人次。可见，在北宋初期，参与实录修纂最多的作者还是来自中原地区；而川蜀竟无一人参与。直到宋仁宗继位后，开始修纂《真宗实录》时，川蜀人才正式登上实录修纂的舞台，并一发而不可收，成为修纂主力。

北宋初期川蜀尚未完全融入中原，加上王小波、李顺起义导致的川蜀与中原的疏离，似对这种修纂局面有一定程度的影响。至道初，太宗认为"蜀民轻浮，好为游乐，官吏政宽能与之浮沉，民即便安。若稍执纲纪，动即怨怼"。南宋时曹彦约读此后，指出"祖宗时广南、川蜀向化未久，择平允识事体及政宽与之浮沉者治之，乃其宜也"，说明宋初川蜀地区文化积淀尚浅。① 这对宋初川蜀史才的沉寂有明显的影响。

(二)第二阶段：北宋中后期川蜀作者的出现与渐盛

仁宗乾兴元年(1022)，川蜀作者乘修《真宗实录》之际，登上了实录修纂的舞台。虽然北宋川蜀作者只占两宋该地实录作者的20.45%，但毕竟实现了零的突破，并逐步增多。最先登上这个舞台的是阆州(今阆中市)陈尧佐。

乾兴元年十一月癸酉，朝廷命令翰林学士承旨李维、翰林学士晏殊修《真宗实录》。不久又命翰林侍讲学士孙奭、知制诰宋绶、度支副使陈尧佐同修。② 与陈尧佐作同事且有据可考的共 8 人，前后两任监修冯拯和王钦若，一起从事业务修纂的有李维、晏殊、孙奭、宋绶、王举正和李淑。陈尧佐字希元，是川蜀第一位修纂《宋实录》的作者。欧阳修在所撰《陈文惠公尧佐神道碑》中指出陈尧佐"平生奏疏尤多"，但他"悉焚其稿"。其他著作较多，"有《文集》三十卷，又有《野庐编》《潮阳编》《愚丘集》，多慕韩愈为文。与修《真宗实录》，又修《国史》"③。晁公武在《郡斋读书志》卷四介绍陈尧佐时称："陈尧佐，字希元，阆州人。端拱初进士，累迁三司副

---

① 曹彦约：《经幄管见》卷四。

② 李焘：《续资治通鉴长编》卷九九；《宋史全文》卷六《宋真宗二》；徐乾学：《资治通鉴后编》卷三五。

③ 杜大珪编：《名臣碑传琬琰之集》上卷一五。

使。修《永定实录》(即《真宗实录》),擢知制诰,历韶、庐、寿、洛、并、同、雍、郑八州。景祐四年,召拜同中书门下平章事,后以太子太师致仕,年八十二卒。"当然,陈尧佐与修实录时,仍未能改变当时的中原主力格局,其同事中,河北籍有3人,江西有2人,河南、山东、江苏各1人。

到《仁宗实录》修纂时,川蜀的作者开始占有一定的优势。仁录撰者有据可稽的共11位,其中河南籍4人,排名第一,但此时的川蜀作者2人(王珪、范镇),与河北并列第二,福建、湖北各1人,反居其下,未知籍贯1人。川蜀并非仅仅是人数上占有优势,而且在地位上也有表现。王珪是第一批任命的排名居首的《仁宗实录》修纂官员,位列贾黯、范镇、宋敏求、吕夏卿、韩维之上。①王珪"字禹玉,成都华阳人"②,他排名仁录作者的首位,地位自然比较特殊,当贾黯调台谏和宋敏求外贬时,都由王珪挑头上疏,出面挽留。范镇,《宋史》卷三三七有传,称"字景仁,成都华阳人",与王珪是老乡,修纂中应该有所配合。

王珪将他的地位延伸至《英宗实录》的修纂中。英录有据可稽的共9位,其中提举1位,编撰官员7位,刊定1位,刊定者便是王珪。

北宋晚期,川蜀籍作者逐渐增多。哲宗元祐元年第一次修纂《神宗实录》时,参加修纂的史官有据可考的共有19人,其中川籍作者有2名,即著名的文学家苏轼和著名的史学家范祖禹。虽然人数不占优势,但二人都十分知名。更重要的是,此次神录修纂中,除苏轼外,"苏门四学士"均参与了实录的修纂。这样一算,川蜀作者及其门徒们竟达6名,几乎占了三分之一。

苏轼在《神宗实录》的修纂中有较大的贡献,不仅其本人与修实录,而且其"苏门四学士"也都步其后尘。《宋史》本传载,苏轼,字子瞻,眉州眉山人。少时由母亲程氏亲授以书,比冠,博通经史,"属文日数千言"。嘉祐二年,参加礼部会试,为主考欧阳修

---

① 李焘:《续资治通鉴长编》卷一九九,嘉祐八年十二月庚辰。

② 《宋史》卷三一二《王珪传》。

赏识，对王安石变法持否定态度。元祐元年，任翰林学士，二年，兼侍读。四年，因论事为当权者所恨，苏轼"恐不见容，请外，拜龙图阁学士、知杭州"。哲宗亲政后，再遭贬斥。他是在元祐二年任翰林院学士兼侍读时预修《神宗实录》的。其门生、号为"苏门四学士"的黄庭坚、秦观、张耒和晁补之都参与了元祐本《神宗实录》的修纂。

神录初修的川籍作者中还有范祖禹。元祐元年闰二月丙申，命"著作佐郎范祖禹为《实录》院检讨官"①。范祖禹，字淳父，成都华阳人，进士出身，具有史学天分，对唐史深有研究，撰《唐鉴》十二卷，又与司马光合撰《资治通鉴》，司马光上疏极力推荐他："臣诚不及也。由臣顽固，纂次淹久，致其沉沦。而祖禹安恬静默，若将终身者。"范祖禹后除秘书省正字，擢右正言。当时吕公著为左丞，"祖禹以婿嫌改著作佐郎，为实录院检讨官，迁著作郎兼侍讲"，后"迁右谏议大夫，兼实录院修撰"。绍圣初，"言者论祖禹所修《实录》以为诋斥先帝，又以祖禹为朋附司马光，及论乳媪事以为离间两宫"，初提举明道宫，继责武安军节度副使，永州安置，再贬韶州别驾，贺州安置，移宾州，再移化州，卒年五十八。②

绍圣间，二修《神宗实录》，对元祐本进行否定，故此前立场倾向旧党的川籍作者及其门徒们全军覆没，无一人入选。

不过，徽宗时初修《哲宗实录》时，19 位新党作者中，仍有三位川籍作者。邓洵武是成都双流人，字子常，在初修《哲宗实录》时，地位比较重要。他是以中书舍人、给事中兼侍讲修撰《哲宗实录》的。据《宋史》卷三二九《邓绾子洵武传》载："洵武，字子常，第进士，为汝阳簿。"绍圣中，担任过国史院编修官，撰神宗正史。"议论专右蔡卞，诋诬宣仁后尤切。史祸之作，其力居多。"徽宗初，改秘书少监，"既而用蔡京荐复史职……进洵武中书舍人，给事中兼侍讲，修撰《哲宗实录》，迁吏部侍郎"。除邓洵武外，张商

---

① 李焘：《续资治通鉴长编》卷三六八，元祐元年闰二月丙申。

② 王称：《东都事略》卷七七《范祖禹传》。

英也是川蜀作者，是蜀州新津人。哲宗亲政后，"商英积憾元祐大臣不用己，极力攻之"。但崇宁时却与蔡京议政不合，被"罢知亳州，入元祐党籍"。大观四年，除中书侍郎，遂拜尚书右仆射。为政持平，劝徽宗节约。为何执中等所排挤。后官复原职。宣和三年卒，终年七十九岁。① 另一位川蜀作者是蹇序辰。据《宋通鉴长编纪事本末》载："崇宁元年九月癸卯，翰林学士蹇序辰兼修国史、实录修撰、讲议详定官。"②他是刑部侍郎蹇周辅之子，也是成都双流人，为邓洵武的老乡，看来同入实录院修史，并非偶然。绍圣中，提议将元祐旧党的言行"选官编类，入为一帙"，促成元祐党禁。蔡京为相后，复拜刑部、礼部侍郎，为翰林学士，进承旨。后黜知汝州、苏州，移永州安置。此外，苏门四学士之一的晁补之，也是《哲宗实录》的检讨官。③ 与其师苏轼和其他三位同门相比，晁补之的立场是有点不坚定的。

（三）第三阶段：南宋川籍作者群的崛起与鼎盛

南宋时，北方中原地区沦陷，川蜀在全国中的地位骤增，文化繁盛，人才众多，在实录修纂中占有更大的优势。南宋前期，川籍作者群崛起，修纂人数达到鼎盛，占两宋整个川蜀实录作者的 79.55%。

绍兴时，重修了北宋神哲徽钦四朝的实录。四修本《神宗实录》始修于绍兴四年五月，完成于绍兴六年正月，参加修纂的史官有据可考的共有 17 人，其中有三位川籍作者：范冲、任申先和常同。四修是对绍圣本实录的否定，故旧党后裔占据上风。范祖禹之子范冲担任直史馆，是实际的四修本神录修纂的负责人："绍兴……四年夏四月，以范冲直史馆，重修神宗、哲宗《实录》。冲，祖禹之子也。"④"冲父祖禹，元祐中尝修《神宗实录》，尽书王安石

---

① 《宋史》卷三五一《张商英传》。

② 杨仲良：《宋通鉴长编纪事本末》卷一三二《徽宗皇帝·讲议司》。又清人秦缃业《续资治通鉴长编拾补》卷二〇《徽宗》转载此文。

③ 杜大珪编：《名臣碑传琬琰之集》中卷二七张耒《晁太史补之墓志铭》。

④ 冯琦原编，陈邦瞻增辑：《宋史纪事本末》卷一九《建炎绍兴诸政》。

之过，以明神宗之圣。其后安石婿蔡卞恶之，祖禹坐谪死岭表。至是复以命冲"，高宗对他说："两朝大典，皆为奸臣所坏，故以属卿。"范冲于是"论熙宁创置，元祐复古，绍圣以降弛张不一，本末先后，各有所因。又极言王安石变法度之非，蔡京误国之罪"①。

另一位直史馆是任申先，字德初，眉州眉山人，是率先弹劾章惇的左正言任伯雨次子。因任伯雨遭新党蔡卞等人的迫害而受到牵连，"用匿名书复逮其仲子申先赴狱"，但"申先在狱，锻炼无所傅致，乃得释"。② 据陈骙《南宋馆阁录》卷八《官联下》，知任申先绍兴五年七月以起居舍人兼直史馆身分，与修《神宗实录》。

修撰官常同，字子正，是邛州临邛人，故监察御史常安民之子。绍兴四年，"除起居郎、中书舍人、史馆修撰"。上疏论神、哲二史，指出"绍圣时，则章惇取王安石《日录》私书改修《神宗实录》；在崇宁后，则蔡京尽焚毁《时政记》、《日历》，以私意修定《哲宗实录》"，认为"不可信于后世"。高宗"深嘉纳"，乃命常同担任修撰。③

然而，在四修后，《神宗实录》又进行了第五次修纂，发动者是川蜀人张浚。他在赵鼎罢相后，从绍兴六年十二月至七年九月独任宰相，于七年六月六日正式推动了对《神宗实录》的第五次修纂，试图否定赵鼎的四修本。张浚，字德远，汉州绵竹人，进士及第。高宗初立，升为礼部侍郎。后任知枢密院事，出任川陕宣抚处置使。绍兴五年，出任右仆射、同中书门下平章事兼知枢密院事，六年十二月代替赵鼎担任《神宗实录》监修，推动实录的修改。

最为配合张浚改修的，是他的老乡著作郎何抡，"初，《神宗实录》已成书矣，至是，乃用著作郎永康何抡刊正讹谬"④。何抡，字抡仲，永康军青城县人，也是进士出身。绍兴五年，因"张浚所

① 《宋史》卷四三五《儒林列传五》。
② 《宋史》卷三四五《任伯雨传》。
③ 《宋史》卷三七六《常同传》。
④ 熊克：《中兴小纪》卷二一，绍兴七年五月乙丑。

引"，从左宣教郎升为秘书郎。① 七年，时为著作郎的何抡，在宰相张浚的支持下，提出刊正四修本《神宗实录》的讹谬，并积极从事刊修工作，用签贴和涂抹的形式，改正前修实录的错误。②

然而，五修本《神宗实录》因张浚被贬，"抡不自安，遂撤去前日签贴焚之"③，被迫终止。

《神宗实录》的第六次修纂，是在绍兴七年十月，赵鼎复相后进行的，是对五修的否定，对四修的回归。任用的人员，多是张浚执政时遭到打击的史官。故六修时，无一川蜀人。

重修本《哲宗实录》始修于宋高宗绍兴四年五月，成书于绍兴八年九月，参加修纂的史官有据可考的共有 16 人，其中川蜀籍作者便有 5 人，约占三分之一。张浚一度担任《哲宗实录》重修的监修。赵鼎罢相后，张浚独任宰相直至绍兴七年九月。据李心传《建炎以来系年要录》卷一○七载，绍兴六年十二月，"辛酉(二十八日)，张浚监修国史"。《哲宗实录》此时仍在修纂之中，因此张浚除任五修《神宗实录》监修外，必为《哲宗实录》监修。除了张浚外，还有一位与其意见不合的川蜀作者范冲。在重修哲录之初，赵鼎是行政负责人，而具体的业务负责人当首推范冲。范冲代表元祐党人后裔的立场，对旧党子孙很是照顾，"司马光家属皆依冲所，冲抚育之"④。与范冲配合的是另一位川蜀作者，前面提到过的常同。然而，与四修神录时不同，此时重修哲录，出现了其他的川蜀作者，史馆修撰勾涛即是其一。《宋史》卷三八二有传："勾涛，字景山，成都新繁人。登崇宁二年进士第"，绍兴八年，"除史馆修撰，重修《哲宗实录》"，"六月，《实录》成，进一秩，就馆赐宴"。参与《哲宗实录》重修的秘书少监苏符也是川蜀眉山人。他因为"元祐政事屡致分更"，提出"非符所宜参预"，想打退堂鼓，乃令其修纂

---

① 李心传：《建炎以来系年要录》卷八五，绍兴五年二月庚子。
② 陈骙：《南宋馆阁录》卷七《官联上》。
③ 李心传：《建炎以来系年要录》卷一二一，绍兴八年八月壬午。
④ 《续通志》卷五四四《儒林传》。

《日历》。① 因此修成后的名单中便没有他的名字。

《徽宗实录》初修始于绍兴七年闰十月，终于绍兴二十八年十一月，长达 21 年。据现有史料考知，实际参加修纂的史官有共有18 人，其中川籍作者 2 名。其一便是成都华阳人范冲，担任直史馆，在《徽宗实录》初期修纂工作中主领其事。"高宗南渡……预修《徽宗实录》。方是时，范冲领史局，翌以文辞进，删润功居多。"②高宗曾指出："朕向尝论范冲修《徽宗实录》，惟当记政事之大可为法者，其细事自不必书。大抵史官须有经学，乃可用也。"③高宗提出修纂原则，面对的是范冲，这足以表明范冲在当时史馆中的特殊地位。另一位是成都新繁人、修撰官勾涛。据《续通志》卷三八二本传载，绍兴间，"复修《徽宗实录》，涛以中书舍人吕本中荐，丞相赵鼎谕旨宜婉辞纪载"，但勾涛回答："崇宁大观，大臣误国，以稔今祸，藉有隐讳，如天下野史何？"

重修《徽宗实录》从孝宗乾道六年十二月始，至淳熙四年三月完工。有据可考的川籍作者有 2 人，其一是眉州丹棱人、修撰官李焘，其二是其子检讨官李垕。

《钦宗实录》的修纂人员多失载，今有据可稽的作者中无一人为川蜀籍，这在实录修纂中是不多见的现象。

孝宗淳熙十五年（1188）修《高宗实录》，历光、宁、理宗而完竣，前后修纂者约 12 人，其中川蜀人有 3 名，占四分之一。继张浚后，川蜀人胡晋臣再次负责实录院的全面工作。张浚是实录院的监修，而胡晋臣是实录院的提举（相当于监修）。据《宋会要辑稿》载：绍熙元年"十二月十三日，诏参知政事胡晋臣提举实录院"。胡晋臣，字子远，蜀州（今四川崇州）人。担任具体修纂工作的也有川蜀人。杨大全是《高宗实录》的检讨官，字浑甫，眉州青神人。乾道八年进士。庆元元年，"修《高宗实录》，充检讨官"。先是，韩侂胄专权，笼络杨大全，"大全笑谢，决不往。明日遂丐外。时

---

① 李心传：《建炎以来系年要录》卷一一一，绍兴七年五月癸巳。
② 袁桷：《延祐四明志》卷四《人物考·朱翌》。
③ 熊克：《中兴小纪》卷三一，绍兴十三年夏四月辛巳。

《实录》将上矣，上必推恩。大全去不少待"，是一位正直的史官。① 理宗时，朝廷有意重修《高宗实录》。著名的史学家李心传便是改修《高宗实录》的修纂者之一。

《孝宗实录》与《光宗实录》的初修大约是一起进行的，作者基本相同，均是 7 人，其中川蜀作者都是一人，他就是眉州丹棱人李壁（一作璧，按辈分，似当作璧），字季章。其父是著名史学家李焘，有家学渊源，故傅伯寿特地推荐他接替自己修纂《孝宗实录》。但随着李壁地位的不断攀升，"不复领史事矣"②。

虽然上述二实录初修时，川籍作者只有一人，但《孝宗实录》和《光宗实录》同时重修时，川籍作者却达到鼎盛。据考，前后与修者共 13 人，川蜀人有魏了翁、李壂、游似、李心传、高斯得、高定子，竟然多达 6 人，几乎占了一半。邛州蒲江人魏了翁以兵部郎中、太常少卿、秘书监兼实录院检讨，居此职长达二年之久。曾上《论实录缺文疏》提出改修的措施。理宗端平二年七月，魏了翁又以权礼部尚书兼任实录院的同修撰。眉州丹棱人李壂和游似是端平间孝、光两朝《实录》的同修撰。理宗端平元年八月，李壂以权刑部尚书兼实录院同修撰。三年九月，游似以礼部侍郎兼实录院同修撰。③ 游似后又升为实录院修撰，为此他上疏请辞，但皇帝下诏指出："纂修史籍，由同而正，盖彝典也。卿学该百氏，才擅三长，论撰逾年，善于其职。晋升一级，以示宠褒。胡执谦冲，谓难冒处。能于前而不能于后，岂有是哉？毋弃尔成，亟祗朕命，所辞宜不允。"④从中可见，游似真正从事过实录修纂，超过一年，而且做得很好，既然"能于前"，就一定"能于后"，所以降诏慰留。隆州井研人李心传、邛州蒲江人高斯得、高定子叔侄，作为史学名家，也都参与了该书的修纂。重修光、孝两朝《实录》时，是史学

① 《宋史》卷四〇〇《杨大全传》。
② 《宋史》卷三九八《李壁传》。
③ 《南宋馆阁续录》卷九《官联三·实录院同修撰》。
④ 许应龙：《东涧集》卷二《朝议大夫新除礼部尚书兼同修国史实录院同修撰兼侍读游似辞免升兼修国史兼实录院修撰恩命不允诏》。

"川军"最盛的时期。

南宋最后两实录《宁宗实录》和《理宗实录》修纂时，川蜀作者仍然占有较大的比例。《宁宗实录》始修于理宗嘉熙二年（1238）三月己未，并分4次进呈，景定四年（1263）六月庚午，最后由贾似道进呈。在这漫长的25年时间里，根据现有史料，共有15人参与修纂了《宁宗实录》。真正参与实录修纂的是李心传、高定子、高斯得、黄震、张显、赵汝腾、袁甫等人。其中李心传、高定子和高斯得三人为川籍作者，占全部作者的五分之一。《理宗实录》的修纂人员，多不可考，据现有史料，能够考证出3人。修纂过孝宗、宁宗等实录的高斯得，无疑是《理宗实录》的修纂者，故川籍作者占三分之一。

三、修纂《宋实录》的川籍史学家族

川蜀作者之所以在国史《宋实录》修纂中独领风骚，与川蜀的文化教育渐趋发达有关，更与这种文化氛围养成的史学家族的兴起有关。在《宋实录》的修纂中，仅川蜀的几大史学家族的出现，就使实录修纂中川籍作者成员大增，占有绝对的优势。两宋时期，在实录修纂领域，川蜀形成了三大史学家族，分别是成都华阳范家、眉州丹棱李家和邛州蒲江高家。

（一）成都华阳范家

成都华阳范家，史学人才辈出。这个家族是一个历久不衰、纵贯北南两宋的史学世家，出现了好几位《宋实录》的修纂人员，为宋代史学发展作出了卓越贡献。范家第一代实录修纂专家是范镇，参与撰写了《仁宗实录》；第二代实录修纂官员是范镇的从孙范祖禹，参与修纂了《神宗实录》；第三代实录修纂者是范祖禹的儿子范冲，参与了四修本《神宗实录》和重修本《哲宗实录》的撰写。

作为范家第一代实录修纂官员的是范镇，字景仁。"其学本《六经》"，却在史学上也成就了一番事业。薛奎在蜀任职时，聘其为子弟之师，人问薛奎入蜀有何收获，答道："得一伟人，当以文学名世。"对其褒称甚至。范镇举进士，礼部奏名第一，"召试学士院，当得馆阁校理，主司妄以为失韵，补校勘。人为忿郁，而镇处

之晏如"。四年后超授直秘阁，判吏部南曹、开封府推官，"擢起居舍人、知谏院"。后"改集贤殿修撰，纠察在京刑狱，同修起居注，遂知制诰"，迁翰林学士。① 就是在这个时候，他参与修纂了《宋仁宗实录》。据《资治通鉴后编》载，嘉祐八年十二月"庚辰，命翰林学士王珪、贾黯、范镇撰《仁宗实录》"②。神宗时，因反对王安石新法，以户部侍郎致仕。哲宗立，拜端明殿学士。"镇平生与司马光相得甚欢，议论如出一口，且约生则互为传，死则作铭。"司马光在范镇生前为他作传，服其勇敢果决；范镇则在司马光死后为他撰墓志铭。范镇为人清白坦荡，待人以诚，温良恭俭，不言人过。在大是大非面前，面色和悦却语气坚决，即使是在皇帝跟前，也决不屈服。③

范镇的侄孙（从孙）范祖禹是成都华阳范家第二代实录修纂专家，字淳甫，一字梦得。从小失去父亲，"叔祖镇抚育如己子"，可以说受到范镇的深刻影响，对史学产生了浓厚兴趣。范祖禹中进士甲科后，并没有立即入仕做官，而是"从司马光编修《资治通鉴》，在洛十五年，不事进取"。在修纂《资治通鉴》的过程中，范祖禹还撰写了《唐鉴》等史，"祖禹尝进《唐鉴》十二卷，《帝学》八卷，《仁宗政典》六卷。而《唐鉴》深明唐三百年治乱，学者尊之，目为'唐鉴公'"。范祖禹的史学才华受到司马光的赞赏，上疏极力称赞他："臣诚不及也。由臣顽固，纂次淹久，致其沉沦。而祖禹安恬静默，若将终身者。"④《资治通鉴》书成，由司马光荐为秘书省正字。哲宗立，擢右正言，"除著作佐郎、修《神宗实录》检讨，迁著作郎兼侍讲"⑤。另据《续资治通鉴长编》载，元祐元年闰二月丙申，"著作佐郎范祖禹为《实录》院检讨官"⑥。后"兼国史院修

① 《宋史》卷三三七《范镇传》。
② 徐乾学：《资治通鉴后编》卷七一《宋纪·仁宗》。
③ 《宋史》卷三三七《范镇从子百禄从孙祖禹传》。
④ 王称：《东都事略》卷七七《范祖禹传》。
⑤ 《宋史》卷三三七《范镇从子百禄从孙祖禹传》。
⑥ 李焘：《续资治通鉴长编》卷三六八，元祐元年闰二月丙申。

撰”[①]，绍述时期，以龙图阁学士出知陕州。“言者论祖禹修《实录》诋诬”，连贬武安军节度副使、昭州别驾，安置永州、贺州，又徙宾、化而卒，年五十八。[②]

范祖禹的儿子范冲，是成都华阳范氏家族的第三代实录修纂专家，字元长，登绍圣进士第。南宋绍兴四年，“亟诏重修神、哲两朝《实录》，召冲为宗正少卿兼直史馆。冲父祖禹，元祐中尝修《神宗实录》，尽书王安石之过，以明神宗之圣。其后安石婿蔡卞恶之，祖禹坐谪死岭表。至是复以命冲”[③]。另据《宋史》卷二七《高宗纪四》载：“（绍兴四年）五月……癸丑（四日）以范冲为宗正少卿兼直史馆，重修神宗、哲宗《正史》、《实录》。”高宗对他说：“两朝大典，皆为奸臣所坏，故以属卿。”“冲之修《神宗实录》也，为《考异》一书，明示去取，旧文以墨书，删去者以黄书，新修者以朱书，世号‘朱墨史’。”[④]后改任实录修撰，迁起居郎，改翰林侍读学士。终年七十五岁。

成都华阳范氏家族还有一个姻亲，也是实录修纂的重要官员。他就是范祖禹的岳父吕公著，是元祐初继司马光之后的《神宗实录》提举官。[⑤]

如果说成都华阳家族纵贯两宋的话，那么眉州丹棱家族则是南宋崛起的新兴史学世家。

（二）眉州丹棱李焘家族

南宋时，眉州丹棱李氏家族崛起，形成著名的史学世家，出现了李焘及其子李垕、李壁和李𡌴一门四杰的盛况。

李焘不仅是著名的《续资治通鉴长编》的作者，而且还是《徽宗实录》的修纂者。李焘，字仁甫，绍兴八年，擢进士第，调华阳簿。他“博极载籍，搜罗百氏，慨然以史自任，本朝典故尤悉力研

① 《宋史》卷三三七《范镇从子百禄从孙祖禹传》。

② 《宋史》卷三三七《范镇从子百禄从孙祖禹传》。

③ 《宋史》卷四三五《儒林列传五·范冲传》

④ 《宋史》卷四三五《儒林列传五·范冲传》。

⑤ 《宋史》卷三三六《吕公著传》。

核"，曾"仿司马光《资治通鉴》例，断自建隆，迄于靖康，为编年一书，名曰《长编》"，乾道四年，"上《续通鉴长编》，自建隆至治平，凡一百八卷"。三年后，"《长编》全书成，上之，诏藏秘阁"。乾道五年，"迁秘书少监兼权起居舍人，寻兼实录院检讨官"。淳熙改元，被召，"进秘阁修撰、权同修国史、权实录院同修撰"、权礼部侍郎。四年，驾幸太学，以执经特转一官。"《徽宗实录》置院已久，趣上奏篇，焘荐吕祖谦学识之明，召为秘书郎兼检讨官。"进敷文阁直学士，提举佑神观兼侍讲、同修国史。十一年春，乞致仕，优诏不允。病革，除敷文阁学士，致仕。终年七十岁。①李焘在重修《徽宗实录》中发挥了重大的作用。他在史院经历了检讨、同修撰和修撰的递升。早在乾道五年十二月，他便提请重修《徽宗实录》。淳熙三年六月甲午时，他又推荐吕祖谦作为国史院编修和实录的检讨。实际上是重修《徽宗实录》的业务负责人。正因为如此，《宋史》卷二〇三《艺文志二》便径称"《徽宗实录》二百卷(李焘重修)"。李焘的长子李垕也参与了《徽宗实录》的修纂，"既中制科，为秘书省正字，寻迁著作郎兼国史实录院编修检讨官。父子同主史事，搢绅荣之"②。李垕早于其父而亡，但父子同修《徽宗实录》一事，却载于史册。

除了这位早亡的长子李垕外，李焘还有两个儿子也参与了实录的修纂。其一是四子李壁，参与了《孝宗实录》和《光宗实录》的初修。当时，朝廷任命傅伯寿和陆游修纂二书，但两人年纪太大，只得各举一人以修之。据《两朝纲目备要》卷七载："傅、陆既以京祠专领史事，已而傅除签书枢密院事，老病不能拜，力辞，乃以为资政殿学士出守；陆年且八十，复引年，遂以次对领秘书监，俄复致仕。朝廷命二公举可代者，陆荐京西转运判官李大异，傅荐新除夔州路提点刑狱李壁，遂召大异为秘书监，迁中书舍人、右谏议大夫，而壁为秘书少监，迁宗正少卿、直舍人院，以至执政，不复领史事矣。"其二是五子李𡉫，在端平元年八月，以权刑部尚书兼实

---

① 《宋史》卷三八八《李焘传》。
② 《宋史》卷三八八《李焘传》。

录院同修撰，参与了正在进行的《孝宗实录》和《光宗实录》的编纂。① 兄弟俩可以说是接力从事孝、光两朝实录的初修和再修。

（三）邛州蒲江高氏家族

稍后于丹棱李氏崛起的是邛州蒲江高氏。高家也是南宋时实录修纂的著名史学世家，叔父高定子和侄子高斯得都是南宋实录的修纂者。前者修纂了《孝宗实录》，后者于理宗时与修了《孝宗实录》的重修本。

高定子，字瞻叔，"利州路提点刑狱兼知沔州（高）稼之弟"。嘉泰二年举进士，后"迁太常少卿兼国史院编修官"，并"迁起居舍人"，寻兼中书舍人，改翰林院侍讲、权礼部尚书，升兼侍读，"寻兼直学士，修孝宗、宁宗《日历》，书成上进，擢拜翰林学士、知制诰兼吏部尚书，升兼修国史、实录院修撰，赐衣带、鞍马"。高定子在理宗时"领史事"，做过实录院修撰，应当参与了《孝宗实录》的修纂工作。曾奏"乞召收李心传，卒成四朝志、传"。后"退居吴中，深衣大带，日以著述自娱"，卒于家。②

高定子在史学方面对其侄高斯得显然产生了一定的影响。高斯得，字不妄，"利州路提点刑狱、知沔州稼之子"。高斯得也具备很好的实录修纂条件，除受叔父影响外，他还修过国史、会要和要录，担任过侍立起居注。绍定四年，辟差四川茶马干办公事，当时"李心传以著作佐郎领史事，即成都修《国朝会要》"，征辟高斯得"为检阅文字"，秩同秘阁校勘，"斯得分修光、宁二帝《纪》。寻迁史馆校勘，又迁军器监主簿兼史馆校勘"。因丞相史嵩之意，迁太常寺主簿，"仍兼史馆校勘"。"时斯得叔父定子以礼部尚书领史事，时人以为美谈。"后因直言为人所陷，移浙东提举常平仓。命下，将给事中章鉴缴还，"斯得杜门不出，著《孝宗系年要录》"。度宗即位，召为秘书监，"擢起居舍人兼国史院编修官、实录院检讨官兼侍讲"，兼权工部侍郎，"遂兼同修国史、实录院同修撰，仍兼侍讲。进《高宗系年要录纲目》"，帝善之。后遭黜。"所著有

---

① 《南宋馆阁续录》卷九《官联三·实录院同修撰》。
② 《宋史》卷四〇九《高定子传》。

《诗肤说》《仪礼合抄》《增损刊正杜佑通典》《徽宗长编》《孝宗系年要录》《耻堂文集》行世。"①并未提修实录一事。董斯张关于"高斯得(撰)《徽宗长编》《孝宗实录》若干卷"②的说法显然有误，后者应该是《孝宗系年要录》。然而，这并不意味他未修《孝宗实录》。据《南宋馆阁续录》卷七《官联一·少监》载："高斯得，（理宗淳祐）十二年(1252)五月，以礼部郎官兼国史院编修官、实录院检讨官除(少监)，兼职依旧。当月兼直史馆，七月时暂兼权侍立修注官。"据此知，他参与《孝宗实录》的修纂，应该就在这段时间。而景定二年(1261)《孝宗实录》才宣告完成。高定子也参与修纂了《宁宗实录》。曾受李心传征辟为史馆检阅和校勘，参与《四朝史》的修纂，负责宁宗本纪的草撰，被史嵩之篡改。杜范入相后，兼国史院编修官、实录院检讨官，兼侍讲。其事迹前已介绍。高斯得修纂《宁宗实录》的事迹，最重要的证据是在其所著的《耻堂存稿》卷五《书事》中。他说嘉泰二年，有言者论"近岁习伪之徒，唱为攻伪之说，今阴阳已分，真伪已定，人之趋向已正，望播告中外，专事忠恪"。为上所从，于是方有大规模的平反活动，高斯得对言者的这份奏疏十分欣赏，但觉得"记不表出其人，为深可惜"，等到来湘中时，"得观中丞邓公《家集》，则知此疏乃公为察官时所奏"。他特地指出："比年，《宁录》登进之时，秀岩与予先后去国，不知后来秉笔者果能搜罗而纪载乎否也？予方被命还朝，会当告之秉笔者，庶几补太史氏之阙云。"在这篇文章中，高斯得明确表明自己曾与修《宁宗实录》，但当宁录大功告成时，他与秀岩(即李心传)都已离职。不知像邓中丞这样的直言者史官是否已经记载，并表示自己还朝时将会向史官提供这方面的材料，以补史书之阙。

宋代实录修纂世家的传统，对后世有影响。如明代中后期四川就有一个实录修纂的史学世家兴起，那就是南充陈家。父亲陈以勤为《明世宗实录》总裁，儿子陈于陛为《明世宗实录》和《明穆宗实录》的修纂官员。

---

① 《宋史》卷四〇九《高斯得传》。
② 董斯张：《吴兴备志》卷二二《经籍征第十八》。

四、修纂《宋实录》的川籍史学名家

宋代时，川蜀地区史才纷出，在《宋实录》的修纂中，也出现了许多史家名家的身影。如前面提到的《唐鉴》和《资治通鉴》作者范祖禹，《续资治通鉴长编》的作者李焘。除此之外，还有一些名家投身于《宋实录》的修纂。如著名的文学家苏轼，和《建炎以来系年要录》的作者李心传。

苏轼在《神宗实录》的修纂中有较大的贡献，不仅其本人与修实录，而且其"苏门四学士"也都步其后尘。《宋史》本传载，苏轼，字子瞻，眉州眉山人。少时由母亲程氏亲授以书，比冠，博通经史，"属文日数千言"。嘉祐二年，参加礼部会试，为主考欧阳修赏识。对王安石变法持否定态度。元祐元年，任翰林学士；二年，兼侍读；四年，因论事为当权者所恨，苏轼"恐不见容，请外，拜龙图阁学士、知杭州"。哲宗亲政后，再遭贬斥。他是在元祐二年任翰林院学士兼侍读时预修《神宗实录》的。其门生、号为"苏门四学士"的黄庭坚、秦观、张耒和晁补之都参与了元祐本《神宗实录》的修纂。

李心传（1166—1243）字微之，隆州井研（今四川乐山）人。理宗时，朝廷有意重修《高宗实录》，李心传便是改修《高宗实录》的修纂者之一。与此同时，他还参与改修了《孝宗实录》《光宗实录》和《宁宗实录》。理宗宝庆四年（1231），即担任实录院检讨官。嘉熙二年（1238）三月"己未，以著作郎兼权工部郎官李心传为秘书少监、史馆修撰，专一修高宗、孝宗、光宗、宁宗四朝《国史》《实录》"[①]。《宋史全文》卷三三《宋理宗三》也载，嘉熙二年三月"以著作郎兼权工部郎官李心传为秘书少监、史馆修撰，专一修高宗、孝宗、光宗、宁宗四朝《国史》《实录》"。又《宋史》卷四二《理宗纪二》载，嘉熙二年三月"壬子，以李心传为秘书少监、史馆修撰，修高宗、孝宗、光宗、宁宗四朝《国史》《实录》"。

苏轼和李心传等人的加盟，增加了《宋实录》中川蜀修纂者的

---

① 《宋史全文》卷三三《宋理宗三》。

分量。他们与上述史学家族和其他川籍实录作者一起，促成了川蜀史家在国史修纂中的优势地位，反映出两宋时期川蜀地区史学人才之盛和成就之大，并在若干领域超越其他地区。

宋代共进行了 26 次实录修纂，纂成 14 朝实录，有据可考的修纂官员共达 253 人次，而川蜀地区的修纂人员则达 44 人次之多，居各省(以今天行政区划为准)之首，约占全部人数的六分之一。反映了宋代川蜀地区经济和文化的发展状况。特别是在南宋时期，由于中原地区的丧失，川蜀在国家版图中的地位更加重要，川籍实录修纂者人数剧增，在所有各省的与修人员中占有优势地位，超过了号称人文渊薮的浙江和江苏。

川蜀《宋实录》作者之众，还与当地的史学家族及其所形成的史学传统有关，出现了纵贯北南两宋的成都华阳范家、南宋崛起的眉州丹棱李家和邛州蒲江高家。与此同时，宋代实录修纂中还出现了一些名家和大家，如眉州眉山的苏轼和隆州井研的李心传，成为两宋历史的耀眼的明星，加重了两宋时川蜀实录修纂者的分量。尽管地理环境并非决定文化和史学的唯一因素，但同一环境内会造成相互间的攀比和彼此的感染，导致某种文化氛围的形成，从而影响该地区人的素质和行为取向。

宋代中后期的政治，以王安石变法为基点，引起了新旧党之争。川蜀作者在实录修纂中的政治倾向，一般以倾向旧党者为多(如范祖禹、苏轼等)，但也有少部分人倾向新党(如张浚)。这不仅与作者自身的政治取向有关，而且也深受南宋政局的影响。南宋建立后，朝廷清理新党及其史学，有意任命旧党后裔(如川蜀史官范冲等)对神、哲、徽、钦实录或修改，或新修，无疑影响到川蜀作者的任用和立场。以上是考察《宋实录》川蜀作者群形成和发展过程后得出的一些结论。

第三节 《明太祖实录》二修总裁解缙的作用

解缙奉命总裁二修本《明太祖实录》时，面临篡位伊始的永乐帝迫切需要清除建文初修本的影响、巩固自己地位的复杂而险恶的政治环境，为应对此一局面，解缙当拟定妥帖的修纂凡例和宗旨，尽量与当今皇上保持一致，然而解缙内心深处对"据实直书"的执念和保留，使其本人及二修本实录皆未获得朱棣的完全信任。在《修纂凡例》荡然无存的情况下，解缙的《进实录表》以及早年为朱元璋施政所作的评价，成为逆向推知和考证其预修实录时的修纂主题及其纲领的恰当文本。统领"百人之众"的总裁解缙，对馆中江西吉安府同乡的关注异于常人，在文集中多有记载，从而对官方公布的二修人员名单提供了印证、修正和补漏的依据。

在实录体史书修纂史上，江西吉安府吉水人解缙（1369—1415），是一个悲剧性人物。作为《明太祖实录》第二次修纂的总裁，初膺大任，终遭猜忌，所修实录也遭抛弃。关于解缙二修实录之事，未见有专门研究之论著①，只有吴士勇《〈明太祖实录〉的三次修纂》②和邓闳旸《解缙与〈明太祖实录〉三修本》③两文有所涉及，但吴文只是对笔者《明实录研究》相关内容的抄写④而已，邓文则主要是谈解缙案导致三修实录问题。故本节所论，既是前人所未及，又超过旧作《明实录研究》之论述。

一、解缙二修《明太祖实录》时所遇险境与纂修始末

明太祖朱元璋崩逝后，继位的皇太孙朱允炆改元建文，是为建文帝。自建文元年正月一日下诏修纂《明太祖实录》，至三年十二月一日该实录纂修完成。然而，次年六月，发动"靖难之役"的朱棣，攻下首都南京，而建文帝则不知所终。篡位伊始的朱棣，本有

---

① 参见孙文龙：《建国以来解缙研究综述》，《甘肃广播电视大学学报》2016年第6期，第15~17、20页。

② 吴士勇：《〈明太祖实录〉的三次修纂》，《文史知识》2004年第8期，第106~111页。

③ 邓闳旸：《解缙与〈明太祖实录〉三修本》，《古籍整理研究学刊》2019年第4期。

④ 参见谢贵安：《明实录研究》，湖北人民出版社2003年版，第122~130、466~468页。

千头万绪的事务需要处理，却率先审读了初修本《明太祖实录》，认为史官不顾是非，任其私见，导致遗漏和失实甚多，并在当年十月，也就是在他攻下南京的四个月之后，任命解缙为总裁，开始改修建文本《明太祖实录》。

接手永乐皇帝所付修改《明太祖实录》的任务时，总裁解缙便遇到了一个巨大麻烦。因为要修改的实录是关于大明开国皇帝朱元璋的史书，而且是永乐皇帝的死对头建文帝在任时所修。怎样做到既忠实于太祖的历史，又清除建文帝打下的烙印、令当今皇上满意，是摆在解缙面前的艰难选择。虽然他是个人尽皆知的才子，但修史不是要笔杆子和卖弄文采，既要遵循据实直书原则，又要遵照"三讳"（为尊者讳，为贤者讳，为亲者讳）原则，处在"走钢丝"一样的高危困境。稍不留神，就会摔得粉身碎骨。解缙面临的正是这种复杂而危险的局面。

清除建文帝在实录上的影响，就是要对初修本《明太祖实录》进行删改。所以，解缙主持的实录修纂，乃是对建文初修《明太祖实录》版本的第一次改修，也是第二次纂修。在永乐八年解缙获罪后，疑心病很重的永乐帝于永乐九年又委任胡广担任总裁，进行了第二次改修，也就是第三次纂修。事实证明，解缙二修实录，处在建文初修和胡广三修之间，属于过渡性的纂修。但是当时的解缙并未想到二修本最终会被否定。

朱棣纂改初修本实录的迫切愿望，令实际负责修纂的解缙深受压力。永乐帝在给二修时两位监修李景隆和茹瑺所下敕令中指责"比者建文所修《实录》遗逸既多，兼有失实"，声称"朕鉴之，诚有歉焉"。要求史臣"重加纂修，务在详备"，既要"仰答先朝宠遇之厚"，也要"副予惓惓之孝诚"[1]，给监修们以心理压力。这种压力，当然最终会传导至具体负责修纂的总裁解缙身上。次日，朱棣向全体纂修官员下达敕令，声称："比建文中，信用方孝孺等纂述《实录》，任其私见，或乖详略之宜，或昧是非之正，致甚美弗彰，神人共愤，蹈于显戮，咸厥自贻。"这已经是在威胁了，意思是如

---

[1]　《明太宗实录》卷一三，洪武三十五年十月己未。

果你们修纂不力，也可能会像初修史官那样"蹈于显戮"①。令解缙和史臣们恐惧的，正是初修《明太祖实录》的一些史臣，就因为直书"靖难"之事，惨遭横祸。如初修《明太祖实录》的纂修官叶惠仲，"以直书帝起兵事，族诛"②。

永乐帝的敕令已给二修实录定了基调。解缙要做的，就是按照皇帝的旨意改修实录，但同时也要顾及太祖皇帝的历史事实。这的确是进退维谷的两难处境。有鉴于此，解缙采用的方针，基本上是述而不作，尽量不表达自己的思想，只管照史料取舍，遵皇上指示编纂："承命惶悚，日睹圣明之事，手授传信之编，銮坡螭陛之书，无庸黼黻，石室金縢之秘，不费讨论，但日食大官之膳，又时承异数之褒，虽尽力于期年，实无加于毫末者也。"③反映出解缙等史臣不敢有丝毫的个人主张。他在《进实录表》中也表达过"惟务校雠之事，实无黼黻之能"和"因文序次，莫抽(假)一辞之赞扬"④的态度。对于此次修实录，解缙同时认为是一个名随书传的机会："圣寿齐天，一经行世，幸附姓名于不朽，仰惟日月之长存。"⑤

朱棣对二修史臣们恩威并施，在警告他们不要"蹈于显戮"后的次月，便对二修实录的史臣们进行升擢，"升翰林院侍读解缙为本院侍读学士，侍讲胡靖(广)、编修黄淮、检讨胡俨皆侍读，修撰杨荣、编修杨士奇、检讨金幼孜皆侍讲"⑥。书成前一个月，即永乐元年五月乙未，朱棣"以《太祖实录》将成，命礼部预定赏格"，

---

① 《明太宗实录》卷一三，洪武三十五年十月庚申。

② 《明鉴》卷二《恭闵惠皇帝》，印鸾章、李介人修订，北京中国书店1985年版，第83页。

③ 解缙：《解学士文集》卷一《谢恩表》，《明别集丛刊》第1辑第27册，黄山书社2013年版，第441页。

④ 解缙：《解学士文集》卷一《进实录表》，《明别集丛刊》第1辑第27册，黄山书社2013年版，第440页。

⑤ 解缙：《解学士文集》卷一《谢恩表》，《明别集丛刊》第1辑第27册，黄山书社2013年版，第441页。

⑥ 《明太宗实录》卷一四，洪武三十五年十一月己丑。

并将二修实录的赏格定得高于修《元史》升赏之例。① 解缙等修纂人员则不敢懈怠:"臣缙总裁、臣某等纂修,慎选多士,宴锡便蕃即开馆于禁中,屡翻阅于几暇",可以说是抓紧时间编纂;并且利用各种史料充实内容,"发兰台记注之书,而征以藩邸之副,抽金滕石室之秘,又考于世家之藏"②。永乐元年六月,在解缙率领的史馆工作人员的努力下,二修本《明太祖实录》修纂完毕,共为183卷,缮写成165册。为应对永乐帝改修的迫切心情,故该录修纂前后只用了九个月时间。尽管解缙自称"历期年之久"③,实际上不足一年时间。由于成书仓促,实际上埋下解缙等人获罪的伏机。

不过,当时实录进呈场面比较热闹。监修李景隆、总裁解缙率全体纂修官上表进呈《明太祖实录》,而朱棣则用隆重仪式接受亡父的大典。前一天,设香案于奉天殿丹陛之中、表案于丹陛之东,设宝舆于奉天门。进呈当天早晨,史官将实录捧置宝舆之中,由"监修国史太子太师曹国公李景隆等、总裁官翰林侍读学士解缙等上表进《太祖高皇帝实录》"④。进呈仪式完成后,当日便按所定赏格赏赐李景隆、解缙等86人,并在奉天门设宴庆贺,命公侯伯、五府、六部、都察院、通政司、大理寺、国子监、应天府、太医院、钦天监堂上官都作陪。对于这些厚重的赏赐,解缙在事后的《谢恩表》中也有提及:"大(太)祖皇帝《宝》、《录》告成,蒙恩赐臣等白金、彩弊(币)、衣服、鞍马,加赐筵宴","锡以天闲之驷马,颁之内帑之金帛,荣及众,足其用,锦服焜煌,照耀都城之耳目,华筵沾醉,骧腾士庶之榆(揄)杨(扬)。臣缙等省己无劳,服

---

① 黄佐《翰林记》卷一三《修书升赏》,《景印文渊阁四库全书》第596册,台湾"商务印书馆"1986年版,第1005页。

② 解缙:《解学士文集》卷一《进实录表》,《明别集丛刊》第1辑第27册,黄山书社2013年版,第440页。

③ 解缙:《解学士文集》卷一《进实录表》,《明别集丛刊》第1辑第27册,黄山书社2013年版,第440页。

④ 《明太宗实录》卷二一,永乐元年六月辛酉。

膺莫报"。① 当然，表中没来得及提到的，是朝廷对修纂官员的集体性升擢。但很快，永乐帝便对史臣加官进爵。如升纂修官吏部郎中徐旭为国子祭酒、太常博士钱仲益等为翰林院修撰，等等。

然而，这表面上的热闹，并不能抹平专制皇帝多疑猜忌的心理。二修本书成，并未完全令永乐帝感到满意和放心，最终导致监修李景隆和总裁解缙皆遭迫害。李景隆被夺去爵位，终身禁锢私第；解缙则先遭关押，后惨遭杀害。虽然解缙遇害也与朱棣猜忌他私结太子有关，但《解家谱》坚持认为解缙被杀，是因为被"诬以私撰实录"②。尽管解缙在二修实录时，十分注意迎合帝意，但仍然不能完全达到永乐帝的要求。所谓"私撰实录"，意思是说解缙在二修实录时，兜售"私货"，以行己意。解缙曾表达过"据事直书，永示万年之大训"③的修纂原则，表现出他内心的某种坚持。也正因为如此，使得二修实录在遵旨诬饰上仍有所保留。永乐九年十月，朱棣在下诏三修时，特意指出"（李）景隆等心术不正，又成于急促，未极精详"④。这其中当然包括总裁解缙。如履薄冰的三修监修夏原吉、总裁胡广等，鉴前覆辙，不敢妄写一笔，完全"仰赖于圣断"⑤。直到朱棣表示"庶几稍副朕意"后，《明太祖实录》的修纂才终于尘埃落定。

二、解缙总裁《明太祖实录》时的修纂主题和纲领

解缙面对二修《明太祖实录》时险恶的政治环境，理应拟定一个妥帖的修纂纲领以作应对。依实录修纂惯例，纂修前必须撰拟一个《修纂凡例》作为修纂的纲领，用以表达修史主题。然而，现今

---

① 解缙：《解学士文集》卷一《谢恩表》，《明别集丛刊》第 1 辑第 27 册，黄山书社 2013 年版，第 440 页。

② 黄景昉：《国史唯疑》卷二《永乐》，陈士楷、熊德基点校，上海古籍出版社 2002 年版，第 35 页。

③ 解缙：《解学士文集》卷一《进实录表》，《明别集丛刊》第 1 辑第 27 册，黄山书社 2013 年版，第 440 页。

④ 《明太宗实录》卷一二〇，永乐九年十月乙巳。

⑤ 《明太祖实录》卷首《进（太祖）实录表》。

流传的台本与梁本《明太祖实录》皆无《修纂凡例》，而《明太宗实录》以下多有之。这似可说明《明太祖实录》已为朱棣严密控制，反复修改之后，已不敢将《修纂凡例》示人，或到后来根本没有"修纂凡例"可言。没有《修纂凡例》，就难以直接获知解缙等人在二修《明太祖实录》时的修纂主旨。好在解缙在该实录修成后，附书呈上了《进实录表》，从该表中可以逆向推知解缙等人修纂是书的部分凡例，窥见其修纂主题和纲领。

按明代修实录之例，书成进呈时都要同时呈上《进实录表》。表文一般由负责业务工作的总裁起草，如二修本《明太祖实录》的《进实录表》就由解缙起草，《明太宗实录》《明仁宗实录》两朝同进之表文由总裁杨士奇撰拟，《明孝宗实录》的表文则由总裁李东阳拟定，所以三表均收在三人各自的文集之中①。解缙的《进实录表》主要有两个版本，一是今台本(台湾"中央研究院"历史语言研究所本)《明太祖实录》卷首所附的表文，由监修李景隆和解缙联合署名。其中罗列了各级主要修纂官员的名单和相应的职务。二是收在嘉靖四十一年重刻本《解学士文集》中的表文，将修纂官员的名单、职务省略，甚至干脆将监修李景隆的署名删去。这样做，是符合实际的。监修只负责政治监督，并不从事业务编纂，《进实录表》例由总裁撰拟，监修并不参与。

解缙的《进实录表》，是他对二修《明太祖实录》工作的一个总结，同时也可以说是他预修《明太祖实录》的纲领性文件。他是按照这种思路在进行纂修，这种思想一是凝结在《修纂凡例》中，一是凝结在《进实录表》中。在今日《明太祖实录》之《修纂凡例》尽失的情况下，《进实录表》的价值显得尤为重要。

首先，在表中，解缙道出《明太祖实录》的修纂主题"显亲尽

① 解缙：《解学士文集》卷一《进实录表》，《明别集丛刊》第1辑第27册，黄山书社2013年版，第439~440页；杨士奇：《东里文集》卷二三《两朝实录成史馆上表》，刘伯涵、朱海点校，中华书局1998年版，第336~337页；李东阳：《怀麓堂集》卷六九《进孝宗皇帝实录表》，《景印文渊阁四库全书》第1250册，台湾"商务印书馆"1986年版，第727~728页。

孝"，就是要让太祖像历代圣君那样扬名万世，并让永乐皇帝表达孝忱。他指出历代圣人都有史书以传名："伏以圣人受命，启万世之鸿基，史氏纂书，示百王之大法。是故尧、舜之事载于典谟，文、武之政布在方策，昭明日月，炳耀丹青，俾文献之足征，实古今之通议。"修纂实录的目的，则是为了让太祖扬名，以尽今上之孝："矧创业垂统，皆在于诒谋，而继志述事，敢忘于纪载？鼎彝有勤，圣哲相承，铺张极盛之闳休，扬厉无穷之伟绩，历述前闻之作，允为达孝之规。"①这几句话说得有点委婉，直言之，将太祖事迹记述下来的目的是表达当今皇上的"达孝"。的确，在传统社会，为先帝行孝的方式，就是为他扬名，即所谓显亲尽孝。解缙在后来所上的《谢恩表》中也再次强调"孝莫先于显扬"："伏以史册光华，纪载圣神之实德，睿恩锡类，诞敷雨露之均恩。是知达孝爱其所亲，至仁不择所施。钦惟与天同运，如日之升，至孝为天所相，而谓孝莫先于显扬；至仁为众所归，而谓仁莫大于尊亲。爰自君临大宝之初，即下修史之诏，兢业万几之暇，不忘开卷之勤。"②显亲尽孝，成了二修《太祖实录》的基本目的和修纂主题。

其次，解缙在表文中对传主朱元璋的历史功绩一一列举。这些列举的事例，都是二修本实录记载的重点。他颂扬了"高皇帝应千年之景运，集群圣之大成。天命眷顾之隆，起徒步不阶于尺土，人心悦服之固，未三年已定于京都"的起义成功过程，称赞太祖"华夏变(蛮)貊罔不率服""山川鬼神莫不攸宁"的凝结各国、通灵鬼神的能力和功业。并赞扬太祖"英杰不期而会，遐迩不令而从。尽收当世之贤才，大拯生民于水火。群雄归命，不戮一夫"的招贤纳才、救民水火的能力和仁心。③ 这些内容在二修本实录中有大量的

---

① 解缙：《解学士文集》卷一《进实录表》，《明别集丛刊》第 1 辑第 27 册，黄山书社 2013 年版，第 439~440 页。

② 解缙：《解学士文集》卷一《谢恩表》，《明别集丛刊》第 1 辑第 27 册，黄山书社 2013 年版，第 440 页。

③ 解缙：《解学士文集》卷一《进实录表》，《明别集丛刊》第 1 辑第 27 册，黄山书社 2013 年版，第 440 页。

史实予以表达。表文中"元主遁荒，礼遣其嗣"①的陈述，正是二修本实录中俘获元诸孙买的里八剌②并以礼遣返③的写照。至于表中"中国先王之典，悉复其旧。传圣贤道学之统，守帝王心法之言。罢黜百氏，弥纶六经，范围化工，曲成万物"④的陈述，是对二修本中朱元璋恢复汉族风俗、崇儒重道的大量史实的提示。表文中有些表述"四方幅员之广，亘古所无""天休兹至而兢业贯乎始终，诸福毕臻而谦抑纯乎表里"属于虚美⑤，而有些表述则勾勒并突出了朱元璋与其他开国皇帝的区别："比于近古，邈焉罕俦。汉高年不登于中寿，光武运仅绍于中兴，唐高祖因隋之资，宋太祖乘周之业，元世祖席累世之威，皆未有若斯之盛者也！"⑥虽然朱元璋与汉高祖都属于白手起家，但汉高祖有福开国，无福享受，只当了7年皇帝，61岁就死去，与朱元璋在位30年、享年71岁无法相比。其他几个开国皇帝的成功也各有所凭，与朱元璋空所依傍不可同日而语。

再次，解缙在表中列举了《明太祖实录》的另一个记载对象即副传主马皇后(孝慈高皇后)的各种美德，说她"天生圣善，克相肇基，俪徽德迈于嫔虞，开剑功超于胥[宇]。永协坤元之吉，夙开文定之祥，鸣鸠均众子之恩，螽斯奄百男之应，保合承天之庆，简能造化之仁"。强调她辅佐太祖成功的功业和懿德，特别是对她"诞育圣躬"的"功劳"反复强调，说"历考古之后妃，盖莫盛于周室，然挚任诞圣而无辅运之绩，邑姜辅运而无诞圣之祥"，指出周

---

① 解缙《解学士文集》卷一《进实录表》，《明别集丛刊》第1辑第27册，黄山书社2013年版，第440页。

② 《明太祖实录》卷五三，洪武三年六月癸酉、乙亥、丁丑。

③ 《明太祖实录》卷九三，洪武七年九月丁丑。

④ 解缙：《解学士文集》卷一《进实录表》，《明别集丛刊》第1辑第27册，黄山书社2013年版，第440页。

⑤ 解缙：《解学士文集》卷一《进实录表》，《明别集丛刊》第1辑第27册，黄山书社2013年版，第440页。

⑥ 解缙：《解学士文集》卷一《进实录表》，《明别集丛刊》第1辑第27册，黄山书社2013年版，第440页。

室后妃或"诞圣"或"辅运"，二者不能兼得，而将二者相兼的则只有明代马皇后一人。马皇后的辅运之功很突出："若夫同起布衣，化家为国，调元翊运，参机赞谋，正位中宫，十有五年，慈训昭明，文德通理，家邦承式，天下归仁"；当然其"诞圣"之劳也功不可没："诞育圣躬，万世永赖。目［自］古以来未之有也。"①解缙此说，完全是在对朱棣出身作粉饰。朱棣是皇四子，封燕王，其生母本为碩妃而非马皇后。《罪惟录》明载："皇第四子棣生，母碩妃，皇后以为子，是为太宗文皇帝。"②解缙之所以这样处理，无疑是受永乐皇帝所画红线的限制。于是，马皇后"诞育圣躬"便成为二修本《明太祖实录》的核心指南。如实录公然声称："皇第四子生，即今上皇帝，孝慈皇后出也。"③

其实，解缙对二修《明太祖实录》的修纂主题之预设，可以远溯至太祖朱元璋在世的时候。解缙曾应明太祖朱元璋的要求，对朱元璋自己的施政情况进行过分析。这个分析，就成为解缙后来主修《明太祖实录》时的指导性纲领之一。据载，解缙中进士后，"皇祖亲加简拔"，选他为庶吉士，"读中秘书，日侍左右，特被宠眷"。一日，同处大庖西室时，太祖对他说："尔缙试举今日施政所宜，直述以闻。"④解缙便草拟以进，其略曰：

> 陛下得国之正，非唐宋所及，取天下于群盗，救生民于涂炭，命将出师，皆受箓算，不假良、平，不倚信、布。女宠、外戚、寺人、藩镇之患，消融底定。不迩声色，不殖货利，不

---

① 解缙：《解学士文集》卷一《进实录表》，《明别集丛刊》第 1 辑第 27 册，黄山书社 2013 年版，第 440 页。

② 查继佐：《罪惟录》帝纪卷一《太祖高皇帝》，浙江古籍出版社 2012 年版，第 10 页。更详细的考证，参见潘柽章：《国史考异》卷四《让皇帝》，《续修四库全书》452 册，上海古籍出版社 2002 年版，第 59~60 页。

③ 《明太祖实录》卷八，庚子年四月癸酉。

④ 解缙：《解学士文集》卷一〇《皇明阁学记》，《明别集丛刊》第 1 辑第 27 册，黄山书社 2013 年版，第 748 页。

为游畋，又远过汉唐宋之君，而无愧三代成王矣！①

此言虽然是歌功颂德，但也道出了朱元璋政治统治的某些特点，成为解缙在修纂《明太祖实录》时贯彻的指导性纲领。下面试作分析。

其一，"得国之正"的正统观念，在实录修纂中得到完满的执行。一般王朝更替后，都会出现后朝否定前朝的现象，但朱元璋则显得与众不同，并不直接否定元朝的正统，而坚称自己"得国之正"，即不是从元朝手中抢得天下，而是从"群雄之手"夺取政权。他认为"群雄"（即解缙所说的"群盗"）推翻元朝，自己取代"群雄"，并声称明朝是承继元朝之正统。于是，解缙投其所好，将此作为修纂凡例，在《明太祖实录》中选择符合这一观念的史料。②

其二，"命将出师，皆受箓筹，不假（张）良、（陈）平，不倚（韩）信、（英）布"的定调，使《明太祖实录》将朱元璋塑造成冠绝群臣的英明之主，特别是将他写成智慧超过他所谓的"孤之子房"的刘基。③

其三，"女宠、外戚、寺人、藩镇之患，消融底定"的调子，使解缙在二修《明太祖实录》中将朱元璋关于"后妃虽母仪天下，然不可使预政事。至于嫔嫱之属，不过备执事侍巾栉。若宠之太过，则骄恣犯分，上下失序。观历代宫闱政由内出，鲜有不为祸乱者也。夫内嬖惑人甚于鸩毒，惟贤明之主能察之于未然，其他未有不为所惑者"④的一大段话写入其中，对处死驸马都尉司马伦一事予

---

① 解缙：《解学士文集》卷一〇《皇明阁学记》，《明别集丛刊》第 1 辑第 27 册，黄山书社 2013 年版，第 748 页。

② 参见谢贵安：《从朱元璋的正统观看他对元蒙的政策》，《华中师范大学学报》（哲学社会科学版）1994 年第 1 期，第 88~92 页。

③ 参见谢贵安、谢盛：《试析〈明实录〉对刘基形象的记载与塑造》，《学术研究》2013 年第 5 期，第 101~110 页。

④ 《明太祖实录》卷三一，洪武元年三月辛未朔。

以公然记载①；还突出朱元璋"定宦官禁令"②。

其四，"不迩声色，不殖货利，不为游畋"的定调，则为实录将朱元璋写成不近女色、不贪财富、不事游玩的形象提供了修纂指南。如为了贯彻"不贪财富"的主题，实录特地选择了朱元璋却蕲州所进竹簟③、却海贾回回所进番香蔷薇露④等史实予以表彰。虽然解缙将"不迩声色"的定性施诸实录的修纂之中，但朱元璋嫔妃众多，子女成群，有 26 个儿子和 16 个女儿的事实，使解缙等人对太祖"不近女色"的粉饰不攻自破。

《明太祖实录》在为朱元璋死后总结时，所写赞语的基调便来自早年解缙对朱元璋生前施政的归纳和评价。实录如是说："元政陵夷，豪杰并起，大者窃据称尊，小者连数城邑，皆恣为残虐，糜弊生民，天下大乱极矣。上在民间，闵焉伤之，已而为众所推戴，拒之益来，乃不得已起义，即条法令，明约束，务以安辑为事，故所至抚定，民咸按堵，不十余年间荡涤群雄，戡定祸乱，平一天下，建混一之功。"⑤这是对早年解缙归纳的太祖"得国之正"的阐释；"斥侈靡，绝游幸，却异味，罢膳乐，泊然无所好，敦行俭朴，以身为天下先"⑥，这是对早年解缙归纳的太祖"不迩声色，不殖货利，不为游畋"的铺陈；"谨宫壸之政，严宦寺之防，杜外戚之谒，而家法尤正，纪纲法度彰彰明备"⑦，这是对早年解缙归纳的"女宠、外戚、寺人、藩镇之患，消融底定"的铺叙。虽然我们用以印证的史料来自三修本《明太祖实录》，但三修只是针对二修遗漏的敏感问题进行修改，二修时的基本面貌仍然得到保存。

将解缙的《进实录表》、对朱元璋生前所作的评价联系起来，

---

① 《明太祖实录》卷二五三，洪武三十年六月己酉，记曰："驸马都尉欧阳伦坐贬(贩)私茶，事觉，赐死。"

② 《明太祖实录》卷七四，洪武五年六月丙子。

③ 《明太祖实录》卷三一，洪武元年四月辛丑。

④ 《明太祖实录》卷七九，洪武六年二月庚辰。

⑤ 《明太祖实录》卷二五七，洪武三十一年闰五月辛卯。

⑥ 《明太祖实录》卷二五七，洪武三十一年闰五月辛卯。

⑦ 《明太祖实录》卷二五七，洪武三十一年闰五月辛卯。

窥见其缺失的《修纂凡例》本应表达的主题和纲领，是研究二修实录的题中应有之义。

三、解缙对二修作者的印证、修正和补遗

解缙在二修实录的修纂人员中是领导核心和灵魂人物。虽然朝廷给他配备了监修太子太师曹国公李景隆和副监修太子少保兼兵部尚书忠诚伯茹瑺，负责政治监督，但修纂主题的确立、修纂凡例（大纲）的拟定、人员的分配、工作进程的掌握、文字的删润等业务事宜，都由他来负责。作为二修《明太祖实录》的总裁，下辖百人之众，又如此之繁忙，不可能对每个修纂人员都了如指掌和倾注关心，但是乡谊观念浓厚的他，对来自吉安府吉水县的老乡则给予了特别的关注。这些人中，有些已为官史所失载，但却在解缙的私人文集中得到详细的描述。

迄今所知，二修《明太祖实录》首发阵容，在署名为李景隆和解缙的《进实录表》中有比较详细的名单①，该表进献时间为永乐元年六月十五日。虽然是书成时所呈之名单，却是首发之阵容。关于二修《明太祖实录》的人员，黄佐的《翰林记》、廖道南的《殿阁词林记》、周应宾的《旧京词林记》等书，均有记载，与上表基本相同，但也补充了部分修成时的人员名单。此外，书成后，朝廷对修纂者进行了升擢，升擢名单反映了后期修纂者的情况②。根据以上记载，以及其他史料，笔者在《明实录研究》中对二修人员作过统计，并列表展示③，名单如下：

> 监修：李景隆（小字九江），太子太师曹国公；副监修：茹瑺，太子少保兼兵部尚书忠诚伯。总裁：解缙（大绅），翰

① 李景隆、解缙等《进实录表》，附《明太祖实录》卷首。该表与《解学士文集》中《进实录表》有所不同：解集表中无修纂者之姓名，而此表则著录之。

② 《明太宗实录》卷二一，永乐元年六月丙寅。

③ 谢贵安：《明实录研究》，上海古籍出版社 2013 年版，第 155～157 页。

林侍读学士。纂修官：王景（景彰），翰林学士；李至刚（名刚），礼部尚书；胡靖（原名广，字光大）、曾日章、王灌，翰林侍读；胡俨（若思），翰林侍读；邹缉（仲熙），翰林侍讲兼左春坊左庶子；杨荣（勉仁）、金幼孜（名善）、杨士奇（名寓），翰林侍讲；李贯、吴溥（德润），翰林修撰；杨溥（弘济）、郑好义，翰林编修；王洪（希范），翰林检讨；张伯颖、王汝玉（名璲），翰林五经博士；沈度（民则）、潘畿，翰林院典籍；王延龄，翰林院待诏；朱纮，给事中；徐旭，吏部郎中；胡远，礼部郎中；端孝思，户部主事；陆颛，主事；钱仲益，太常博士；金玉铉，国子博士；王达，助教；蒋骥（良夫），行人；刘辰（伯静），镇江知府；邹济（汝舟），平度知州；王褒（中美），永丰知县；杨觐，知县；梁潜（用之），阳春知县；赵季通（师道），尤溪知县；沈瑜、唐云，知县；刘宗平、解荣，教谕；罗师程、傅贵清，训导；苏伯厚，晋府伴读；张显，靖江王府教授；吴勤，楚府教授；吴节，编修；李烨，广东按察司佥事；叶砥，佥事；端礼、杨孟力、朱逢吉、莫士安，儒士；钟子成、陈彝训、刘谦、沈文、梁逢吉、叶蕃、沈绍先、华嵩、乔岳、卫浩、郑中、余从善、陈俊良，监生；金寔、汪锜，生员；萧用道，靖江王府右长史。

上述二修《明太祖实录》的人员，据不完全统计共有 70 人（以下简称"70 人名单"），但解缙的《进实录表》称，二修时共有"百人之众"①，朝廷在书成赐宴时宣称的修纂人员有 86 人②。在这些修纂人员中，王景、杨士奇、李贯、端孝思、吴勤、吴溥、杨溥、杨荣还是建文朝初修《明太祖实录》时的修纂者。他们是两种版本衔接的桥梁式人物。

解缙除了在《进实录表》中公开宣布修纂人员名单外，还在其

---

① 解缙：《解学士文集》卷一《进实录表》，《明别集丛刊》第 1 辑第 27 册，黄山书社 2013 年版，第 440 页。

② 《明太宗实录》卷二一，永乐元年六月辛酉。

个人著作《解学士文集》中，提供了部分参与《明太祖实录》修纂的人员之信息，这些人主要是因为与他同乡的关系而受到关注。他提供的这些人员信息，可与上述 70 人名单相印证，甚至可作校异和补缺。

第一，印证。解缙在其文集中提到的二修实录的人员，可与上述 70 人名单相印证。名单中，有一位监生刘谦担任纂修官，由于位卑人微，其事迹为人们所知甚少。解缙在其文集中，竟然提到了这位刘谦。因为同是江西吉水人，所以解缙对他比较关注。刘谦是处士刘本立(字子源)的孙子，与解缙同乡。早年刘本立曾指着刘谦对解缙说，将来扬名立家就靠此孙。刘谦"以后升国学，与修《大祖高皇帝实录》，令为中书舍人"[①]。70 人名单中，还有一位楚府教授吴勤，是江西永新人，与解缙同为吉安府的老乡，因此也受到解缙的关注。解缙在文集中记述道，洪武九年，解缙父亲的朋友胡延平死于任所。作为胡延平的妻兄，吴勤来协助办理丧葬事务。当时年少的解缙跟着父亲一起，在胡家第一次看到吴勤，"见其英迈不辟，甚敬服之"。洪武二十年，解缙"始及拜先生于家，得闻余论，慊其平生"。此后又过了十余年，解缙"得先生于史馆"。在修纂《明太祖实录》的史馆，一见到故人吴勤，解缙就联想到已故的父亲，颇为伤怀。每当吴勤"授教"时，解缙都"咸为之兴感"，而吴勤"亦念其故人之子，愈加爱厚"。不久，实录修成后，吴勤蒙恩外调，死在任所。解缙"追平昔集次先生寄予书，大篇短章，词藻溢目，老成忠厚之情，及引教之意，不觉其感怆之至也!"所以他"欲为先生述传"，在吴勤外甥胡光大所撰行状基础上，撰成了墓志铭。这时，解缙才对吴勤有了全面的了解。吴勤"幼敏悟，初学语时能识钱上字，人皆异之。十七八为文章，词藻天发"。洪武初，征天下名儒，吴勤应试，获中书堂第一名，授武昌府学教授。"永乐元年，与修《大祖实录》，特除开封儒学教授。"永乐三年二月卒，享年七十六岁。解缙称吴勤不仅学问渊博，而且"尤善行

---

① 解缙:《解学士文集》卷八《处士刘君》，《明别集丛刊》第 1 辑第 27 册，黄山书社 2013 年版，第 679 页。

楷书","在史馆时七十余矣，运笔如飞，馆中能书者数百人，啧口称叹"。① 可以说，吴勤的书法之长在修纂实录时得到尽情的发挥。70人名单中，还有一位吏部郎中徐旭，任实录纂修官。解缙专门为他写了一篇墓志铭《国子祭酒徐公》，对他作了全面的介绍：徐旭，字孟昭，是江西饶州府乐平人，做过吏部考功司官员，"综核名实"，"殿最严甚"，"棘棘不阿人"，找他说情官员"视其面，莫敢发口干以私者"。这种性格刚正之人担任实录纂修官，往往会偏向据实直书。对于他入馆修史过程，解缙叙述是"圣上即位，擢公郎中，与修《实录》成，擢朝列大夫、国子祭酒"。解缙还叙述道："予尝与修《太录》，及纂书禁中，又见公之学问文章，过于其所设施者甚远，而考功之名迹又但其毫芒也。"解缙在与徐旭同修实录过程中，发现徐旭在实录修纂时展现出的学问，比他在任考功司郎中表现出的刚正更加突显。徐旭于永乐四年去世。② 除了印证二修实录人员外，解缙文集还印证过初修《明太祖实录》的人员。

第二，校正。70人名单中的名字可能会有写错的情况，用解缙文集可以校正其中的错误。如二修名单中有"端孝思"，为户部主事，入史馆担任实录的纂修官。然而，解缙在《送端木武库归溧阳序》中，则明确称此人为"端木孝思"，是复姓。永乐皇帝"临大宝之初，雅知端木公孝思名"，当时端木孝思出使朝鲜，"及还，与修《太祖高皇帝实录》，书成，受褒赏，升擢武库员外郎，阶奉训大夫"。解缙对这位年长的同僚兼下属，也颇有好感，指出："缙以晚生，识公于洪武时，但知慕公之书，及见公之议论也，退而问于伯机先生，未尝不洒然自失也。由是辱公不鄙，敬之重之。后与同在史馆，同直文渊阁，早夜切磨，未尝不自为之深慰也。"③ 所谓同在史馆，就是共同修纂实录，两人之间有过交集，一起切磋

① 解缙：《解学士文集》卷九《吴先生》，《明别集丛刊》第1辑第27册，黄山书社2013年版，第687~688页。

② 解缙：《解学士文集》卷九《国子祭酒徐公》，《明别集丛刊》第1辑第27册，黄山书社2013年版，第705页。

③ 解缙：《解学士文集》卷六《送端木武库归溧阳序》，《明别集丛刊》第1辑第27册，黄山书社2013年版，第575页。

问题。端姓来自端木复姓,皆为孔子弟子端木赐之后。但孝思究竟是单姓还是复姓,就应该辨明是非。解缙作为孝思的直接上级,他称孝思的姓是复姓"端木",就为端孝思之名提供了另一种写法。虽然《明太祖实录》和《明太宗实录》(二本皆为清代明史馆抄本)等书称其为单姓,作"端孝思",但与孝思生活在同一个时代的且同在史馆中的人,多称其为"端木孝思"。除解缙外,金幼孜在《金文靖集》卷四《赠端木孝思使朝鲜》①中,金寔在《觉非斋文集》卷二八《书翠云山房卷后》(明成化元年唐瑜刻本)②中,均称孝思为"端木孝思"。2014 年稍前,有记者在端木孝思的家乡江苏溧水发现了端木孝思之父的墓碑,上书:"明故先祖考刑部尚书端木公以善府君之墓"③,由此可证"端孝思"必为"端木孝思",解缙在其文集中所记无误。

第三,补遗。70 人名单并非二修人员的全部,据解缙《进实录表》称修纂者有"百人之众",故名单还有不少遗漏。解缙文集中的记载可以作某种程度上的弥补。在《故元邵武路同知萧公》的墓志铭中,解缙称自己对吉水人萧寅(字克钦)的事迹曾听先父说过,"欲为传其事",巧的是"今子翰林检讨引高与予同修《太祖高皇帝实录》"。萧引高听说总裁打算为己父写传,"感泣,奉状请铭",解缙当然"不敢辞也"④。这里提到的萧引高,是萧寅的儿子,在永乐初做过翰林院检讨,是二修《明太祖实录》的人员之一。但萧引高在 70 人名单中漏载,解缙则提供了关于他同修实录的确切证据,可补名单之缺。解缙在文集中还讲述过廖钦(字敬先)修纂实录的

---

① 金幼孜:《金文靖集》卷四《赠端木孝思使朝鲜》,《明别集丛刊》第 1 辑第 27 册,黄山书社 2013 年版,第 89 页。

② 金寔:《觉非斋文集》卷二八《书翠云山房卷后》,《明别集丛刊》第 1 辑第 30 册,黄山书社 2013 年版,第 229 页。

③ 《明"刑部尚书"墓碑被当洗衣石三十多年》,原载《金陵晚报》,人民网转载(http://culture.people.com.cn/n/2014/0122/c172318-24198419.html),2014 年 1 月 22 日。

④ 解缙:《解学士文集》卷九《故元邵武路同知萧公》,《明别集丛刊》第 1 辑第 27 册,黄山书社 2013 年版,第 693 页。

事迹："予友廖君敬先，奉诏起修《大祖高皇帝实录》，既至而事毕，上曰：'是老儒，即以为翰林检讨。'"①廖钦虽然名义上是二修实录的人员，但却一字未写。因为等到他到史馆就任时，实录已经修毕。

与《进实录表》这种官样文章相比，解缙在其私人文集中，对上述二修实录修纂人员的记载，充满了感情，也描绘得生动多姿。这些印证、修正和补充的二修人员，除了端木孝思是南京溧水人外，其他的全是解缙的江西老乡，其中徐旭是江西饶州府乐平县人，剩下的都是江西吉安府老乡，如吴勤是吉安府永新县人，而刘谦和萧引高两位则是吉安府吉水县人，与解缙是更为亲密的"小同乡"。顺带说一下，解缙还为初修《太祖实录》的人员王艮写过墓表，称他为"予友翰林修撰王君钦止，讳艮"，"预修《高庙实录》、《总集类要》，祁寒盛暑，终日不怠"。② 王艮在"燕兵薄京城"时，誓不投降，"饮鸩死"。③ 解缙特写王艮，是因为王艮也是吉水人。正因为他们都是江西人特别是吉安府吉水人，才获得总裁在私人著述中予以特记的荣耀。由此看来，解缙是位极重乡谊的人。

《明太祖实录》作为记载大明开国皇帝朱元璋的官修专史，是洪武朝历史的史料基础，地位非常重要；解缙作为明初著名才子，口碑远播，深入人心，是中国历史上重要的智慧人物，然而，《明太祖实录》历经三修，聚讼纷纭；解缙才高八斗、深受隆恩，却下场悲惨，死于非命，无论是《太祖实录》还是才子解缙，都会引发学者们进一步研究的兴趣。本节将二者结合，对解缙总裁二修本《明太祖实录》时所处险恶之政治环境及修纂过程进行重新探讨；在《修纂凡例》荡然无存的情况下，用解缙的《进实录表》逆向推测和考证他预修实录时的修纂纲领和主题，并用他早年对朱元璋施政

① 解缙：《解学士文集》卷八《翰林院检讨廖君》，《明别集丛刊》第 1 辑第 27 册，黄山书社 2013 年版，第 674 页。

② 解缙：《解学士文集》卷八《翰林修撰王君钦止先生》，《明别集丛刊》第 1 辑第 27 册，黄山书社 2013 年版，第 670 页。

③ 张廷玉等：《明史》卷一四三《王艮传》，中华书局 1974 年版，第 4047~4048 页。

分析为文本，证明它对实录修纂也具有纲领性的指导作用；更用人们较少留意的解缙文集中的史料，对二修《明太祖实录》的人员进行印证、修正和补漏，对丰富和充实中国实录体史学或不无帮助。

第四章 《明实录》《清实录》
的政治视阈

中国古代帝王实录是政治史，既以突显皇帝及其政府、政策合法性为职事，又撰述或辑录大量的政治内容，如皇帝登基的大典、藩王公主的册封、高层官员的任命、各级政府衙门的置废、地方政府的上奏、科举考试的举行、司法案件的判定、违纪官员的弹劾等，均纳入其中。《明实录》对明代政治史的记载，不免受到记载对象的影响，如《明太宗实录》记载的建文帝形象，就被太宗之子宣德皇帝作了有意识的歪曲和重塑；同时《明实录》对明代政治史的记载，有其时代特色，如明代独创的巡抚制度，就被实录密切关注和详细记载。《清实录》也具有强烈的政治特质，特别是它在整饬吏治中的指导作用，被大量记载并被后来皇帝奉为龟鉴。本章通过《明实录》对"靖难"失败者建文帝的形象描写、明代云南巡抚的记载和高级官员王竑历史的书写，以及《清实录》对整饬吏治的记录和遵行，剖析和解读明、清实录对政治史的记录与用意。对建文帝朱允炆、云南历任巡抚、王竑政坛沉浮、清代吏治整饬的记载取向，反映了明、清实录的政治视阈和官史特质。

第一节 《明太宗实录》对建文帝形象的
描写与塑造

《明太宗实录》是以朱棣为传主的帝王专史，为了突出朱棣这个主角，该录将他的对手建文皇帝塑造成反派配角，对其形象进行了有意的弱化、矮化和丑化，将建文帝描写和塑造成僭伪者和昏君的形象，经常受到朱棣感召的被动形象，以及听任"奸臣"摆布的庸君形象。对建文帝形象的塑造，反映了实录修纂具有主观性的一面。然而，该录在记载建文事迹时，也采用了白描的手法，在一些地方比较客观地记述了建文帝的言行，反映了史学本质是主观性与客观性之间的对立与统一。

关于《明太宗实录》对建文帝形象的塑造，未见前人有过直接的论述，但在明朝史事的考实和史书的介绍中，仍有一些学者涉及《明太宗实录》对建文帝的丑化问题，如黄云眉《明史考证》卷四《恭闵帝纪考证》①、吴德义《建文史学编年考》②等。本节则直接以《明太宗实录》对建文帝形象的塑造为题进行探讨，可望对此问题作一集中而系统的研究，并进而探讨传统史学的曲笔与直书问题，以及史学的主观性与客观性关系问题。

朱棣帝系抹杀建文帝的合法性，不为建文一朝修纂实录，建文帝的历史杂载于《明太祖实录》与《明太宗实录》的第一至九卷中。在《明太祖实录》中，建文帝朱允炆的事迹基本上被掩没，甚少有直接的记述与载录，寥寥数处记载，又多有贬斥的微言在内。该录特地强调朱允炆是皇太子朱标的次子，他的前面有"皇嫡长孙"雄英，但并不点明雄英与朱允炆的关系。在记载朱允炆时，特别强调他的"皇太子次子"身分③。其实，雄英就是朱允炆的兄长，朱标"生子五，长雄英，次建文皇帝，次允熥，次允熞，次允熙"④。雄英死后，朱允炆就是皇长孙："□□皇帝讳允炆，字□□，太祖高皇帝嫡长孙。"⑤《明太祖实录》模糊雄英的身分，强调朱允炆"皇太子次子"身分，实际上是想淡化朱允炆依序继承的合法性。到了《明太宗实录》中，一至九卷记载了朱棣的"靖难"过程，不能不面对"靖难"的对象皇帝朱允炆，于是该录的纂修者，将建文帝的形

---

① 黄云眉：《明史考证》卷四《恭闵帝纪考证》，中华书局1979年版，第50页。

② 吴德义：《建文史学编年考》，天津教育出版社2009年版，第45页。

③ 《明太祖实录》卷一一六，洪武十年十一月己卯。

④ 张廷玉等：《明史》卷一一五《兴宗孝康皇帝传》，中华书局1974年版。

⑤ 姜清：《姜氏秘史》卷一。

象塑造成朱棣搬演的"靖难"闹剧的反派配角，进行了弱化、矮化和丑化处理，反映出宣宗朝君主与史臣修史所持的鲜明的倾向性立场。①

一、将建文帝塑造为僭伪者和昏君的形象

《明太宗实录》将建文帝塑造成非法继承者和僭伪者的形象，以烘托朱棣靖难和登基顺天应人的正确和理所当然的皇位继承人的身分。

通过明朝创建者太祖朱元璋之口，强化皇太孙立非其人的印象。据《明太宗实录》卷一载，洪武二十五年，"四月丙子，太子薨。太祖愈属意于上（指朱棣）。一日，召侍臣密语之曰：'太子薨，长孙弱不更事，主器必得人。朕欲建燕王为储贰，以承天下之重，庶几宗社有托。'翰林学士刘三吾曰：'立燕王，置秦、晋二王于何地？且皇孙年长可继承矣。'太祖默然，是夜焚香祝于天曰：'后嗣相承，国祚延永，惟听于天耳。'遂立允炆为皇太孙"。然后，直接描写或暗示朱允炆是僭越者，是阻挠朱棣合法继位矫诏篡位之人。《明太宗实录》卷一载："三十一年闰五月，太祖不豫，遣中宫召上，已至淮安，太孙与齐泰等谋诈，令人赍敕符，令上归国。及太祖大渐，问左右'燕王来未？'凡三问，无敢对者。"又露骨地称："乙酉，太祖崩。是夜即敛，七日而葬。皇太孙遂矫诏嗣位，改明年为建文元年。逾月，始讣告诸王，且止毋奔丧。上闻讣哀毁几绝，日南向恸哭，而朝廷政事一委黄子澄、齐泰，二人擅权怙势，同为蒙蔽，政事悉自己出，变更太祖成法，而注意削诸王矣。"

《明太宗实录》还将建文帝描述成昏君的形象。《明太宗实录》卷一〇载，洪武三十一年闰五月乙酉，当剪除周王等诸藩后，"自是朝廷日益骄纵，简宗庙之礼，兴土木之役，遣宦者四出，选女子充后宫，媚悦妇人，嬖幸者恣其所好，穷奢极侈，亵衣皆饰珠绣，

---

① 《明太宗实录》始修于仁宗洪熙朝，但仁宗继位不足一年即崩，由宣宗及其史臣继续纂修而成。参见谢贵安：《明实录研究》，湖北人民出版社2003年版。

荒淫酒色，昼夜无度，临朝之际，精神昏眩。百官奏事，唯唯而已。宫中起大觉殿于内，置轮藏而敬礼桑门，出公主与尼为徒。倚信阉竖，与决大事，进退大臣，参掌兵马，皆得专之。凌辱衣冠，虐害良善，纪纲坏乱，嗟怨盈路，灾异叠见，恬不自省。新宫初成，妖怪数出，起而索之，寂无所有，亦不介意"。这些昏君形象的描述是否符合事实呢？黄云眉引《明史》卷四《恭闵帝纪》"诏行三年丧。群臣请以日易月。帝曰：'朕非效古人亮阴不言也。朝则麻冕裳，退则齐衰杖绖，食则馆粥，郊社宗庙如常礼。'遂命定仪以进"，然后指出："举此以例他事，《实录》之矫诬亦何疑！"证明《明太宗实录》对建文帝的描述是故意抹黑。该实录还利用"天人感应"观念，极力将朱允炆的行为与天变联系起来，说明建文帝之亡出于天意："于是太阳无光，星辰紊度，彗扫军门，荧惑守心，飞蝗蔽天，山崩地震，水旱疾疫，在在有之。文华殿、承天门及武库相继灾，君臣之间恬嬉自如。"①《明太宗实录》卷一〇还指责建文帝"昏悖"：洪武三十五年秋七月壬午朔，成祖在告祀天地于南郊的祝文中，对建文帝进行了直接的诋毁，"允炆嗣登大位，崇信奸回，委政近侍，改更祖宪，戕害诸王，祸机之发将及于臣，臣不得已举兵清君侧之恶，以为万姓请命。允炆自弃于天，阖宫自焚"。在回奉天殿后所下的诏书中又指责建文帝："少主以幼冲之姿，嗣守大业，秉心不顺，崇信奸回，改更成宪，戕害诸王，放黜师保，委政宦竖，淫佚无度，天变于上而不畏，地震于下而不惧，灾延承天而文其过，蝗飞蔽天而不修德。"在书谕世子朱高炽时又攻击建文帝道："建文君之过，彼盖生长富贵，不知太祖皇帝创业之难，肆情纵欲，又为奸臣所愚侮，戕害骨肉，昏悖如此，岂能久居天位者乎！"②还在卷一六所载永乐元年正月丙戌驳立太子一事中，敕称"允炆嗣位，几坠邦家"。以上的记载，是"成者王侯败者贼"的历史观指导下的惯常书法。

《明太宗实录》有时候通过对建文帝的政策进行攻击，来塑造

---

① 《明太宗实录》卷一，洪武三十一年闰五月乙酉。
② 《明太宗实录》卷一〇，洪武三十五年七月壬午朔。

其昏君形象，如在甘州中卫左所军张真的上疏中，指出："昔太祖高皇帝选任智谋之将以制四夷，是以边境宁谧，宇内晏然。建文间杂以袭职幼官、膏粱子弟，不遵约束，数犯刑宪。今凉州卫幼官尤多素昧武略，而骄奢日纵，嗜酒贪淫，游猎为务，其于边事略不究心。"①

一般情况下，《明太宗实录》用铺垫和对比的手法进行叙事，将建文帝塑造成庸懦的反派配角，来衬托主角朱棣的英明和伟大。

二、将建文帝塑造成为对手朱棣所感染的陪衬形象

《明太宗实录》还矮化建文帝，将之写成朱棣的反派配角，以突出后者的高大形象。

首先，《明太宗实录》故意借朱元璋之口，盛赞朱棣而贬低朱允炆。称太子薨后，太祖认为长孙弱不更事，打算立燕王为储贰，以承天下之重。当大臣反对改储后，太祖焚香祷告"惟听于天"，表现出不得已的心态。实录通过太祖一贬一褒的评价，将朱允炆写成了朱棣陪衬，以突出朱棣的正面形象。

其次，《明太宗实录》总是把建文帝写成为朱棣的陈情所感动的形象。该录卷一载，太祖崩后，建文君臣决定首先向燕王的同母弟周王橚动手，将他降为庶人。还特地让周王之兄燕王"议其罪"，当时朱棣"居丧守制，忧悒成疾，见敕惴惴不知所为"，于是写了一封十分感人的奏疏，请求建文帝宽宥，"其言恳恻深至"，而"建文君观之戚然"，将奏疏给齐泰和黄子澄看，并说："事莫若且止。"②《明太宗实录》卷八载，（建文）三年闰三月癸丑，朱棣兵至大名。朝廷派大理少卿薛嵓赍诏至燕军中。薛嵓受燕王之托，回来后劝道："燕王语直而意诚，累千百言皆天理人心之正不能难也。其将士虽不及吾十一，而皆与王一心，父子不过焉。吾军虽众，然骄而懈，疏而寡谋，且诸将不和，未见有胜之道。今日之事，朝廷但当处之以道，不当以力。"结果，"建文君以语孝孺曰：'诚如嵓

① 《明太宗实录》卷一三，洪武三十五年十月丙子。
② 《明太宗实录》卷一，洪武三十一年闰五月乙酉。

言，曲在朝廷。齐、黄误我矣。'"把建文帝塑造成燕王的应声虫。
同卷又载，（建文）三年五月庚寅朔，朝廷将领吴杰、平安、盛庸
俱发兵扰燕兵粮道。燕王遣指挥武胜等"奉书于朝"，结果，建文
帝再一次被感动："书进，建文君览之，益感悟，有罢意。"总之，
建文处处为燕王的真情所打动，所支配。

再次，《明太宗实录》总是借建文帝及其大臣之口，歌颂朱棣
的英明和伟大。太祖崩后，太宗"闻讣哀毁几绝，日南向恸哭"。
这时建文君臣却在谋划削藩，关于先拿谁开刀，齐泰说："燕王英
武，威震海内，志广气刚，气刚者易挫，加以不轨之事，孰信其
诬？去其大则小者自慑。"黄子澄曰："不然。燕王素孝谨，国人戴
之，天下知其贤，诬以不轨，将谁信之？"这些话，实际上是在为
燕王涂脂抹粉。当建文君臣将周王橚、代王桂、湘王柏、齐王榑、
岷王楩等削为庶人后，朱棣上书感动了建文帝，建文帝有罢手之
意。齐泰、黄子澄二人私下商谈道："县官妇人之仁，今事几如
此，其可已耶！"次日上朝力劝建文帝且莫手软，但是"建文君犹豫
未决，而遣人阴刺候王府事，无所得。复谕泰等曰：'彼罪状无迹
可寻，何以发之？'"齐泰、黄子澄却说："欲加之罪，宁患无辞？
今其书词悉是营救周王，指以连谋，复何辞哉？"但建文帝仍然觉
得不妥，认为"何以掩天下公议，莫如且止"。黄子澄说："为大事
者，不顾小信。况太祖常注意燕王，欲传天下，陛下几失大位矣。
非二三臣寮力争，则固已为所有。陛下安得有今日哉？"要求向燕
王开刀。结果建文君却说："燕王勇智绝人，且善用兵。虽病，猝
难图。宜更审之。"①这里，就通过建文帝及齐、黄之口，将自己的
对手描绘成"勇智绝人""英武，威震海内""素孝谨，国人戴之"的
光辉形象；又通过齐、黄之口，将建文帝说成是"妇人之仁"。如
此一来，建文帝的卑琐软弱、犹豫不定与燕王的高大威武、勇智绝
人形成鲜明对比，从而让建文帝成为燕王的陪衬。《明太宗实录》
卷八又载，（建文）三年七月戊戌，方孝孺建议离间燕王朱棣与其
世子朱高炽父子，称："燕世子孝谨仁厚，得国人心。燕王最爱

---

① 《明太宗实录》卷一，洪武三十一年闰五月乙酉。

之。而其弟高燧狡谲，素忌其宠，屡谗之于父，不信。今但用计，离间其世子，彼既疑世子，则必趣归北平，即吾德州之饷道通矣。饷道通，即兵气振，可图进取也。"建文帝竟说："此策固善，但父子钟爱既深，恐未能间之。"用建文帝与方孝孺之口，赞美歌颂燕王朱棣与朱高炽的父子情深。其实，燕王一直对朱高炽喜欢不起来，后来还多次想废掉其太子之位。① 而此处《明太宗实录》竟不顾事实，利用建文帝之口，称赞其对手燕王父子情深，其以建文衬托燕王的用意昭然若揭。这充分反映了《明太宗实录》修纂的偏颇倾向。

最后，《明太宗实录》竟说，当朱棣兵临南京城下时，建文帝还准备出迎宿敌。据《明太宗实录》卷九下载，（建文）四年六月乙丑，朱棣至金川门，谷王橞等开门迎降，"时诸王及文武群臣、父老人等皆来朝。建文君欲出迎，左右悉散，惟内侍数人而已，乃叹曰：'我何面目相见耶?'遂阖宫自焚。上望见宫中烟起，急遣中使往救，至已不及。中使出其尸于火中，还白上。上哭曰：'果然若是痴騃耶? 吾来为扶翼尔为善，尔竟不亮而遽至此乎?'"这种记载显然有悖史实。

三、将建文帝塑造成听任"奸臣"摆布的庸君形象

《明太宗实录》不断地把建文帝塑造成胸无主见、懦弱无能、任凭"奸臣"摆布的庸君形象，以为朱棣"清君侧"的"靖难"之役寻找合理性依据。据载，太祖死后，建文帝将"朝廷政事一委黄子澄、齐泰，二人擅权怙势，同为蒙蔽，政事悉自己出，变更太祖成法，而注意削诸王矣"。二人还"私谋"曰："今上少，不闲政事，诸王年长皆握重兵，久将难制，吾辈欲长有富贵，须早计。"齐泰说："此易易。但使诬告其阴私，坐以不轨削之。削一国可以蔓引诸国"，并强调"他事不足动，惟大逆则不宥"。② 这番对话，《明

---

① 赵中男：《宣德皇帝大传》，中国社会出版社 2008 年版，第 2～9、190 页。

② 《明太宗实录》卷一，洪武三十一年闰五月乙酉。

太宗实录》的作者何以知晓？其实不过是有意诽谤建文帝倚重的大臣，从而达到贬斥建文帝的目的。这里把建文帝君臣削藩的大业，说成是齐、黄二人"欲长有富贵"的企图，显然是在为"清君侧"寻找理由。

《明太宗实录》将建文帝描写成被"奸臣"蒙骗的"瞎子"和"聋子"，以此证明太宗"清君侧"甚至取代建文帝的行动是正确和英明的。该书卷五载，（建文）元年十一月戊寅，"黄子澄等知李景隆败，匿不言。建文君间问子澄，曰：'外间近传军中不利，果如何？'子澄曰：'闻交战数胜，但天寒士卒不堪，今暂回德州，待来春更进。'子澄遂遣人密语景隆，令隐其败勿奏。景隆奏如指。由是，内外蒙蔽，朝廷所得军中奏报，皆非实事。景隆之为将也，盖子澄荐之，故所言悉听云"。

实录还把建文帝说成是听"奸臣"摆布的人，甚至连给燕王的诏书用什么口气来写，建文都不能做主，而要听"奸臣"的。朱棣兵至大名，听说建文帝已将齐泰、黄子澄等放逐，于是致书朝廷。建文君以书示方孝孺。方孝孺建议回封诏书，先疑惑之，以待后援。"建文君善其策，遂命孝孺草诏，宣言欲罢兵。建文君览诏曰：'既欲怠之，则当婉辞，庶几肯从。'孝孺曰：'辞婉则示弱矣。'"结果朱棣"读诏"后，见"辞语肆慢"，便知道"此诏必非出陛下意。盖奸臣挟诈以欺我也"。①

实录有时还将建文帝写得"仁慈"和"柔弱"一点，以反衬"奸臣"的凶狠和无情，以突出建文帝被摆布的"事实"。《明太宗实录》卷八载，（建文）三年五月庚寅，燕王派指挥武胜等出使朝廷，建文帝读了朱棣的信后，给方孝孺看，并说："其词甚直，奈何？……此孝康皇帝同产弟，朕叔父也。今日无辜罪之，他日不见宗庙神灵乎？"方孝孺指陈道："陛下果欲罢兵耶？天下军马一散，即难复聚。彼或长驱犯阙，何以御之？骑虎之势可下哉？且今军马毕集，不数日必有捷报。毋感其言。"于是，"孝孺出矫命，锦衣卫执武胜系狱"。

---

① 《明太宗实录》卷八，（建文）三年闰三月癸丑。

《明太宗实录》卷八下还在建文帝生命的最后时刻，故意安排了他"觉悟"的一场戏：（建文）四年六月癸亥，"建文君知事急，乃骂诸奸臣曰：'事出汝辈，而今皆弃我去乎?'长吁不已"。以此来说明建文帝被"奸臣"蒙蔽的事实，通过这个反派配角之口，来衬托太宗朱棣"清君侧"的必要性。这些都是胜利者书写的历史，其视角和态度都难免成王败寇之嫌，值得重新检视。

四、对建文帝形象的白描和形象塑造的有所顾忌

当然，《明太宗实录》对建文皇帝的言行也用了白描的手法，有时比较客观地陈述和记载建文帝的活动。《明太宗实录》卷一载，（建文）元年三月，"建文君命都督宋忠调缘边各卫马步官军三万屯平开，燕府护卫精壮官军悉选隶忠麾下，护卫胡骑指挥关童等悉召入京，调北平永清左卫官军于彰德，永清右卫官军于顺德，以都督徐凯练兵，临清都督耿瓛练兵山海，诸将防于外，张昺、谢贵防于内，约期俱发"。这些记载都是陈述事实，并无赞扬或抨击建文帝的意图。

《明太宗实录》作为明代"国史"①，在有意贬低或歪曲建文帝形象时，也有所顾忌，持保留、收敛和节制的态度。该录的前九卷多是取自太宗在位时修成的《靖天奉难记》，这部"胜利者"的史书拒不承认建文帝的皇帝身分，叙事时直呼"允炆"，朱棣称呼建文帝也以"幼冲"代之，对建文君臣大肆抹黑，对他们的道德和政治品质进行肆意攻击，认为建文帝矫诏即位，法统上无合法的正当性。② 而取材于该书的《明太宗实录》，在面对这些问题时，"用词矜重一些"③，攻击的程度要低一些，态度相对温和。黄云眉引《明史》卷四《恭闵帝纪》"燕王棣再上书于朝，帝为罢齐泰、黄子澄官"时指出："按燕王上惠帝书，并载燕王《令旨》、姜清《秘史》、《奉

---

① 见谢贵安：《明实录研究》，湖北人民出版社 2003 年版，第 13 页。

② 吴德义：《建文史学编年考》，天津教育出版社 2009 年版，第 32~33 页。

③ 吴德义：《建文史学编年考》，天津教育出版社 2009 年版，第 45 页。

天靖难记》，《太宗实录》卷四亦载之。惟《令旨》、《秘史》所载，肆言斥责，不臣之意显然，《靖难记》虽加删润，与原文尚未甚远，至《实录》则但以八事自辨，而不复以太祖之死故入惠帝罪，语气温顺，若出两人。"①这里指出，《明太宗实录》考虑到读者的接受程度和感情倾向，将原来"不臣之意显然"的朱棣上书修改得"语气温顺"，虽然歪曲了朱棣上书的史实，使"靖难史实之愈后愈失真"，但却证明宣宗朝的史臣，在处理建文帝历史和塑造其形象时，是比较注意不过于刺激读者的，态度上较《奉天靖难记》要温和得多，对朱允炆的攻击也避免了任意谩骂。尽管《明太宗实录》曾称建文帝是"矫诏即位"，但在卷一○中，又不断直书"允炆嗣登大位"，"少主以幼冲之姿，嗣守大业"②，还是承认了朱允炆继位的正当性。

其实，对于胜利一方的朱棣，史书只需客观描述其所活动，就能突出其成功的形象，同理，对于失败一方的朱允炆，史书也只要客观描述事实，也能直述其失败者的形象，无待刻意褒贬。《明太宗实录》卷三载，（建文）元年八月丙寅，"建文君闻耿炳文败，始有忧色。语黄子澄曰：'奈何？'子澄对曰：'兵家胜败常事，无足虑。……区区一隅之地，岂足以当天下之力？调兵五十万，四面攻之，众寡不敌，必成擒矣。'曰：'孰堪将者？'子澄曰：'曹国公可以当之。前不用长兴侯而用此人，岂有失哉？'遂遣曹国公李景隆代之"。此处记载虽然称建文帝闻耿炳文战败后面有忧色，但却是客观描述，并非故意抹黑。同书卷九上又载，当燕王驻师江北，直逼南京时，"朝之六部大臣皆图自全之计，求出守城，都城空虚，上下震悚。建文君乃下罪己之诏，遣人出征兵"。方孝孺用缓兵之计，"遣人许以割地，稽延数日。东南召募壮丁，当毕集。天堑之险，北军不长于舟楫，相与决战江上，胜败未知"。于是，"建文君善其言，乃遣庆城郡主度江至军门，白其事。郡主，上之从姊

---

① 黄云眉：《明史考证》卷四《恭闵帝纪考证》，中华书局1979年版，第54页。

② 《明太宗实录》卷一○，洪武三十五年七月壬午朔。

也"。这些记载基本上是客观描述。

总之，对于像《明太宗实录》这样政治倾向明显的史书，既要指出它们在历史人物形象塑造上的主观性，也要强调它们的客观性一面。这样，才既不至于为其曲笔和诬饰所蒙蔽，也不至于滑到史学虚无主义之中。

第二节 《明实录》对云南巡抚的记载

作为明代的国史，《明实录》代表着中央政府对当代历史的解释①，其对云南巡抚的记载，反映出中央对云南边陲的态度与认识。关于云南巡抚的研究，目前已有一些成果问世，代表性的有辛亦武的《明代巡抚云南研究》②《明代云南巡抚与边疆民族社会》③，对明代云南巡抚作了系统的研究。对明代云南巡抚进行个案研究的，则有杨涛的《明末云南巡抚陈用宾述评》④《对〈明史〉中有关云南巡抚陈用宾史实的补正》⑤、吴航的《晚明云南巡抚闵洪学年谱稿略》⑥《晚明闵洪学抚滇事迹补正》⑦、吴臣辉的《试论明末云南巡抚陈用宾的边疆建设》⑧，年四国在点注《巡抚云南奏议》时，则对云

---

① 关于《明实录》性质、特点和价值的研究，可参见谢贵安：《明实录研究》，上海古籍出版社2013年版。

② 辛亦武：《明代巡抚云南研究》，云南大学硕士学位论文，2005年。

③ 辛亦武：《明代云南巡抚与边疆民族社会》，云南大学博士学位论文，2013年。

④ 杨涛：《明末云南巡抚陈用宾述评》，《云南师范大学学报》1996年第1期。

⑤ 杨涛：《对〈明史〉中有关云南巡抚陈用宾史实的补正》，《云南师范大学学报》1996年第3期。

⑥ 吴航：《晚明云南巡抚闵洪学年谱稿略》，《西南古籍研究》2006年，福建人民出版社2007年版。

⑦ 吴航：《晚明闵洪学抚滇事迹补正》，《楚雄师范学院学报》2008年第5期。

⑧ 吴臣辉：《试论明末云南巡抚陈用宾的边疆建设》，《保山学院学报》2013年第6期。

南巡抚王恕的奏议结集及版本流传过程、王恕巡抚云南的主要目的、与钱能的对抗、巡抚云南的其他政绩等作了介绍。① 涉及云南巡抚研究的成果，有靳润成的《明朝总督巡抚辖区研究》②、冯建勇的《明代巡抚制度及其作用演进》③和曹术勇的《明代巡抚与中央政府关系探究》④等。然而，从明代国史《明实录》的文本分析角度对云南巡抚进行研究的成果，尚未寓目，故本节冒昧一探。

一、《明实录》对"巡抚云南"与"云南巡抚"的历史记录

首先有必要讨论云南巡抚的概念。在实录中，"云南巡抚"与"巡抚云南"交替使用，有时意思相同。如《明宪宗实录》有这样的用法："巡抚云南右副都御史吴诚卒"⑤，而《明孝宗实录》卷一〇二则写作："事下云南巡抚都御史张诰按治皆实。"⑥二者除了词序颠倒外，意思并无差别。然而，这两个概念又不能简单等同，其间亦有明显区分。如果分析语义，可知前者像是名词，后者更似动词。史实记载正是如此。根据实录中用法比较，亦可得知前者多用作名词，后者多作动词。如《明宪宗实录》卷一九五载，弘治三年八月戊子，户科都给事中张海等鉴于"交阯屡犯云南边境，巡抚缺官，未经添设"，要求"命都御史巡抚云南"，皇帝批答说"云南巡抚官俱不必用"。前者是动词，后者是名词。更有说服力的例子是《明宪宗实录》卷二四五，其载：

---

① 王恕撰，年四国点注：《王恕巡抚云南奏议》，《西南古籍研究》2010年，云南大学出版社 2010 年版。

② 靳润成：《明朝总督巡抚辖区研究》，天津古籍出版社 1996 年版。

③ 冯建勇：《明代巡抚制度及其作用演进》，《湖南科技学院学报》2005年第 1 期。

④ 曹术勇：《明代巡抚与中央政府关系探究》，云南大学硕士学位论文，2011 年。

⑤ 《明宪宗实录》卷二四六，成化十九年十一月己亥。

⑥ 《明孝宗实录》卷一〇二，弘治八年七月辛巳朔甲午。

（成化十九年冬十月庚申朔戊寅）命右副都御史程宗巡抚云南，时云南巡抚都御史吴诚卒，宗以抚谕孟密在彼，因命代之。

前者是指程宗到云南去巡抚，而后者是指吴诚为云南巡抚官员。类似的例子还有：

（嘉靖二十七年七月戊子）复以原任云南巡抚右副都御史顾应祥巡抚云南。①

前者用作名词，后者用作动词，区别一目了然。

"巡抚云南"多用作动词，"云南巡抚"多用作名词，其实背后寓有深意，是历史的选择。从词语出现的频率来看，动词概念出现的频率要高于名词概念。《明实录》中，所载"云南巡抚"和"巡抚云南"相关的文字共有 50000 字左右。根据检索，总共 3109 卷的《明实录》，"巡抚云南"一词在 195 卷中出现，其中有些卷中出现多次，因此该词共出现过 229 次。用同样的方法检索，《明实录》有 125 卷记载有"云南巡抚"，其中有些卷中亦多次出现，因此该词共出现过 141 次。

从词语形成的历史过程来看，"巡抚云南"早于"云南巡抚"。至少在官史《明实录》中，可以清晰看出这一发展脉络。根据《明实录》的记载，是先有"巡抚云南"后有"云南巡抚"，说明云南巡抚最早只是中央派往云南的朝廷大员的一次工作经历。但由于反复派往当地，经过长期积淀，渐渐成为一种制度，于是变为名词，便有了"云南巡抚"。

巡抚最早出现于宣德年间。谭其骧指出："自宣德以后，或因边防有警，或因地方不靖，又陆续在全国各地派出备有中央政府一二品大员职衔的'总督''巡抚'，集所督所抚地区内的军各、察吏、

---

① 《明世宗实录》卷三三八，嘉靖二十七年七月戊子。

治民大权于一身，遂成为最高级的封疆大吏。"①事实的确如此。《明实录》中最早记载巡抚的是《明宣宗实录》："巡抚浙江右布政使周乾言：'嘉兴府海盐县地临大海，数被倭寇。洪武中设海宁卫……'"②而巡抚在云南出现较晚，《明实录》中最早记载云南的巡抚的是《明英宗实录》，但整部实录中只写作"巡抚云南"，而无"云南巡抚"之称。该书卷一六载："（正统元年夏四月辛酉）巡抚云南工部左侍郎郑辰奏按察司佥事龙韬不谙刑名，难任风纪。上令冠带闲住。"同书卷六三又载："（正统五年春正月戊辰）斥冠带闲住官周璟还原籍。先是，璟任云南左布政使，工部侍郎郑辰巡抚云南，以璟居妻丧继娶，难居方面。"又卷一七三载："（正统十三年十二月丙子）致仕都察院右副都御史丁璇卒……云南麓川蛮叛，官军与战失利，召璇驰传往视，言用兵便利十余事，遂用巡抚云南，兼督馈饷。"景泰年间，实录仍然只作巡抚云南："巡抚云南右佥都御史郑颙奏，腾冲司官豪占种附城屯田，被人讦发，今已拨与各旗军分种，其官豪指挥使陈昇等五十四宜治其罪。"③

"云南巡抚"一词最早出现在《明宪宗实录》中。据《明宪宗实录》卷一九五载："（成化十五年十月）戊子，户科都给事中张海等以灾异上言五事：……交阯屡犯云南边境，巡抚缺官，未经添设，乞暂遣大臣巡视福建，命都御史巡抚云南。"宪宗则说："云南巡抚官俱不必用。"这是实录中第一次出现"云南巡抚"，还是与"巡抚云南"相兼而用，有明显的过渡特点。此后，"云南巡抚"便常出现。《明宪宗实录》卷二二七载："（成化十八年五月癸巳）停云南巡抚右副都御史吴诚、贵州巡抚右副都御史陈俨、南京大理寺卿宋钦俸各三月。"《明孝宗实录》卷四一亦载："（弘治三年八月辛巳朔）壬辰，先是云南监察御史刘洪言二事：一、请便保袭以省烦琐。谓近例土官舍人应袭者俱由三司堂上官会同保勘明白，方得承袭。但边方瘴

---

① 谭其骧：《中国历代政区概述》，《文史知识》1987 年第 8 期。
② 《明宣宗实录》卷四，洪熙元年七月乙酉。
③ 《明英宗实录》卷二五一《废帝郕戾王附录第六十九》，景泰六年三月己未。

疠险远，三司多不亲诣，往往转委属官行勘……奏下吏部议，谓土官袭替宜令云南巡抚、巡按官依拟施行……"此条所载内容值得重视，前面"云南巡抚"后加"右副都御史"，而此条则径曰"云南巡抚"，显示"云南巡抚"已成为单独官名。

通过以上考辨可知，"巡抚云南"出现于宣德十年(1435)，而"云南巡抚"出现于成化十五年(1479)，晚于前者44年。也就是说经过近半个世纪的政治实践，"巡抚云南"这种巡视活动，经受住了检验，成为中央派员管理云南事务的可行方法，而逐渐变成了"云南巡抚"这种官职。也就是说，这种由中央派出的大员逐渐成为一种常驻地方的官职，于是形成了"地方+巡抚"这样的名词构成。辛亦武指出："云南巡抚初设于明英宗正统年间(笔者案：实际上初设于英宗即位之初的宣德十年)，至成化年间成为定制。"[1]这一过程与中央大员前往云南巡抚到落地变为巡抚云南大员的过程大致相符。

二、《明实录》对云南巡抚的考订价值

《明实录》作为官方史学的代表，其史料来源于政府档案，在记载官员任免上，具有较高的可靠性。据实录所载，可以改正学界有关云南巡抚研究的某些结论。

关于云南巡抚的研究，前人已经有一些扎实的成果。然而，用《明实录》为基本史料加以考订，可以发现前人研究上所存在的某些缺陷和讹误。

目前，对云南巡抚研究较为深入的学者，当属辛亦武博士。他的硕士学位论文《明代巡抚云南研究》和博士学位论文《明代云南巡抚与边疆民族社会》持续对云南巡抚进行了探索，取得了丰硕成果。然而，用明代最为权威的官方史书《明实录》进行核验，可以发现辛氏研究中存在着一些缺憾。

首先明代首任云南巡抚并非如辛氏硕博士学位论文所说是丁

---

[1] 辛亦武：《明代云南巡抚与边疆民族社会·摘要》，云南大学博士学位论文，2013年。

璿，而是郑辰。关于此问题后文将具体探讨，兹不赘。另外，辛氏在硕士学位论文第 14 页中称成化十九年至二十年的云南巡抚是"陈宗"，据《明实录》多处记载，皆作"程宗"。辛氏在其博士学位论文第 41 页中已经作了更正；韩楷做云南巡抚的任职年限，硕士学位论文作嘉靖二十八年八月至十月，"八月"误，据《明实录》记载作"七月"，由于其博士学位论文第 44 页更正为"七月"，兹亦不赘。硕士学位论文第 17 页误衍"王学书"为万历十七年的云南巡抚。其博士学位论文第 46 页已经将之删去。

下面对涉及云南巡抚研究的问题，将以《明实录》为据，一一指出。

第一，考订出前人遗漏的嘉靖三年巡抚刘文庄。

刘文庄是嘉靖三年六月至八月的云南巡抚。由于任职较短，仅两个月时间，因此受到人们的忽视。辛亦武在其硕士学位论文第 15 页和博士学位论文第 43 页中，均失载云南巡抚刘文庄。据《明世宗实录》卷四〇载：

> 嘉靖三年六月辛亥（十八日），升河南左布政使刘文庄为都察院右副都御史，巡抚云南。

然而，两个月后，他便被调任河南巡抚。据《明世宗实录》卷四二载：

> 嘉靖三年八月辛亥（十九日），调巡抚云南右副都御史刘文庄巡抚河南。

刘文庄是从河南升任而来，又调回河南的。两个月内，他便完成了从左布政使到右副都御史的跨跃。回到河南不久，又于嘉靖四年六月二十八日被调回北京都察院："命巡抚河南都御史刘文庄回院管事。"①然而，至嘉靖六年九月，刘文庄作为都察院官员参与三

---

① 《明世宗实录》卷五二，嘉靖四年六月丙辰。

法司会审张寅系李福达化名一案，得罪了世宗，被指"畏避言官，推勘不实"，结果"革职闲住"。①

第二，考订出前人遗漏的万历四十二年巡抚徐成位。

徐成位是继徐嘉谟之后担任云南巡抚，从万历四十二年正月至八月，任职时间为半年。据《明神宗实录》卷五一六载：

> 万历四十二年正月戊寅(二十五日)，升四川布政使徐成位为都察院右佥都御史，巡抚云南，兼建昌、毕节、东川地方赞理军务，兼督川贵兵饷。

徐成位从云南巡抚任上离职时间，史书无明确记载，但应该是截至万历四十二年八月，其后任曹愈参被任命之时。万历四十二年八月二十六日，升"山西右布政曹愈参为都察院右佥都御史，巡抚云南，兼建昌、毕节、东川等处地方赞理军务，兼督川贵兵饷"②。曹愈参应该是接任徐成位担任云南巡抚的。徐成位在《明实录》中共记载过八次。最早出场是在《明穆宗实录》卷五三，是为隆庆五年正月甲戌，"赐贤能卓异"知县徐成位，"各衣一袭，钞百锭"，"以朝觐至者，仍宴于礼部"。他后来从直隶徽州府知府任上升为山东按察司副使。③ 调浙江后，又调回山东。万历二十二年三月，升为本省参政。④ 三十八年六月升为河南按察使。⑤ 后又升为四川布政使，最后由此升为云南巡抚。⑥ 通过《明实录》的记载，可以补缺徐成位在云南巡抚史上的地位。

第三，改正前人误标的云南巡抚的任职年限。

根据《明实录》的记载，可以考证前人在研究云南巡抚上的一些失误。如学者辛亦武便标错了六位巡抚的任职年限，用实录可以

---

① 《明世宗实录》卷八〇，嘉靖六年九月壬午。
② 《明神宗实录》卷五二三，万历四十二年八月丙午。
③ 《明神宗实录》卷一〇三，万历八年八月庚申。
④ 《明神宗实录》卷二七一，万历二十二年三月庚寅。
⑤ 《明神宗实录》卷四七二，万历三十八年六月己卯。
⑥ 《明神宗实录》卷五一六，万历四十二年正月戊寅。

订正其误。

其一是校订前人误标之云南巡抚吴章的任职年限。辛氏在其硕士学位论文第 16 页、博士学位论文第 44 页中称吴章任云南巡抚的时间是"嘉靖二十五年—二十六年"。根据实录的记载，则吴章任云南巡抚的时间是"嘉靖二十六年—二十七年"。显然前述起止时间都不正确。据《明世宗实录》卷三二二载，嘉靖二十六年四月"癸卯（二十二日），升太仆寺卿吴章为都察院右副都御史，大理寺左少卿周释、太仆寺少卿李仁俱为右佥都御史，章巡抚云南，释提督操江，仁巡抚保定"。而其离任时间则在二十七年。据《明世宗实录》卷三三八载，嘉靖二十七年七月辛巳（八日），"巡抚云南右副都御史吴章以疾乞休，许之"。可见，吴章任云南巡抚的起止时间是从嘉靖二十六年四月二十二日至二十七年七月八日，为一年两个多月时间。

其二是校订前人误标之云南巡抚鲍象贤的任职年限。辛氏在其硕士学位论文第 16 页、博士学位论文第 44 页中称鲍象贤任云南巡抚的时间是"嘉靖三十一年—三十二年"。根据实录的记载，则鲍象贤任云南巡抚的时间是"嘉靖三十年—三十二年"。显然前述任命时间不正确。据《明世宗实录》卷三七四载，嘉靖三十年六月丁丑（二十日），"改巡抚陕西都察院右副都御史鲍象贤巡抚云南"。他的离职时间是三十二年。据《明世宗实录》卷三九九载，嘉靖三十二年六月"癸巳（十八日），升……巡抚云南都察院右副都御史鲍象贤为刑部右侍郎"。可见鲍象贤任云南巡抚的时间是从嘉靖三十年六月二十日至三十二年六月十八日，整整两年时间。

其三是校订前人误标之云南巡抚孙世祐的任职年限。辛氏在其硕士学位论文第 16 页、博士学位论文第 44 页中称孙世祐任云南巡抚的时间是"嘉靖三十三年—三十四年"。根据实录的记载，则孙世祐任云南巡抚的时间是"嘉靖三十二年—三十四年"。显然前述任命时间不正确。据《明世宗实录》卷三九九载，嘉靖三十二年六月"戊戌（二十三日），起服阕原任都察院右副都御史孙世祐巡抚云南"。孙世祐离任时间是三十四年。据《明世宗实录》卷四一八载，嘉靖三十四年正月乙丑（二十九日），"升……巡抚云南都察院右副都御史孙世祐为南京工部右侍郎"。可见孙世祐任云南巡抚的时间是从嘉靖三十二年六月二十三日至三十四年正月二十九日,为一年半时间,而按辛文的说法,则不超过一年。

其四是校订前人误标之云南巡抚沈儆炌的任职年限。辛氏在其硕士学位论文第18页、博士学位论文第46页中称沈儆炌任云南巡抚的时间是"万历四十七年—天启二年"。根据实录的记载,则沈儆炌任云南巡抚的时间是"万历四十七年(1619)—天启元年(1621)"。显然前述离任时间不正确。据《明神宗实录》卷五八四载,万历四十七年七月丁未(二十六日),"敕沈儆炌巡抚云南,兼建昌、毕节、川东等处地方赞理军务,兼督川贵兵饷都察院右副都御史"。这一任职时间,辛文并无冲突。然沈儆炌离职时间则在天启元年。据《明熹宗实录》卷一五载,天启元年十月丙子(九日)"升云南巡抚沈儆炌南京兵部右侍郎"。可见,沈儆炌担任云南巡抚的时间,是万历四十七年七月二十六日至天启元年十月九日,为两年零三个月;而按辛文的说法,则为三年零三个月时间,误多一年有余。

其五是校订前人误标之云南巡抚闵洪学的任职年限。辛氏在其硕士学位论文第18页、博士学位论文第46页中称闵洪学任云南巡抚的时间是"天启二年—天启七年"。根据实录的记载,则闵洪学任云南巡抚的时间是"天启元年—天启六年"。前述任命和离职时间皆有误。据《明熹宗实录》卷一五载,天启元年十月辛巳(十四日),"升福建布政使司左布政使闵洪学都察院右佥都御史,巡抚云南兼督川贵兵饷"。至天启五年六月时,升为兵部右侍郎,"仍旧巡抚"云南。[①] 他离职的时间,据《明熹宗实录》卷七八载,天启六年十一月庚寅(二十一日),"升……巡抚云南兵部右侍郎闵洪学为南京都察院右都御史"。可见,闵洪学担任云南巡抚的具体时间是从天启元年十月十四日至六年十一月二十一日,为五年零一个月时间。按辛说,虽然也是五年多时间,但整体向后误移了一年。

其六是校订前人误标之云南巡抚谢存仁的任职年限。辛氏在其硕士学位论文第18页、博士学位论文第47页中称谢存仁任云南巡

---

① 《明熹宗实录》卷六〇,天启五年六月壬辰。

抚的时间是"天启七年—崇祯二年"。根据实录的记载，则谢存仁任云南巡抚的时间是"天启六年—崇祯二年"与前述任命时间不符。据《明熹宗实录》卷七九载，天启六年十二月癸卯（五日），"升云南左布政使谢存仁为都察院右副都御史巡抚云南，兼督川贵兵饷"。其离职时间，在崇祯年间，已超出《明实录》的记载范围。但据《崇祯长编》卷一九载，崇祯二年三月戊午（二日），"云南巡抚谢存仁引年乞休。许之"。谢存仁之所以提出退休，是因为前一个月受到科道官的弹劾。据《崇祯长编》卷一八载，崇祯二年二月"己酉，考察京官"时"科道拾遗者二十四人"中就有"谢存仁"。次月他便提出退休并获得批准。虽然他已被允许离职，但在未有新的巡抚到任之前，他还继续担任此职。据《崇祯长编》卷三〇载，崇祯三年正月癸卯（二十三日），"云南巡抚致仕候代谢存仁疏奏：'臣惟滇中疆事有二局，有滇省独举之局，有滇黔蜀三省合举之局……'"如果就依谢存仁致仕获准为离职时间的话，则其担任云南巡抚的具体时间是从天启六年十二月五日至崇祯二年三月二日，为两年零四个月时间。按辛说，则仅为一年多时间，误少了一年。

从上可证，作为明代惟一国史的《明实录》在考订明代云南巡抚的人员及其任期上，有重要的史料价值。

三、《明实录》对首任云南巡抚郑辰的记忆与叙述

除了有助于前人忽视的两任云南巡抚刘文庄和徐成位的考证外，《明实录》还详载了前人失考的云南首任巡抚郑辰的事迹，对于恢复云南巡抚设置的历史真相有重要意义。

学者辛亦武指出"明代云南巡抚从正统五年（1440）开始设立到成化十六年（1480）成为定制。一百六十余年间，明王朝相继派出巡抚到云南赴任，从未间断"。其所列的第一位云南巡抚是直隶上元人"丁璿"，永乐甲申进士，以右佥都御史的身份于"正统五年—六年"巡抚云南。[①]

---

① 辛亦武：《明代巡抚云南研究》，云南大学硕士学位论文，2005年，第13、14页。

相比较而言，勒润成对此问题的研究，更为深刻。他指出在云南设置了"云贵川巡抚"，该巡抚"始置于宣德十年，目的在于考察当地官员，辖云南、贵州、四川全境"。并引《明史·郑辰传》："英宗即位，分遣大臣考察天下方面官。辰往四川、贵州、云南，悉奏罢其不职者"加以佐证。笔者认为，将郑辰称为"云南巡抚"似更为恰当，虽然最开始的云南巡抚，并非专任长住，而是兼巡贵州、四川，但赶赴云南履职，便可称为"巡抚云南"，也就是所谓的云南巡抚。

鉴于此，云南巡抚设立时间为宣德十年，首位巡抚为郑辰。《明实录》揭示了他更为详尽的巡抚云南的经历。据《明英宗实录》卷一二记载，宣德十年十二月己未(二十二日)，云南布政司左布政使殷序遭到郑辰弹劾后，上疏辩解："臣尝坐诬，已蒙宣宗皇帝特宥复职，益励图报。不意侍郎郑辰等指以为故考黜，乞辩云。"但英宗"以序既幸免，不自引去，尚欲文过，不从"。显然，此前郑辰已经前往云南担任巡抚工作，对当地官员进行了弹劾。殷序辩解的时间是十二月二十二日，此前郑辰弹劾他，将奏疏报上六七千里外的北京，朝廷再对殷序进行斥责，殷序再上疏自辩，这期间没有两三个月根本无法完成。据此可推，郑辰至迟在宣德十年十月以前，便巡抚云南。那么何以证明"侍郎郑辰"就是名符其实的"巡抚"呢？据《明英宗实录》卷一六载："(正统元年夏四月癸丑)巡抚官工部左侍郎郑辰奏云南右布政使周璟于妻服内继娶再醮之妇，遂逮璟至京，下都察院狱，当杖，既赎罪，陈情，乞还职。上命冠带闲住。"这里所说的巡抚官，便是云南巡抚。因为据《明英宗实录》卷六三载：

> (正统五年春正月戊辰)斥冠带闲住官周璟还原籍。先是，璟任云南右布政使，工部侍郎郑辰巡抚云南，以璟居妻丧继娶，难居方面，送部问，拟杖罪，令冠带闲住。

可见，郑辰正是云南巡抚。另据《明英宗实录》卷二〇载："(正统元年秋七月)乙卯，罢云南左布政使殷序、湖广金事吴克聪、裴俊为民，以巡抚等官考劾序贪而不检，克聪、俊刻而无为故也。"这里是合并叙述，其中提到云南左布政使殷序遭到弹劾，那么弹劾他的"巡抚"当然是郑辰。可知，首任云南巡抚郑辰，是一位刚直不阿的宪臣。

部分学者之所以遗漏了郑辰作为首任巡抚的事实，或是因为受到《明史》的影响。该书《郑辰传》载："郑辰，字文枢，浙江西安人……宣德三年召为南京工部右侍郎……英宗即位，分遣大臣考察天下方面官。辰往四川、贵州、云南，悉奏罢其不职者。云南布政使周璟居妻丧，继娶。辰劾其有伤风教，璟坐免。"①《明史》的这段记载，提到郑辰在前往云南之前，担任过南京工部右侍郎，但却遗漏了他担任工部左侍郎一事；并且在记载英宗即位后分遣大臣考察天下方面官，"（郑）辰往四川、贵州、云南，悉奏罢其不职者"时，始终未提到"巡抚"二字，故令辛亦武忽视了郑辰前往云南"巡抚"的事实。根据前揭《明英宗实录》的多处记载，可知他是以"巡抚云南"的身份前往的，特别是他弹劾周璟居妻丧而继娶的史实，可以证明巡抚云南的正是郑辰本人。

作为云南首任巡抚，郑辰的事迹在《明实录》中有较多的记载。最早见诸记载的是《明英宗实录》卷五："宣德十年五月壬申朔，命兵部右侍郎徐琦、工部左侍郎郑辰、刑部右侍郎吾绅、行在通政司左通政周铨并巡抚山西行在兵部右侍郎于谦镇守河南。"此时郑辰尚未巡抚云南，只是与众官一起"镇守河南"。

除了前面提到的弹劾殷序、周璟外，郑辰在云南还弹劾了龙韬和陈文质。据《明英宗实录》卷一六载："（正统元年夏四月辛酉）巡抚云南工部左侍郎郑辰奏按察司金事龙韬不谙刑名，难任风纪。"结果"上令冠带闲住"。据《明英宗实录》卷一七载："（正统元年五月丁丑）工部左侍郎郑辰等奏，考察得云南按察司金事陈文质有疾，不胜其任。事下行在吏部覆奏。上令冠带闲住。"

在此期间，郑辰还弹劾了四川、贵州的不职官员。正统元年正月，郑辰对四川布政司左布政使甄实"以私马作官马卖之，多取价

---

① 张廷玉等：《明史》卷一五七《郑辰传》，中华书局1974年版。

资"的行为进行了弹劾。① 是年三月，甄实便被罢黜为民。② 正统元年二月，郑辰还对贵州按察司佥事程远"点视驿传受贿"的行为进行了弹劾，指责他"有玷风宪"，于是也将他黜职为民。③ 可见，虽然郑辰也弹劾过四川、贵州的官员，但各只一人，数量远少于云南。弹劾四川左布政使甄实是在正统元年正月，弹劾贵州按察佥事是在正统元年二月。而他在云南则弹劾了云南左布政使殷序、右布政使周璟、按察司佥事龙韬、按察司佥事陈文质四人，时间分别是宣德十年十二月、正统元年四月、正统元年四月、正统元年五月。这证明郑辰在云南的时间长，在川、贵的时间短；在云南消耗的精力多，而川、贵消耗的精力少。

此后，实录记载了郑辰卸任云南巡抚后，治理运河之事以及赈济当地灾民之事。正统二年三月丙辰，行在工部奏运河时有淤浅，恐妨粮船往来，要求命官总督。英宗以河道重事，"济宁以南敕侍郎郑辰治之，以北敕副都御史贾谅治之"④。五六月间，直隶凤阳、淮安、扬州诸府，徐州、和州、滁州，河南开封府等处阴雨连绵，河淮泛涨，民居禾稼多被淹没，民不聊生，势将流徙。上命行在都察院右副都御史贾谅和"工部侍郎郑辰往视之"⑤。

实录对郑辰负责接运边粮之事有所记载。正统四年二月一日，英宗敕谕兵部左侍郎郑辰以及丰城侯李贤等人，说户部准备从通州官仓支领粮料二百万石，分贮宣府、大同边仓，特命他们往来提督。同时让宣府、大同总兵、镇守官派遣官军来接运，"在京官军自通州抵怀来，宣府官军自怀来抵万全，大同官军自万全抵大同。俟大同既足，始及宣府，其接运如前"。要求郑辰等人"务在抚恤军士，区画得宜，俾人不知劳而事易集"⑥。

实录记载了郑辰两次奉命册封宗藩之事。《明英宗实录》卷五

---

① 《明英宗实录》卷一三，正统元年正月癸未。
② 《明英宗实录》卷一五，正统元年三月己卯。
③ 《明英宗实录》卷一四，正统元年二月己未。
④ 《明英宗实录》卷二八，正统二年三月丙辰。
⑤ 《明英宗实录》卷三一，正统二年六月庚辰。
⑥ 《明英宗实录》卷五一，正统四年二月庚戌朔。

八载："（正统四年八月）庚子，遣驸马都尉指挥赵辉、兵部侍郎郑辰为正使，给事中李秉、石瑁为副使，各持节册封祥符王有爋为周王庆世子，秩煃为庆王世子，妃赵氏为庆王妃。"同书还记载了正统八年三月的另一次册封宗藩事务，时为兵部左侍郎的郑辰等人为副使，随同黔国公沐俨等正使，持节敕封郑王瞻埈嫡长子祁英为郑世子、第二子祁锐为新平王、第三子祁铣为泾阳王、第四子祁镕为朝邑王，瞻埐嫡长子祁镐为荆世子、第二子祈鉴为都昌王，淮王瞻墺嫡长子祁铨为淮世子、庶长子祁鑊为鄱阳王、第三子祁钺为永丰王。①

对郑辰清理武臣贴黄之事，实录也有记载。据《明英宗实录》卷七六载："（正统六年二月）乙亥，命行在兵部左侍郎郑辰仍理部事。先是，上命辰同右通政吕爱正清理武臣贴黄。至是，尚书王骥往云南总督军务，故命辰还部。"

实录还见证了郑辰患病乞归、仕途落幕的晚景。《明英宗实录》卷一〇九载："（正统八年冬十月癸巳）兵部左侍郎郑辰患风疾，乞归调治，病愈即来图报。云南左布政使应履平老疾乞致仕。上俱从之。"

最后，实录记载了郑辰生命的终结，并以一个附传概括了他的一生：

> 《明英宗实录》卷一一六载："（正统九年五月甲寅）致仕兵部左侍郎郑辰卒。辰，字文枢，浙江西安县人。永乐中进士，授监察御史。江西安福民有告谋逆者，辰往廉之，得其诬状，抵以罪。谷庶人有异谋，遣辰阴察其虚实。比还，太宗召至便殿亲询之，辰语其不轨之状甚悉。寻擢山西按察使，赐楮币驰传之任。潞州盗起，朝廷欲遣兵往讨，辰谓此贫民，惧徭役窜入山谷间者，不宜加兵。乃躬往抚谕，遂皆安业。召升工部左侍郎，奉敕考察云南、四川方面官。还，浚漕河，有言宜自大名开渠，通卫河以便行舟。辰以劳民，奏罢之。正统中，迁兵

---

① 《明英宗实录》卷一〇二，正统八年三月甲子。

部左侍郎。两历九载，以疾致仕。至是卒。命有司营葬，遣官赐祭。"

　　与拥有510字的《明史·郑辰传》(本节以下简称《传》)相比，仅有218字的《明英宗实录·郑辰附传》(本节以下简称《附传》)篇幅较小，字数不到前者的一半。但是，《明实录》与《明史》的关系是史源与史流的关系，《附传》所载的内容，多为《传》所载。两相比较，一目了然，毋庸多言。然而，《附传》所载的内容，亦偶有为《传》所忽略之处。如英宗初，郑辰以工部左侍郎身分巡抚云南一事，后者则无，似是《明史》修纂之失。当然，虽然《明史》以《明实录》为史源，但也有后来居上的情况发生。清人在修《明史》时，除吸收实录史料外，还另寻史源以增广之，这就超越了《明实录》。如《附传》述郑辰"永乐中……擢山西按察使"一事，《传》则作"十六年超迁山西按察使"，显然这个具体时间并非来自实录，而是另有他源。《传》中"宣德三年召为南京工部右侍郎。初，两京六部堂官缺，帝命廷臣推方面官堪内任者。蹇义等荐九人。独辰及邵玘、傅启让，帝素知其名，即真授，余试职而已"的记载，《附传》无，当另有史源。

　　虽然《传》的记载较《附传》为多，但其史料却依然来自《明实录》的其他部分。如《附传》所述郑辰于英宗时"奉敕考察云南、四川方面官"一事时一笔带过，《传》则作"英宗即位，分遣大臣考察天下方面官。辰往四川、贵州、云南，悉奏罢其不职者"，显然多了一个地名"贵州"，同时还增述了考察的结果"悉奏罢其不职者"，不过这些为《附传》所遗漏的史实，《传》也是通过《实录》的其他记载来补充的。① 再如《传》述"云南布政使周璟居妻丧，继娶。辰劾其有伤风教，璟坐免"一事，《附传》则无，但显然来自《明英宗实录》卷一六"正统元年四月癸丑条"。至于《明英宗实录》关于郑辰两次奉使册封宗藩的史实，《附传》《传》皆无。足见《明实录》的记载对云南首任巡抚研究的不可或缺的价值。

---

　　① 《明英宗实录》卷一四，正统元年二月己未。

　　《明实录》是明代史料的渊海，亦是明朝官方所修的惟一国史，较之方志和野史更为准确，相对于清修《明史》而言，亦有成书早、史料更为原始的特点，因此对云南巡抚的记载，就相对可靠。通过《明实录》中关于"巡抚云南"与"云南巡抚"出现时间早晚的考察，得知是先有动词"巡抚云南"，后才产生名词"云南巡抚"，反映出中央派员巡察地方是一个先有实践后有制度的变化过程。通过对《明实录》史料的爬梳和应用，证明了前人在研究云南巡抚时，失载了郑辰、刘文庄和徐成位三位云南巡抚的名字，标错了六位云南巡抚任职或离职的年限。同时，对于云南首位巡抚郑辰的事迹进行了详尽的论述。由此可见，《明实录》在研究云南巡抚问题上，具有一般方志、野史和后修正史所缺乏的权威性和史料价值。

　　《明实录》不仅善于记载巡抚等政治制度，还重视记录政治人物，如明代中期活跃在历史舞台上的高层官员王竑，便被实录反复记载，并予以用心书写。

第三节　《明实录》对政治人物王竑的书写

　　关注政治制度记载的《明实录》，同时也关注政治人物的书写。作为大明帝国的高级官吏，王竑(1413—1488)的个人历史直接构成了明朝国史的部分内容。与清修《明史》对王竑的记载仅有八千余字相比，明代的国史《明实录》对王竑的历史记载显然是有所偏爱的，字数竟多达二万五千余字。《明史》属于"同为一事，分在数篇，断续相离，前后屡出"的纪传体，对王竑事迹的记载多有重复；而《明实录》属于"理尽一言，语无重出"的编年体①，因此它对王竑个人历史的记载，每一阶段都很详细，信息量要远大于《明史》，反映了王竑个人命运在明代历史大潮中的位置和价值。

---

　　① 以上关于纪传体和编年体特点描述的征引文字，来自刘知幾《史通·二体》。

《明实录》对王竑个人历史的书写，并非全然客观，而是有所选择的，与《明史》相比，实录对王竑事迹的选择并不完全一致，而是与实录的当代性和帝王属性密切相关。实录多次记载了皇帝对王竑的关心，"提督守备居庸关右佥都御史王竑有疾，命医往疗之"，"提督守备居庸关右佥都御史王竑有疾，命还京调治"。然而，王竑在宪宗后期失宠，实录对此也有明确的记录。正是为了反映皇帝对他的眷顾或厌弃，王竑才在以记载帝王为主旨的实录中受到重视，获得突显。《明实录》对王竑历史的书写，也反映了实录修纂者对王竑的看法和评价，而这种评价又受到了当时士大夫们立场的影响。在士大夫和修纂者们看来，王竑是一位能干的可堪依靠的治国大员，因此才会有士大夫不断地要求起复，这些连绵的起复奏书为修纂者们所津津乐道。当然，士大夫和修纂者们的上述评价，又与王竑个人在景泰、天顺、成化、弘治间的历史功绩密不可分。这说明，历史的书写虽然与书写者的价值取向紧密相关，但也或多或少受制于客观的历史事实。

关于《明实录》对王竑个人历史书写的论著，迄未寓目，故本节试作一探。

一、实录重视王竑在土木事变和镇守居庸关中的作用和功绩

以编年为主的《明实录》，对王竑的记载是从正统十一年他升为户科给事中开始的，这与纪传体的《明史》其本传的开头不同，后者是从他姓名、表字、籍贯和出生开始叙述的。《明英宗实录》卷一四〇载，正统十一年四月辛酉，"擢进士王竑为户科给事中"。王竑在政坛上崭露头角却是在"土木之变"的历史转折关头。

英宗被蒙古瓦剌部俘虏后，朝内一片混乱，在是否清除宦官王振势力上，监国郕王朱祁钰犹豫不决，而百官"皆趋进跪，恸哭不起"，并扬言道："圣驾被留，皆振所致。殿下若不速断，何以安慰人心？"而王振的心腹锦衣卫指挥马顺则"唱逐百官"。就在这关键时刻，"给事中王竑奋臂捽顺发，啮其肉曰：'顺倚振肆强，今犹若此，诚奸党也！'百官争捶死顺，且请籍振家"。于是郕王决心

145

始定，清除了王振的余党。朝廷上下振军备战，国得以安。① 景泰二年六月，当尚宝司"检究故锦衣卫指挥同知马顺牙牌"时，"顺子言其父被给事中王竑等捶死，牙牌宜责竑寻取"，代宗从其请，这让有功的王竑很难堪，于是六科十三道为之辩解："臣等切惟太监王振专权擅政，误国丧师，以致上皇北狩，宗社几危。皇上监国之始，群臣合辞请正其罪，而顺实其平日羽翼，犹倚故态，擅肆叱呵，故凡在朝文武百官及守卫军校人等，莫不忠奋感激，共相捶死，务除奸党以安宗社。何牙牌之暇？"王竑"明识国宪，若收牙牌，岂敢隐匿"？指出皇上之所以能够"益隆丕绪"，"国计大定"，应该归功于"前日剪除凶党"，"若责竑寻取牙牌，窃恐人怀疑惧，奸党复萌，上亏圣明之断，下沮忠义之气"，他要求代宗改正前旨，只宣谕官民若"拾马顺牙牌者，无论破损，并许送官"。② 看来公道自在人心，言官对王竑在打死马顺、力挽狂澜历史功绩的评价上，还是立场鲜明的。

土木之变虽然过去，但其造成的形势仍然十分危急。正统十四年八月，时为给事中的王竑奏言"原取沙州达官（蒙古族官员）于东昌府卫安插者，其人素习凶犷，平居无事，常为盗贼"，而现在蒙古"虏寇犯边"，因此"尤宜堤备"，"设法俵散各人于江南远方，庶不乘机为患"。③ 显然，这是土木之变造成的风声鹤唳的后果。由于王竑的卓越表现，两个月后朝廷"命吏科给事中程信、户科给事中王竑协同都督王通、右副都御史杨善提督官军，守护京城"。把一个很重要的任务交给了王竑等人。接着，就将王竑提升为右佥都御史，"庚申，升户科给事中王竑为都察院右佥都御史"，堪称"火线提拔"。辛酉日，"命都督王敬、武兴，都指挥王勇往彰义门杀贼，佥都御史王竑往毛福寿、高礼处提督军务，与孙镗一处屯兵，若有紧急飞报"。王敬、武兴与"虏战于彰义门外"，先胜后败，

---

① 《明英宗实录》卷一八一，正统十四年八月庚午。

② 《明英宗实录》卷二〇五《废帝郕戾王附录》第二十三，景泰二年六月壬辰。

③ 《明英宗实录》卷一八一，正统十四年八月甲戌。

"虏逐至土城"，在这紧急关头，"王竑、毛福寿往援，虏遥见旗帜，乃遁"。①

打退蒙古瓦剌人进攻后，王竑因其特殊的才能，被委以镇守北京门户居庸关的重任。正统十四年十一月丙申，"命右佥都御史王竑、都指挥同知夏忠、署都指挥佥事鲁瑄镇守居庸关"②。十二月，提督守备居庸关右佥都御史王竑等奏："都指挥赵玫奉命镇守居庸关，私役官军出口围猎，为贼所杀。玫又自夺他人牛羊，掩为追虏所得。"代宗命逮玫审讯。③ 可见，王竑在守关时，不讲情面，认真负责。又据英录卷一八八载，景泰元年闰正月乙丑，提督守备居庸关右佥都御史王竑参奏"巡关御史王璧数致军妻与奸"。代宗"命执鞫之"，狱具，将王璧充军铁冶卫。这一案件牵扯到另一御史白瑛。四月乙亥，"巡居庸等关御史白瑛下狱，以知同事御史王璧奸淫不能举奏，但告佥都御史王竑也。狱具，瑛坐赎杖还职"④。相比较，王竑的原则性是很强的。王竑还对临阵退缩的军官进行严厉弹劾。景泰元年七月，守备怀来等处都指挥杨信等人在护送粮食赴怀来、永宁时，一闻炮响，即"奔还怀来"，"委馈运军士于道"。于是，"守备居庸关右佥都御史王竑以闻"。少保于谦请将杨信等人付法司治之，"或令竑拘信等至关，数以畏怯之罪，责死状，仍令防护运粮"。代宗宥之。⑤

在居庸关，除了执掌监察之职外，王竑还多有其他方面的建树。景泰元年二月乙酉，"守备居庸关右佥都御史王竑奏：'欲将

① 《明英宗实录》卷一八四《废帝郕戾王附录》第二，正统十四年冬十月丙辰、庚申、辛酉。

② 《明英宗实录》卷一八五《废帝郕戾王附录》第三，正统十四年十一月丙申。

③ 《明英宗实录》卷一八六《废帝郕戾王附录》第四，正统十四年十二月壬申。

④ 《明英宗实录》卷一九一《废帝郕戾王附录》第九，景泰元年夏四月乙亥。

⑤ 《明英宗实录》卷一九四《废帝郕戾王附录》第十二，景泰元年秋七月癸亥。

赤城、云川等驿走遁官军并榆林、土木惊散军，又俱发怀来走递。候事体靖宁，别行定夺。'从之"①。

王竑守关有功，有人便攀比其功劳，要求升职。《明英宗实录》卷一八八载，景泰元年闰正月丙午朔，刑科给事中徐正"自陈提督军务有劳，乞如副都御史罗通、佥都御史王竑例景升以官"，但上"不允"。说明代宗只看重王竑和罗通的功劳，对徐正的劳绩并不重视。然而，王竑因为公务繁忙、积劳成疾。《明英宗实录》卷一九五载，景泰元年八月庚辰，"提督守备居庸关右佥都御史王竑有疾，命医往疗之"。但医治效果不佳，只得回京治疗。癸巳日，"命还京调治"。己亥日，"命右佥都御史萧启提督居庸关，代王竑也"。王竑正式离开了提督和监察居庸关的岗位。

二、实录重视王竑在总督漕盐、兼巡地方上的作用

离开土木之变的硝烟和居庸关前线后，景泰元年十一月，王竑被调到了漕运总督的位置上。由于在漕督任上成绩显著，从景泰二年十月开始，王竑又兼任淮安、扬州、庐州三府并徐、和二州巡抚。景泰三年九月，他的权力进一步扩大，兼巡抚直隶凤阳府并滁州，并兼理两淮盐课，总督运司官吏。他的职责从漕运扩展到地方府州县，又从地方府州县扩展到盐课，而这期间只用了三年，可以说是每过一年便扩大一次职权。反映出他的能力很强及代宗对他的信任。天顺元年至五年从削职为民起复为参赞陕西军务。天顺七年三月甲辰，王竑又从陕西边疆调任漕运总督，兼巡抚凤阳、淮安、扬州、庐州并徐州、滁州、和州等地，清理盐课，职权与代宗时几乎完全相同，说明王竑其能力，又获得了复辟后的英宗的认可。他在总督漕运的任上历时最久，达八年半。在此任上的工作也最繁琐艰辛，因此得到实录的记载也最详尽。

从景泰元年十一月开始，王竑被调到新的工作岗位上，负责责任重大的漕运。当时户科都给事中马显奏："供给京师粮储动以百

① 《明英宗实录》卷一八九《废帝郕庚王附录》第七，景泰元年二月乙酉。

万计，其事至重。比者，总督其事，惟都督佥事徐恭。请推选廉能干济在廷大臣一员，协同攒运。"事下户部，"会官推选都察院右佥都御史王竑堪任其事"。从之。① 十二月通州至徐州运河一带淤塞不通，妨碍漕运，于是"徐州等处请敕佥都御史王竑"负责疏浚。② 到了第二年五月丁巳，南京龙虎左卫和龙江左卫的部分运粮船遭遇风暴漂没，"总督漕运右佥都御史王竑请量减应运京仓米于通州仓，纳省脚费以补其数"，获得批准。③

王竑在漕督任上，成绩斐然，获得朝廷信任。代宗不仅让他仍做漕运总督，而且令他兼任淮安、扬州、庐州三府并徐、和二州巡抚。《明英宗实录》卷二〇九载，景泰二年十月壬辰，代宗敕谕右佥都御史王竑曰："先命刑部右侍郎耿九畴往淮安等府州巡抚，今已召回京，特命尔仍依前敕总督漕运，兼巡抚淮安、扬州、庐州三府，并徐和二州，抚安兵民，禁防盗贼，督令所司，凡遇人民饥荒，设法赈济，水势失利，设法修治，农务废弛，及时劝课，城池坍塌，用工修理，官军闲逸，令常川操练，器械损缺，令量宜修备，或有远近盗贼生发，即调官军剿捕……凡有事便军民者，听尔从宜处置具奏。尔为朝廷宪臣，受朕委任，必须宽猛适宜，于是乃克有济，盗息民安，地方宁靖，斯尔之能。若或处置无方，致有乖误，惟尔不任。尔其钦承朕命毋怠！"

能者多劳。王竑的非凡能力，使其职权范围越来越广，权力也越来越大。景泰三年九月庚戌，又被委任兼巡抚直隶凤阳府并滁州，并兼理两淮盐课，总督运司官吏。盐课在当时可是国家的重要财政来源。据《明英宗实录》卷二二〇载，景泰三年九月庚戌，代宗敕总督漕运、巡抚淮安等处右佥都御史王竑曰："已尝命尔总督漕运兼巡抚直隶扬州庐州淮安三府并徐和二州，今复命尔兼巡抚直

---

① 《明英宗实录》卷一九八《废帝郕戾王附录》第十六，景泰元年十一月壬寅。

② 《明英宗实录》卷一九九《废帝郕戾王附录》第十七，景泰元年十二月丁酉。

③ 《明英宗实录》卷二〇四《废帝郕戾王附录》第二十二，景泰二年五月丁巳。

隶凤阳府并滁州，仍兼理两淮盐课，总督运司官吏，督工煎办，时常巡历行盐地方，提督缉捕私贩之徒，轻则听尔量情发落，重则械送来京处治，俱没其盐入官。运司及各场官吏，若贪图贿赂，不用心提督煎办，致亏欠盐课，阻滞客商者，尔即执问。应奏者指实具奏，尤须严禁巡捕之人不许将贫难小民买盐食用及挑担易换米粮度日者一概扰害。尔其钦承朕命！"①景泰八年，英宗复辟，王竑被视为代宗的心腹而贬到陕西。

经过多方考察，英宗在晚年终于认识到王竑的价值，开始对他产生信任了。天顺七年三月甲辰，英宗将王竑从陕西边疆调回，担任地位非常重要的漕运总督，并巡抚相关地方和盐课，职权与代宗时几乎完全相同，说明英宗也像代宗一样，认可了王竑的品德和能力。他敕谕都察院左副都御史王竑道："今特命尔总督漕运，与总兵官右都督徐恭等同理其事务，在用心规画，禁革奸弊，官军有犯，依尔先会议事例，而行水利当蓄当泄者，严督该管官司，并巡河御史等官，筑塞疏浚，以便粮运。仍兼巡抚凤阳、淮安、扬州、庐州并徐、滁、和府州地方，抚安军民，禁防盗贼，清理盐课，救济饥荒，城垣坍塌，随时修理，守城官军以时操练，或有盗贼生发，盐徒强横，即便相机设法抚捕，卫所府州县官员有廉能公正者，量加奖劝，贪酷不才者，从实黜罚。"并叮咛道："凡事利于军民者，悉听尔便宜处置。"②

综观王竑在八年半的漕运总督和凤淮及盐课巡抚的位置上所做的工作，可谓殚精竭虑，付出了很多心血，作出了许多贡献。

第一，组织并实施漕运工作，如造船、筑坝、疏浚河道和修建新闸等。据《明英宗实录》卷二〇八载，景泰二年九月丁酉，在提督漕运右佥都御史王竑的请求下，"给各处运粮军士造浅船工本价钞，创造者三千贯，改造者一千五百贯，修舱者八百贯"。漕督的重要任务是修筑堤坝，或疏浚河道，保证运河畅通。《明英宗实

---

① 《明英宗实录》卷二二〇《废帝郕戾王附录》第三十八，景泰三年九月庚戌、乙卯。

② 《明英宗实录》卷三五〇，天顺七年三月甲辰。

录》卷二四三载，景泰五年七月己巳，因为"大风雨，湖水泛涨，决高邮、宝应堤岸"，代宗命左副都御史王竑督有司修筑之。在漕运问题上，王竑想了许多计策。一是当运河堵塞和无水时，分段运输。当沙湾河决，运河无水，一大半的舟船都不能前进，户部建议敕令王竑等人"计议"，"如舟可前进，则令运赴通州上纳，如不得进，则令沙湾以北者于临清上纳，以南者于东昌及济宁上纳"。① 二是将积贮的陈粮发放给漕运官军，解决其俸粮问题。天顺七年十月，总督漕运左副都御史王竑积极建言："去年积贮天津仓粮米二十八万余石，恐岁久浥烂，请令各处运粮官军，明年粮船至天津仓支带，前赴通州仓交纳。"从之。

第二，在其所管辖的范围内整顿吏治。首先是减少冗官，减轻民扰。《明英宗实录》卷二〇八载，景泰二年九月甲辰，"初自济宁至徐州设管河主事三员，至是以官多民扰减一员，从总督漕运左金都御史王竑请也"。同时，治理违犯官吏。《明英宗实录》卷二二一载，景泰三年闰九月乙亥，"监察御史王珉被命巡河，数于济宁诸处奸淫，微服至所淫者家，拜其父母，所索运粮军官馈赠尤多，为右金都御史王竑所奏"，谪充开平卫军。王竑严厉打击腐败行为和贪官。景泰五年，总督漕运左副都御史王竑奏："运河自通州抵扬州，俱有员外郎等官监督收放粮、收船料钞及管理洪闸、造船、放甎，此等官员辄携家以往，占居公馆，役使人夫，日需供给，生事扰人。又南京马快船有例禁约，不许附带私货及往来人等，近来公差官员每私乘之。宜通行禁约，违者治罪。其掌船官吏，妄自应付者，一体罪之！"② 王竑曾经一次就奏黜了78个不称职的官员。据《明宪宗实录》卷五载，天顺八年五月辛未，"总督漕运、巡抚淮扬等处左副都御史王竑奏黜老疾、庸懦、不谨官监运司同知刘曦等七十八员"。

---

① 《明英宗实录》卷二二九《废帝郕戾王附录》第四十六，景泰四年五月壬午。

② 《明英宗实录》卷二三七《废帝郕戾王附录》第五十五，景泰五年正月己未。

第三，解决漕运沿线和所巡抚地方治安问题。首先，对漕河地区的盗贼进行镇压。据《明英宗实录》卷二五八载，景泰六年九月庚子，"沿漕河盗贼横甚，漕军为有杀掠者。副都御史王竑以闻。命监察御史王用同锦衣卫官严捕之"。据《明英宗实录》卷二五二载，景泰六年四月戊寅，直隶霍丘县民赵玉山自称宋室之后，暗中"以妖术煽惑流民谋乱"，"总督漕运左副都御史王竑擒获以状闻"。其次，为了强化他所巡抚地方的治安，王竑对负责缉盗的巡检司作了调整。景泰七年八月，"迁直隶凤阳府怀远县洛河巡检司于寿州为北炉桥巡检司，淮安府山阳县戚家桥巡检司于宿迁县为刘家庄巡检司，以巡抚副都御史王竑奏无益者当革，而地冲要者当设也"①。

第四，王竑开展了大规模的赈济灾民的活动。据《明英宗实录》卷二一七载，景泰三年六月己丑，总督漕运、巡抚淮安等处右佥都御史王竑奏："淮安海、邳二州安东等县大水，冲塌军民庐舍，漂流畜产，农具麦田淹没，人民缺食。已督有司给粮赈济，并将科买物料逋负税粮暂从宽缓。"这场水灾波及面很大。据《明英宗实录》卷二二九载，景泰四年五月甲戌，"直隶徐州大雨水淹没禾稼，民饥愈甚。巡抚、巡按官右佥都御史王竑等各具以闻"。代宗"诏命竑悉以改拨支运及盐课粮赈济之"。这次水灾，在王竑等人的赈济下，安然度过。据《明英宗实录》卷二三二载，景泰四年八月乙未，总督漕运右佥都御史王竑奏："比因直隶凤阳并山东、河南荒歉，民多流徙趁食。臣委官于河上每遇经过舟船，量令出米煮粥给之，赖以存活者一百八十五万八千五百余人。又多方劝输殷实之家，出米麦谷粟二十五万七千三百四十石有奇，银三千六百七十余两，铜钱绵布半之，给与被灾者五十五万七千四百七十九家，其缺农具种子者七万四千三百九十七家，臣亦以官物给之，流入外境而招抚复业者五千五百九十三家，外境流来而安辑之者一万六百余家。即今人颇安业，盗贼稀少。"奏入，代宗颁令嘉奖。对于赈济所剩银两，王竑从民本思想出发，建议代宗将剩银二万四千六百五

---

① 《明英宗实录》卷二六九《废帝郕戾王附录》第八十七，景泰七年八月乙卯。

十两留在灾区，继续济民。① 水灾刚过，雪冻之灾接踵而至。王竑又忙于救济雪灾。据《明英宗实录》卷二三八载，景泰五年二月丁未，总督漕运左副都御史王竑奏："山东、河南并直隶淮、徐等处，连年被灾，人民困窘。去岁十一月十六日至今正月，大雪弥漫，平地数尺，朔风峻急，飘瓦摧垣。淮河、东海冰结四十余里，人民头畜冻死不下万计，鬻卖子女莫能尽赎……身无完衣，腹无粒食，望绝计穷……皇上端居九重，无由目睹。设若一见，未必不为动心。大臣居处庙廊，少得亲视，使或视之，未必不为流涕"，使朝廷设法赈济。

第五，王竑兼事巡抚地方的工作，做出了突出成绩。他保留了任满离任却为百姓不舍的巢县知县阎徽。《明英宗实录》卷二一五载，景泰三年夏四月辛巳，"升直隶庐州府巢县知县阎徽于本府通判，仍理县事。徽满九载当去任，属民五百九十余人保留。巡抚右都御史王竑审实以闻，故有是命"。解决粮长科害小民问题。景泰六年三月，巡抚淮安等处左副都御史王竑奏："江北直隶扬州等府县粮长，往往科害小民，乞准湖广例，尽数革罢。粮草令官吏里甲催办。"从之。② 他对所兼巡的凤阳等地官军的俸粮也要操持。据《明英宗实录》卷二五二载，景泰六年四月丁酉，直隶凤阳府寿、泗、宿三州并亳县官仓，原贮之粮供给寿、泗、宿州、武平等四卫官军，近因灾无粮，官军一年之上无粮补支。"巡抚都御史王竑请以河南布政司今年应纳本府广储仓税粮，改纳寿、泗、宿、亳等仓。"此外，他还因芦场塌坏，建议含山县用芦柴折米。《明英宗实录》卷二七〇载，景泰七年九月癸未，"命直隶含山县采运芦柴，准折纳米，从巡抚左副都御史王竑奏其芦场坍没也"。

拥有漕督、盐课及相关地方的巡抚职责的王竑，十分尽职，做了大量的工作，获得了突出的成绩。因为督理盐漕、赈灾等各项成

---

① 《明英宗实录》卷二三四《废帝郕戾王附录》第五十二，景泰四年十月庚子。

② 《明英宗实录》卷二五一《废帝郕戾王附录》第六十九，景泰六年三月丙辰。

绩突出，王竑不仅被朝廷重视，升其为左副都御史，而且还被士大夫们所看重，拥有了良好的声誉。据《明英宗实录》卷二三四载，景泰四年冬十月甲午，升"都察院右佥都御史王竑为左副都御史，仍理漕运"。时太子太保兼户部尚书金濂奏："昨者徐淮等处水灾，人民艰食。竑身任其责，往来设法赈济，活人数多。况总督漕运，奸贪畏惮，兼理巡抚，军民爱慕。"会大学士陈循亦言"竑尽心救济，宜量升擢以励劳勤"。帝以王竑督理漕运"久著勤劳"，故升之。王竑因为在漕督、巡盐和巡抚地方上的突出才干和显著成绩，而在士大夫们中间获得了良好的评价。据《明英宗实录》卷二四九载，（景泰六年正月癸丑）吏科给事中卢祥曾奏称"各处巡抚、尚书、都御史等王竑、邹来学、韩雍处置有方，王暹、孙原贞善誉不闻"。可见声名远扬。

王竑从陕西调到漕督任上不过一年半的时间，便因其突出的才能，被升为兵部尚书，调入北京。

三、实录重视王竑在陕西参赞军务上的作用

王竑是在景泰年间成长起来的，受到了代宗朱祁钰的重视。但是，夺门之变后，英宗复辟，代宗病死，王竑遭到排斥。《明实录》反映了王竑个人命运的历史转折过程。

英宗复辟后，开始大规模贬斥代宗的人。据《明英宗实录》卷二七五载，天顺元年二月庚子，调"都察院左副都御史王竑为浙江布政司参政"。将王竑从身兼数任、权倾一时的总督兼巡抚的任上，调至浙江参政这一不足为道的职位上。但事情并未结束，没过多久，戊申"罢浙江参政王竑、右都御史李实俱为民，子孙永不叙用"。这是因为新贵忠国公石亨、太平侯张軏等弹劾王竑在景泰间，"尝率众当阙击死王振党、锦衣卫指挥马顺及内臣二人"所致。其实，王竑打死马顺导致代宗的上位，才是石亨和英宗忌恨的地方。

但是，公道自在人心。王竑在督理漕运、盐课，巡抚淮安、扬州、庐州三府并徐、和二州的功绩，让人难以忘却，要求起复他。据《明英宗实录》卷二七七载，天顺元年四月庚申，漕运总兵官都

督同知徐恭提出自己"止督漕运",而让都御史王竑复职巡抚,但"上不允"。八月甲寅,英宗开始转变态度,觉得王竑人才难得。他告谕户部臣曰:"王竑先为首犯阙,法当处死。朕体好生之德,不忍加诛,已遣为民。今念其漕运有功,户部可遣官送至陕西安置。该管官司务待以礼,不许欺侮,致有疏虞。"①于是王竑被礼送回陕西(当时陕西包括甘肃、宁夏)老家。

天顺五年,庄浪遭到蒙古人的进攻,"达贼入寇甚急",镇守"乞兵为援",朝廷被迫"命兵部右侍郎白圭及起王竑为左副都御史,俱参赞军务"。"竑天顺初罢为民,至是特复其职用之。"②王竑在军情紧急的情况下,作为不可不用的人才,再度起用,重新登上了大明王朝的历史舞台。

王竑一经起复,便向朝廷献计献策。天顺五年十月,参赞军务左副都御史王竑根据兵法"凡战者,以正合,以奇胜"的原理,出谋划策:"今此虏(蒙古兵)复来入寇,虽与讲和,终非久计。乞照前日用兵事宜,令副总兵冯宗统领京营,并河南、山东等处官军为正兵,从兰县大路径进。复分兵一二万人,以参将一员充游击将军统之,仍命文臣一员监督,各给旗牌,从宜调度,分为两翼,各路而进,如和好已成,按兵堤备,不然则与甘凉等处总兵密相纠合,或断其前,或截其后,或冲其腹心,劫其老营,使彼腹背受敌,首尾难救。如此,则虏酋可擒,丑类可殄,而边民得以息肩矣。"但兵部尚书马昂等人对"竑意在分兵行事以专成功"表示疑虑,未予采纳。③ 王竑的这个正奇结合的计策被搁置,错失了打败来犯的蒙古兵的机会。但王竑不屈不挠,又于本月壬申日与副总兵都督冯宗一起奏上陕西用兵事宜六条,其中包括出榜召募关陕地区的文武人才;对山东、河南等处调来的官军赐予银两和袢袄;用洪武、永乐年间行军决罚条例惩治逃兵;用陕西官库银布收买战马五千匹;对陕西所属官军民壮等进行训练以备调用。最后兵部采纳了其中的四

---

① 《明英宗实录》卷二八一,天顺元年八月甲寅。

② 《明英宗实录》卷三三〇,天顺五年秋七月戊午。

③ 《明英宗实录》卷三三三,天顺五年冬十月辛未。

项建议。① 王竑还曾建议陕西辖属的宁夏和庄浪等地增修墩台(烽火台),结果遭到否决。天顺七年二月,"左副都御史王竑请于腹内宁夏中卫及庄浪等处增立墩台,以严边备"。宁夏镇守总兵和巡抚等官都认为:"边外立墩举火,腹里移文驰报,自为定例,行之已久,未有不便。若腹里增设墩台,诚恐虏贼入境,炮烽四起,官军之往御者,无以的从,人民之散处者,反致惊疑,是徒劳人力,无益边备也。"其议遂已。②

天顺六年正月甲辰,王竑等分兵巡边时,与蒙古兵遭遇。据《明英宗实录》卷三三六载:"参赞军务右侍郎白圭、左副都御史王竑等分兵巡边,适达贼分路入寇,一自枣园堡过河劫掠,圭与遇于固原川,击之,擒九人,斩首二级,获马二十匹;一劫红崖子川,竑同副总兵冯宗与之遇,擒四人,斩首二级,余贼溃散,奔靖虏城南各山口,右参将李杲追之,斩首二级,擒七人,复所掠牛羊马驴凡万余。圭等各以捷闻。"捷报令英宗大为兴奋,对陕西抗击蒙古的军队进行了大规模的奖励,王竑也获得了相应的荣誉。《明英宗实录》卷三四一载,天顺六年六月乙亥,以陕西固原州擒杀达贼功,"右侍郎白圭、左副都御史王竑皆给赏"。

两个月后,王竑在大多数将领被征召还京的背景下,被留下来坚守陕西边防。据《明英宗实录》卷三三八载,天顺六年三月癸丑,"命召副总兵右都督冯宗、左参将都督同知赵胜、参赞军务兵部右侍郎白圭还京,仍敕左副都御史王竑、都督李杲暂留提督防守"。在陕西,王竑受到了甘肃镇守太监蒙泰、总兵官宣城伯卫颖的参奏,他们"交章奏提督军务左副都御史王竑,怀私奏保都指挥等官邢端等,及私役千户田胜营干家事,擅放指挥李瑾还原任河南逆其家属诸不法事"。王竑也予以反击,"奏颖贪污诸罪",朝廷遣刑部和锦衣卫官员前往覆核。③ 因为这次参奏,王竑被召还北京。《明英宗实录》卷三四七载,天顺六年十二月癸酉,"召左副都御史王

---

① 《明英宗实录》卷三三三,天顺五年十月壬申。
② 《明英宗实录》卷三四九,天顺七年二月壬戌。
③ 《明英宗实录》卷三四五,天顺六年十月己巳。

竑来京"。王竑与蒙泰、卫颖相互攻讦事，经过调查，有了处理结果。据《明英宗实录》卷三四九载，天顺七年二月己巳，刑部员外郎范铺等覆"宣城伯卫颖、太监蒙泰等及左副都御史王竑相讦事状，互有虚实"。尚书陆瑜等奏："颖、竑俱膺重寄，而挟私诋讦，甚失大体。泰等符同颖奏，亦非所宜，皆治以法。"但英宗"命俱宥之"。

天顺七年三月，王竑从陕西调任漕运总督，兼巡抚凤阳等地，并清理盐课。他在西北的备边活动就此结束。

四、实录重视王竑在兵部尚书任上的贡献

王竑以其非凡的才干，受到继位伊始的宪宗的重视，从漕运总督升任兵部尚书，成为国家的栋梁之才。据宪录卷八载，天顺八年八月辛卯，"调兵部尚书马昂于户部，召总督漕运左副都御史王竑为兵部尚书，巡抚宣府右副都御史李秉为左都御史"。当时六科都给事中萧斌认为，近来边报频繁，"黠虏连结种落，伺隙乘机"，"典守缺人，咎患非细"，并特别指出："切见副都御史王竑、李秉，材堪致远，心切济时，夙著勤劳，多历年所，委以重任，必有可观。今各处一方，各理一事，恐不足以尽其才，而朝廷有事，不得其用。乞将竑、秉取留在京，随宜补任。别选公正廉干官代其所掌，则缓急可济，内外得人。"尚书王翱及大学士李贤等"皆言竑、秉可大用"。宪宗说："古之人君梦卜求贤，今纵不能，独不能因舆论所予者而用之乎？王竑、李秉廷议皆以为可大用，朕因而用之，何必梦卜耶！竑可升兵部尚书，秉可升左都御史。其兵部尚书马昂调户部。"

在兵部尚书任上，王竑重视的是修饬武备和军队治理问题。《明宪宗实录》卷一〇载，天顺八年冬十月庚子，因"扬州人民无故惊疑，扶老携幼，俱南奔两日方定"的怪现象，引起了兵部尚书王竑的警觉，指出："扬州人民惊疑，老稚南奔，虽曰虚惊，亦非美事。且扬州密迩南京，升平日久，居安思危，而武事不可不讲。乞敕南京守备等官修饬武备，以防意外之虞，专官巡视以究军政之弊。"宪宗从之。身为兵部尚书的王竑，参与了整军治将的活动。

他对军官进行了监管，对失事欺瞒的前线军官进行了弹劾和整治。《明宪宗实录》卷一五载，成化元年三月甲子，兵部尚书王竑奏："镇守四川右少监阎礼、户科都给事中童轩等奉敕抚剿盗贼，失机误事，以致领军都督何洪、指挥杨瑛等被贼杀死，两月之余，方才告报。其余失陷蒙蔽之事必多，比扶同隐匿。科道已连章纠举，法当究治。"王竑还会同总兵官太保会昌侯孙继宗、抚宁侯朱永等，"慎选各营军士，以次充补。又以选兵不若择将，兵强将弱，势难统驭，乃罢黜把总等官王玺等八十六人，而选程瑄等补缺"①。他还坚持减免军匠，减轻军民负担。《明宪宗实录》卷一四载，成化元年二月己卯，内官监请金补旧所省香烛军匠一百八十六人以应工役，但兵部尚书王竑言："军匠自宣德十年减省已经三十年之久，何可复金？"工部尚书白圭亦以为言。宪宗"令已之"。

王竑在兵部尚书任上，负责镇压叛乱，维护帝国的稳定。他曾向皇帝推荐军官，以平定强贼的造反。据《明宪宗实录》卷一六载，成化元年夏四月壬辰，为了对付四川的强贼赵铎，兵部尚书王竑请以五军营管操襄城伯李瑾充总兵官，升辽东宁远卫指挥同知韩赟为署都指挥佥事，充参将，统率京营并陕西汉达官军前往剿捕。宪宗同意韩斌的升命，其他的再议。王竑在兵部尚书任上，最大的成绩是组织了一场针对大藤峡苗瑶起义的军事战争，并取得了胜利。事先，他要求广东广西官员入京时，将当地的"山川险易、贼情虚实"以及"灭贼安民筹策"备陈以闻，以便将来展开军事行动时，有所依据。据《明宪宗实录》卷一一载，天顺八年十一月丙辰，兵部尚书王竑言："两广三司官来贺万寿圣节，各官皆熟知两广山川险易、贼情虚实，其间必有定见，宜令开陈灭贼安民筹策，及各举骁勇智谋将官以闻。"于是，广东布政司右参议王英、按察司副使邝彦誉等陈述了广东地方的军备和剿贼情况。王竑在此基础上制定了他的计划。成化元年正月辛未，兵部尚书王竑条上两广剿贼安民事宜六事，其中有"两广之事在此一举。赵辅、韩雍须假以赏罚重权，使得便宜行事"，有"审度贼情轻重缓急，事轻而缓，委三司

---

① 《明宪宗实录》卷一四，成化元年二月乙巳。

官谋勇可任者，分道守御；重而急者，须躬亲率兵从事，欲于广西进兵，则先守浔州诸处要害，贼奔之地，欲于广东攻贼，则先据贼之归路，务俾此贼进退无路，腹背受敌"等策，军中具体事项共二十余条，宪宗完全采纳，并敕令赵辅等施行。在这次征讨大藤峡的作战中，王竑慧眼识才，任用韩雍，保证了战斗的胜利。"成化初，两广寇大作，命将征讨，而总理难其人。兵部尚书王竑请曰：'非韩雍不可。'遂改左佥都御史，赞理军务。师进至全州，擒其苗酋，严刑示众。次桂林，数其失机指挥，罪而斩之。军威大振，乃分兵为二十五哨，直抵大藤峡，平贼。"①

王竑东山再起后，常出现在各种重要场合，为实录所记载。据《明宪宗实录》卷八载，天顺八年八月辛丑，"命兵部尚书王竑、都察院左都御史李秉经筵侍班"。又《明宪宗实录》卷一四载，成化元年二月甲午，宪宗祭先农神和躬耕籍田时，作为兵部尚书的王竑"行九推礼"。《明宪宗实录》卷一五载，成化元年三月丁巳，宪宗视察国子监时，兵部尚书王竑也与众官一起"分献四配十哲两庑"。

五、实录对王竑辞职后起复的反复记载

王竑因其举荐的清理武选贴黄的人选遭到否决，心生退意，引起宪宗的不满，导致其政治生涯的结束。据《明宪宗实录》卷一六载，成化元年四月庚寅，兵部尚书王竑等言："清理武选贴黄，例用本部并都察院堂上官各一员提督，今会官举翰林院修撰岳正堪任侍郎，礼科都给事中张宁堪任都御史，请旨简用。"内批："会官推举，多徇私情，不从公道。止令侍郎王复不妨部事，同都御史林聪清黄。自今内外缺官，不必会保。岳正、张宁升外任。"由于推荐岳正和张宁遭到挫败，王竑决心称病辞职。据《明宪宗实录》卷一八载，成化元年六月戊子，"兵部尚书王竑以病乞免"。但宪宗初"不允，命医疗之"。但王竑去意已定，不断上疏求退。《明宪宗实录》卷一九载，成化元年七月戊辰，"兵部尚书王竑恳乞休致，不许"。此前，"竑以疾辞，命医日往视之。至是复以请"，并情词迫

---

① 《明宪宗实录》卷一八九，成化十五年四月癸卯。

切地自白道："臣自誓守正不阿，尽心报国，既荷先帝再造之恩，挥群谤而复用。又蒙皇上乾刚之断，纳党言以特升，未效涓埃，苦婴旧疾，心虽图报，力已衰疲。"宪宗再次"慰留之"。然而，王竑仍然坚持。《明宪宗实录》卷二一载，成化元年九月己未，"兵部尚书王竑以久病不痊，三上章乞放免"。这次，宪宗终于有所松动："竑既久病不痊，屡陈情，恳准其还家调摄。病愈复起用。"其实，王竑"病本未甚，以前荐岳正、张宁为时所沮，遂坚意求去。士论惜之"。宪宗因王竑固执开始心生芥蒂。

此后，不断有士大夫要求起复王竑这位帝国干臣。成化二年十一月，刑部员外郎彭韶奏："金都御史张岐憸邪奔竞，不可用，请罢之，而召用王竑、李秉、叶盛。"但宪宗却将彭韶逮送锦衣卫狱鞠问。不久，给事中毛弘等为彭韶求情，宪宗不听。① 三年二月，吏部奏："十三道监察御史吴远等言：'兵部尚书王竑练达边务，缓急可用。今家居养病，宜速起之，以慰群望。'事下臣等议，今正用人之际，宜从所言。"内批："王竑不体朝廷升用之意，推病避难。既去，如何再用？就令致仕。"②这次事件不仅未能起复王竑，还引起了宪宗的反感。本来王竑只是"居家调摄，病愈复起用"，此时宪宗干脆令其致仕。宪宗对王竑的怨意难消。当有人建议"录用已故及致仕大臣子孙"时，吏部奏上"操行端谨者八人"其中就有王竑，但宪宗就是不录王竑之子，"王竑以养病忤旨，故恩止于(沈)翼"。③ 直到成化九年四月癸未，"致仕兵部尚书王竑子纯"才"循礼部奏，行例考试，为国子监生"。④

虽然王竑不为宪宗所喜，但仍不断有人因为他的才干而提请起复。据《明宪宗实录》卷五二载，成化四年三月戊辰，巡按陕西监察御史胡深言："致仕兵部尚书王竑历事累朝，始终一节。比因末疾，恳乞休致。如竑者，进则尽忠于国，退则守分于家。今疾已

① 《明宪宗实录》卷三六，成化二年十一月丙子。

② 《明宪宗实录》卷三九，成化三年二月庚子。

③ 《明宪宗实录》卷五三，成化四年四月癸巳。

④ 《明宪宗实录》卷一一五，成化九年夏四月癸未。

平，复乞起用，以见圣明图任旧人之意。"宪宗只是"命吏部知之"。
辛未日，监察御史谢文祥等劾南京参赞军务兵部尚书李宾猥以庸
材，难居重任，"乞赐罢黜，召致仕兵部尚书王竑代之"。但是宪
宗却以"竑累章乞休"为意，不许。

　　每当边关危急时，臣僚们总是希冀王竑能够力挽狂澜。成化四
年九月甲戌，吏科左给事中程万里，因为陕西乃重镇之地，而蒙古
裔满四等于内据险啸聚，虏酋毛里孩在外虎视眈眈，特别提出要在
京选大臣二员前往当地镇守和处理。于是，兵部和廷臣集议，"请
敕宁夏等处守臣抚恤各处土达，或起陕西致仕兵部尚书王竑，就彼
巡边，密切防范"。宪宗只让当地巡抚官处理，而不起复王竑。①
成化八年九月辛亥，巡按陕西监察御史王哲要求起复王竑。据《明
宪宗实录》卷一〇八载，王哲称，虏寇久据河套，出没无时，不断
攻入巩昌等府会宁等县境内，杀掠人畜，甚至南至通渭、秦安等
县，西至金县等境，杀虏尤多。不可缺人防守，因此提议"致仕吏
部尚书李秉、兵部尚书王竑俱年力未衰，识达军事，屡立边功"，
在西路"令一副将，或起竑，或起秉专理"，以便防守。事下兵部，
但兵部官员早已知悉皇帝的心思，指出"其欲起李秉、王竑分理军
务，缘近已会议"，"恐将权复分，难以别议"。宪宗批答道："既
有会议事理，仍敕(赵)辅等用心调度军马杀贼。"排斥了起复王竑
的可能。此外，都给事中王诏，也曾"奏起请致仕尚书王竑、李
秉"②。直到成化二十年九月，仍有都察院经历李晟提到王竑在整
顿边事上的威名，他说："方今攘夷有大势，有先务。大势在固外
藩，先务在用旧臣。"指出："所谓用旧臣者，盖边事非老成之人莫
可任之。今山后有尚书余子俊，辽东有都御史马文升，独延绥西至
甘凉无一重臣镇抚其地。臣闻前吏部尚书李秉、兵部尚书王竑、佥
都御史高明、除名威宁伯王越，才力可用，威名素著。"③反映出当
时的士大夫对王竑等人的信任。士大夫们还借天变请求起复王竑。

---

①　《明宪宗实录》卷五八，成化四年九月甲戌。
②　《明孝宗实录》卷五五，弘治四年九月乙亥。
③　《明宪宗实录》卷二五六，成化二十年九月丁酉。

据《明宪宗实录》卷一〇〇载，成化八年春正月乙巳，刑科给事中赵旵上言二事："其一曰宥罪愆以消天变"，"其二曰收众望以备任使"。特别指出："近敕吏部召用旧臣，如前吏部尚书李秉、兵部尚书王竑，履历既深，闻望素著。今虽休致，尚堪倚任，亦乞召用以从众望。"奏上，"诏姑已之"。

孝宗即位后，王竑起复之路仍然遥遥无期。据《明孝宗实录》卷七载，成化二十三年十一月丁巳，巡按直隶监察御史汤鼐上疏劝初即大位的孝宗"慎选端方有气节、学识，能轻富贵之人，如致仕尚书王竑"等人，"量其才德，擢任内阁、吏部、都察院，以激厉天下气节，培植国家元气"。但孝宗则称"官员贤否进退，公论已定"，不理会起复王竑等人的建议。是月甲子，巡按直隶御史姜洪上疏要求"辨邪正"，指出"致仕尚书王恕、王竑、李秉俱才德高茂，志节忠贞"，请礼部召用，"信任勿疑，庶文武得人，政事修举"。但孝宗却敷衍道："所言多已施行，其干系朝廷大臣者，自有处置。"弘治元年五月，南京吏部主事夏崇文又提出："致仕兵部尚书王竑，才望老成，尚堪大用，乞召置左右，勿劳以事，专资其谋议之益。"孝宗却说："王竑前所行事皇祖、皇考已屡有旨令致仕去。况年今加老，其已之。"①

就在众人不断的举荐中，王竑走到了生命的尽头。《明孝宗实录》卷二一以附传的形式，记录了这位能吏的一生行迹：

> 弘治元年十二月壬辰，致仕兵部尚书王竑卒。竑，字公度，陕西河州卫人。正统四年进士，授户科给事中。十四年，英宗北狩，景皇帝以郕王监国，廷臣伏阙劾王振锦衣卫指挥马顺，叱众令起。竑奋臂捽顺发，啮其肉，百官争捶顺死，由是正气直声震于天下。已而北虏犯顺，升都察院右佥都御史，督军守居庸等关。事平，巡抚淮阳兼总督漕运，官军畏服。久之，升右副都御史。天顺元年，英宗复辟，石亨、张轨论其击顺事，罢为民。四年，复起，仍原职，征平凉等处虏寇。七

① 《明孝宗实录》卷一四，弘治元年五月甲申。

年，复督漕运。八年，宪宗登极，用科道论荐，升兵部尚书。既至，知无不言。时两广出师，上剿贼安民事宜，多见采纳。荐韩雍为都御史，总督军务。雍方补外，众议不协，竑力争曰："此事非雍不可。"后果克成功。荐修撰岳正、给事中张宁清黄，不听，遂移疾。宪宗不许，命医往视，章三上乃许。病痊，复起，不数月而去，寻致仕。后科道累章论荐，竟不起。至是卒，年七十五。赐葬祭如例。

竑刚毅明断，临事勇于必为，未尝择利害为趋舍，故累见沮抑，而人惟恐其不用，然用之，不合即去。其守正不阿，夷险一节，一时论大臣如竑者，盖无几矣。①

孝宗坚持自其祖父英宗、父亲宪宗以来的错误判断，对王竑未给予应有的生荣死哀，不予赐谥。直到正德十年七月乙巳，给事中毛宪奏称尚书王竑、都御史韩雍等人"勋业、节义、文学俱可录，乞赐谥立祠"时，武宗才令有司为王竑等人"予谥"。② 王竑被赐谥为"庄毅"③。直到万历二十九年（1601）十一月，实录还提到了王竑。当时，户部覆巡漕御史张眷志在所条陈的"重久任以专责成"中，提到"景泰二年，命都御史王竑总督漕运，兼巡抚凤阳等处"。以此作为"命总漕都御史务要久任"的例子。④ 这是实录最后一次提到王竑，为王竑去世113年之后。

王竑的仕途与大明帝国正统、景泰、天顺和成化的历史相伴而行，其人甚至是当时一系列重大事件的历史见证者，其个人历史直接构成了明朝国史的部分内容。王竑作为明代中期的一位才干突出的大臣，在土木之变中崭露头角，表现出政治勇气和胆识，在总督漕盐兼巡地方时展现不凡的经济才华，在陕西参赞军务时显露出卓越的军事才能，在兵部尚书任上，整顿军队，升黜将领，平定大藤

---

① 《明孝宗实录》卷二一，弘治元年十二月壬辰。
② 《明武宗实录》卷一二七，正德十年秋七月乙巳。
③ 《明史》卷一七七《王竑传》。
④ 《明神宗实录》卷三六五，万历二十九年十一月丙申。

峡之乱，表现出朝廷军事领导人的大局观和战略才干，但因为举荐的官员被否定，便心生退意，托病辞职，退出了政治舞台，既是他本人的损失，也是大明王朝的损失。为了应对内忧外患的局势，大批有识之士不断执着地提请起复王竑，但都被宪宗和孝宗否决，反映出王竑的真才识和宪孝二帝的狭隘。《明实录》作为明朝的编年国史，以时间为线索，鲜明地记载了王竑在每一个阶段的成就。书中对王竑的肯定和惋惜，反映了宪宗时修纂《英宗实录》、孝宗时参与修纂《宪宗实录》和武宗时与修《孝宗实录》的史臣们对他的正面认识和评价，是对当时士大夫们共识的一种承载和记录。与清修《明史》对王竑的记载仅有 8850 余字相比，明代的国史《明实录》对王竑的历史记载多达 25000 字，信息量之大为《明史》望尘莫及。《明实录》对王竑个人历史的书写既与实录的帝王属性密切相关，又与史官们的偏爱和选择有关。王竑在以记载帝王为主旨的实录中获得较多篇幅的记录，与帝王对他的宠信和厌弃有关；同时也与明朝士大夫和实录修纂者对王竑的认识有关。而这又与王竑个人在景泰、天顺、成化、弘治间的历史功绩密不可分。这说明，历史的书写虽然与书写者的价值取向紧密相关，但也或多或少受制于客观的历史事实。

第四节 《清实录》与清代吏治整饬

《清实录》是清朝官修的以记载皇帝言行和决策为主要内容的权威典籍，包括太祖、太宗、世祖、圣祖、世宗、高宗、仁宗、宣宗、文宗、穆宗、德宗等十一朝实录，是清代后嗣君主治理官吏、整顿吏治的重要依据。清朝皇帝在《清实录》所载经验的激励下，对于整饬吏治一直不遗余力。其整饬吏治工作，包括察吏、任吏、诚吏和黜吏等，而这些在实录的记载中都有可以借鉴和参考的地方。除了在察吏、任吏、试吏和黜吏各个环节参阅实录的经验外，清朝统治者还通过学习《清实录》中前帝对官场不正之风的批评和处治，来整顿当朝官场包括唯上是从、上下相迎、不负责任、懒惰不勤、畏难怕苦、结党营私、贪污腐败和铺张浪费等各种不正之风和积弊。作为史书的《清实录》，之所以在治理吏治中发挥重要的作用，反映了史学与政治的紧密关系，以及史学具有强烈的借鉴功能和很高的致用价值。

对于《清实录》与政治的关系，学者或有涉及，但就其整饬吏治作具体论述而言，迄未寓目，本节试作一述。

一、察诫和任免官吏的指南

《清实录》记载了清帝对察吏、任吏、诫吏和黜吏的意见和措施，对后帝的吏治工作有直接的参考价值。

察吏是任用官吏的前提。清帝将实录所载前帝频繁任免官吏的成例，作为自己考察官吏的依据。清宣宗曾"恭阅皇曾祖《世宗宪皇帝实录》"，见书内载录雍正四年十月圣谕"有谓朕进人太骤、退人太速"，这是因为在藩邸时从不与外廷大臣结识，所以即位后不得不"博采旁求以用之"，当用后发现其人"实不可用"时，则"不得不更易之"。并自称"自督抚提镇，至于道府参游州县，每一缺出，苟不得其人，朕将吏、兵二部月折，翻阅再四。每至中夜不寝，必得其人，方释然于中"。读了皇曾祖的这段圣谕后，宣宗起而仿效，但一些人对此难以理解。给事中张鉴奏称，现在督抚司道等官，升调太骤，各员履任不久，民风土俗无暇周悉，属吏尚未遍识时，旋即更调，莅官任事之日少，在途奔驰之日多。胥吏乘新旧交替之际，玩法舞文；各员家人利用该官调任频繁的机会，饱索礼贿。因此请求每位大员应俟其任事数年后，察看其治效，再行升调。但宣宗却作了辩解："一遇督抚司道缺出，不得不广咨博访，择其可用者而用之。此朕不得已之苦衷。"[1]在察吏时，清帝根据实录所载圣谕，提出要认真甄别捐纳官员的优劣。道光二年，宣宗曾谕内阁："朕恭阅皇考《仁宗睿皇帝实录》，内载嘉庆十六年六月，奉圣谕：'部院捐纳各员，俱系签分学习行走。既云学习，则必有

---

① 中国第一历史档案馆编：《嘉庆道光两朝上谕档》第二十七册，广西师范大学出版社2000年版，第531页；《清宣宗实录》卷四二，道光二年十月癸卯。

优劣之殊，该堂官于行走年满时，自当详加甄别，乃近来各该堂官，于捐纳报满人员，无不保留……不顾登进之滥，不辨贤否之别。'"宣宗对"皇考澄叙官方、随时训饬至意"十分感佩，要求"各部院堂官，于所属学习行走年满司员，无论捐纳正途，务当破除积习，秉公和衷，据实甄别。毋得瞻徇情面，滥行奏留"，否则"惟该堂官是问!"①

任吏，是清朝吏治的重要一环。实录在任吏中起到了一定的参考作用，成为知人善任、任用官吏的重要依据。乾隆四年，吏部奏请行取直隶等省知县二十一员。高宗传旨依议，并特别提道："朕恭阅《皇祖实录》，内载康熙二十九年，吏部以行取知县事，照例请旨。钦奉谕旨：'行取知县，以科道用者甚多，科道职任，关系紧要。着九卿各将平昔所知，学问优长、品行可用者，秉公举奏。'寻据尚书、都御史、侍郎等于部属知县内举出十二人。比时奉旨，彭鹏、邵嗣尧、陆陇其、赵苍璧俱着以科道用。此次考选，至今称为得人。"因此，高宗决定遵照康熙时的做法和标准，选取知县："今届行取之年，各部属州县内，如陆陇其、彭鹏等治行卓越者，谅不乏人。着尚书、都御史、侍郎，遵照康熙二十九年之例，各将平日确知之员，秉公保举，候朕简用。"②在升擢循吏上面，实录也是一种参考的依据。宣宗曾据《清仁宗实录》所载事实，对敢于刚直不阿、属于直书的官员进行升擢。顾莼嘉庆中在史馆撰国史《和珅传》，"及进御，经他人窜改，和珅曾数因事被高宗诘责，并未载入传。仁宗怒其失实，严诏诘问。大臣以莼原稿进，仁宗深是之，而夺窜改者官"。宣宗继位后，顾莼为谪为热河都统的原左都御史松筠上书陈情，称松筠是正人，应该留在左右，触怒了皇帝，被宣宗降为编修，九年不升。"宣宗一日阅《实录》至此事，嘉莼直笔，因言前保留松筠，必非阿私，特擢莼右中允。未一岁，

---

① 中国第一历史档案馆编：《嘉庆道光两朝上谕档》第二十七册，广西师范大学出版社 2000 年版，第 438 页；《清宣宗实录》卷三九，道光二年八月庚戌。

② 《清高宗实录》卷八八，乾隆四年三月戊午。

复侍讲学士原职。"①看来，宣宗是在阅读了《清仁宗实录》后，对顾莼的人品产生了敬重，而后升其职的。

诫吏，是对官吏进行告诫和警告。清帝依父祖《实录》所载相关圣谕，对违法犯禁的皇亲国戚进行整治或警示。康熙四十七年八月辛未，圣祖命侍卫伍什常寿等传谕诸大臣："近日闻诸阿哥常挞辱大臣、侍卫，又每寻衅端，加苦毒于诸王贝勒等。诸阿哥现今俱未受封爵，即受封后，除伊属下人外，凡有罪过亦当奏闻，候朕处分。何得恣意妄行乎！"并指出："且太祖、太宗曾降训旨，戒勿滥行捶楚，荼毒无辜。煌煌《实录》纪载甚明，嗣后诸阿哥如仍不改前辙，许被挞之人面诘其被挞之故，稍有冤抑等情，即赴朕前叩告！"②诫吏之后，仍怙恶不悛，则实行黜吏的措施。乾隆五十七年十月，高宗下令将《清圣祖实录》中所载的一道整饬吏治的谕旨，发给大学士、九卿等阅看。嵇璜等阅读后皆称："我圣祖仁皇帝训励臣工，澄清吏治，用以饬簠簋而整官方，黜陟严明，垂诫深切。今我皇上用人行政，纲纪肃清，凡内外臣僚，咸知畏法，断不敢有贪黩营私，芘护瞻徇之事，犹复时示提撕，务令大法小廉，砥砺被濯，以期无负职业。兹蒙赐阅《实录》所载谕旨，臣等惟有益深警惕，恪矢精白，用副教诲谆谆至意。"③显然，高宗的诫吏措施起到了某种作用。

黜吏，是对冗闲不职和贪污腐败官员的贬斥。道光十一年，宣宗"恭阅康熙五十九年《圣祖仁皇帝实录》"时，发现书内载录吏部等衙门会议各直省督抚，奏请裁减闲冗官共三百三十六员。圣祖传谕："口北道缺不必裁，余依议。"这激发了宣宗查明历代裁撤冗员的兴趣。经查明，雍正年间共裁 250 余员，乾隆年间共裁 330 余员，嘉庆年间共裁 20 余员，道光年间裁汰 2 员。他深受启发，指出"若任令冗员滥竽充数""是多设一官，百姓反多受一官之累"，

---

① 《清史稿》卷三七七《顾莼传》。
② 《圣祖仁皇帝圣训》卷四《圣德》。
③ 中国第一历史档案馆编：《乾隆朝上谕档》第十七册，档案出版社1991年版，第81页。

于是决定"各直省督抚及各河督盐政悉心核议,于所辖文职闲员,如有可裁者,酌量裁汰"。① 清帝还根据实录所载祖宗圣谕,对不能察吏的知府予以撤换。仁宗曾在"恭阅乾隆六年《实录》"时,发现内开钦奉谕旨一道:"知府一官,承上接下,为州县之表率,诚亲民最要之职也⋯⋯知府精明谙练,即庸常之州县,亦存奋励之心;知府阘茸无能,即自爱之州县,亦启玩弛之渐。着该督抚秉公甄别。"仁宗从"皇考爱民察吏、整饬官方之至意"中受到启示,决定"通谕各该督抚,于现任知府内详加考察,认真甄别。如有不胜知府方面之任者⋯⋯或勒令休致,或降补丞倅等官,毋任因循贻误"。② 宣宗皇帝也曾"恭阅《世宗宪皇帝实录》雍正六年谕直省督抚等"官员的一段谕旨:"知府一官,管理通郡,有察吏之责。如知府得之,则察吏以安民,于地方实有裨益。但知府内有仅系循分供职,不能察吏,而又素无过犯,不至于参劾者。此等人员,若令其久任地方,于属员贤否,必不能详察周知,于吏治无益。"读后觉得世宗"圣谟深远,洞见吏治本原,垂训煌煌,允宜遵守",于是要求各直省督抚于所属知府内,详加查察,如有才具中平,虽无过失而实不能有为者,要随时奏闻请旨,不必等到大计之年才进行甄别。③ 这种从本朝实录中直接借鉴罢黜贪腐庸懦官吏的经验的做法,虽然历代都有,但都无如《清实录》之深切而著明。

二、端正惟上是从、相互推诿官场陋习的明镜

《清实录》是整顿惟上是从、讨好上司的不正官风,以及官员

---

① 中国第一历史档案馆编:《嘉庆道光两朝上谕档》第三十六册,广西师范大学出版社 2000 年版,第 523～512 页;《清宣宗实录》卷二〇一,道光十一年十一月庚午。

② 中国第一历史档案馆编:《嘉庆道光两朝上谕档》第五册,广西师范大学出版社 2000 年版,第 398 页;《清仁宗实录》卷七二,嘉庆五年八月壬戌。

③ 中国第一历史档案馆编:《嘉庆道光两朝上谕档》第四十七册,广西师范大学出版社 2000 年版,第 82 页;《清宣宗实录》卷三六九,道光二十二年三月戊午。

不负责任、观望迎合、互相推诿的官场陋习的资治明镜。

清帝在整顿惟上是从、讨好上司的官场风气时，常以《清实录》为参考。

乾隆五十九年十二月，高宗用《清世宗实录》所载先帝训饬臣工不谨的谕旨为依据，对臣工为讨好皇帝而豫先将自己写的上元灯词制成宫灯、泄露自己的随兴之作提出了批评："恭阅雍正年间《实录》内，亦以臣工等不知谨慎，屡加训诫。朕临御以来，于内外臣工，从不存逆亿之见。且办理庶务，大公至正，亦无不可共见共闻者，但以未经写入诗本之御制诗章，遽尔传播外间。由此而推，设遇有机密事件，亦可豫为轻泄。"①高宗还根据《清圣祖实录》所载的谕旨，对唯上是从、讨好上司侍从的行为感到不满："朕恭阅《实录》，内载康熙四十三年谕旨：'前遣侍卫至铁索桥挂扁，彼处督抚馈银六千两，一侍卫而费至此，则凡部院司官笔帖式等差遣往来者，又不知烦费几何……'煌煌圣训，仰见澄叙官方，勤恤民隐，实为无微不烛。"有鉴于此，他决定让督抚"恭录圣祖谕旨"，"并晓谕各属，使皆知触目警心，务期大法小廉共相砥砺"。②

惟上是从，必然导致官场迎送成风。嘉庆五年，仁宗"恭阅《高宗纯皇帝实录》"，发现内载户部右侍郎赵殿最的奏书："州牧县令，出境迎接上司，久经严切申禁。今奉命查勘直隶河东等处河道，所过地方，知府牧令每于数十里外迎送，甚至教官率领生员迎接道左，请一体禁止！"仁宗十分赞同，指出地方官吏"若任意出境迎送上司，不特有旷职守，而贪缘奔竞等弊，即从此起"，并称自己"每于巡跸所经，亦只令地方官于二三十里之内，前来瞻觐。若道途遥远，即不令前来，亦所以重职守"。他还以那彦成奉命往陕

① 中国第一历史档案馆编：《乾隆朝上谕档》第十八册，档案出版社1991年版，第374~375页；《清高宗实录》卷一四六六，乾隆五十九年十二月丁卯。

② 中国第一历史档案馆编：《乾隆朝上谕档》第十二册，档案出版社1991年版，第609~610页；《清高宗实录》卷一二三〇，乾隆五十年五月辛亥。

省时，沿途地方官多有远来接候、曲为逢迎之事为例，斥之为"实属外省恶习"，称"此等积弊，州牧县令视为故常，恬不为怪。不独钦差大员过境，伊等极其承奉，即遇本省上司及邻省督抚司道经过，该员等皆不惮远涉，纷纷迎送"，因此下令"傥遇上司钦差所过地方，其正印各员，非有公事传询，不得轻离职任。至教官为训迪之司，尤不应率领生员，道旁迎送，俱着一体严禁。傥经此次谕禁之后，尚复视为具文，仍蹈从前陋习，一经觉察，或被人纠参，必当严行惩究"。① 清帝不仅要求官吏不得形成上下相迎、劳师动众、虚糜民力之风，而且自己也依据《清实录》所载之祖训，要求迎驾时亦不得劳师动众。嘉庆九年正月二十七日，仁宗"本日恭阅皇考《高宗纯皇帝实录》"，发现"内载乾隆三十一年钦奉谕旨，以跸路所经，不过近畿数百里以内，且为日无多，各该地方佐杂各官，足资料理。即欲调他属协办，亦当有所限制，何须如许多员，往来仆仆。着嗣后此等差务，止许调取四五十员，不得仍前多派，致旷公事"，觉得与自己此前所颁诏谕精神一致，于是申令："銮舆临幸之地，只须除道清尘，该督酌派近属各员，已足资办理。安用远调多员，纷驰道路？着传知该督，嗣后遇有应办差务，自道府以下，以及各厅州县佐杂，核计足敷办差之用而止，毋得仍前多行檄调，以重责守。"②

清帝在整顿官员不负责任、观望迎合、互相推诿的官场陋习时，也将《清实录》当作资治明鉴。

《清圣祖实录》载有康熙帝的一段谕旨："九卿会议时，但一二人发言，众俱唯唯。其汉大臣，则必有涉于己之事，方有所言。其不涉于彼之事，即默无一语，尤可异者，前人画题，后人亦依样画题，不计事之是非，但云自有公论。甚至有画题已毕，始问为何事

---

① 中国第一历史档案馆编：《嘉庆道光两朝上谕档》第五册，广西师范大学出版社 2000 年版，第 36 页；《清仁宗实录》卷五八，嘉庆五年正月庚辰。

② 中国第一历史档案馆编：《嘉庆道光两朝上谕档》第九册，广西师范大学出版社 2000 年版，第 27 页；《清仁宗实录》卷一二五，嘉庆九年正月丁巳。

者。如此，宁不愧举国之清议。"高宗通过"恭阅《皇祖实录》"，发现了这段谕旨，针对"魏廷珍凡事推诿，不肯实心供职，因循懈怠，始终一致，有负简用之恩"的行为，决定"降旨将伊革职"；同时用圣祖的谕旨衡量当时的大臣任兰枝、吴应棻、凌如焕等人，发现他们"徒事模棱，依违两可"的作风，也是圣祖所指斥的"陋习"，因此提出警告："若不知儆惕改悔，或反以为得计，则废弛之渐，又将从此而开，所关匪细。"还说"从来有实心者，斯有实政。既无实心，自无实力，既无实力，安望其有实政？故因处分魏廷珍，特行晓谕，九卿等嗣后务矢悃忱，毋蹈魏廷珍故辙"。① 清仁宗曾"恭阅皇考《高宗纯皇帝实录》"，发现内载乾隆六年十月高宗谕旨曰："近来臣工办事，率狃于观望迎合之陋习，朕于事之应宽者宽一二事，而诸臣遂相率而争趋于宽；朕于事之应严者严一二事，而诸臣遂相率而争趋于严。自外观之，似有君令臣共风行草偃之象，而究竟诸臣之趋承惟谨者，多出于自私自利之念，不识大体，妄为揣度，此乃为功名爵禄得失趋避之计耳！"觉得高宗的教导"深切著明"，于是对当时内外臣工仍蹈此陋习的行为予以谴责，指出诸臣对于一事之宽严，唯揣摹帝意之所向，相率迎合。认为大臣膺朝廷重任，应该心存至公，为国为民，即是非意见，虽与帝见不相符合，但能守官执法，中立不倚，皇帝必能体谅其心。"若揣测朕意，以取容悦，是皆希恩固宠，为身家利禄之计，将匡弼奚赖乎？"因此重申："内外臣工，办理一切公事，宽严轻重，惟当以斟酌情理为去就，不可以揣摩意旨为从违。"② 由于阅读了先考实录，使得仁宗有了整顿官风的依据，显得理直气壮。有些地方大员只守己界，遇事相互推诿。道光二十二年，宣宗皇帝在"恭读《高宗纯皇帝实录》"时，发现内载乾隆五年五月谕旨："膺牧民之任者，均有弭盗之责，原不容有此疆彼界之分。着嗣后凡有邻省连界地方积窝逃盗，访实之后，或径行差捕，或知会密拏，庶盗案易结，盗源

---

① 中国第一历史档案馆编：《乾隆朝上谕档》第一册，档案出版社1991年版，第516页；又《清高宗实录》卷一一○，乾隆五年二月癸未。

② 《清仁宗实录》卷三五○，嘉庆二十三年十一月乙卯。

渐清，而邻境彼此均受其益。"宣宗认为"圣谕煌煌，实为息盗安民之良法"，以此指责"近来各省督抚心存畛域，以致该地方官互相推诿，凶徒得以远扬"，并列举"萧县捻匪纵红，泌阳县捻匪徐应青等"肆行抢劫，江苏、安徽、河南、湖北四省交界之地，皆被骚扰，"若使各该地方官于匪徒犯案之初，即行协力堵拏，何至蔓延若此！"因此决定各直省督抚"除本境盗匪随时严拏惩办外，遇有邻省连界地方盗匪，或径行差捕，或知会密拏，断不准稍分畛域，任意稽延，致匪徒得以兔脱"。如果地方官仍"互相推诿，即着指名严参，从重惩究！"①看来，前朝实录对于本朝治理官僚作风，确有一定的借鉴作用，甚至是法理依据。

三、治庸戒怠和洞察朋党的宝鉴

《清实录》在整顿官吏懒惰不勤、畏难怕苦的恶劣风气，以及洞察官场结党营私、朋党相隐之弊时，成为重要的参考和指南。

清帝在整顿官吏懒惰不勤、畏难怕苦的官场风气时，常以《清实录》为指导。他们根据《实录》所载前帝的圣谕，来整顿官吏安逸懈怠之心。嘉庆十二年五月戊申，仁宗"申训臣工勤政"，起因是"恭读《太宗文皇帝实录》崇德四年八月内"，发现载有太宗圣谕："从来君明则臣劳而民安，君庸则臣逸而民危。朕岂不恤臣工劳苦，但当此天心眷佑之时，正我君臣励精图治之日。尔诸王、贝勒、贝子、大臣等，若不各加勤勉，朕以一身宵衣旰食，亦复何为！"从中受到启发，认识到"设稍萌玩愒，何以慎守丕基？"要求"诸臣等分任效能，亦当共勤职业，岂容怠惰偷安？"提出"年力壮盛之员，固当任事出力，即年齿较增，亦当振其颓惰"，今后内外大小臣工应"以怠荒为戒"。②清朝皇帝受到实录启发后，还要求各

---

① 中国第一历史档案馆编：《嘉庆道光两朝上谕档》第四十七册，广西师范大学出版社 2000 年版，第 456~457 页；《清宣宗实录》卷三八五，道光二十二年十一月癸酉。

② 中国第一历史档案馆编：《嘉庆道光两朝上谕档》第十二册，广西师范大学出版社 2000 年版，第 149~150 页；《清仁宗实录》卷一七九，嘉庆十二年五月戊申。

级官员都要勤政，疆吏应督责州县官员尽心民事。嘉庆六年，仁宗在"恭阅乾隆九年《实录》"时，发现"内载训饬督抚劝课州县实行教养圣谕"道："为督抚者，实心以劝课属吏；为州县者，实心以爱育群黎，勉强力行，毋惮劳勋。"仁宗读后体会到"皇考爱民察吏，整饬官方，圣训煌煌，实为千古致治之本"，遂依据实录所载高宗圣训，断定"教匪滋事"事件（即白莲教大起义）"其初皆由地方官失于教养所致"，因为"邪教起事之初，皆以官逼民反为词，若地方官平日勤求民隐，化导有方，何至激而生变?"他决定"兹特重申皇考圣谕，责成督抚，督饬地方州县，尽心教养，于民生休戚，刻刻相关，以期默化潜移，渐臻上理"①。直到嘉庆二十四年，仁宗再次声称"朕恭阅皇考《高宗纯皇帝实录》"，看见内载乾隆九年五月的督责州县地方官勤于安民养民的圣谕，以及高宗对州县官"不辞劳瘁，亲履田间""询问疾苦，讲求利益，审物土之宜，因间阎之便，利所当兴者举之，害所当除者去之"的劝谕，十分仰慕，决定以实政实绩来考课殿最，"牧令之中，察其尽心教养者，即奖劝而荐举之；玩视民瘼者，即参劾而惩创之，俾中材亦知自奋"②。对于畏难怕苦、拒不赴任的官员，清帝根据前朝实录所载圣谕，予以惩治。乾隆二十四年三月，吏部参奏候选道员方体浴于拣发甘肃时，规避不到，请革职发往差遣。正逢高宗"恭读《圣祖仁皇帝实录》"，发现康熙帝谕议政大臣等道："汉官不能骑马耐劳，设有紧急之事，边塞地方必兼用旗员方有裨益。汉官或自谓清廉，不取不与，节用度日，如解马运粮等事，督抚俱差州县汉官。汉人出口，一二仆从，何济于用?遇劳苦之处，旋亦逃亡，纵令参处何益?彼亦但愿任咎卸事，将所得宦囊，回籍自娱耳。"高宗"仰见圣谟垂示"后，感到"洞烛物情，无微不到"，因此指出："向者金川，及近日甘省，候选人员无不规避者，此不过用备差遣，并非责以军旅

---

① 《清仁宗实录》卷七九，嘉庆六年二月己酉。

② 中国第一历史档案馆编：《嘉庆道光两朝上谕档》第二十四册，广西师范大学出版社 2000 年版，第 69~70 页；《清仁宗实录》卷三五四，嘉庆二十四年五月乙酉。

之效，若使之临阵，将抱头鼠窜乎！可见惟利是图，与国事漠不相关。"于是决定"方体浴系应用监司大员，尤非丞倅微末者可比，着革职发往甘肃，交与该督等差委效力。俟十年无过，再请开复"①。

清帝在洞察和杜绝官场结党营私、朋党相隐之弊时，亦以《清实录》作为法宝。王公结交僧道的行为，遭到禁止。仁宗"恭阅皇考《高宗纯皇帝实录》"时，见内载乾隆三十五年谕旨："宗室公宁升额，所用太监张德谋杀道士康福真，已将张德按律办理，宁升额交宗人府查议，仍着交管理宗人府王公。嗣后王公内倘有与此等不肖之徒往来者，立即参奏，严行治罪！"于是决定效法先帝之所为，对宗室王公等结交朋党加以管理和约束，并提出"僧道星相人等，皆游荡无赖之徒，姑息容留，每受其累，甚为无益。着宗人府再行晓谕宗室王公等，嗣后倘查有容留僧道星相等人者，宗人府即据实参奏"②。

大臣的结党营私行为，也受到严厉制止。乾隆五年四月，高宗召见太常寺卿陶正靖，面询政事阙失，陶奏称此前处分魏廷珍一事不无屈抑。高宗觉得陶正清为魏廷珍称屈，里面定有文章，于是"恭览《圣祖仁皇帝实录》"，始知魏廷珍与礼部尚书任兰枝为同年进士，而陶正靖正是任兰枝的门生。高宗因此断言："陶正靖私心揣合，以师生年谊之故，欲为袒护，竟在朕前妄奏，则比周朋党之渐，此风断不可长。"并要求任兰枝"可将此旨传谕陶正靖，严加申饬"。③ 对于陶正靖以师生年谊之情为魏廷珍鸣屈这件事，高宗一再申斥："从来师生同年，袒护朋比，最为恶习……朕召伊（指陶）进见，面询云：'现在雨泽愆期，朕用人行政之间，或有阙失。召尔独对，尔当直陈无隐。'伊沉思良久，奏云：'并无阙失。惟有处分魏廷珍一事，不无屈抑'……及恭阅皇祖《实录》，纪载癸巳科拔

---

① 中国第一历史档案馆编：《乾隆朝上谕档》第三册，档案出版社1991年版，第302页；《清高宗实录》卷五八二，乾隆二十四年三月辛巳朔。

② 《清仁宗实录》卷一三〇，嘉庆九年六月丙寅。

③ 中国第一历史档案馆编：《乾隆朝上谕档》第一册，档案出版社1991年版，第544~545页；又《清高宗实录》卷一一五，乾隆五年四月丁酉。

取翰林，知魏廷珍、任兰枝、孙嘉淦等皆属同年。朕即疑陶正靖必系伊等之门生。昨日礼部引见，朕问任兰枝，伊果称陶正靖系伊门生……则必陶正靖私心揣合任兰枝之意，互相袒护矣。因此事有关于师生年谊，比周朋党之渐"，于是特令任兰枝将谕旨写出，申饬陶正靖，但任兰枝却"居心诈伪，避重就轻，欲于笔墨之中逞其伎俩"。因此高宗决定将"任兰枝、陶正靖，俱着交部严加议处"①。

清帝在学习实录时，对官吏相互回护和相隐包庇提高了警惕。乾隆二十四年四月十五日，高宗在"恭阅皇祖《实录》"之时，发现圣祖谕九卿等曰："各省文官私派加耗，武官空粮等事……或系师生亲友，或系同年，或因子弟亲戚，在伊省居官，故彼此相隐……嗣后九卿大臣等，凡有关地方事务，及官员贤否，有闻，即缮折具奏。"高宗觉得"圣虑周详，兼听并观，所以为吏治民生计者，至深远也"，由此联想到"内外诸臣中，以师生戚友、党援门户之习，虽已渐就肃清，然以天下之大，百司庶职之众，纵不至有荡检逾闲，出乎情理之外，而或稂莠之未尽除，弊窦之未尽革，岂竟遂无可言者？"于是求九卿大臣"各思奋勉，留心体察，知无不言，言无不尽"，不得相互隐瞒。② 在皇帝看来，《清实录》为其提供了监察官员结党营私的强力工具。

四、惩治官员贪黩、胥吏弄权的依据

《清实录》是清廷整饬官吏贪污腐败和铺张浪费之风，以及治理胥吏弄权行奸的政策依据。

清帝在整饬官吏贪黩腐败和铺张浪费时，常以《清实录》所载先帝的教诲为指针。

根据实录所载奏疏，清帝要求言官敢于直言，对贪黩官吏进行弹劾。嘉庆五年八月，仁宗在"恭阅乾隆六年《实录》"时，发现"内

---

① 中国第一历史档案馆编：《乾隆朝上谕档》第一册，档案出版社 1991年版，第 545~546 页；《清高宗实录》卷一一五，乾隆五年四月戊戌。

② 中国第一历史档案馆编：《乾隆朝上谕档》第三册，档案出版社 1991年版，第 312 页；《清高宗实录》卷五八四，乾隆二十四年四月乙丑。

载左都御史刘统勋条奏二疏"，分别弹劾大学士张廷玉和尚书公讷亲专权和行为不谨。仁宗深受启发，认为"臣工建白，惟当于用人行政诸大端，剀切敷陈，以收兼听并观之效；不在毛举细故，敷衍塞责也。即如和珅从前专擅贪黩各款，若诸大臣及有言责者能早为参奏，皇考必立将和珅惩治"。因此，仁宗下令大臣倪有"专擅营私不公不法等事，即当据实指参，以期肃清朝列"①。仁宗称"朕恭阅《圣祖仁皇帝实录》"时，见内载前明宫内每年用度金花银 90 余万两，光禄寺每年送内廷所用各项钱粮 24 万余两，每年柴炭等项又不下数万两，而清朝康熙年间，宫中用度"较前明宫用尚不及十分之一"，高宗纯皇帝临御六十年"较康熙年间宫用更为减省"，而自己即位以来"一切宫中支用，均照乾隆年间旧例遵行，罔敢稍逾"，由此联想到官吏的铺张和贪黩行为，于是愤而声讨和批判："如广兴前赴东、豫二省审办控案，贪黩款迹种种。旋因逮问伏法，皆由伊不自检束，狎玩优伶，任意花消，势必须婪索多赃，供其挥霍。殊不知一经败露，宪典难宽，脂膏转不能以自润。此纵欲败度者之所以自贻伊戚也！"仁宗指出广兴奉命审案，原本是去详核狱情，访查弊窦的，结果该省地方官却以馈遗贿赂，希图广兴高抬贵手，"此明系属吏长官，扶同一气，稔知广兴素性贪鄙，又喜多言，遂尔指捐养廉，竭力弥缝，饱其欲壑，罔知节省"，"以有定之俸廉，供无穷之縻费，势不能不派累闾阎，多方朘削。迨至劣款发觉，与受俱有应得之罪。揆厥所由。总由诸务不加撙节之故"。因此要求"嗣后内外大小臣工，惟应交相劝勉，俭以养廉，毋蹈浮縻覆辙，以副朕整饬官方至意"②。对于官费亏空和中饱私囊的腐败行为，宣宗十分痛恨，在一份给内阁的谕令中指出："本日朕恭阅皇祖《高宗纯皇帝实录》，内载查办浙省亏空谕旨，仰见

①　中国第一历史档案馆编：《嘉庆道光两朝上谕档》第五册，广西师范大学出版社 2000 年版，第 422~424 页；《清仁宗实录》卷七三，嘉庆五年八月戊寅。
②　中国第一历史档案馆编：《嘉庆道光两朝上谕档》第十四册，广西师范大学出版社 2000 年版，第 34~35 页；《清仁宗实录》卷二〇六，嘉庆十四正月庚辰。

圣谟丕焕，炳若日星。属在臣工，允宜永远遵守。"自己自登基以来发现官吏"真能剔弊厘奸，事事核实者，亦不多见"，并举例说，各州县亏缺仓库一事，本当随时据实分别惩办，才能够以儆奸贪，结果"近来亏空各案，属见叠出，甚至盈千累万，罔知顾忌。其中岂无侵吞官帑，私饱囊橐之人？何以一经查办，辄称因公那移，将就了事？显系该督抚司道等不能破除情面，因而设法弥缝，为劣员卸罪地步"。他感到涓涓不塞，将成江河，日后酿成巨案，谁能负责！便要求督抚大吏，各宜激发天良，以后"遇有亏空之案，总当一秉至公，认真确查其有性近奢华，任意挥霍，甚或私债累累，擅动仓库者，但经查访得实，即行指名严参，按律究办"。如经此次宣谕后，督抚等员倘若仍安于积习，一味因循，只知示好属员，竟置国家仓库钱粮于不顾，"将来别经发觉，朕惟知执法从事，不能幸邀宽典也"①。

清廷在整顿胥吏操纵权力，玩法行奸的官场积习时，也以《清实录》所载先帝谕旨为指导。嘉庆五年，仁宗在"恭阅皇考《高宗纯皇帝实录》"时发现，高宗"以在京各部院之弊，多由于书吏之作奸，司官庸懦者往往为其所愚，而不肖者则不免从中染指，堂官事务繁多，一时难以觉察，以致事件之成否，悉操于书吏"，而"饬令各督抚严行查禁"。仁宗有感于"皇考整饬吏治，惩创奸胥之至意"，因此决定起而效法，予以严惩。他指出："朕上年因内外各衙门，多不免有猾吏蠹书串通弄法之事，明降谕旨，令一体秉公查办。但思部中书吏藉端需索，总以例案为词，外省承办事件，原有例案可稽，何难详细检查，循照办理？若本系合例事件，又何虑部中指驳，焉有内外准驳事权，全凭一二猾吏之手，最为锢习。"要求各部院堂官，督饬司员，每事要亲自查核，严防弊窦；各省督抚，如遇书吏等有仍前勒索的，需随时奏闻，置之于法。这样才能使作奸犯科之徒，知所儆畏。如果经过此次训戒后，内外衙门视为

①　中国第一历史档案馆编：《嘉庆道光两朝上谕档》第四十二册，广西师范大学出版社2000年版，第234~235页；《清宣宗实录》卷二九八，道光十七年六月壬申。

虚文，仍不认真督察，任听胥吏勾结舞弊，一经发觉，惟该堂官和各督抚是问！①《清实录》几乎成为皇帝窥查胥吏作奸犯科的察吏宝典。

五、余论

中国传统社会一直奉行"敬天法祖"的观念，历代皇室和朝廷都遵循这一方针治理天下，调整统治政策。前帝的治国理念和行政措施，对后帝都有直接而深远的影响。显而易见，《清实录》所记载的先帝的"嘉言睿谋"，对于整饬吏治、治理腐败有重要的意义。无论是圣祖、高宗，还是仁宗、宣宗诸帝，都十分重视实录所记载的前帝在察吏、任吏、诫吏和黜吏等方面的经验，仿行前帝在对付唯上是从、上下相迎、不负责任、懒惰不勤、畏难怕苦、结党营私、贪污腐败和铺张浪费等官场恶劣作风时所采取的严格措施。这充分反映了作为当代国史的《清实录》在清朝具有经世致用的功能和强烈的现实意义。

《清实录》所载祖宗圣谕对吏治的整饬，具有案例性和启发性的特点。实录所记先帝治吏的圣谕和经验都是在政治实践中处理具体问题时所生发的，一经载入实录，便成了先帝政治的光辉典范，因此也成了后帝极力仿行的对象。后嗣君主在阅读祖宗实录时，往往是带着现实中的棘手问题开卷的，一旦发现先帝的成功经验，便会受到启迪，如获至宝，不仅大加赞赏，而且立即着手推行。

然而，另一方面，某些刚愎自用的皇帝，仿行实录所载的严厉措施，在整饬吏治时，也摧毁了官员的风节。乾隆七年七月，礼部尚书赵国麟以久病为由请求退休。高宗大为恼怒，指出："赵国麟原系获罪降调之员，朕加恩复用侍郎，彼时伊意以官止亚卿，照常供职，使众人见其无悻悻求去之意而怜之。及至用为尚书，即托病请罢。朕屡次慰留，而伊仍复执奏，至再至三，俨然以礼进义退之

---

① 中国第一历史档案馆编：《嘉庆道光两朝上谕档》第五册，广西师范大学出版社 2000 年版，第 227 页；《清仁宗实录》卷六六，嘉庆五年闰四月辛未。

大臣自处。夫进退大臣之礼，朕岂不知。如遇当以礼待之大臣，而年力衰迈，即卧理中书可也。或优诏加恩，归田颐养，亦无不可，然必其人足以当之。岂所论于赵国麟乎！伊试返而自思，外任巡抚，内任大学士、尚书，何所树立，何所建白？而忽于末路，托名进礼退义，以自表其风节乎？居心不可问矣！进退大臣之柄，操之人主，岂臣下所得用意于其间？"他特别强调自己的这种想法是受世祖皇帝启发的："朕恭览《世祖章皇帝实录》，当时有大臣屡次求退，降旨革职者。此本朝之大经大法。至若前代人臣之陋习，拜疏即行，沽一己勇退之名，而忘君臣上下之义，此岂可为训乎？"因此，他下令"赵国麟着革职，在咸安宫效力行走"①。强调皇权的威严而摧毁大臣的清高风节，是高宗学习《世祖实录》后仿效的极端措施，是实录对整治吏治的负面影响。

在当前政府锐于惩贪治庸的形势下，回顾《清实录》在清代吏治中的正负作用，也有一定的借鉴作用和现实意义。

---

① 《清高宗实录》卷一七〇，乾隆七年七月乙丑。

第五章 《明实录》《清实录》
的地方视野

明、清实录在对国家政务进行记录的同时，对地方事务也十分关注。作为国史的明、清实录涉及和关注了大量的地方史事。本章通过《明实录》对山东登州、江苏盐城，《清实录》对海南地方史事的记录和观察，来探讨实录对地方史事是如何取舍和怎样书写的问题，以此窥探国史视阈中的地方史。

第一节 《明实录》所见登州的对外往来

登州是古代海上丝绸之路的起点之一，明清以来更是重要的对外交通港口。改革开放以后，由于对贸易的发展和海权意识的苏醒，人们开始重视登州在对外交往中的作用和地位，出现了一些相关的研究成果①，但以《明实录》(包括《崇祯长编》《崇祯实录》)文本为依据，探讨登州对外往来的作用及地位的论著，尚未之见。本节就此作一粗浅的探讨。

一、登州历史地理的变迁与地位的上升

明代登州府大致相当于今天的烟台市，府治在今天的蓬莱。登州府的地位在明代相当显要，因为它是明中期御倭的重要前线，晚明防卫辽东的重要基地和海上运输通道，海漕的重要港站，以及通向朝鲜、日本、琉球甚至更遥远的世界的外贸港口和海上通衢。正

---

① 如杨强：《论明清环渤海区域的海洋发展》，《中国社会经济史研究》2004 年第 1 期，等等。

因为这些重要历史事件都发生在登州，因此使登州成为与明代历史转折和中国命运息息相关的事发地和亲历者，从而有了全国性乃至世界性的意义。这些历史大事，都记载于明朝最重要的"国史"《明实录》之中。换言之，正是放眼于"国史"的《明实录》的记载，将登州推上了国家历史的空间舞台，成为明史的重要组成部分。当然，每一个地方的历史都有当地的地方志予以记载，但地方志具有"人人都说家乡好"的特点，难以超越地方立场去看问题，而作为"国史"的《明实录》，则拥有全局的眼光，对影响整个中国历史的事件和地方进行重点着墨和深入记录。本节基于此，通过《明实录》的记载，来观照登州的历史活动和历史地位，特别是对中国和世界的影响。本节将通过《明实录》的记载，集中对明朝时期的登州在对外往来中的历史和影响加以探讨。

登州作为明代新设的一个府，在行政、监察和军事上都设有专门的机构，并不断获得完善。

登州府正式设置的时间在洪武九年，登州（此前建置为州）开始突显其重要地位。据《明太祖实录》卷一〇六，洪武九年五月辛巳，"改登州为府，置蓬莱县。时上以登、莱二州皆濒大海，为高丽、日本往来要道，非建府治、增兵卫，不足以镇之。遂割莱州府文登、招远、莱阳三县，益登州为府，置所属蓬莱县"。看来，登州府设立的原因，是缘于其对外交往的重要性。次年，便拓宽建筑登州城墙。据《明太祖实录》卷一一三载，洪武十年七月，"拓筑登州城，命兵民合力完之"。登州设府后，于宣德间又置佐贰官一员。宣德七年十月，"增置直隶淮安、杨州、山东济南、青州、东昌、兖州、莱州、登州八府佐贰官（通判）各一员，专理赋税。盖以巡抚侍郎曹弘奏山东六府粮草多属京都，旧无粮长，止是委官催督，官少事多，缺人差委，往往税粮亏欠，及淮安、杨州二府亦系冲要，乞俱增设同知或通判一员，专职理办，故增置焉"①。这一佐贰官在嘉靖间被裁撤。《明世宗实录》卷四七三，嘉靖三十八年六月壬寅，"裁革山东莱州、登州府管粮通判各一员，改注于济

---

① 《明宣宗实录》卷九六，宣德七年冬十月甲申。

南、兖州二府，以济、兖地广粮多，从巡按御史段顾言奏也"①。朝廷甚至在登州和莱州一带专门设立了一个相当于省级官员的巡抚。万历二十五年，由大学士沈一贯提议，"请于天津、登莱沿海居中处所，设立一巡抚，率总兵、兵备、参游总辖海道，北接辽东，南接淮安，首尾相应，多调浙、直、闽、广惯战舟师，相度机宜，进剿釜山、闲山及对马岛，救援朝鲜"，神宗答曰："卿言天津、登莱设立巡抚，专管海务，以图战守，具见经国远猷，深合朕意。该部即便议行。"但当时把巡抚设在天津，直到熹宗时，为与后金作战，才在登莱设巡抚。天启元年六月一日"议登莱、天津并设抚镇，山海适中之地特设经略，节制三方以一事权"。六日便"升登州道按察使陶朗先都察院右佥都御史，巡抚登莱等处地方"②，正式设立了登莱巡抚。直到清初，这一相当于省级行政单位的机构仍然存在。至顺治九年始裁撤登莱巡抚③。

登州还成为提刑按察司下属之道，是一个特别的监察区。据《明太祖实录》卷一三六载，洪武十四年三月丙丁亥，"复置各道。提刑按察司并定各道按察分司"，其中"山东为分司四，曰济南支郡，曰济东，曰青莱，曰登州"。二十九年，将各道省并，同时且将名称相应改易，"太子少保兼兵部尚书茹瑺等议改置为四十一道"，其中"山东三道，曰济南道，治济南、东昌、兖州三府，曰海右道，治青州、登州、莱州三府，曰辽海东宁道，治东宁、沈阳中、辽海、铁岭、三万、金州、复州、盖州、海州、义州十卫，及广宁中护卫、广宁左前后四屯卫、定辽左右中前后五卫"④。万历间，登州道防道事由山东提刑按察司副使担任。据《明神宗实录》卷三八八载，万历三十一年九月丁丑，"以山东莱州府知府龙文明为本省副使，管登州道防道事"。嘉靖间，登州成为山东巡察海道的所在地。据《明世宗实录》卷五〇九载，嘉靖四十一年五月丙午，

---

① 《明世宗实录》卷四七三，嘉靖三十八年六月壬寅。
② 《明熹宗实录》卷一一，天启元年六月辛未朔、甲戌、丙子。
③ 《清世祖实录》卷六四，顺治九年四月丁未。
④ 《明太祖实录》卷二四七，洪武二十九年十月甲寅。

"改山东巡察海道驻登州,守巡海右二道驻莱州……仍兼兵备"。
天启间,设登州兵巡道,据载,"海右道参议李邦华改登州兵巡
道"①。至晚清,登州道先是改为登莱青道,后又改为登莱青
胶道。②

登州在明代较早设置了军事机构——卫。据《明太祖实录》卷
一〇二载,洪武八年十一月壬午,"以登州卫知事周斌为户部侍
郎"。当时沿用了元代的登州卫建置。同书卷一〇四载,洪武九年
二月庚子,"调扬州卫军士千人补登州卫"。实际上,直到洪武九
年十二月才正式设置登州卫:"是月置杭州前卫、登州卫。"③次年,
登州卫便开始拓充新城:"登州卫奏充拓新城,请令民筑之。上谕
工部臣曰:凡兴作不违农时,则民得尽力于田亩。今耕种甫毕,正
当耘籽,遽令操版筑之役,得无妨农乎?且筑城本以卫民,若反以
病民,非为政之道也。其令俟农隙为之。"④至正统八年,"山东登
州卫指挥使王昺请修城楼,许之"⑤。景泰二年,登州与宁海、莱
州、鳌山、胶州等卫所城垣墩堡被风雨损坏,总督备倭永康侯徐安
请发丁夫修理,代宗从之。⑥万历间,由于辽东逃民多居登州各
岛,朝廷甚至将辽阳管捕都司的官员,移驻登州。据《明神宗实
录》卷一六载,万历元年八月丁巳,有官员为辽东善后提出了六条
建议,其中一条便是"处逋逃",指出:"辽人窜伏山东海岛,辽之
官司不能统摄,致赋役愈繁,逋逃愈众。宜将辽阳管捕都司一员,
移住登州,专管岛民,以事讥察。"朝廷"俱诏依议行"。为了从后
金手中夺回辽东,天启元年六月四日特设登莱总兵,"铸登莱防海
总兵官关防给沈有容"⑦。登莱总兵驻登州,"以副总兵沈有容升署

① 《明熹宗实录》卷一一,天启元年六月丙子。
② 《清德宗实录》卷五二九,光绪三十年四月己巳。
③ 《明太祖实录》卷一一〇,洪武九年十二月。
④ 《明太祖实录》卷一一二,洪武十年五月乙未。
⑤ 《明英宗实录》卷一〇三,正统八年夏四月壬寅。
⑥ 《明英宗实录》卷二一一《废帝郕戾王附录》第二十九,景泰二年十二
月辛未。
⑦ 《明熹宗实录》卷一一,天启元年六月辛未朔、甲戌、丙子。

都督佥事，充总兵，驻登州"①。此外，登州曾设高级军事机构备倭都司，有人提到过"往时海道及都司同处登州城"②。

此外，登州还设有驿站。据《明宣宗实录》卷一〇八载，宣德九年二月癸酉，有人曾说："淮安东北自金城驿至山东登州府蓬莱驿，凡十九驿。"证明登州府治蓬莱县是设有驿站的。

登州以上的历史变迁，说明了其地位的重要，这种重要性主要表现在它的对外交往和对外关系上面。作为海上重要通道的登州，对东亚各国都有比较方便的往来，与日本、朝鲜和琉球发生着不同情况的交往和不同程度的关系。

二、登州与日本的往来

明代以前，中国人防备的重点在西、北方，但明代以后，本来视为中国后院墙的东、南部的海岸线，竟然也成了海上交通广场，这预示着海洋时代的到来和国际海陆格局的突变。令中国人首先产生这一印象的是日本零散或小股武士"倭寇"的入侵。

明代隆万间的山东巡抚洪朝选面对日本入侵东部沿海，敏锐地发现世界文明水陆格局的转型时代已经来临："史牒所载古将帅……大抵所当之敌皆在瀛海内：或与强国为邻，或夷狄盗边，蛮峒溪瑶跳梁，或大盗窃发，虽渡漠塞，亘万余里，茂林深箐，恶溪毒水，飞栈绝阁，人迹所难至，然皆有斥堠瓯脱，传烽举火，间谍往来，相伺为兵，曾未闻有茫茫大海之外，焱至电来，其人如猿猴猩猱，一旦焚舟登陆，则千里为墟，如今之倭夷者也。"③诚如洪氏所观察的那样，日本倭寇之祸一直困扰着晚明，至清随着日本明治维新的成功和军国主义的盛兴，这种困扰日甚一日。而登州首当其冲，更是直接受到冲击。

登州遇到的倭寇之患从明初便开始了，因此登州成为最早的抗

① 《明熹宗实录》卷一〇，天启元年五月乙卯。
② 《明穆宗实录》卷六一，隆庆五年九月丙寅。
③ 《洪芳洲先生摘稿》卷二《赠魏指挥序》，《洪芳洲公文集》，台湾洪福增 1989 年重印，第 30 页。

倭前线之一。据《明太祖实录》卷一六六载，洪武十七年十月丁卯，朱元璋命将士运粮往辽东时，曾晓谕道："海道险远，岛夷出没无常。尔等所部将校，毋离部伍，务令整肃以备之。舟回登州，就彼巡捕倭寇，因以立功可也。"可见，当时的登州就有倭寇出没。同书卷二五六载，洪武三十一年二月乙酉，"倭夷寇山东宁海州，由白沙海口登岸，劫掠居人，杀镇抚卢智。宁海卫指挥陶鏵及其弟铖出兵击之，斩首三十余级。贼败去，铖为流矢所中，伤其右臂。先是，倭夷尝入寇，百户何福战死，事闻，上命登、莱二卫发兵追捕。至是，铎等击败之。诏赐钞帛，恤福家"。永乐十四年，倭寇问题仍然存在，当时"登州卫奏有贼舡三十三艘，泊靖海卫杨村岛"，因此成祖"敕捕倭总兵官都督同知蔡福等"，让他们与山东都指挥卫青等"合兵殄灭"。① 这些贼舡应该是倭寇船只。宣德元年，倭寇仍然出没于登州沿海。当时山东都指挥使卫青"备倭登州，坐不法逮系都察院于狱"。宣宗"念其旧劳，且虑倭寇为海滨患，故释之"，俾复职。② 为了备倭，明朝在山东沿海设立了十个卫以及五个千户所，而训练之所便在登州。据《明宣宗实录》卷九九载，宣德八年二月甲辰，登州卫指挥佥事戚圭奏言："初山东缘海设十卫五千户所以备倭寇。其马步军专治城池、器械，水军专治海运，后调赴京操备。营造军士已少，而都指挥卫青复聚各卫马步水军于登州一处操备，遇夏分调以守文登、即墨诸处，及秋复聚。"他认为这样做有一定的风险："若倭寇登岸，守备空虚，无以御敌。且倭船肆掠，无分冬夏，仓卒登岸，而官军聚于一处，急难策应。"因此，"请以原设捕倭马步水军各归卫所，如旧守备，且习海运。遇有警急，互相应援，则刍粮免于虚费，军民两便"。宣宗遂"命山东三司及巡按御史计议以闻"。于是，巡按山东监察御史及都司、布政司、按察司回奏道："比者登州卫指挥戚圭言，山东之地缘海，洪武中置十卫五所分守其地，今都指挥卫青以诸卫所官军三千八百人俱于登州备倭，而倭寇往来之地城寨空虚，乞调还各守其

---

① 《明太宗实录》卷一七七，永乐十四年六月甲申。
② 《明宣宗实录》卷一三，宣德元年春正月乙卯。

地。诏臣等计议，宜如圭言为便。"但都指挥卫青提出不同意见："昔奉太宗皇帝制谕令统领备倭，不得分散势力。今其所议有乖前旨。"不久山东都指挥同知王真等奏："青原领捕倭马步官军通三千八百四十余人，除登州诸处往来操备外，每岁至夏分成即墨等三处，令议官军宜令常于其地操备，更不聚于登州。如有警急，互相应援。仍令青总督其事，所用粮草，皆于旁近州县应纳官者给之，庶势力不分，军民两便。"宣宗从之。①

明英宗时，登州仍然面临着备倭问题。据《明英宗实录》卷一〇一载，正统八年二月癸巳，巡按山东监察御史郑观奏："登州营备倭官军八百六十名，俱青州等卫拨来，而登州官军却拨一百余名南去即墨营备倭，此盖总兵官李福贪贿作弊。乞将登州卫官军存留本卫备倭，将青州等卫官军退还。其沿海附近卫所官军拨与文登、即墨二营带领，家小随住备倭，不许更动，以为久计。"事下山东布、按二司，会巡按御史覆实后奏言："登州、文登、即墨三营官军三千九百二人，宜令各带家小随营，住坐月粮，登州营就本府仓，文登、即墨营就文登、即墨县仓，全关米一石，行粮俱住支，计算一年积出行粮二万八千余石，不特粮储省费，亦且军不被害，奸弊可除。李福贪取灵山卫银三十两、大布一百匹，已为按察副使钟禄所劾奏。臣等以山东沿海地方南北二千余里，总兵镇守备倭诚为重任。今李福贪贿作弊，隳废军政，傥遇警急误事非小。"英宗决定："兑换官军，兵部准行。李福役占军人，速令改正。其受灵山卫赃物，都察院究实以闻。"弘治间，备倭仍然是一件大事。曾有"以王宁登州备倭"的任命。② 世宗时，曾"命登州备倭都指挥金事杨鼎掌山东都司军政"③。

万历中期，明朝为援助朝鲜与日本发生了"壬辰之战"，登州成为明朝援朝坚强的后盾。当时丰臣秀吉结束日本百余年的分裂战乱局面，统一了日本，准备先灭朝鲜，然后"直入大明国，易吾朝

---

① 《明宣宗实录》卷一〇六，宣德八年九月丙午。
② 《明孝宗实录》卷二〇七，弘治十七年正月癸未。
③ 《明世宗实录》卷三六，嘉靖三年二月丙申朔。

之风俗于四百余州"。万历二十年（1592），丰臣秀吉统率33万大军，从釜山登陆，大举侵朝，20日内占领了从釜山到汉城的大片朝鲜领土，继续北进。占领汉城（王京）后，又攻占平壤，并开始制订进攻明朝的军事计划，任命了占领中国的各级官员名单。朝鲜国王李昖紧急求援，明朝政府决定援朝抗倭，以宋应昌为经略，李如松为东征提督，收复平壤和王京。丰臣秀吉死后，明朝在朝鲜南海面与日军决战，几乎全歼日军。在这七年的援朝抗倭战争中，登州一直是明朝可靠的后方基地和运输港口。

在战争发生前夕，明朝特地在登州和莱州设立了统一的备倭机构，并铸官印。据《明神宗实录》卷二四二载，万历十九年十一月壬申，"铸给登莱等处备倭关防"。战争期间，登州的地位受到进一步的重视。兵科署科事徐成楚奏称："倭之为中国患久矣，顾今之倭非昔之倭，则今之备亦不当仅同于昔日之备。"先年倭寇之患多发生在东南，倭寇的欲望不过是子女玉帛，现在他们放弃东南不犯，直趋西北，是舍肢体而攻腹心，其志向可怕；以前的倭患虽然棘手，来犯的一般不过数千人，今动辄以十数万计，其人数可畏。侵略朝鲜时，"王京之陷，势如破竹"。今天丰臣秀吉"自将封豕长蛇，洊窥上国，恫疑虚喝，先声震动"，其气足可畏。朝鲜是天朝之属国，辽左之藩篱也，如果我不援助，则必为日本所灭，援之，则我代朝鲜挡兵而先受其祸。在此背景下，登州的地位十分突出和显要："登莱系山东门户，天津亦神京肘腋，扬帆飞楫，可以倏至，其重俱不在辽左下。"①工部都水司郎中岳元声甚至认为登莱地位在当时的情形下犹如咽喉。他指出："有如倭奴长驱朝鲜，朝鲜自度不支，旦暮称降，则藩篱危。有如倭奴逞兵鸭绿，宽伺辽左，攻我无备，则屏翰危。有如倭奴席指直沽，飘泊天津，震动畿辅，则肘腋危。有如倭奴东寇登莱，厄塞要害，伺我粮道，则咽喉危。有如倭奴鸟举城下，所向螫毒，束手失策，则社稷危。"在此背景下，神宗决定继续援朝抗倭，同时本土也要加强防守，"其天津、

---

① 《明神宗实录》卷二九六，万历二十四年四月己未。

登莱、浙直、闽广等处，通行各该督抚将吏，一体严饬守御"①。

万历二十五年，大学士张位、沈一贯奏陈经理朝鲜事宜时指出，应该派军于开城、平壤二处开府立镇，实行屯田，西接鸭绿、旅顺，东援王京、乌岭，采用步步为营、"日逼月削"的方法，"倭可立尽"，如果既定此策，"即当通登莱入辽之海路，从此转饷以资军兴，渡军以讲水战，使往来之人，不疲于陆。且令二镇联络，可以相援，又可以通朝鲜之黄城、岛�、釜山，而窥对马。此为长策，当急行者也。言者欲转浙直舟师从海入辽，北海风高，少山屿，无栖泊所，不若从内地至登莱，驾登莱之舟以入辽，此安稳之计"。但"朝鲜虞中国吞并"不赞同在朝鲜屯田，"议遂寝"。②

尽管如此，登州的重要地位，却得到充分的重视，从登州一带运粮到朝鲜前线的计划得以执行。据《明神宗实录》卷三一〇载，万历二十五年五月乙巳，户部建言："辽东所积米豆及朝鲜见报粮数，止二十余万石，恐经用不足。请行山东发公帑三万金，委官买籴，运至登莱海口，令淮舡运至旅顺，辽舡运至朝鲜，又偕临、德二仓米各二万石，运至登莱转运。"神宗下旨："事关军机，不许延误！"六月，南京吏科给事中祝世禄鉴于"倭舡鳞集海上，假和怀战"，"请复登莱防御旧制，捣釜山，牧猎巢穴"③，虽未获神宗批准，但从登州和莱州出发，以舟师直捣日本在朝鲜的大本营釜山，却是一个筹谋已久的计划。九月，大学士赵志皋疏言，日本不能北犯中国的原因，在于朝鲜全、庆二道为中国屏障，如此二道亡，朝鲜必亡，朝鲜一亡，则日本不从陆路犯辽，必从汉江、鸭绿诸江分兵四出，中国的东南沿海，"皆有切近之忧"，因此建议在"天津、登莱莫若添设备倭抚臣一员，南防中原，北壮神京，东障海岛，此内防之最不可缺者"。朝廷允行。与此同时，大学士张位陈防御事宜，其中之一便是"固门户"："天津、登莱、淮扬、南京、浙江、福建、广东，皆当预防，而前三门户在北，势近宜抽在南四处之兵

① 《明神宗实录》卷二九七，万历二十四年五月甲戌、丙子。
② 《明神宗实录》卷三〇七，万历二十五年二月乙亥。
③ 《明神宗实录》卷三一一，万历二十五年六月庚午。

前来应援。天津特设巡抚、总兵，专治海上事务。续调水兵，俱属管领，与旅顺、登莱、淮扬声势联络，以振军威。"另一位大学士沈一贯也疏陈战守事宜，指出有人认为"为天津、登莱计者，但曰催督保定、山东巡抚移驻防守"，而他自己"以为事权宜一不宜分，津、莱同是一海，不得分而为两；兵气宜扬不宜抑，战守本是一事，亦不得分而为两。今为救朝鲜，至于万里征发，顾不讲舟师水战于津、莱之间，仅令两巡抚移驻防守而已，则是舍近而图远，舍巧而图拙，舍易而图难，舍其长技而图其短策，非计也"。他以自己"生长海上，颇知倭情"的经历，指出"倭长于陆，吾长于水"，"从海道戍朝鲜则近而巧，从陆道朝鲜则远而拙"，认为"使两巡抚分为之，不如使一巡抚专其事"，因此建议"请于天津、登莱沿海居中处所，设立一巡抚，率总兵、兵备、参游总辖海道，北接辽东，南接淮安，首尾相应，多调浙、直、闽、广惯战舟师，相度机宜，进剿釜山、间山及对马岛，救援朝鲜"。他还特别指出，"天津，畿辅门户；登莱，中土藩篱，重兵厚防以战为守，其守益固"，"浙、直、闽、广之舟泛泛而来，无所栖泊，令其望天津、登莱以为归，舡有所系而安，饷有所出而饱，进止有所禀承节制而肃"。受到了神宗的高度赞扬。① 是年六月辛丑，直隶巡按毕三才也指出"关白狂逞，登莱、天津皆我门户"②。在此共识下，朝廷便"命周于德充提督天津、登莱、旅顺等处防海御倭总兵官"③。十月，兵部覆御史何尔健条议，称："倭奴必不敢越朝鲜而趋内地，宜于旅顺、登莱堵截外洋，以固津门。"如其议行。④ 二十六年正月，经略备倭兵部尚书邢玠题称，日本窃据朝鲜南海，本欲发兵进剿，但怕日本"以舟师抄入内地以攻吾所必救"，因此建议"山东总兵李成勋亦宜统率舟师出汛于长山岛，以守登莱之门户，备旅顺之应援，而并壮朝鲜之声势，保定总兵暂领所部移驻大津，以固内

---

① 《明神宗实录》卷三一四，万历二十五年九月壬辰。
② 《明神宗实录》卷三一四，万历二十五年九月辛丑。
③ 《明神宗实录》卷三一四，万历二十五年九月戊申。
④ 《明神宗实录》卷三一五，万历二十五年十月辛酉。

地，且为旅顺、登莱声援，分布防守"。①

万历二十七年，援朝抗倭战争取得胜利，登州也随之获得安歇，战争期间扩充起来的军队也随之裁撤。据《明神宗实录》卷三八二载，万历三十一年三月丁卯，"先是山东闻倭警，当事张皇，多招徕饷至四十五万"，"二十七年销兵，饷稍减，尚费二十六万九千余两"，于是朝廷准备精兵节费，"裁登州水兵营游击防汛"等官。

不过，在此后很长一段时间内，明朝对日本的防御都不敢松懈，而登州的战略地位，也一如既往地受到关注。万历三十四年，山东巡按温如璋上奏，指出人们误以为防御日本，只要守住旅顺就行了，其实"倭处东海中，四面皆水，待舟而行"，"如南风多，则寇朝鲜、辽东，北风多，则寇福建、广东，东南风多，则寇登莱，正东风多，则寇淮扬、苏松、浙江"，因此他认为"设舟以防之海上，是为得策"。至于北海（今渤海），"北为辽阳，南为登、莱、青、齐，自登州径渡至旅顺口九百里中，岛屿棋布，海道迂折，风一不顺，不飘抵南岸，则飘抵北岸，不则碎于礁石"，因此日本若想"扬帆直达堂奥，必不其然"，因此认为"旅顺设防属不急之务"。② 崇祯年间，后金崛起，但备倭仍是重要任务之一。崇祯元年四月甲午，喻安性"起升兵部尚书，兼都察院右副都御史总督蓟辽等处军务，兼理粮饷，经略御倭"③。

三、登州与朝鲜的往来

登州是明朝通往其属国朝鲜的重要通道，因此在明代与朝鲜的密切交往中，具有重要的地位和战略价值。

登州及其附属岛屿，与朝鲜毗邻，因此成为往来朝鲜的要冲，受到明朝政府的重视。据《明太宗实录》卷九六，永乐七年九月辛卯，山东都指挥使司奏："登州卫沙门岛乃朝鲜、辽东往来冲要之

① 《明神宗实录》卷三一八，万历二十六年正月乙未。
② 《明神宗实录》卷四二七，万历三十四年十一月壬午。
③ 《崇祯长编》卷八，崇祯元年夏四月甲午。

处。守备仅七百余人，寇至难以防御。请益兵。"命以五百人益之。由于地理相邻，登州的海船时有漂至朝鲜者，朝鲜国王多将原船及物送还。明天顺三年二月，"山东登州卫海船有遭风飘涉朝鲜国境者，其船已坏，所载赏赐辽东官军布花等物，赖国人捞救，得十之七。国王李瑈差人运送鸭绿江，仍给各旗军衣粮遣回。具以闻。上嘉王敬事朝廷之意，特赐敕奖谕之"①。同样，朝鲜船只也时常漂至登州，沉于海中，中国则送给舟楫和资金送还，朝鲜国王遣使表示感谢。据《明孝宗实录》卷一八载，弘治元年九月癸亥，"朝鲜国王李娎遣陪臣成俔等奉表并方物谢恩。赐宴并衣服彩缎等物有差。先是，朝鲜人有覆舟于登莱者，所司以闻。命具舟楫资送还本国。至是，其国王乃遣使入谢"。

登州在晚明时一度成为明朝与朝鲜往来的重要通道，明朝使者前往朝鲜，朝鲜使者前来明朝，都从登州出入。登州因此成为明、朝使臣往来的必要之路。

登州成为明朝使者赍诏前往朝鲜的出发地。天启三年，朝鲜权国事李倧以李珲通奴为名，攘夺其位，请命天朝，愿出力以报效，因此兵部建议"合降敕谕一道，发登莱抚臣，差官捧赏至朝鲜，先命李倧权管国事，如中国郡王管理亲藩事例，令发兵数万同毛文龙列营栅于附近海岛中，不时出疑兵奇兵以扰奴"②。但朝鲜李倧方面急于正名，请求明朝正式册封他为朝鲜国王。礼部尚书林尧俞等人认为大敌当前，应该尽快册封以共同抗拒后金，"臣部前议会同兵部移咨登抚，并札毛（文龙）师，遣官往勘，务取该国臣民公本回奏者，以觇人情之向背，定李倧之顺逆，今咨已数月矣，虽冰胶风梗，勘报逾期，然闻十月内，登莱抚臣揭送彼国公结十二通，十一月内毛帅呈送彼国公十二通，自宗室以至八道臣民合词一口，皆称珲为悖逆，倧为恭顺，人情如此，固不待勘报至而已了然矣"。他们请求皇上"先颁敕谕一道，登莱抚臣差官同陪臣至彼，锡以朝鲜国王名号，统领国事，仍着令发兵索赋"，同毛文龙一起抵御后

---

① 《明英宗实录》卷三〇〇，天顺三年二月庚午。
② 《明熹宗实录》卷四一，天启三年十一月丙子。

金。熹宗下旨："李倧既系该国臣民公同保结，伦叙相应，又翼戴恭顺，输助兵饷，准封朝鲜国王，先与敕谕，着登莱巡抚官差官同陪臣赍赐其册，使候事宁，查照旧例行。"①可见，当时诏发朝鲜，都是由登莱巡抚差官前往的。有时候，登州也成为明朝使者回到中国的重要登陆口岸。据《明熹宗实录》卷一一一载，天启元年六月丙子，"翰林院编修刘鸿训、礼科都给事中杨道寅赍诏往朝鲜，归途阻绝，航海至登州。朝鲜以闻"。这件事，杨道寅后来作过解释："臣随正使刘鸿训使朝鲜，仲春往，孟夏十二日抵王京。国王李珲率群臣郊迎惟恪。臣等入国宣谕颁赐，一时东人快睹汉官威仪，第闻辽陷，归途梗塞，不得已与国王商由航海。且由此暂通贡道，以无失外藩恭顺之节。国王遂具舟楫，缮兵卫，俾由安州登舟，并遣陈慰、陈谢二起陪臣，附行至海口遇风，臣与陪臣舟没者九只，正使则越泊铁山，舟覆几溺。至旅顺方得易舟，因退泊平岛以俟风霁。今幸至登州，乞宽限复命。"许之。②

与此同时，登州也成为朝鲜朝贡明朝的重要登陆港口。朝鲜以前的贡使都从辽东经山海关入京，但因辽东战事吃紧，后陷于后金，因此规定朝鲜使臣可以航海从登州登陆，再入京朝贡。对此，登莱巡抚李嵩提议要"防贡夷"，指出，"朝鲜虽我属国，世怀忠顺，而与倭为邻，傥贡使之来有奸人杂之，何能辨其真伪？"因此朝廷决定"谨其出入"。③ 直到崇祯元年，登莱巡抚孙国祯仍要求"议改朝鲜贡道"，指出，"尝稽成化时，朝鲜屡被建人邀劫，因请改贡道由鸭绿江抵前屯入山海。朝议将可之，识者谓朝鲜贡道自鸦鹘关，出辽阳，经广宁，过前屯而入山海，迂回三四大镇，盖有深意存焉。若从鸭绿竟抵前屯，路径直捷，恐贻他日之忧，竟寝其议。今辽左沦没，贡使自铁山开洋直抵登州，顺风不过三日程耳，较鸭绿抵前屯更为近便。前屯至京必由山海，犹有雄关铁垒、当关莫开之势，今由登入都，平原易地，防守在在疏虞，此甚不足以弹

---

① 《明熹宗实录》卷四二，天启三年十二月癸巳。
② 《明熹宗实录》卷一二，天启元年七月庚戌。
③ 《明熹宗实录》卷七九，天启六年十二月己亥朔。

压外国,令其且畏且怀也。计惟有速改贡道,由旅顺越双岛逾南北汛口,直走觉华入芝麻湾,扣关而入,不失祖宗防微杜渐之意"。皇帝"下所司确议具覆",但未获通过。① 崇祯三年十月乙丑,巡抚登莱右佥都御史孙元化仍坚持"请改朝鲜由登州"入贡的路线。礼部议,暂从觉华岛入。兵部"以贡道改陆从海,已七年矣,忽改觉华岛非便"。皇帝从之。② 看来,登州作为朝鲜入贡的登陆口岸的地位,仍然没有受到动摇。

登州也成为驻朝明军传送情报的重要通道和信息中转站。当时占据朝鲜皮岛(今椵岛)的明平辽总兵官左都督毛文龙汇报情况,就是由登莱巡抚上报朝廷的。③

万历中日"壬辰之战",登州成为援朝抗倭的重要基地之一,声息相通,生死攸关。正如有人所指出的那样"倭犯朝鲜,登莱一带议增兵将"④。同时还有不少的登州军队调往朝鲜前线。据《明神宗实录》卷三三三载,万历二十七年四月乙丑,总兵李承勋上言:"登州原募南兵业已练成节制,乞计带往朝鲜,以充标卒。仍条陈数事,给月粮以抵安家,借沙船以便渡海,撤疲戍以补缺额,捐口粮以市锐器。"部覆后神宗许之。可见登州在援朝抗倭战争中,作出了牺牲和贡献。关于这一点,前面"登州与日本的往来"已作详述,兹不赘。

登州在明朝与后金的战争中,与朝鲜发生了密切的联系。在应对后金过程中,明朝与朝鲜形成了战略同盟,这使得地当冲要的登州成为明朝与朝鲜联系的纽带和桥梁。由于地理形势的优势,登州与朝鲜构成夹击后金的一把钳子。当辽东战事不利时,辽东军民又分别逃往朝鲜和登州。

天启元年,山东登州海防道按察使陶朗先"守登时,尝建议登、辽当相联络,欲令登州总兵于春秋二汛,会同辽东总兵合操于

① 《崇祯长编》卷八,崇祯元年四月丙午。
② 《崇祯实录》卷三,崇祯三年十月乙丑。
③ 《明熹宗实录》卷五五,天启五年正月丁丑。
④ 《明神宗实录》卷五八七,万历四十七年十月己巳。

旅顺皇城之间。使登兵、辽兵技相习，貌相识，心相和，缓急可互相策应。迨辽事方殷，朗先调监登莱，复建议应设水兵三万日习水战，并听辽东调援，以五千人驻朝鲜境上，与朝鲜合兵夹鸭绿江而阵，以绝奴（指后金）连和朝鲜之谋。再以万人分布于镇江、宽奠、瑷阳、海盖一带，可陆可水，且战且防，使奴尝怀内顾后户之忧，不得悉力以与我争北关、窥开铁，而余下一万五千以守登海，或轮班而援辽左，与四卫相为犄角"。他的建议当时未被采纳。接着便发生了辽阳被占，河东断绝的事件，大量不愿被后金统治的辽民奋起反抗，"各聚众以待大兵"。但当时"登镇以舟师单弱，不能救"。于是辽民逃入朝鲜的有二万余人。"朝鲜各给粮安插，遣使相闻。"熹宗"诏谕朝鲜，褒其忠义，勉以同仇"。在逃往朝鲜的同时，也有大量的辽东官民渡海逃往登州、天津等地，"其逃难朝鲜余众，暂行彼处安插，事平招还。其朝鲜国王仍俟灭奴之后，另行请敕加赉。至于蹈海寄登者，接渡非难，安插难，而稽查奸宄尤难。除周义水兵原系东省援辽兵数，应归旧伍，其川兵、毛兵归天津、登莱者，如果壮健，登抚即留充营伍，以省召募。领兵之官，亦准登、津留用。……期于登人不惊，辽人得所"。熹宗批示"俱依议"。①

当是之时，登州成为明朝驻朝鲜军队乃至朝鲜军队的后援和后盾的作用便凸显出来。经略熊廷弼曾上疏指出："三方建置，须联合朝鲜，宜得一智略臣前往该国，督发江上之师，就令权驻义州，招募逃附，则我兵与丽兵声势相倚，与登莱音息时通，斯于援助有济。"他推荐南路监军梁之垣到镇江（今丹东）携带诏书，"悯恤辽东官军士民之逃鲜者，招集团练，以成一旅，与丽兵合势，又亟发银六万两，半犒朝鲜之师，半恤我逃难之众"。梁之垣受任后，提出派出登莱军队渡海前往协助。经查，"登抚陶朗先议以登兵二千五百界宽奠，参将王绍勋，监军胡嘉栋揭称绍勋系李永芳姻戚，不可信。如未行，则登即以此兵付之垣，如已行，则登抚另拨一千付之，俾渡海与绍勋合兵"。梁之垣将"先往登州整顿舟楫，其慰劳

---

① 《明熹宗实录》卷一〇，天启元年五月癸丑。

朝鲜君臣及悯恤辽东官军诏书，即与颁发"①。熹宗批准了他的提议。明朝将臣看中了登州在明朝联朝抗金中作为运兵至朝的重要港口的地位。天启三年，督理辽饷户部左侍郎毕自严看中了它的交通优势，"议改朝鲜运道于登莱"，要求将运往朝鲜的粮料也改从登州发运。他指出："朝鲜海运，必论道理之远近，核地势之险夷，较脚价之省费，计粮料之贵贱，察事理之难易，而后可从事。今以天津与登州相提而论，朝鲜运务必由津海抵登而后入鲜，在登较近一千五百里，是远近不敌也。由津抵登，中多礁石及铁板，以触舟立碎。即如今秋运甫至，沾化即损船十余只，粮料千石。若由登运，此祸可免，是险夷不敌也。由津入鲜，以登州为半途，天津登运，每石脚价匹钱，若改登州，便可减半给发，是省费不敌也。津门逼近京师，仰给截漕，其余粮料价颇腾翔，登莱米豆皆无措处，小民习用市斗，每斗视津斛斗两倍而赢，是贵贱不敌也。登州陆续发运，一年可二三次，津门路遥，以极西抵极东，岁仅一次，是难易又不敌也。良策登运之说，无烦再计。"但是登莱巡抚袁可立上疏争辩，指出："登莱昔为腹地，自南卫尽失，遂与奴邻，当事虑奴南犯，设抚臣，改镇将，盖慎固封守，遥张犄角，以资恢复之应兵耳。是登之所重，尤在兵，非若津之所事专在饷也。今当春和冰泮，方在鸠舟，饬将期于二月内出海，相机进止，而登之船只，尽为淮兵借用，一旦再加以运事，渡兵则不能运饷，运饷则不能渡兵。如封疆之计何？"经议，"遂不果行"。②

随着形势的发展，登州终于成为驻朝明军和朝鲜军队抵抗后金的重要后援基地，特别是成为驻守朝鲜皮岛的明将毛文龙部的重要供给线。关于登州与皮岛和其他朝鲜重镇的地理位置，光禄寺署丞郭自维曾有亲身经历，他描述道："臣奉差东驰抵登州，至庙岛、开洋，历石城岛、鹿岛，则游击林茂春所屯地也。又进二百里，则为朝鲜皮岛，乃毛文龙屯驻之所也。臣留岛中凡二十余日，见四面海围，耕牧无地，每每艰于粒食。东渡三十里为铁山，属朝鲜废

① 《明熹宗实录》卷一三，天启元年八月庚午朔。
② 《明熹宗实录》卷三〇，天启三年正月戊申。

地，密迩镇江，山势巍峨，土饶野沃。帅臣辟田，设幕安置辽民，与皮岛相为犄角。闻各岛所入，岁可得十五万石，其各营马步军所报十万有奇。臣虽未悉其数，然见其擐甲荷戈约二十余里，一时军容之盛，诚足树威望。所可惜者，器械未备，甲胄未全。归附辽民，扶老携幼，啼号惨楚，尤不堪闻，则粮饷亦未尽足也。"①这一报告，成为朝政府接济驻朝明军和辽东流民的决策依据之一。天启七年，占据朝鲜皮岛以抵御后金的明将毛文龙奏称："丽官丽人招奴害职，职坚守不拔，所伤不满千人。奴恨丽人，杀死丽兵六万，烧粮米百万余石，移兵攻丽。"熹宗决定将登州一带的仓粮和银两、火药，从登州运往皮岛毛文龙部和朝鲜军队。他下旨道："奴兵东袭，毛帅锐气未伤，朕心深慰。丽人导奴入境，固自作孽，然属国不支，折而入奴，则奴势益张，亦非吾利。还速传谕毛帅，相机应援，勿怀宿嫌，致误大计。饥军需饷甚急，着登抚那借青、登、莱三府仓储，乘风刻日开帆接济，其动支赃银以励戎士，速发火药以壮军声，委系目前急着，俱上紧传与登抚如议行。"②辽东兵败后金，大量辽东军民散居朝鲜附近的海岛，朝廷决定从天津和登州运粮至彼救援，以为牵制后金之力量。天启七年，登莱巡抚李嵩请额外量加粮食，运往朝鲜，户部提议"合于登府就近地方岁买十万之外，再加买二万石"。李嵩还提出，以前是先运天津的粮食往朝鲜，然后再运登粮，时机不好，风险很大："原以津粮为头运，俟抵鲜回空，然后再运登粮，故登运必值秋高风劲，不免漂没。"因此请求"改运期于次年春和浪静之际"，获得批准。③ 当后金攻朝鲜甚急时，朝廷决定调登莱精兵前往救援。据《明熹宗实录》卷八二载，天启七年三月戊子，兵部尚书冯嘉会疏言："逆奴攻鲜，毛帅疾呼请援，岂容掷为孤注？除捣巢之师，听宁抚调度，今宜于南海口觉华岛精选水兵三千，令一健将统之，多载粮饷器械，先发直就毛帅，合兵一处，仍听相机进止。再发天津水兵续为后援，登莱兵

---

① 《明熹宗实录》卷五九，天启五年五月辛未。
② 《明熹宗实录》卷八二，天启七年三月庚午。
③ 《明熹宗实录》卷八二，天启七年三月戊寅。

亦宜精选三千刻期出洋，与毛帅会合，并力策应。"并特别指出"自辽左既失，大海之险与奴共之，必我之声气联而后奴之咽喉断，策应海外正所以绸缪海内，又何得不亟为之所乎？"朝廷报可。

兵员和粮食源源不断地从登州运抵朝鲜前线。山东巡抚李长庚曾经提及："先年倭犯朝鲜，召募南兵五百余名，嗣后渐撤。及挑发援辽外，止存九百余名。辽既被兵，登安可无备？议将登州卫京操班军暂留防守。"①可见，登州军队援朝和援辽后，后方空虚，只得另请京操班军留防，朝廷从之。天启二年，"登州通判王一宁奉委领海兵三千解饷金五万，渡海接济毛文龙"，毛文龙是驻在朝鲜皮岛的明朝将领。而"一宁即镇江生员，借兵朝鲜，为文龙画策，缚叛将以献俘者也"②。登莱的军队甚至直接由登莱总兵率领渡海前往朝鲜作战。据《崇祯实录》卷九载，崇祯九年九月癸卯，"清兵攻朝鲜，登莱总兵官沈冬魁、登岛总兵官陈洪范进师耀州北岸"。同书卷十又载，崇祯十年三月辛亥，"清兵破朝鲜，国王李倧走泽村山城。于是平壤、王京次第皆下。李倧力诎降，寻又走江华岛。执其世子，更立李恂为朝鲜国王。乃命总兵沈冬魁、陈洪范相机进援朝鲜"。与此同时，粮食也不断地从登州运至朝鲜战场。天启七年五月丙子，兵部尚书王之臣覆巡抚登莱李嵩塘报："东江之师屡有斩馘，朝鲜恃此一枝得以无恙。今报奴集重兵围困，云从等岛势又可危。所幸登莱运米三十余号，天津运军需八舡，大解倒悬之厄，少息庚癸之呼，而人多粮少，所需能几？查户部有应补饷银十万余两，今应急解登、津二镇，各再发米五万石，限日开洋。"王之臣又覆巡抚辽东袁崇焕塘报，称后金犯东江，不数日而克艾州、宣川，抢铁山、郭山，攻云从不下，又东克安州，直走黄州。一时人情汹汹，恐毛文龙部枵腹之众，终不能支，"幸厂臣多方接济，内镇胡良辅等复统大兵自登莱出海，奴子岂敢久居鲜地乎？回乡难民所报奴已回巢"③。

---

① 《明神宗实录》卷五七一，万历四十六年六月己未。

② 《明熹宗实录》卷二七，天启二年十月丙寅。

③ 《明熹宗实录》卷八四，天启七年五月乙亥。

　　登州为了援助朝鲜和驻朝明军，作出了巨大的牺牲。频繁地应援朝鲜，使得登州将士疲于奔命，因此登莱巡抚李嵩感叹道："登镇兵单船少，东江、高丽一时并急，力不能援而又不得不援。援之者寡而无益于援，援之者多而又难乎为汛"，因为"青、登、莱三面濒海，约长二千七百余里，墩台置哨，寥寥数人，即使瞭望真确，谁堪控御"？故建议"设游骑一二千名布列沿岸诸口，以登兵裁饷饷之。令无事分队勤练，有事荷戈疾趋"①。天启七年，据登莱巡抚李嵩疏报："内臣胡良辅等于四月十三日开洋东援，登镇官兵八千八十九名，计船八十一只，镇臣随四臣开洋去讫，游艇战舰衔尾东渡，而登府遂为之一空矣。今权调莱州兵一千防登，登船未留一只，并无出汛防守之兵也。"熹宗决定给登州以补偿，下旨："览奏厂臣分忧，宵旰指授方略，岛屿奏凯，奸细就擒。厥功甚茂，朕所鉴知。四内臣奉公洁己，具见善体厂臣之意。""登船已尽，水汛无兵御守，接济委宜预筹，着各该部即行分派雇觅湖广、扬州、船只赴登以资调度，作速回奏。"②登州为援朝而府库兵营一空的状况，兵部尚书王之臣也深为忧虑，在回复登莱巡抚李嵩的报告中指出："奴难之初，登州原集重兵，足称雄镇，顷以逆虏犯朝鲜，东师孤注，于是尽撤防汛兵舡，从事海外，又以内臣开幕临戎，材官丁健皆不可缺。臣与镇臣各分标下官员家丁一半以备应用，计共四千八十九名，计舡八十一只，俱于日内开洋。游艇战舰衔尾东渡，则抚镇标下索然一空矣。夫奴兵在丽，则比邻之患当援；奴若西来，则腹心之忧可虑！臣议调莱州马步兵一千以防登，而以余兵防莱。盖登急而莱若缓，故不得不缓莱而急登。若登舡已不留一只矣，莱兵既调，当再招兵一二千以成一旅。其合用粮饷，登州府库原有存贮汰兵银两可动，无烦措处。应听登抚熟计而酌行之。"得旨："登兵尽数东援，海防单虚可虑。着招兵二千名以备水汛，应用粮饷即于该府原汰兵银两给与。俱如议行。"③

---

① 《明熹宗实录》卷八二，天启七年三月己丑。
② 《明熹宗实录》卷八三，天启七年四月庚申。
③ 《明熹宗实录》卷八四，天启七年五月乙亥。

直到崇祯年间，登州的付出与牺牲仍成为人们念叨的内容。登莱巡抚孙国祯指出："登镇官兵原食饷十三万三千五百两有奇，又前院题准招募新兵二千名，食饷在于裁汰登兵银六万六千余两内，二项已近二十万。登非独防外，原以备倭及内地盗，此必不能虚内以奉外者也。"对于登莱兵丁的空虚，应该添设沿海游兵以弥补不足，"边海一带，延袤数百里，迤东折向西南，如福山、宁海、靖海、威海、六螯、成山，及黄河营、徐家营，处处皆称要害。查登镇水陆官兵隶籍仅五千人，拨置海上历落，如晨星丽天，万一有警，此数百里者一瑕无所不瑕，何可不预为之备？请于旧抚臣题裁留汰银六万两，除招兵二千名之外，尽数留登为召募之用，尚可得兵二千人有奇，列为数营，棋布要地"①。

四、登州的海禁与海外贸易

《明实录》作为官史，对于非官方立场的事物比较忽视和排斥②，因此甚少记载与海洋时代相适应的海外贸易，但是，该书在记载官方海禁政策的同时，仍然留下了有关登州海外贸易的一鳞半爪的记载。从这些记载来看，登州由于其便利的地理位置，使得它成为明代中后期海外贸易的重要港站和通道。

明代登州的海禁与陆运兴起、走私贸易和日本侵扰密切相关。明初，登州成为海运辽东的重要始发口岸。万历间山东巡按御史王雅量曾简要地叙述了登州海禁与弛禁的历史过程，指出："国初旧制，山东、辽东原系一省，山东粮饷、布花命镇海侯吴祯总丹师万人，由海度辽以给军需。至永乐四年，平江伯陈瑄督饷，由登莱至旅顺口，岁以为常。弘治十八年，舟坏运废。正德年间，海运复通，商贾骈集，贸易货殖络绎于金、复间，辽东所以称乐土也。自逆瑾用事，海船损坏不修，料价干没，山东本色悉改折色，由山海陆运入辽，海运复废。嘉靖三十七年，辽值大饥，转输无计，始从

---

① 《崇祯长编》卷八，崇祯元年夏四月丙午。

② 谢贵安《中国实录体史学研究》(武汉大学出版社 2007 年版，第 468 页)指出实录体著作具有"无视商品经济和社会生活变动的褊狭视野"等缺陷。

按臣之议，海道复开。后因岛民作梗，尽徙其民塞下，而复禁之。至万历十四年，辽复饥，暂开海运以济。十九年，倭奴侵据朝鲜，遂严行禁止。此从来海运通塞之大较也。"①

嘉靖间，由于倭寇之患，登州等地实行了严密的海禁。后逢辽东饥荒，登州开禁以济辽，不可避免地兴起海外贸易，因此嘉靖四十年，山东巡抚都御史朱衡又重提海禁："登、莱、青三府地濒大海，东近辽左，南通浙直，国家设军分守甚严。日者辽左告饥，暂议弛登、莱商禁以济之。其青州迤西之路，未许通行。今富民猾商遂假道赴临清，抵苏、杭、淮、扬兴贩货物，海岛亡命阴相构结，俾二百年慎固之防一旦尽撤。顷者直倭患，非后事之镜乎？宜申明禁约，停止为便。"兵部覆奏，报可。② 次年，便有人反对海禁。嘉靖四十一年，督视辽东军情侍郎葛缙条陈十事，其中之一便是"请开山东登州至金州商民贩易之禁"，条件是"惟不得私通岛夷，夹带违禁货物"。"下所司覆议俱可，诏允行。"③看来，当初海禁与私通岛夷、从事海外贸易有关。然而，海禁重开，能否做到"不得私通岛夷，夹带违禁货物"就很难说了。果然，走私贸易禁而不绝，朝廷不得已又重新实行海禁。据《明世宗实录》卷五二八载，嘉靖四十二年十二月己酉，"禁止通海辽船。先是因辽东饥，暂许通登莱籴谷。既而辽商利海道之便，私载货物，往来山东。守臣恐海禁渐弛，或有后患。疏请禁止。从之"。

嘉靖四十五年兵部回覆巡按御史韩居恩的奏折时指出："山东登莱三面滨海，自蓬莱抵胶州二千余里，海岛纷错。国初建立营卫所寨，以防海备倭，虑至远也。然倭夷其来有时，防之犹易。顷因辽左上告饥，当事者重恤民困，暂许通舡籴贩以济一时之急，而豪猾因藉为奸，往往驾巨艘入岛屿，采木贸易，且利其土饶，遂携妻孥以居，因招集亡命，盘据诸岛，时出劫掠土人，莫可谁何。此其患视倭尤甚。宜移文巡抚严督海道备倭等官，整饬登莱戎务，各将快壮军兵练习，墩堡

---

① 《明神宗实录》卷五四三，万历四十四年三月丁亥。
② 《明世宗实录》卷五〇二，嘉靖四十年十月辛酉。
③ 《明世宗实录》卷五一五，嘉靖四十一年十一月甲申。

城寨修整，并严谕各岛居人，在内地者悉还本业，在外地者俱回原籍。其人系辽东金州等卫军丁，则会同辽东巡抚一体议处。"从之。① 不过，海禁无法根绝登州等口岸所发生的海外贸易。

从隆庆年间起，便不断有辽宁流民散居辽宁、山东和朝鲜海滨的岛屿中，这些岛民与登州等各口岸发生着密切的贸易，因此海禁也无法严格执行。隆庆五年，山东守臣奏言："青、登、莱三府海岛潜住辽人，辽东累年勾摄既不可得，而山东虚文羁縻终非永图"，"往时海道及都司同处登州城，各有哨船，故各岛流人望风远避。今海禁日弛，乞将臣等所造海雕船十艘、辽船八艘，饬后人修理毋坏"。② "海禁日弛"一语正反映了当时的实际状况。到了万历二年，蓟辽督抚刘应节等便提出加强海禁问题，指出"山东、辽东舟楫相通，若私船不禁，是仍开递送之途。合将海岸民船每口不过三只，听其搬运米薪，捕采鱼虾。见在大者给价改为官船，其余尽行劈毁"。结果"如议行"。③ 万历二十年至二十七年的援朝抗倭，以及此后的援辽抗金，需要登州的海运支持，不得不重新开通海禁，海上贸易也就无法禁止了。山东巡按御史王雅量鉴于海运"盖其塞也以防倭之变，而其通也以济辽之穷"，因此提出了应对之策："与其守穷以待变，变至而无以应，孰若裕财以足兵，兵足而又何虞变哉？故海运之通其利有六，民生易阜，额岁易征，勾补易足，边需易兴，而且沿海皆兵可以防倭，营伍充实可以御虏。乃若其害亦有之，其大者倭奴、岛寇与逋戍三事，然岛寇在弹压之得人，逋戍在稽查之有法，惟通倭一节，所宜长计。往者倭奴之入闽、浙为甚，苏、松、淮、扬次之，登、莱又次之，而辽左则绝无至者，其地形水势不便也。通倭之人，亦惟闽、浙习为之，而辽左不能，其船只舟师不惯。"④这里的"通倭"实际上是沿海居民与日本、西班牙等国的走私贸易活动，"登、莱次之"，反映了往来登

---

① 《明世宗实录》卷五六三，嘉靖四十五年十月癸酉。

② 《明穆宗实录》卷六一，隆庆五年九月丙寅。

③ 《明神宗实录》卷二八，万历二年八月辛酉。

④ 《明神宗实录》卷五四三，万历四十四年三月丁亥。

州一带的海外贸易活动仍然是比较活跃的。

明末，登州仍有与朝鲜等地的走私贸易。辽东陷于后金后，附近及朝鲜滨海岛屿仍成为明军抗金的基地，朝廷决定推行严厉的海禁政策，但与"用岛"政策发生冲突。崇祯四年十一月，皇帝曰："海禁若严，自可困敌。闻彼中所用器物，皆系奸商贩卖。前令孙元化回奏，则云禁海须撤岛，用岛便不能禁海。是元化不宜实心任事，其说谓何?"兵部尚书熊明遇奏道："敌所资茶叶、银布，皆取之朝鲜，但私贩不止登莱一路，淮安亦可相通。若无官兵在岛，恐更纵横无忌。"帝曰："既云淮安可以通岛，海禁愈须严紧。督抚所司何事乎?"①从熊明遇的话中可见，后金所依赖的茶叶、银子、布匹等物质都来自朝鲜，朝鲜又来自登莱和淮安等沿海地区，而且是通过"私贩"形式进行的，也就是走私贸易。这反映，直到晚明，登州都是海外贸易的重要通道。

综上所述，登州这个昔日偏远充满神幻色彩的海滨小镇，在海洋时代到来的背景下，日益成为对外往来的重要口岸和海运枢纽，一跃而成为全国乃至东亚闻名的贸易名城，在明朝对日本、朝鲜和其他地区的往来中，在东亚乃至世界的海外贸易中，都占有十分重要的地位，具有很高的知名度，在全国性的文献《明实录》中出现频率极高。由于倭寇之患、援朝抗倭的壬辰之战、援辽助朝抗金的军事活动都与海运和海禁密切相关，登州在全国棋盘中的位置日益凸显，级别也不断提高，各种行政、监察、军事、交通、海巡机构纷纷成立，大量船只、物资、官员、使者、兵士萃集于斯，并奔赴各地和各国。登州的上述地位和贡献，单从地方志中难以充分显现，只能在当时东亚最大的国家明朝的国史《明实录》中，才能获得准确的记载和真实的反映。通过对《明实录》的考察，再一次证实了登州在明代所具有的国际性地位和对东亚历史所产生的深刻影响。

---

① 《崇祯长编》卷五二，崇祯四年十一月庚午朔。

第二节 《明实录》视阈中的盐城地方史

盐城是历史悠久的文化名城,明初属直隶应天府,后隶南京(南直隶)淮安府。清初属江南省管辖,康熙六年划归江苏省,仍隶淮安府。今为地级市,仍属江苏省。盐城人多为江南移民后裔,其民俗及文化与江南切近。盐城治水官员孔尚任以南明首都南京为背景,创作著名戏剧《桃花扇》大获成功,二地文化相接亦为其因。

盐城地方史在明代国史中留有记录。明朝未像唐、宋等朝那样修有纪传体的本朝史(即狭义的"国史"),只修纂了以帝王为对象的"实录",因此其实录便成为明朝不可取代的国史,对此沈德符说得很清楚:"本朝无国史,以列帝《实录》为(国)史。"①《明实录》中对盐城是如何记载的,作为全国的一隅之地,盐城哪些内容能入国史的法眼,被载入其中?目前,《明实录》的研究②和盐城地方史的研究③,都有学者倾心为之,颇有成果,但从《明实录》的视阈窥视盐城史,以探究国史对地方史关注和书写的论著,尚未之见,故笔者冒昧一探。

据笔者统计,《明实录》有关"盐城"的相关记载,共有71条,9600余字,占全书1600万字的0.06%。明代曾有1427个县,每县在《明实录》中平均应占11212字,这样看来,盐城在实录中的

① 沈德符:《万历野获编》卷二《列朝·实录难据》,中华书局1959年版,第61页。

② 卞鸿儒:《馆藏写本明实录提要》,《辽宁图书馆馆刊》1930年第1期;小田省吾:《半岛现存的皇明实录に就いて》,(日本)《青丘学丛》第13、14号,1933年;吴晗:《记明实录》,《中央研究院历史语言研究所集刊》第18本,1948年;谢贵安:《明实录研究》,文津出版社1995年版,湖北人民出版社2003年版,上海古籍出版社2013年版。

③ 王士鸣:《盐城地方志概述》,《盐城师专学报》1986年第2期;凌申:《盐业与盐城的历史变迁》,《盐业史研究》1997年第2期;于海根:《中国海盐文化与盐城城市精神》,《盐业史研究》2009年第1期;史为征:《盐城盐业性集镇浅述》,《盐业史研究》2013年第3期;盐城市地方志编纂委员会:《盐城市志》,江苏科学技术出版社1998年版。

记载似乎尚未达到平均值。然而，这只是最简单的平均率计算，考虑到《明实录》记载的内容主要不是县级史实，而是京城史实，省、府的史实，或江南发达地区的史实，灾害叠发地方的史实，用兵频繁地方的史实，那么每个县能够记载的数字其实很少，完全不可能达到上述平均字数。以同属淮安府的沭阳县来比较，沭阳在《明实录》中总共记载了35条，5600余字，占全书字数的0.035%。盐城的字数几乎是沭阳的一倍。显然，盐城在实录中的记载算是比较多的，并未受到国史的忽视。

不过，仔细观察后发现，《明实录》所代表的国史对盐城县关注最多的是其自然灾害及朝廷对盐城的赈济，对盐城在淮盐生产上的贡献关注较少，这反映了中央集权制时代，朝廷对地方历史的书写态度，重视从自己的角度看地方，宣传朝廷如何对地方灾害进行赈灾，而忽略了地方对朝廷的贡献。因此，要想真实地揭示明代盐城的历史，还必须重视明朝地方志中的记载，将国史与方志合起来考察，方能完整厘清盐城的历史。

一、皇恩凸显：国史对盐城赈灾的重视

盐城在明代国史《明实录》中的记载，以该地的灾害和朝廷相应的赈灾内容为最多。《明太祖实录》记载了盐城史实五条，其中三条都是关于灾害和救灾的内容。最早的一次盐城的记载，是在洪武八年十月丁未日，讲的就是盐城的水灾。当时，中书省臣向朱元璋报告："淮安府盐城县自四月至五月雨潦，浸没下田。"朱元璋"诏并免今年田租凡一万四千六百余石"①。此后，洪武二十六年五月乙卯，实录又记载了盐城的旱灾，因为"直隶淮安府盐城县岁旱民饥"，知县吴思齐"发预备仓粮之半赈之，以其数来闻"。朱元璋"遣行人尽发所储粮给之，凡二千九百六十四石"②。这次记载，透露了"知县吴思齐"的信息，该知县因本县岁旱民饥，先发预备仓一半的粮食赈济，然后再向朝廷报告，属于先斩后奏，但太祖并未

---

① 《明太祖实录》卷一〇一，洪武八年十月丁未。
② 《明太祖实录》卷二二七，洪武二十六年五月乙卯。

降罪，而是派官前去将预备仓的所有粮食都拿出来赈灾。吴思齐之所以敢于如此行事，是出于他做父母官的职责和良心驱使，同时也是出于洪武年间出身农民的朱元璋"重民"理念和执政风格的鼓励。太祖在位的最后一年，盐城县的灾害再一次出现在国史里。洪武三十一年夏四月壬寅日，太祖"诏免淮安府盐城、山阳二县田租"。因为"时二县大水伤稼，民因负租。上知之，故有是命"①。

《明太宗实录》关于盐城的记载有三条，其中两条都是灾害和赈灾的内容。据《明太宗实录》卷一四〇载，永乐十一年五月丁酉，"淮安府盐城县蝗"。这是惟一一次记载了灾害却未记载赈灾措施的做法。三年后，盐城再一次以灾害和赈灾的面貌进入国史中。永乐十四年九月甲寅，"直隶淮安府言盐城县飓风，海水泛溢，伤民田二百十五顷有奇。皇太子命蠲今年田租凡千一百七十余石"②。皇太子就是后来的仁宗朱高炽，《明太宗实录》是仁宗和他的儿子宣宗朱瞻基主导修纂的，因此该实录中便把赈灾的功德记录在"皇太子"头上。国史关心的是中央政治，而不是地方灾难。

《明宣宗实录》记载了盐城历史三条，其中两条都是关于灾害和赈灾的。宣德八年七月丙子，"淮安府安东、清河、盐城、山阳、桃源五县……各奏今年春夏不雨，河水干涸，禾麦焦枯，百姓艰食"。宣宗"命行在户部宽恤之"③。一年后，盐城又由于蝗灾而再入国史：宣德九年七月辛卯，"直隶淮安府沭阳、盐城二县……各奏蝗蝻生"。宣宗"命行在户部亟遣官驰驿督捕"④。

盐城在《明英宗实录》中记载了十条史实，其中四条是关于灾害和救灾的内容。据《明英宗实录》卷一〇九载，正统八年十月庚子，"免直隶淮安府桃源县、盐城县、清河三县去年灾伤粮二万三千七百三十余石，草八万二千六百包有奇。从户部奏请也"。《明英宗实录》卷一九四《废帝郕戾王附录》第十二载，景泰元年七月辛

---

① 《明太祖实录》卷二五七，洪武三十一年壬寅。
② 《明太宗实录》卷一八〇，永乐十四年九月甲寅。
③ 《明宣宗实录》卷一〇三，宣德八年七月丙子。
④ 《明宣宗实录》卷一一一，宣德九年七月辛卯。

酉，"免直隶海州并安东、盐城二县被水潴没田亩秋粮米四万三千
五百九十石，马草十一万九十余包"①。次月，盐城地方以运输粮
米被水冲走的内容载入国史。景泰元年八月乙未，"淮安府盐城等
县，军民管运粮米至通州张家湾等处，被骤水冲没，船米俱失"。
户部请令"来岁如数运通州补纳"，获得景泰帝的批准，"从之"。②
《明英宗实录》最后一次记载盐城的灾害，其实是人祸。景泰五年
三月戊寅，直隶淮安府奏"自去年十二月以来，累被强贼行劫山
阳、盐城、清河、安东及扬州宝应县人民财物"。景泰帝"诏太子
太保吏部尚书翰林院学士王文设法抚捕"。并敕之曰："朕以尔为
心腹之臣，已尝命往抚安江北、江南各府。今淮安为尤急。敕至，
尔即先其急而后其缓，便宜行事，抚安赈济。仍宣布朕忧悯军民贫
困之意，使之各思保养其生，以副朕怀！"③

　　《明宪宗实录》记录盐城史实四条中，有一条是关于灾害和赈
灾的。成化元年十月壬午，巡视淮扬等处右佥都御史吴琛奏赈济九
事，其中一事是："淮安、凤阳二府被灾尤甚，今虽劝借米粮，一
处或得三数千石，仅济目下两月之急，恐后冬春之交愈益艰难。"
他建议将淮安府大军东、新二仓官粮拨给邳州一万石，宿迁一万
石，桃源二万五千石，清河、安东各二万石，令其各自派船载回，
以安人心。考虑到"海州、沭阳、盐城陆路艰运，则以淮安官库赃
罚等银每处各给二千两，暂令备用，且以板闸所贮解部颜料铜钱四
十余万文，钞二百一十一万七千贯助之"。宪宗"命户部知之"。是
否最后执行，实录并无记载。④

　　盐城在《明孝宗实录》中共有四条记载，全是关于灾害和赈灾
的内容。弘治四年八月辛未，"以旱灾，免直隶扬州卫及通州、泰

---

① 《明英宗实录》卷一九四《废帝郕戾王附录》第十二，景泰元年七月辛
酉。

② 《明英宗实录》卷一九五《废帝郕戾王附录》第十三，景泰元年八月乙
未。

③ 《明英宗实录》卷二三九《废帝郕戾王附录》第五十七，景泰五年三月
戊寅。

④ 《明宪宗实录》卷二二，成化元年十月壬午。

州、盐城三守御千户所弘治三年屯田粮有差"①。此后十三年，实录中都无盐城灾害的记录。但到了弘治十七年，接连出现盐城发生地震的记载。据《明孝宗实录》卷二〇七载，弘治十七年正月辛巳，"直隶盐城县地震有声"。同书卷二〇九再载，弘治十七年三月癸未，"直隶盐城县地震有声"。卷二一〇又载，弘治十七年四月甲午，"直隶盐城县连日地震"，但是地震有无灾害，并无记载。估计只是震级较低的地震，如果有灾难性的后果，以实录娴熟的赈灾记录技巧和积极的颂圣态度，肯定会大书特书皇上和朝廷的恩典。

《明武宗实录》把对盐城地方史的惟一记载奉献给了盐城的灾害和赈灾上。该书卷一三二载，正德十年十二月己卯，"以旱灾，免凤阳、淮安、扬州、庐州四府，徐州等州县暨泗、宿、淮、大、邳、徐、兴、化、盐城等卫所秋粮有差"。这条记载并不是为地方存史的，而是直接颂扬武宗赈灾措施的。

世宗嘉靖皇帝在位时间长，达45年之久，因此记载他的《明世宗实录》内容丰富，关于盐城的记载也比较多，达20条。其中记载盐城灾害和赈灾的内容有7条，比例还是比较高的。世宗继位伊始，工部都水司郎中杨最就上书说，宝应县的范光湖，西南高，东北低，往来粮运等船入湖行三十余里始出，东北堤岸去湖面仅三尺许，每雨潦风急，辄至冲决，"不惟粮运阻碍，兼盐城、兴化、通、泰等州县良田悉遭淹没"，因此他提出修堤上中下三策，请"疏下工部议覆，用其次策"。② 这不是对某一次水灾的记录，而是对一类水灾现象的描述。嘉靖五年十一月戊子，"以灾伤，免仪真卫及泰州、盐城二所屯粮有差"③。此后十三年无盐城灾害记录。直到嘉靖十八年九月丁未，才发生水灾，实录记载道："以水灾，免直隶太仓、崇明、嘉定、上海、华亭、盐城、海门、通州、泰州、兴化、如皋及诸卫所盐场沿海一带税粮如例，仍议赈贷之。"④

---

① 《明孝宗实录》卷五四，弘治四年八月辛未。
② 《明世宗实录》卷三，正德十六年六月丙戌。
③ 《明世宗实录》卷七〇，嘉靖五年十一月戊子。
④ 《明世宗实录》卷二二九，嘉靖十八年九月丁未。

两年后，国史又记载盐城出现了旱灾。《明世宗实录》卷二五六载，嘉靖二十年十二月丁巳，"以旱荒"，免"洪塘、泰州、盐城、兴化、海州各守备千户所屯粮有差"。[①] 在抗倭战争中，又出现了"兵荒"，实录记了朝廷对盐城兵荒的赈济：嘉靖三十三年七月乙丑，"以兵荒，量免淮安、凤阳府卫及通州、如皋、海门屯粮，并改折海州、山阳、盐城、赣榆、沭阳兑米有差"[②]。盐城获得的赈救措施是改折兑米，即本来应该向朝廷上交本色粮食的，现在为了救荒，不用交实物，只折成钱上交。兵荒的记录再一次出现。《明世宗实录》卷四五一载，嘉靖三十六年九月甲子，"以倭患"，世宗"诏通、泰、高邮三州，宝应、如皋、泰兴、安东、山阳、江都、清河、盱眙八县，是年本折马匹尽行蠲免；其海州、邳州、仪真、兴化、盐城、宿迁、桃源、沭阳、赣榆、睢宁诸州县本色马匹尽征其值，并原折马价减银二两"，这是根据抚臣王诰请求做出的决定。此次盐城得到的赈济措施与上条相似，不用上交实物马匹，只用上交折算的钱，而且每匹马折成的银子减少二两上交。同书卷五一七载，嘉靖四十二年正月乙巳，"以灾伤，诏折征泰州、兴化、赣榆、沭阳、安东、盐城、清河、宿迁、通州、徐州、高邮、如皋、海门、宝应、萧、沛等州县改兑米有差"[③]。世宗时，朝廷对盐城的赈灾措施常常弱于其他府州县，其他的府县可能全免，而盐城则只是将本色米、马改折成钱而已。可能与盐城受灾较轻有关，当然也可能与朝中无人有关。

比世宗在位时间更长的是神宗皇帝朱翊钧，在位48年，故记载其事迹及朝政的《明神宗实录》篇幅更大，但对盐城的记载只有17条，其中记载盐城灾害和赈灾的内容有5条，均未超过《明世宗实录》的记载。虽然如此，《明神宗实录》对盐城灾害记载的比例也算是比较高的。万历七年八月辛丑，户部覆核了凤阳巡抚江一麟、巡按李时成的奏疏，二人要求"勘泗州、兴化、宝应、山阳、清

---

① 《明世宗实录》卷二五六，嘉靖二十年十二月丁巳。

② 《明世宗实录》卷四一二，嘉靖三十三年七月乙丑。

③ 《明世宗实录》卷五一七，嘉靖四十二年正月乙巳。

河、桃源、盐城等七州县田地,其高阜成熟者,照旧派征,其被灾
稍轻与被灾次重者俱免一年,被灾极重者免二年,共免秋夏起存税
粮二十九万一千四百石有奇,银一万一百八十两有奇,其额派漕粮
于附近各府所属无灾及灾轻州县通融拨补,务足原额,候被灾州县
有收之年,照数征还"。神宗"报可"。① 其实,当时执政的是首辅
张居正。他对盐城等地采取了区分灾害轻重而作相应赈济的措施,
工作更加细致。他的措施不是一概蠲免,而是等灾害过后,受灾地
区丰收了,再照数征还。这样做有利于中央,却不利于地方。万历
十四年十一月己亥,兵部覆核直隶巡按李栋题奏,李栋称"淮、扬
等处水旱迭见,于一时间阎哀号、啼泣之状,不忍见闻,合将兴化
等一十三州县万历十三年以前马价、草料银两已征在官者起解,花
户拖欠者尽行蠲免,至淮、扬、凤所属盐城等十四州县万历十四年
马价已经派征难以再减,其万历十五年马价每匹量减三两,少苏民
困"。神宗"从之"。② 此时世上已无张居正,因此赈灾措施较前宽
松,盐城等地明年马价每匹减三两征收,实有所便民。万历十五年
正月癸丑,户部题:"盐城、兴化二县灾伤重大。先本部题奉准将
本年额征漕粮五万八千二百余石内,暂停二万九千石,于临清仓借
拨支用,其余二万九千余石仍征本色兑运,不准改折。漕运督臣、
巡按各题二县灾民困苦已极,前项应兑本色委无措办,各权宜于贮
库别项官银暂为挪借,抵作二县改折之数。以后年分不得比援为
例。二县应运十四年漕粮,除临清仓借拨二万九千石,其原二万九
千二百三十石五斗七升,俱宜暂改折,每正兑一石折六钱,改兑一
石折五钱,定限本年二月终解部,以便给发。其借过官银,候丰年
照数追补。"神宗"从之"。③ 两个月后,"免南直隶兴化等州县积逋
各年分钱粮,并织造、运木借支过银两,尽行蠲免。其盐城、高
邮、五河等十四州县量征二分三分,其淮安府十四年分起运工部钱

---

① 《明神宗实录》卷九〇,万历七年八月辛丑。
② 《明神宗实录》卷一八〇,万历十四年十一月己亥。
③ 《明神宗实录》卷一八二,万历十五年正月癸丑。

粮，仍令抚按官严督起解，不得借口希免"①。据《明神宗实录》卷四四一载，万历三十五年十二月丙戌，"以徐、淮灾伤，量蠲马价。淮属自清河、海州、宿迁、桃源、[沭阳]、安东、盐城、邳州、山阳九州县，徐属自萧、砀山、沛、徐、丰五州县，未征者俱蠲免，六分者应征四分，俱宽限后年带征。从督漕李三才之请也"。

明朝最后一部官修实录是《明熹宗实录》，该录对盐城的记载只有三条，其中一条就是记载盐城灾害和赈济的。《明熹宗实录》卷八一载，天启七年二月丙辰，"户部覆巡抚凤阳郭尚友灾伤改折疏，分别被灾轻重，如海州、桃源准折五分，徐州、邳州、泗州、临淮、清河、宿迁、睢宁、盐城准折三分，泰州、砀山、盱眙、五河、虹县、蒙城、颍上、灵丘、凤阳、兴化、泰兴准折二分，其余被伤稍轻，仍令征本色"。熹宗"从之"。熹宗之弟崇祯被李自成推翻后自尽，清人虽然为其修纂过三部名为"崇祯实录"的书，但并非官修，更非国史，因此姑置不论。

二、国家控制：国史对盐城政、军建置与任免的关注

国史《明实录》在记载盐城的地方行政和军政建置，以及政、军人员的任免上，还是给予了较多篇幅的。因为实录本身就是反映皇权对全国的控制和统治，对地方机构的建置和撤裁，对军、政官员的任免，这些都是显示皇权的重要指标，所以实录对这些内容的记录乐此不疲。

相比较而言，实录对盐城的军事置废和军官任免更为重视，记载的篇幅更多。早在洪武年间，《明太祖实录》卷一九七就记载了盐城所设置的军事机构，洪武二十二年九月乙未，"置盐城守御中左千户所"。这是最早入国史的盐城所设的军事机关。盐城就这样以军事机构的身分写入了明朝的国史。此后，盐城写进国史比较频密的内容，也是军事置废与军职任免。这与盐城濒海的地理环境有关，也与晚明困扰盐城的倭寇之患有关。自洪武二十二年以后，直

① 《明神宗实录》卷一八四，万历十五年三月庚戌。

到嘉靖十八年，都没有关于盐城军事置废和任免的记载。此后，由于备倭形势的严峻，军事任免记载开始增多，"嘉靖十九年，分江南北备倭信地，江南专属金山都司，江北尽属仪真守备。既而以地方多故，复于东海大河口周家桥设把总，掘港改守备，盐城增参将，各有信地矣"①。由此得知，当时盐城增设了参将。嘉靖三十三年四月，"增设盐城县洋麻港口、海州东西二所把总官各一员，从凤阳巡抚郑晓请也"②。是年八月一日，"命总督漕运侍郎郑晓督修如皋、海门、泰兴、海州、盐城等处城池寨堡，添设掘港把总官一员备盗"③，盐城筑城池寨堡，在掘港增设把总一员。掘港今为东台县城，东台今亦属盐城市管辖。《明世宗实录》卷四七二载，嘉靖三十八年五月癸巳，"命直隶游兵把总署都指挥佥事杨尚英充参将，分守盐城"。五个月后，巡抚应天都御史翁大立上疏建议："盐城参将杨尚英生长海滨，长于水战，苏松参将蒋环防御扬州，长于陆战。乞将尚英调苏松，环调盐城。"得到世宗的"报可"。④

到万历年间，盐城的军事建置和任免仍然活跃于国史记载之中。《明神宗实录》卷三〇载，万历二年十月丁卯，总督漕运都御史王宗沐鉴于"盐城地滨江海，盐徒出没"，建议将"丁介夫改为盐城守备，常川操守"。该书卷一三六载，万历十一年四月丙子，"革盐城守备蒋尚孟、东海把总朱玘、凤阳右卫指挥何汉任，蒋尚孟、何汉仍着巡按御史提问"⑤。但未写明盐城守备蒋尚孟被革职提问的原因。万历三十三年五月丙申，升浙江临山卫千户郭启明为直隶盐城守备。⑥ 两年后，郭启明又升为大宁都司佥书："以盐城守备郭启明为大宁都司佥书。"⑦

在明代最后一部实录《明熹宗实录》中，盐城的军事建置和任

---

① 《明世宗实录》卷四六五，嘉靖三十七年十月丙寅。
② 《明世宗实录》卷四〇九，嘉靖三十三年四月甲午。
③ 《明世宗实录》卷四一三，嘉靖三十三年八月己巳朔。
④ 《明世宗实录》卷四七七，嘉靖三十八年十月己亥。
⑤ 《明神宗实录》卷一三六，万历十一年四月丙子。
⑥ 《明神宗实录》卷四〇九，万历三十三年五月丙申。
⑦ 《明神宗实录》卷四六三，万历三十七年十月丙辰。

免各有一条记录。据《明熹宗实录》卷一六载，天启元年十一月戊午，直隶巡按王安舜奏称，因为辽东危急，江淮为登莱下流，应该加强防务，建议"于淮北则大营增兵二百二十五名，马五十匹；庙湾营有射阳黄河灌口诸处，增兵二千九十九名，马二十匹，船三十五只；东海营增兵六百名，马十二匹，船十只；盐城营增兵三百九十五名，船五只……在淮南则……掘港营增兵一百名，马八匹，水营兵一百名，船六只"。他的建议由户、兵二部议覆。《明熹宗实录》卷二〇记载了盐城军官的任免，天启二年三月甲子，"升直隶盐城守备王继祖为贵州都司金书"①。此后，关于盐城的军事建置与任免情况便从国史中消失了。

当然，明代盐城的军事建置与军官任免，与当地的国防和治安有紧密的关系。据《明世宗实录》卷四七载，嘉靖四年正月庚辰，总督漕运兼巡抚都御史胡锭疏陈："淮安府所属山阳、盐城二县，相去三百余里，中有太湖之险，而支流委曲，尤易藏匿，民多聚而为盗。莫敢谁何。"他建议"宜择道里之中，增设县治，或照海守御所事体，筑立墩堡，量拨官军防御"。奏疏"下户部议可"后，世宗"诏悉允行"。由于治安隐患大，便按照防海事体，筑堡驻军防守。明代军事建置与军官任免，还与明中后期的倭寇入侵有密切联系。据《明世宗实录》卷四二一载，嘉靖三十四年四月乙酉，"江北倭犯淮安盐城县"。两年后，抗倭斗争取得成就。嘉靖三十六年五月，"宝应倭掘县北土坝，泄上河水入，乃驾舟溯东乡，由盐城至庙湾入海，居数日，开洋东遁"。正是有上述情况，因此盐城的军事建置和军官任免才有相应的表现，也成为国史《明实录》记载的重要内容。不过，与地方志相比，国史对盐城军事建置与任免的记载，仍然过于粗疏。万历《盐城县志》卷四《秩官志》的"官制"中，详载了本县的军事建置："守御所正千户二员，副千户七员，正百户十员，达官百户八员。嘉靖三十四年因倭寇猖獗，增设把总一员，后改参将。至嘉靖四十四年，海寇弭息，复改守备，春讯防御盐城，汛毕回驻邳州。万历二年因地方水患，盗贼窃发，专驻盐城。"而

① 《明熹宗实录》卷二〇，天启二年三月甲子。

在"列官"中，具体列述了在盐城任军职的防守盐城参将、守备邳盐、防守盐城把总、守御所正千户、副千户、正百户、达官百户诸官姓名和任职年限。① 这反映出国史的宏观视野与方志的微观视野的巨大差异。

与军事建置和军官任免的记载相比，盐城的行政建置和政府官员的任免在国史中记载的次数明显减少。地方史对类似于盐城县何时被明军攻克，何时重新筑城、何时建立县治等事均有浓厚的记载兴趣。万历《盐城县志》卷二《建置志》载："先世欲建城射阳，以射阳土不及海边厚，且海可渔，滩可樵，为民生之利，于是乃城海上，环城皆盐场也，故名盐城。"当时是土城，"国朝永乐十六年，备倭指挥杨清、守御千户冯善重修，始易为砖城，而新筑月城"。对于县治的建立，该志记载道："县治在城东北隅大街，洪武元年知县陈天瑞创建。"②万历《盐城县志》卷四《秩官志》的"官制"中，详载了本县的行政建置："知县一员，县丞一员，主簿一员，典史一员，儒学教谕一员，训导二员，隆庆二年奉例裁革一员……清沟巡检一员，喻口巡检一员，新兴场大使一员，副使一员，白驹场大使一员，永积仓大使一员，万历九年奉军门裁革。"③然而，对于这种盐城县行政建置的基本史实，实录中却只字未提。因为《明实录》是国史，要记的内容太多，故付之阙如。另外，像盐城的历任县长的任免，也应该有所记载，万历《盐城县志》卷四《秩官志》的"列官"中，具体缕述了在盐城任职的知县、县丞、主簿、典史、儒学教谕、训导等人的姓名和任职年限。然而《明实录》的《修纂凡例》规定得非常严苛。如果记载官员"除授"，必须是三公、三少、南北二京、五府、六部、都察院、太常寺、通政司、大理寺、詹事府、光禄寺、应天府、顺天府、亲军指挥使司、太仆寺、鸿胪寺、

---

① （明）杨瑞云修，夏应星纂：《（万历）盐城县志》卷四《秩官志》，台湾成文出版社有限公司 1983 年版，第 148~149、187~200 页。

② （明）杨瑞云修，夏应星纂：《（万历）盐城县志》卷二《建置志》，台湾成文出版社有限公司 1983 年版，第 75~76 页。

③ （明）杨瑞云修，夏应星纂：《（万历）盐城县志》卷四《秩官志》，台湾成文出版社有限公司 1983 年版，第 148~149 页。

国子监、翰林院、钦天监、太医院堂上官，以及近侍七品以上官，监察御史、宗人府经历，并在外中都留守司、都指挥司、布政司、按察司堂上官，行太仆寺、苑马寺卿，盐运使，这些级别以上的官员的升降"皆书"，守令或佐贰以下官员被当地人民请求留任的，朝廷顺应这种要求，令其留任，升其品级俸禄，这样的除授"亦书"，若中外文武官有功绩显著及以事特升迁者，不限职之大小"皆书"。封荫大臣之子"亦书"。① 到了《明世宗实录·修纂凡例》中，特别规定"有司知府以下保留升俸秩者亦书"。盐城县知县的除授，显然够不上上述品级，也达不到其他的要求，比如当地人民强求留任，或功绩显著、以事特升迁的情况。职是之故，盐城县行政人员的任免，在实录中记载便杳无踪影。

直到嘉靖三年，才有实录记载盐城的行政机构的变动。据《明世宗实录》卷四〇载，嘉靖三年六月辛丑，"裁革海州、盐城、宿迁、睢宁、清河、安东等税课局，从巡按御史刘栾奏也"。实录还记载了裁革县主簿一事。嘉靖十年闰六月戊申，裁革包括盐城在内的"十六县各主簿一员"，同时裁革了凤阳、庐州、扬州、淮安"四府三州并所属州县共六十一儒学各训导一员"，这里面当然包括盐城县儒学训导。② 在这次精简机构中，盐城县裁掉了县主簿和儒学训导各一员。《明世宗实录》记载了盐城官员的任免情况，但却是贬谪而来，嘉靖十六年正月，御史胡鳌上奏皇帝，指出："京师天下之本，京师纵淫则天下式之。请敕礼部禁约凡僧人娶妻，及无度牒者令自首还俗，免其本罪。又内外居民、倡优杂处，请下五城，诸非教坊、两院者，尽逐去。"建议已得到都御史王廷相等人覆核后认可，但世宗却说："僧道、倡优犯法自有律例。御史所言鄙俚亵渎，尔等职总风纪，不行纠正，乃依违覆奏，甚乖事体。本当查究，姑从轻。胡鳌降二级调外，王廷相等各夺俸两月。"不久，"谪鳌为直隶盐城县县丞"③。这是实录中所记的盐城接受的惟一的一

---

① 《明宣宗实录》之《修纂凡例》。

② 《明世宗实录》卷一二七，嘉靖十年闰六月戊申。

③ 《明世宗实录》卷一九六，嘉靖十六年正月乙巳。

位谪宦。《明穆宗实录》卷一二记载，隆庆元年九月，裁革盐城县学"训导一员"①。在《明神宗实录》卷九二中，记载了万历七年十月的一次行政变革："以淮安府属盐城等十州县照旧改属营田道，令见任佥事史邦直充之，仍给敕以便行事。"②次月，巡抚凤阳江一麟、巡按李时成鉴于江北地方军民杂处，盗贼起伏的状况，认为是"总捕各官所辖辽远，稽察难周"，提出"宜分任巡捕，山阳、盐城、安东、沭阳、海州、赣榆六县，仍属管粮通判"分管，并"兼理其各境内卫所巡捕、巡河等官，悉听会督。凡总捕应行事，宜责成着实举行"，获得批准。③将盐城等地的治安交由管粮通判负责，是一次行政职权的相机变动，也是实录对盐城行政建置和任免的最后一次记载。

三、水利国策：盐城在治理黄淮中的河道疏浚与交通状况

盐城处在淮河流域，明代黄河又曾夺淮，淮河流域的大水疏导，常从盐城入海。盐城成为疏导淮水甚至黄河水的入海通道，而受到地方和中央官员的重视，因此获得国史较多篇幅的记载。由于这一背景，盐城深受水患之害。万历间曾任知县的杨瑞云称"于时鱼鳖之民方患苦洪水，鸿雁之夫半流入他郡。疮痍满目，百废未举"④，可见盐城人民为治理黄淮作出了巨大牺牲。

永乐四年九月，在扬州府泰州判官黄通理的建议下，将泰州境内的运盐官河引向下流，"经兴化、盐城界入海"，并"各置闸以时启闭"，改变了这条运盐官河"每遇淫雨辄泛溢，伤民田宅"的状况。⑤正统五年七月，为了方便舟船航行，在淮安府山阳县修复金河坝，"上接官河，下接盐城"。永乐间，曾"置绞关以通舟楫，后

① 《明穆宗实录》卷一二，隆庆元年九月丙辰。
② 《明神宗实录》卷九二，万历七年十月乙亥。
③ 《明神宗实录》卷九三，万历七年十一月庚午。
④ （明）杨瑞云：《序》，（明）杨瑞云修，夏应星纂：《（万历）盐城县志》，台湾成文出版社有限公司1983年版。
⑤ 《明太宗实录》卷五九，永乐四年九月癸亥。

绞关坏，舟楫辄阻，又恐人窃毁坝以泄水，遂筑塞河口，而往来舟楫皆纡绕不便"。现在，"盐城知县乞修旧坝，置绞关，以利往来"。得到英宗的批准。① 金河坝修好后，坝体中间安设绞闸（即绞关），舟船得以便利航行。万历五年九月，管理南河工部郎中施天麟上奏道："淮、泗之水原从清口会黄河入海，今不下清口而下山阳，从黄浦口入海，浦口不能尽泄，浸淫渐及于高、宝邵伯诸湖，而湖堤尽没，则以淮泗本不入湖而今入湖故也。淮泗之入湖者，又缘清口尚未淤塞而今淤塞故也。清口之淤塞者，又缘黄河淤淀日高，淮水不得不让河而南徙也。"严重影响漕运粮艘。他建议："宜趁时筑塞，使淮、泗并力，足以敌黄，则淮水之故道可复，高、宝之大患可减，若于兴化、盐城地方海口湮塞之处大加疏浚，而湖堤多建减水大闸，堤下多开支河以行各闸之水，庶乎不至汗漫。"他的建议得到了朝廷的肯定。② 万历六年正月，户科给事中李涞条陈治河方略："多浚海口以导众水之归。夫徐、邳而下，黄河自西而东，淮河自南而北，俱会于清河口东南圻［圻］，而历安东县，出云梯关以入于海，旧甚深广。嗣以黄水泥淤，黄、淮二渎，皆无所归，故其势不决徐、邳而冲啮乎高、宝诸堤，至高、宝诸湖浩荡无涯。先时，沿河之西多置塘岸，以蓄盱泗诸处暴涨之水，故湖以东运堤无恙，乃今塘岸尽废，而黄、淮之水又悉飞泻于此，是以全堤尽圮。宜别勘坚实之地，以多浚其口，仍必自下而上，渐去河身之淤，尽于徐、吕二洪而后止。若淮安之南，宝应之北，计八十里，每里建平水闸一座，而高邮、邵伯各加建平水闸十座，闸下每开支河四五十处，以导上湖之水入于堤下射阳等湖，而盐城、兴化沿海地方，皆宜查其旧地，多浚十余口，以导射阳诸水而入于海。"他的条陈被交付有司商议。③ 万历二十三年十二月，南京吏科给事中祝世禄奏："徐、淮之河东之，以缕［缮］堤，堤善决，决而塞不胜塞也。"有人"议主疏浚，分黄以治其本，导淮以治其标。分黄功，

---

① 《明英宗实录》卷六九，正统五年七月甲辰。
② 《明神宗实录》卷六七，万历五年九月丁卯。
③ 《明神宗实录》卷七一，万历六年正月庚午。

先下流安东五港，别开海口，至为得策。独导淮，除浚清口外，议开高良涧、子婴沟，放淮从广阳湖东入于海，议开武家墩泾河，放淮从射阳湖东入于海，广阳湖阔仅八里，射阳名为湖，实则为河，阔仅二十五丈，离海且三百里，迂回浅窄，高、宝等七州县之水唯此一线宣泄之，宣泄不及，即苦潴没。若又决淮注焉，田庐、盐场必无幸矣。广阳湖东有一湖名太湖，方广六十里，湖北口有旧官河，自官荡直至盐城石磳口通海，只五十三里，此河见阔六七丈，若加深挑广，此导淮下流入海之一便也。"工部据疏覆请，神宗"诏令与勘河科臣、总河、总漕及各御史等官从长酌议以奏"①。虽然盐城总是作为疏浚黄、淮河入海的海口，但也便利了盐城的交通，使盐城运盐的舟船可以方便地开往内地。

除了通过疏浚水道以利交通外，实录还记载过盐城的陆路交通情况。据《明宣宗实录》卷八八载，宣德七年三月庚申朔，直隶淮安府奏："本府旧城东门路抵盐城县二百四十余里，今从南门急递铺过高邮州，转至盐城县，则四百五十余里。凡公差之人及公文往来，迂远迟滞，请改铺舍就近为便。"得到批准。从此，从府城通向盐城县城，减省了近半的路程。在通往盐城的路上，早期还设置了86座烽火台，是军事防卫之用，但也方便了沿途的旅行，商旅在有烽火台的沿线旅行，有安全保证。据《明英宗实录》卷二九载，正统二年四月，巡视盐场监察御史尹鏜言："扬州等卫所自狼山至盐城，旧设烽堠八十六座，大河等卫张网海口，迤北烽数尤多。初用民守瞭，以侍郎成均言，易以军。"他建议用即将判刑的私盐贩子代替各卫军士守卫烽堠，但被否决。行在刑部右侍郎何文渊、左副总兵官都督王瑜等建议守烽堠用"官军户下有犯当徒者拨充"，这些人"仍于附近卫所管领"。② 这样，比用私盐贩子守卫要可靠一些。上述措施，也保证了盐城地区的商旅安全。

---

① 《明神宗实录》卷二九二，万历二十三年十二月乙巳。
② 《明英宗实录》卷二九，正统二年四月壬午。

四、国家义务：国史对盐城税收、养马、京操和献策的记录

盐城对国家尽的义务。其一是生产淮盐，用于国家"开中法"的实施和商业屯田的展开，同时也上交盐税。其二是上交农业税，交本色的粮食和折色的银子。据《明英宗实录》卷二二载，正统元年九月，巡按直隶监察御史尹镗提议："沿海备倭官军行粮于淮安、扬州军储等仓关运，路远人难。请以如皋、盐城二县该征税粮，量于本处仓存留备给。"英宗"从之"。① 其三是为国家养战马。北宋王安石实行的"保马法"，就是让北方基层民众为国家养战马，国家给予一定的补偿。等到马匹长大成熟，便上交国家。这一措施在明代的盐城等地仍在实施。据《明神宗实录》卷七二载，万历六年二月壬辰，兵部题奏："南直隶安东、盐城、睢宁、宝应四县，见养种马七百五十四匹，暂准变卖。每匹估价十两，收完解寺。仍照先年题准事例，每年征解草料银一两，并卖过种马空户存留在籍，俟年岁丰熟，如旧买养种马。"若遇灾害，国家对盐城的蠲赈措施，往往是"本色马匹尽征其值，并原折马价减银二两"，即不用上交实物马匹，只用上交折算的钱，而且每匹马折成的银子减少二两上交。

盐城还对北京尽有特别义务。那就是盐城千户所的官军还要到北京操练防守，此即所谓"京操"。据《明宪宗实录》卷一三四载，成化十年十月壬寅，守备仪真等处指挥金事宋纲曾经提到过"仪真、扬州、高邮三卫及泰、通、兴化、盐城四所京操军士"，他们还"放班休息"。这说明，京操的盐城所军士是一段时间赴京操守，一段时间回家放班休息。可见，盐城的军士不仅要驻守本地，还要到首都去操守，为北京的安全作出贡献。另据《明神宗实录》载，万历四年七月，兵部覆核了凤阳巡抚吴桂芳、巡按舒鳌的建议，以"凤阳中、右、东、西、海，凤阳留守中、左，怀远、长淮、洪塘、寿州、滁州、汝宁、仪真、高邮、淮安、邳州、莒州十八卫军

---

① 《明英宗实录》卷二二，正统元年九月丙辰。

一万五千二百名，除存留扣剩外，尚该五百二十一名，俱并为春班；归德、武平、颍川、颍上、庐州、六安、扬州、通州、泰州、盐城、沂州、潼关、大河、徐州、兴化、宿州等十六卫军一万四千六百六十三名，除存留扣剩外，尚该一千六百五十七名，俱并为秋班，听都司统领，依限赴京操备"。最后获得神宗的批准。① 这是明代中后期盐城军士承担京操的情况。

此外，盐城的地方官员还主动向朝廷献计献策，提供智力上的支持。据《明太祖实录》载，洪武二十九年，"淮安盐城县儒学教谕王孟上言：'公服以朝，祭服以祀。今在外凡祀山川诸神流官，具祭服；未入流官，具公服。然公服既于朝贺迎接诸礼用之，而又服以祀神，礼有未宜。且未入流官公服制之，自八品以下皆同，则祭服亦宜与之同。'上是其言，诏'自今未入流官，凡祭皆用祭服，与九品同'"②。一个偏远的县学教谕，主动为国家的礼仪建设献言建策，反映出盐城地方官员对国家建设的主动精神。

五、国家人才：国史对盐城人物的表彰

进入国史《明实录》中的盐城地方人物，只有两人，加上政府旌表的守节40余年的盐城县民唐彦宾的妻子李氏，总共才三人。这与苏南人才辈出、充斥实录的情况截然不同。这反映了当时盐城教育和文化相对落后、人才发育不足的状况。

两位人才，一位是正统年间去世的户部右侍郎成均。据《明英宗实录》卷五七载，正统四年七月戊申，"户部右侍郎成均致仕。均，盐城人，由举人屡升江西按察副使，进户部侍郎。为人持身清谨，明于大体。至是，以疾请致仕，许之。未几卒"。成均身为"副部级干部"，却并非出身进士，而是仕人不太重视的举人出身。以举人出身的官员，一般都聘任偏贰职务，成均却能够做到户部右侍郎，全赖其人"持身清谨，明于大体"，是很不容易的。另一位当地人才，是成化年间做到后军都督府同知的颜彪，从袭职开始，

---

① 《明神宗实录》卷五二，万历四年七月辛亥。
② 《明太祖实录》卷二四六，洪武二十九年七月丙子。

逐步升到此位，也是相当不易。据《明宪宗实录》卷一三八载，成化十一年二月癸巳，"后军都督府都督同知颜彪卒。彪，直隶盐城县人，袭世职为真定卫指挥同知。正统己巳之变，举升都指挥佥事，守备倒马关，寻充右参将，分守十八盘。景泰中，升都指挥同知，领京营操卒。会兵部奏分五军三千神机为十营团练，以俟调发，因荐升前军都督佥事，坐营管操。未几，充右参将，协守大同。又充左参将，镇守东路阳和等处。天顺初，召还，治府事。累出雁门、代州、大同、紫荆关等处，防边御虏。因两广弗靖，命佩征夷将军印，总兵讨之。师还，升都督同知。又命佩镇朔将军印，总兵宣府，居十年，以老不能御虏，为兵部所论罢。还，莅事后军。至是卒。祭葬如例"。可惜实录称"彪起自偏裨，以至大帅，无他才能，因人成事。两广之征，冒功贻患；宣府之守，老不知止。论者鄙之"，对他的进步不予认可。他死后，其子"玉袭指挥同知，铨注旗手卫"①。

除了上述写入国史的一文一武的名人外，写进实录的还有一位小人物，她就是因守节 40 余年而受到朝廷旌表的李氏。据《明英宗实录》卷三二四载，天顺五年春正月己巳，朝廷旌表孝子、节妇十二人，其中就有"李氏，盐城县民唐彦宾妻……以弱龄丧夫，守节四十余年"，故"旌其门曰贞节"。为她立了一个贞节牌坊。此事在方志中有较详细的记载："李氏，唐彦宾妻，年十九，生子三岁，夫□□□醮，奉姑舅，纺绩度日，守节六十余年。□县刘□上其事，天顺六年旌表。"②

根据《明实录》的修纂体例，只有"在京文武官三品以上，近侍五品以上，在外都司、布政司、按察司正官，殁皆书卒及概见其行实、善恶"③。盐城籍的官员，只有成均和颜彪才达到上述入传标准。李氏虽然出身低下，但合乎王朝表彰节孝的伦理标准："凡旌

---

① 《明宪宗实录》卷一三八，成化十一年二月癸巳。

② （明）杨瑞云修，夏应星纂：《（万历）盐城县志》卷七《节妇传》，台湾成文出版社有限公司 1983 年版，第 285 页。

③ 《明太宗实录》之《修纂凡例》。

表孝子、顺孙、义夫、节妇悉著乡里、姓名、行实。"①以上事实说明，盐城的文化教育相对落后，导致两个后果：一是社会上层，通过科举入仕的官员很少，中进士的人就更少。据万历《盐城县志》卷六《选举志》记载，迄该书修纂的万历十一年止，盐城中进士的只有陈献、郑端、蓝郁、万云鹏、夏雷、陈斗南、季永康、夏应星八人。但此八人仕途发展均不顺利，只有万云鹏一人达到实录记载的标准，其他的皆无资格写入国史。"万云鹏，正德甲戌科唐皋榜，仕至福建右布政。"②但是万云鹏在实录中竟无附传。他早在嘉靖三十四年（1555）66岁时便告老还乡，万历十三年（1585）去世时已96岁，可能早为朝廷所遗忘，因而被《明神宗实录》修纂者遗漏。郑端入国史的资格差一点。他是弘治癸丑科毛澄榜进士，"仕至贵州按察司副使"③，而实录的要求是按察司正使才能入史。二是社会下层，虽然受到儒家节孝观念影响，但由于地方政府推力不够，故难以为国史所表彰。实录对盐城节妇记载少，并不意味着这种现象在盐城罕见。据万历《盐城县志》卷七《节妇传》得知，从国朝许成五妻黄氏开始，直到王瑞妻夏氏止，有多达30名的节妇被记载下来。可以说盐城地方贞节妇女也不算少，但地方政府缺乏有力的推手，难以将她们的"事迹"上报至朝廷，或在朝廷甄选时用力不够，只有唐颜宾妻李氏获得国家级别的旌表，其他的多默默无闻，或仅为地方官员所推崇。像颜遂妻胡氏，丈夫死后被迫改嫁，乃自缢死，"有司以'贞烈'扁门"；帖鐏妻那氏也是"有司以'贞节'扁门"；王瑞妻夏氏是"以'贞节'扁门"。④这些都是由地方官表彰，而非由朝廷旌表。

当然，地方史对本地人才的记载便有聚焦效应，收录的人物远

---

① 《明太宗实录》之《修纂凡例》。

② （明）杨瑞云修，夏应星纂：《(万历)盐城县志》卷六《选举志》，台湾成文出版社有限公司1983年版，第220页。

③ （明）杨瑞云修，夏应星纂：《(万历)盐城县志》卷六《选举志》，台湾成文出版社有限公司1983年版，第220页。

④ （明）杨瑞云修，夏应星纂：《(万历)盐城县志》卷六《选举志》，台湾成文出版社有限公司1983年版，第285、290、290页。

远超过国史。像明代杨瑞云修、夏应星纂的万历《盐城县志》所记本地人物集中在第五卷《名宦志》和第七卷《人物志》，《人物志》下分为忠臣志、烈士志、名贤传、孝子传、顺孙传、义夫传、节妇传、义土传、流寓传、仙异传、杂传十一类，记载了本地的大量人物和人才。① 这说明，方志对本地人物和人才记载不厌其详，而国史对地方人才的记载，则有严格的全国性标准。正如前揭《盐城县志·凡例》称"贞妇乃国家元气，邑里美谈虽未经旌者，亦并收入"。二者存在视野和立场的不同。

六、国计民生：国史对盐城盐业和私盐问题的注意

南宋初黄河夺淮入海，带来大量泥沙，使盐城海岸迅速向东延伸。明宣宗时，县城离海达三十余里，北宋时范仲淹所筑范公堤以西的盐灶产量大减，煎灶多迁至堤东，但盐城仍不失为海盐重要产地。境内所辖伍佑、新兴两个盐场，年产盐分别达到 192720 桶和 132124 桶（每桶 200 斤），产量仍居全国前列。盐业的发展带来了商业、手工业、运输等各业的兴旺，导致城市人口增加很快。洪武二十四年（1391），盐城居民达 8913 户，共 61800 人；嘉靖四十一年（1562），居民增至 18000 户，达 99320 人。② 但是，盐城的这些变化，国史并未给予足够的关注。

虽然《明实录》对盐城地方的盐业生产并不关心，很少用其宝贵的篇幅予以大量记载，但仍然在有意和不经意之间，留下了一些有关盐城的盐业状况的史料。《明太祖实录》对盐城之盐业无一记载，可能与农民出身的朱元璋大力推行重农抑商政策不无关系。最先提到与盐城盐业相关史实的，是记录朱棣史实的《明太宗实录》。该书第一次记载了与盐城相关的运盐官河。永乐四年九月癸亥，扬州府泰州判官黄通理上奏："州境旧有运盐官河，每遇淫雨辄泛溢，伤民田宅。乞于晋定、泰河及西溪南仪阰三处各开水口，使下

---

① （明）杨瑞云修，夏应星纂：《（万历）盐城县志》卷六《选举志》，台湾成文出版社有限公司 1983 年版，第 201~216、259~300 页。

② 凌申：《盐业与盐城的历史变迁》，《盐业史研究》1997 年第 2 期。

流，经兴化、盐城界入海，仍各置闸以时启闭，永为民利。"①这虽然讲的是泰州境内有运盐官河，开挖河口时，使该河从盐城等县境内入海，但间接说明，此运盐官河从此可直达盐城，与盐城的盐业运输建立联系。

此后，实录从盐场、盐徒等方面记录了与盐城的盐业相关的情况。

首先，《明实录》记载了盐城盐场的一些情况，透露出灶户、煮盐用草的情节。盐城靠海之地建立着一些盐场，如伍祐、新兴等。据《明英宗实录》卷六五载，正统五年三月乙巳，"直隶淮安府盐城县奏伍祐、新兴二场运河壅塞，阻商旅行舟，乞浚之。事下行在工部覆奏，请下淮安府俟丰年兴役"。获得英宗批准。这里所说的伍祐、新兴二场，指的就是盐场。通往此二场的运河壅塞，导致运盐的商旅舟船受阻，于是决定等到丰年后开挖疏浚，以利运盐。《明世宗实录》也提到了盐城的盐场。嘉靖十八年九月丁未，因为发生了水灾，朝廷决定如例蠲免盐城等州县及诸卫所"盐场、沿海一带税粮"，并商议"赈贷"措施。②《明神宗实录》载，万历三十三年三月，督理两淮盐课御史乔应甲上奏道："臣奉命巡行各场，盐城事完，迤逦而西，中亘一堰曰范公堤，堤以西粮田也，固灶户之所不得侵；堤以东荡田也，亦编民之所不得辟。载在制书，班班可考。不知起自何年何人私行开垦，初则数亩，渐至数顷，而今什伯千万不可数计矣！不肖官因而擅置簿籍，公然给帖，谓之升租，每亩三厘。彼种田百亩，岁赋不过三钱，而假公济私，报一垦二者，又十场而九也。说者谓场变为田，租入为利，似乎公私两便，而不知盐办于灶，灶依于场，场之既去，草从何生？草既不生，盐从何出？贪富豪三厘之租，卖祖宗百年之荡，坏法乱纪，安所底极！乞敕部严行申饬，无容私垦。其已成熟之地，悉令丈量明白，奏请定夺，始初给帖收租之官，仍行追查参治！"③疏中是说，盐城以西有

---

① 《明太宗实录》卷五九，永乐四年九月癸亥。
② 《明世宗实录》卷二二九，嘉靖十八年九月丁未。
③ 《明神宗实录》卷四〇七，万历三十三年三月己亥。

一个范公堤，堤以西是粮田，以东是荡田，各不相侵。但后来由于
有人向东开垦荡田为农田，每亩上交三厘银子，得到地方官的首
肯。但这一举措导致荡田的减少，使荡中的芦苇等草随之减省。草
是用来煎煮盐的能源，如果毁掉了荡，减少了柴草，必然影响灶户
煮盐的效率和产量。因此引起了两淮盐课御史乔应甲的反对。这是
实录对盐城盐场生产状况最直接的反映。

　　其次，《明实录》对盐城盐业记载最多的，还是盐贩（盐徒），
主要是私盐贩子的情况。因为盐业是明朝政府重要财税来源，对盐
业走私瓦解财税体制比较重视，所以实录中记载最多的，就是对盐
帮盐徒（私盐贩子）的防遏与打击。《明英宗实录》正统二年四月，
巡视盐场监察御史尹镗上奏："扬州等卫所自狼山至盐城，旧设烽
堠八十六座，大河等卫张网海口，迤北烽数尤多。初用民守瞭，以
侍郎成均言，易以军。今各卫军少，欲将问拟犯私盐者编充哨卒，
限满释之。"事下行在刑部右侍郎何文渊、左副总兵官都督王瑜等
集议。何文渊等人奏道："盐徒编成，难于钤束，不无遁逃，且军
得以因缘脱籍。合于官军户下有犯当徒者拨充，仍于附近卫所管
领。通行南京法司并南直隶卫所拨发，以足为度。"英宗"从之"。①
《明宪宗实录》也对盐城的"贩私盐"的现象有所涉及。成化十年十
月壬寅，守备仪真等处指挥佥事宋纲言："仪真、扬州、高邮三卫
及泰、通、兴化、盐城四所京操军士，每遇放班休息，有贩鬻私盐
者，不预禁之，惧生他患。乞行巡按御史严加约束，军士有违及所
司故纵同谋者，具闻究治。"受到宪宗的首肯。②《明宪宗实录》卷
二七五又载，成化二十二年二月甲申，兵部尚书马文升等言："南
直隶凤阳、庐州、淮安、扬州四府，徐、滁、和三州，俱腹心重
地。比年荒旱，人民缺食，流离转徙，村落成墟。近闻所在饥民聚
众行劫，况通、泰濒海之处，盐徒巨盗出没不常，须倍加安辑，以
备不虞。乞降敕三道，一令总督备倭署指挥同知郭鋐暂居通、泰、
盐城，以为海道防御；一与总督漕运兼巡抚凤阳等处左副都御史李

---

　　① 《明英宗实录》卷二九，正统二年四月壬午。
　　② 《明宪宗实录》卷一三四，成化十年十月壬寅。

敏；一与守备太监李棠，严督所属，整饬兵饷，赈恤军民。凡弭盗
备荒之策，许得便宜举行。"得到宪宗批准。这里所说的盐徒，便
是贩私盐的盐帮。《明世宗实录》也记载了盐城的盐徒情况。嘉靖
二十年五月，操江都御史王学夔建议："江北仪真守备都指挥，专
禁捕盐徒、盗贼，亦兼备倭御。自六合县至仪真、扬州、通州、狼
山、海门及掘沟各营寨，高邮、盐城、海州、东海等卫所，皆属
之。"得到皇帝的批准。① 盐徒在《明神宗实录》中也得到记载。万
历二年十月，总督漕运都御史王宗沐奏议："徐、邳民俗犷犷，盗
贼充斥，盐城地滨江海，盐徒出没。"他建议将韩荣改为徐、邳参
将，专驻徐州，往来邳、宿；丁介夫改为盐城守备，常川操守。得
到皇帝的准许。② 看来，盐城的盐业发达，贩盐利润丰厚，贩私盐
更是如此，导致盐徒铤而走险。《明实录》作为皇家秘典，更注重
江山的稳固，对盐徒走私的犯法行为十分在意，故多所记载，相反
对盐城的盐业生产却以末业视之，较少直接记录。这是专制社会国
史的明显缺陷。与国史不同，盐城的地方史却对盐业有专门的篇幅
作记载，黄垣、沈俨等编乾隆《盐城县志》卷四《民事》中便有《盐
政》一篇③。这反映了国史与方志的不同立场。

七、结语

第一，盐城作为明代南直隶淮安府濒临黄海的一个偏远小县，
以盛产淮盐出名，然而，盐城在国史《明实录》中最受关注的却不
是其盐业，而是它的灾害和赈灾，显然，在国史眼中，地方的生产
和特色并非它关注的焦点，它所关注的只是朝廷对地方的赈灾和施
恩，显示皇恩的浩荡。第二，国史对盐城关注较多的是它的军事置
废和军官任免，以及行政建置和官员升降，这是因为它关乎国家对
地方的控制和统治，反映大一统政治的基本特点。第三，国史对盐

---

① 《明世宗实录》卷二四九，嘉靖二十年五月庚寅。

② 《明神宗实录》卷三〇，万历二年十月丁卯。

③ （清）黄垣修，沈俨纂：《（乾隆）盐城县志》卷四《民事》，乾隆十二年
刻本。

城在国家水利决策中的地位作了一定的记载，每当治理黄河和淮河时，都将水引入盐城，从此导入海中。盐城实成为国家治水中的一颗重要棋子，而承受巨大的牺牲。第四，国史对盐城在税收、养马、京操等方面为国家作出的贡献也有一定的记录，反映了盐城地方在大一统体制下为中央提供的义务。第五，国史对盐城的人才也作了表彰，虽然盐城教育文化相对于苏南地区不甚发达，人才较少，但国史还是有所关注的。当然，这种关注并不是降格以求，而是以实录固有的修史凡例为标准，达到了国家人才标准才能收入国史中。第六，国史对盐城的盐业也从不同角度有所涉及和关注，虽然对盐场、运盐交通有所记载，但更关注私盐贩运和盐徒的防范，因为贩私盐的盐徒对国家的盐业政策和税收起到瓦解作用，不能不引起重视，这表明国史是以国家立场来取舍盐城地方的史实和史料的。虽然盐城史事能够记入国史是件荣耀之事，但国史毕竟不能完整反映盐城地方的历史，完成这一任务必须借助于方志。国史与方志的结合，才是地方史研究的应由之路。

第三节 《清实录》的海南视角

一、清代海南与《清实录》

海南是中国重要的海运基地和海防前线，在海上丝绸之路上占有不可或缺的一席之地。清代的海南，由于海禁的影响，其在海上丝绸之路中的作用受到一定限制。这种限制究竟达到了何种程度，清代海南的海运与海防的情况究竟如何，需要进行认真的探讨。对于海南与古代丝绸之路的研究，学术界已经取得了一些成果，如姜樾对海南岛港口之于海上丝绸之路的作用①，何翔、梁永强和张书

---

① 姜樾：《海上丝绸之路与海南岛港口》，《广东民族学院学报》1991年第3期。

裔对"海上丝绸之路"之于海南发展的影响①，张一平对古代海上丝绸之路之于南海区域的影响②等问题上，都作过相应的研究。对于清代海南的海运和海防问题的研究，未见专门的论著，但仍有一些论文有所涉及。何瑜不仅对清代海南开发的历程作了概述，而且将清代台湾与海南经济开发的过程和模式作了比较③，汉霞则集中对清代前期海南在国内外贸易中的发展状况作了讨论④。其中都兼有对海南在清代的海运与海防问题的叙述。本节以《清实录》为考察范围，探讨这部清代编年体国史对清代海南的海运与海防所作的记载和观察。在这方面，迄今未见有人作过工作。

清代海南为广东省辖区，光绪三十年以前，整个海南只设琼州府(治今琼山市府城镇)1府，下辖11县2州。11县分别是琼山(治今府城镇)、澄迈(治今澄迈县东北)、定安(治今定安县)、文昌(治今文昌市)、会同(治今琼海市东北)、乐会(治今琼海市东南)、临安(治今临安高县)、儋州(治今儋州市西北)、感恩(治今东方市南)、昌化(治今昌江黎族自治县西)、陵水(治今陵水黎族自治县)；2州就是崖州(治今三亚市西北)和万州(治今万宁市)。光绪三十一年(1905)，以五指山为界，将海南一分为二，山北由琼州府管辖，山南由新升格为直隶州的崖州管辖，崖州直隶州下辖原属琼州府的感恩、昌化、陵水、万州4县(万州由州降格为县)，而琼州府只辖剩下的山北8县。琼州府和崖州直隶州，统归琼崖道，再隶属于广东省。⑤

海南的起步是在明代，洪武三年(1370)，海南改琼州为琼州

---

① 何翔、梁永强、张书裔：《海南与"海上丝绸之路"》，《海南金融》1995年第12期。

② 张一平：《古代海上丝绸之路对南海区域的影响》，《新东方》2010年第3期。

③ 何瑜：《清代海南开发述略》，《中国边疆史地研究》1992年第2期；《清代台湾与海南经济开发的比较研究》，《学术研究》1988年第2期。

④ 汉霞：《清代前期海南在国内外贸易中的发展》，《广西社会科学》2004年第10期。

⑤ 参见《清史稿·地理志·琼州府 崖州直隶州》。

府，下辖 3 州 10 县，隶广东布政使司。从明代始，海南便设立了海南卫，负责海南的海防和岛内的安全。据《明宪宗实录》载，巡抚广东都御史吴琛等奏："琼州孤悬海外，所辖州县凡十有三，原设海南一卫，及在外儋州等六千户所，去广城二千余里，分巡、分守官经年不一至。遇有警急，猝难驰报。乞专任副使一员，提督兵备，防御倭寇。"兵部审议后，"为之覆请"，于是朝廷"升监察御史涂棐为广东按察司副使，提督兵备，分守琼州府地方"。① 这是琼崖道的起源。看来，清代海南的行政建置，是在明代基础上发展而来的。

海南孤悬南海，其特殊的濒海环境，不仅使它在经济上成为重要的海上交通要道和海运基础，而且也使它与政治中心发生着密切的联系，甚至牵动着远在北京的朝廷的神经。因此，作为大清编年体国史的《清实录》，便对这些历史事件给予了足够的关注和记载。

《清实录》是清朝官方设立实录馆专修的官史，代表着清廷的立场和态度。笔者通过对《清实录》史料的梳理，发现它对与海南的海洋事务有关的历史记载，主要集中在以下四个方面，即海难所引起的外交事件、海南的海运与通商口岸的开通、海南的海防以及海南的海盗。下面分题逐一介绍。

二、海上意外事件使海南成为《清实录》关注的焦点

外国使者和商人的船舶因海难而漂流至海南，以及海南的船只被风吹至越南的意外事件，使海南这个偏僻的岛屿，成为外交事件的中心，使北京朝廷不得不予以关注和重视，《清实录》因而给予重点记载。

乾隆年间，经常有安南的使者或商人的船只，被风吹至海南，在这里靠岸和登陆。据《清高宗实录》卷一〇一载，乾隆四年九月庚申，两广总督马尔泰题报："乾隆三年分，安南国番邓兴等，因在海洋地面驾船采钓，行驶之际，陡遇飓风猝起，势甚猛烈，时当仓卒，人力实无可施，虽极力救护，仅未至于覆溺，而风狂浪大，

---

① 《明宪宗实录》卷七七，成化六年三月辛巳。

不能择地收泊，任风吹驶，幸于乾隆三年五月初四日将该番等船只，漂入文昌县清澜港口。"他同时奏报道："又安南番令奉等因驾船装谷，于乾隆三年五月十三日被风漂至崖州保平港"，并指出，这些外国人登陆海南后，"节据各该地方官详报，俱经前督臣鄂弥达先后批行布政使，饬给口粮抚恤，发遣回国"。高宗将份奏书发往相关部门，让"该部知道"。同书卷二三九载，乾隆十年，两广总督那苏图疏报："安南国难番黎文请等七名，于乾隆八年驾藤步单桅船一只，往广义采玳瑁，被风飘至崖州望楼港。业经支给口粮，加意抚恤，今发遣回国"，皇帝也要求"下部知之"。①

这种现象由来已久。早在明洪武七年，便有暹罗斛国使臣沙里拔来朝贡方物，自称"本国令其同奈思里侪剌悉识替入贡，去年八月舟次乌诸洋，遭风坏舟，漂至海南，达本处，官司收获，漂余苏木降香兜罗绵等物来献"，广东省臣以奏。太祖"怪其无表状，诡言舟覆，而方物乃有存者，疑必番商也，命却之"。② 弘治十六年，琉球国王遣使人吴诗等"乘舟之满剌加国，遇风舟覆，诗等一百五十二人漂至海南登岸，为逻卒所获"。广东守臣上奏朝廷后，孝宗"命送诗等于福建守臣处，给粮养赡，候本国进贡使臣去日归之"③。

在海南人善待遭海难而至的安南使臣和商人的同时，海南的船只也常因海风，被吹到安南。这也成为清廷的外交事件，从而为《清实录》所记载。道光十四年，广东地方官卢坤等"由驿驰奏"《越南国差官护送广东遭风师船弁兵回粤》一折，折中称："三月二十六日，广东左营外委陈子龙，在琼州府厂领驾左营一号捞缯船一只，兵丁共二十七人，遭风漂到越南清华省地方。经该处官目接引入港，资给钱米。复经该国王派官前往设宴款待，分给外委弁兵银米等物，并将船只器械代为燂洗修补。旋派差官李文馥等驾船护送回粤。越南远隔重洋，素称恭顺。今该国王因内地兵船遭风漂泊到

① 《清高宗实录》卷二三九，乾隆十年四月己未。

② 《明太祖实录》卷八八，洪武七年三月癸巳。

③ 《明孝宗实录》卷二〇四，弘治十六年十月辛丑。

境，优给供顿，种种周详，虽据该使人禀称，此系分内应办之事，上年护送水师提标遭风米艇回粤，该国王仰沐厚赏，心已不安，此次不必具奏。该督等即传谕该国王，现已奏请恩施。大皇帝闻汝拯救师船，资赡送回，虔恪尽礼，可嘉之至。自应优加奖赐，以广怀柔。"宣宗对此事十分重视，"降敕褒奖，并赏赐该国王各样缎匹"。还决定"此次该国带有压舱货物，及将来出口货物，俱着加恩免其纳税。仍循照旧章先行开舱起货销售，俾免稽迟。所有颁给该国王赏件，着该督等先行文该国王知之。俟敕谕发下，即将赏件一并交兵部由驿递往广东。遇有该处船只之便，该督等即饬令携带回国。如无便船，则移交广西巡抚酌量妥寄。至该国差官李文馥等，亦着该督等优加赏赉，交该国王颁给"①。可以说，大清国以天朝上国的姿态，对越南善待中国海南官兵的行为，给予了极大的奖励。其实，越南这次送海南水师回来，随船带来了许多"压舱货物"，也借机来进行贸易，对此清廷给予了包括免税在内的很大优惠。道光二十三年八月初九日，广东海口营把总调补崖州协水师把总李茂阶，"管驾新恒益商船，追捕盗匪，遇风漂抵越南国清化省靖嘉府地方。经该国王派员款劳，拨匠修补，并派令官员兵丁，驾船护送"，于二十四年六月初五日"回抵琼州"。宣宗接到耆英的报告后，指出"越南国远隔重洋，素称恭顺。今该国王因内地兵船遭风漂泊到境，接待款留，种种周详曲到，虔恪尽礼，可嘉之至。着降敕褒奖，并赏赐该国王各样缎匹，以示宠嘉。此次该国带有压舱货物，及将来出口货物，俱着加恩免其纳税，仍循照旧章，先行开舱起货销售，俾免稽迟。所有颁给该国王赏件，着该督等先行文该国王知之，俟奉到敕谕赏件，遇有该处船只之便，该督等即饬令携带回国。如无便船，则移交广西巡抚，酌量妥寄。其该国差官阮若山等，亦着该督等优加赏赉，交该国王颁给"②。这次处理与前次完全相同，说明中越之间已形成了一个处理因海难而漂至越南的海南船只的基本模式。此一模式，在《清文宗实录》中再次获载。咸丰

---

① 《清宣宗实录》卷二五五，道光十四年八月庚申。
② 《清宣宗实录》卷四〇八，道光二十四年八月己未。

元年，徐广缙、叶名琛奏《越南国差官护送广东遭风弁兵回粤》一折，折中奏称"广东崖州协把总吴会麟管带兵丁五名，水手四名，驾船至省，领运硝磺回营。于上年十一月十八日，由琼州海口行驶，被风漂至越南国顺安汛洋面。经该国王资给钱米，派拨官兵驾船护送，于本年六月回至广东。越南国远隔重洋，素称恭顺，今该国王因内地弁兵船只遭风，漂泊到境，款待周详，护送回粤，实属恪恭尽礼，可嘉之至，自应优加恩赉，以广怀柔"，于是文宗谕内阁"着降敕褒奖，并赏赐该国王各样缎匹。此次该国带有压舱货物，及将来出口货物，俱着加恩免其纳税，仍循照旧章，先行开舱起货销售，俾免稽迟。所有颁给该国王赏件，着该督等先行文该国王知之，俟奉到敕谕赏件，遇有该处船只之便，即饬令赍带回国。如无便船，即移交广西巡抚，酌量妥寄。其该国行价黎伯挺等，亦着该督等从优赏赉，交该国王颁给"。①

　　除了外国使臣和商人遭受海难漂流至海南外，清朝东南沿海的船舶也会因为风向和洋流的关系，而漂流至海南岛。对此，清朝的政策并不像对待外国人那样优待，而是借支盘费口粮，过后再扣还。乾隆时的一次海难，因皇帝怜悯，特地豁免。《清高宗实录》有所记载，乾隆七年十一月，漳州城守营把总马庇带领班兵赴台换防，"在洋遭风折舵，漂至广东琼州府文昌县地方"。当时"各兵借支盘费口粮银五百七十九两六钱，例应于各名下均摊扣追还项"，但高宗"念兵丁等于海洋遭风，备历艰险，情殊可悯。所有借支银两，此时难以扣抵，着加恩豁免，以示优恤"。②

三、海南的海运与口岸为《清实录》所注视

　　海南拥有海上运输的便利，历来是海运的重要港口和中转基地，也成为著名的海上丝绸之路中的一段重要航线，因此受到《清实录》的特别关注。清初，由于围困郑成功海上集团，清廷采用了严厉的海禁政策，使得海南的海运严重受挫。这在《清圣祖实录》

① 《清文宗实录》卷四〇，咸丰元年八月丁丑。
② 《清高宗实录》卷二一六，乾隆九年五月辛巳。

卷七七中有载记载，康熙十七年九月己亥朔，平南王尚之信上疏说："剿除海逆亟须船艘，其如军需浩繁，势难营造，请暂开海禁，许商民造船，由广州至琼州贸易自便，则臣得藉商船，由广海海陵龙门一带进取，以收捣巢之功。"但是，圣祖仍然坚持海禁，他颁旨道："向因平南王尚之信言，粤东虽已底定，郑逆仍踞厦门，宜申海禁，以绝乱萌，故准旧界严行禁戢。今若复开海禁，令商民贸易自便，恐奸徒乘此与贼交通，侵扰边海人民，亦未可定。海禁不可轻开，其鼓励地方官员捐助造船，以备征剿之用。"自郑克塽举台投降后，清廷的海禁政策有所松弛，允许民间"客商"出海运输以及中外商船停靠海南诸港，并在海南设关收税。据《清高宗实录》卷一四六九载，乾隆六十年正月，两广总督觉罗长麟、广东巡抚朱圭上奏道："粤东收款小钱，节奉谕旨，令各津关留心查验。其……琼州府之海口等处，均饬府县一律设局，委员收缴。先行示谕经过客商，准其赴局呈首，一体给价。如系委员查出，不给价。仍禀明该道核办。"高宗下旨道："以实妥为之。"乾隆五十一年，两广总督孙士毅、粤海关监督穆腾额上奏，称粤海关管理总口七处，此外又有"惠州、潮州、高州、琼州及雷廉五总口，并分隶五总口之各小口四十余处"，他们声称"附省之总口小口，夷船货物，在在经由"，而"其余五总口及分隶之小口，系内地本港船只出入，距省自数百里至二千余里不等"，其实，此言并不全对，因为在琼州及其口岸出入的也有"夷船"。①

往来海南的商船，经常将大陆的米粮运至琼州府。据《清高宗实录》卷三五载，乾隆二年正月乙巳，"广东高、雷、廉三府，素称产米之乡，即海南琼州一府，每年仰食斯地，官民隔海买运为常。闻今岁雨泽愆期，又兼飓风一次，秋成歉薄，且海南买运，倍于往时。虽经督抚拨运广州府属仓粮前往琼州接济，而公私采买尚多，以致米价渐昂"。同书卷七三载，乾隆三年七月庚午，"琼州府属澄迈等十州县……本处产谷无多，须在别府买补，涉洋挽运，风信靡常，如有疏失，请据实题豁"。又卷一二八载，乾隆五年十

---

① 《清高宗实录》卷一二五七，乾隆五十一年六月辛丑。

月辛亥，署广东巡抚王謩疏称"琼州府委员赴廉州府领运监谷，因在洋遭风，沉失谷三百九十四零，应准豁免"。从之。《清高宗实录》卷四六九载，乾隆十九年七月，署两广总督杨应琚奏："琼州府山多田少，惟藉商贩流通，但海中风信不常，市价多致腾贵。"他要求"琼州各属仓谷，凡遇风阻无船，米谷昂贵，即开仓平粜，风定船来即停"。说明当时琼州府的大陆的粮食是通过海运来转输的。嘉庆年间，海南仍然从高、廉等地购买和海运粮食。据两广总督百龄等奏称，"粤省各属商贩米粮"，可以"改由陆运者，亦已禁其出洋外"，但是"东路之南澳厅买自潮州府属；西路之琼州府买自高廉等府，该二处既无陆路可通"，因此必须经过海路运输，"商船经由海面有百余里，一经出洋之后，即难保无奸商牟利私售，及盗船截劫之弊"。① 以上均说明海南由于自身缺粮，必须从大陆海运粮食，从而证明海运对海南的重要意义。道光年间，正当清政府限制"纹银出洋、鸦片入口"之际，却有"潮州、琼州各府商民，每图捷径，航海往来"，有人上奏请"令各商船概走内河，不许出洋行走。如有必须经洋之处，须领有新给船照，及各关税单，验明放行"。② 这说明海南商民航海之频繁和海运之必然。将大陆的粮食运往海南，一般要经过琼州海峡，而琼州海峡有固定的航班和轮渡，这在《清高宗实录》卷七一三中有载，乾隆二十九年六月癸卯，工部议准广东布政使胡文伯奏称："琼州府之海口、雷州府之海安两处，原设有班船七只，每船水手十四名，以济商贾渡洋。近因行户自置船只，载送人货，俱领县照，商民多便。请裁减班船四只，水手五十六名。"获得批准。

海南的海运，既有合法的，也有走私性质的。有时候甚至是官员操纵海上走私。据《清高宗实录》载，广东琼州府知府袁安煜，"不恤民间疾苦，贪黩不堪，声名狼藉"。乾隆元年执行平粜时，他将粮食"移至海口发卖"，"将卖米之钱，运至海北发卖，以图重利，私入己囊"。他还"发本银三百两，给与书办张凤翼，同私贩

---

① 《清仁宗实录》卷二一七，嘉庆十四年八月乙巳。
② 《清宣宗实录》卷三〇〇，道光十七年八月乙亥。

硝磺人林光美贩卖谷石，前赴安南发卖，私贩硝磺运回"，结果被营兵拿获。于是清廷将袁安煜革职法办。① 海南走私货物中，大黄是一种特殊的商品。"大黄药料，为民间疗疾所必需"，清政府"原恐各处海口地方偷贩出洋，转售俄罗斯，希图厚利，必须严加查禁"，对于"如台湾、琼州、崇明等处，地悬海外，仍着各该地方官酌定限制，给与官票呈验，以防私贩偷漏"。② 说明此前琼州等地走私大黄很猖狂。《清高宗实录》又载，两广总督福康安奏称："粤东地处海疆，若大黄任其出洋，势必转入俄罗斯境。琼州一府，紧接外洋，应准商民等由省城、佛山，每年贩卖五百斤往售，官为给票。"这些记载都说明琼州府是走私大黄的重要口岸，因此必须出具官方发给的官票才能贩卖。有些商船冒禁走私，将军火、粮食卖给洋面上的海盗。道光十二年，宣宗明令禁止："海口出入商船，着严行稽查，毋许以军火、米谷济匪，伤亡弁兵，查明照例办理。"③

由于海南的海运地位显要，因此受到外国殖民势力的关注。第二次鸦片战争时，迫于英法联军的压力，清廷将琼州作为通商口岸开放。据《清文宗实录》卷三〇九，咸丰十年（1860）三月壬申载，清文宗谕军机大臣等："……至增添口岸一节，除长江内固不可行，此外嗼国所求牛庄、登州，皆与天津逼近，亦难允准，只可照咪夷增潮州、台湾二口，此外不增。如必不得已，嗼国可再添其所请之琼州一处，扼国可再添其所请之淡水一处，连潮州、台湾，已共添四口，不为少矣。"此后，琼州便作为通商口岸对外开放，并在总理各国通商事务衙门的领导下，由江苏巡抚薛焕会同各广东省督抚办理。据《清文宗实录》卷三三七，咸丰十年十二月己巳载，文宗谕内阁："……京师设立总理各国通商事务衙门，着即派恭亲王奕䜣、大学士桂良、户部左侍郎文祥管理。并着礼部颁给钦命总理各国通商事务关防。……其广州、福州、厦门、宁波、上海及内

① 《清高宗实录》卷四三，乾隆二年五月辛亥。
② 《清高宗实录》卷一三三一，乾隆五十四年闰五月甲辰。
③ 《清宣宗实录》卷二二六，道光十二年十一月壬寅。

江三口，潮州、琼州、台湾淡水各口通商事务，着署理钦差大臣江苏巡抚薛焕办理。新立口岸，除牛庄一口仍归山海关监督经管外，其余登州各口，着各该督抚会同崇厚、薛焕派员管理。所有各国照会，及一切通商事宜，随时奏报，并将原照会一并呈览。一面咨行礼部，转咨总理各国通商事务衙门，并着各该将军、督抚互相知照。"

四、海南的海防为《清实录》所记载

海南岛孤悬南海，四面临海，海岸线绵长，又当海上交通要冲，因此会遇到海盗和外国势力的袭扰和侵犯。据《清实录》称"琼州镇，孤悬海外，通外洋诸国。五指山屹立大洋，易藏奸宄。每年带兵巡哨，且辖水师各营，均资弹压"①。于是，海防问题成为清廷关注的重点，作为清代官史的《清实录》自然也对此类事件十分关心，给予多方面的记载。

对于海南海防的军事制度建置及其变化，《清实录》颇为重视，多有记载。据《清世祖实录》卷一四二载，顺治十七年十一月甲子，裁广东海南"儋州所归并崖州所，南山所归并万州所，昌化所归并清澜所"。《清圣祖实录》卷一六载，康熙四年七月壬寅，清廷决定以潮州、琼州、广州、海安等处水师归广东提督统辖。同书卷一一〇载，康熙二十二年六月壬午，"并雷州一府于琼州道，改为分巡雷琼道"。又卷二七八载，康熙五十七年三月庚寅，兵部等衙门同意了两广总督杨琳关于分路海巡的建议："应令南澳总兵官、琼州水师副将为统巡，派出标员为分巡，专巡本营洋面外，自南澳而西，平海营而东为东路；自大鹏营而西，广海寨而东为中路；自春江协而西，龙门协而东为西路。各令总兵官、副将为统巡，标员、营员为分巡，每年轮班巡查。"他还提出了"请将琼州水师副将归琼州总兵官管辖"的建议，都获得了批准。关于分路海巡的计划，在《清高宗实录》卷四九六中也有记载，乾隆二十年九月己卯，兵部议准两广总督杨应琚疏，称"粤东各路洋巡分上下两班，会哨二

① 《清高宗实录》卷五七〇，乾隆二十三年九月乙未。

235

次。自海安至龙门为西下路，每年下班，以龙门副将统巡，于七月初十日与吴川游击会于硇洲洋面，九月初十日与琼州副将会于白沙洋面"。获得批准。

《清世宗实录》卷九一载，雍正八年二月庚子朔，移广东"儋州安海司巡检驻薄沙汛，崖州抱岁司巡检驻乐安汛"，并"添设琼山县水尾司巡检一员，万州宝停司巡检一员。裁儋州大丰仓大使一员，琼州府司狱一员"。同书卷一一〇载，雍正九年九月戊寅，吏部议覆广东巡抚鄂弥达疏奏添设移驻官弁事宜："崖州外接安南，内邻五指生黎，请将琼州府海防抚黎同知移驻其地。"又称："崖州水土恶毒，正杂各官，俱列边俸，其移驻之海防抚黎同知，如果三年之内抚绥有术，黎民安堵，请照例以应升之缺即用。"世宗同意了这个建议。据此奏知，海南海防抚黎同知，兼有对外海防，对内抚黎的重任。《清高宗实录》载，乾隆三十一年，署两广总督杨廷璋奏称"儋州营新英港、万州营桐栖港，港口现有炮台，派拨弁兵防守。该二港原设桨船四只，船身窄小，不能驾驶出洋，应请裁，将配船兵拨归炮台"。这个有关海防的军事措施，获得批准。①《清宣宗实录》卷二〇八，道光十二年三月辛未，根据协办大学士、两广总督李鸿宾的奏请，清廷对海南有关海防的军事建置作了部署和调整，改广东崖州营参将为崖州水陆副将，定为外海水师烟瘴题调边缺。海口协都司为崖州协陆路中军都司，定为陆路烟瘴题调缺，均驻扎州城。海口协副将为海口营参将，驻海口；海口协右营守备为海口营中军守备，均仍为外海水师题缺。添设崖州协陆路外委二员，水师外委四员，拨督标营把总一员，外委一员，兵一百名；陆路提标营把总一员，外委一员，兵六十名；琼州左右二营把总一员，外委一员，兵六十名；海安营兵二十五名；海口营兵十五名，统归崖州协管配操防。

对于事涉海防的雷琼道官员的任命，有与当地环境相协配的特殊要求，据《清仁宗实录》卷二四七载，嘉庆十六年八月辛亥，两广总督松筠等奏雷琼道"瘴热潮湿，水土恶劣"，继任此职的道员

---

① 《清高宗实录》卷七七二，乾隆三十一年十一月甲戌。

"必须谙练海疆、能耐烟瘴之员，始克胜任"。同时，清廷"改广东雷琼镇总兵官为琼州镇水师总兵官，镇标左右二营，万州、儋州，原设陆路各营，及水陆相兼之崖州营，均驻扎琼州，仍归琼州镇管辖。……自海口至龙门西下路海口、龙门、海安、崖州各协营，归琼州镇统辖"。

对于在海南海巡中淹死的官兵及其抚恤问题，《清实录》也给予了关注。《清高宗实录》卷六四五载，乾隆二十六年九月辛酉，兵部等部议："广东崖州营外海哨船遭风漂没，应免赔补。淹没步兵李奇芳，照例恤赏。"从之。《清高宗实录》卷一六一二载，乾隆四十三年七月壬辰，"予广东出洋遭风淹毙崖州营外委王仕宦、兵丁周纯章等十六名恤赏如例"。

甚至对于海南自然形成的海防工事，《清实录》也特地记录。据《清世宗实录》卷一〇五载，雍正九年四月辛丑，广东总督郝玉麟疏奏："琼州府海口港门东西炮台之前，壅沙一道，盘绕坚厚，延袤十余里，为海口增添护卫，兵民莫不庆忭。"世宗"下部知之"。

清政府允许海南民间保留防盗所用之鸟枪。据《清世宗实录》卷一〇四载，雍正九年三月乙丑，大学士等议覆广东巡抚鄂弥达疏言："鸟枪一项禁例甚严，但广省之琼州孤悬海岛，外与交趾连界，内与黎人错处，居民多藉鸟枪以为防御之具，似未便照内地一例收缴。请将民间现有鸟枪，令报明地方官注册，并令地方官严饬保甲，于十家牌内开明数目，一户止许藏枪一杆，其余交官收贮。"竟然获得政府的批准，这对严禁民间拥有火器的清政府而言，属于特例。接着，广东总督郝玉麟也上奏称"粤东山海交错，民俗刁悍，其猺猍黎峒等处，傥有殷实商民，需用鸟枪者，请照琼州定例，止令长一尺五寸，家置一杆，赴官报明凿字备用"。把海南保留枪支的政策扩大至粤东的其他地区，政府居然也"从之"。①

到了晚清，海南的海防遇到了自西徂东的欧洲殖民者和脱亚入欧的日本的挑战和威胁。据《清德宗实录》卷二七五载，光绪十五年十月己丑，两广总督张之洞奏："法国兵轮驶至崖州之榆林港，

---

①　《清世宗实录》卷一〇五，雍正九年四月辛丑。

量水插标，显背条约。请饬总理各国事务衙门照会禁阻，并拟筹款在该港驻营筑台，以保形势。"朝廷"下所司议行"。又据《清宣统政纪》卷一六载，宣统元年六月丙申，地方官上奏："粤疆滨海，大洋中洲岛甚多。日人占踞东沙岛，现已据理力争，即可将该岛收回。又查有西沙岛，在崖州属榆林港附近。该岛共有十五处，其地居琼崖东南，适当欧洲来华之要冲，为南洋第一重门户，业已分别勘明，将各岛逐一命名，以便书碑。其岛产则有矿砂，为多年动物所积成，可作肥料之用，一律开采，实足以浚利源。且开辟以后，需用工役必多，招来而安集之，尤为殖民之善策。拟即在岛内设厂，先从采砂入手，俟东沙岛收回后，亦即一并筹办。"清廷下旨："着袁树勋悉心经画，妥筹布置，以辟地利。"这是清朝官史对南海诸岛主要的明确记载。

海防的目的一是为了防御外国侵略者的入侵，二是为了抵御海盗的侵扰和劫掠，特别是后者，成为《清实录》主要的记载内容。

五、《清实录》所见海南海盗的活动与政府的剿捕

清代海南的海运与海盗几乎相伴而生，海运的发达导致了海盗的蜂起。清代广东地方官员曾在海南和广东之间的洋面上，"见大蝦罟盗船，竖旗排列枪炮，正在抢劫商船"①。海盗的猖獗，导致清政府和广东地方政府不得不加强对海盗的剿捕。

据《清实录》载，清代在海南一带洋面活动的海盗，分为三种，第一种是中国东南沿海的海盗，主要是福建的海盗；第二种是外国的海盗，主要是越南的海盗；第三种是中国的海盗，但在外国接受了伪职。以下主要讲一下福建的海盗和越南的海盗。

·在海南周围洋面活动的海盗，很多都来自大陆的东南沿海一带，特别是福建。正如乾隆帝所说"浙江粤东洋盗，多系籍隶福建"②，"浙江、广东所获盗犯，多籍隶福建之人"③。这些来自福

---

① 《清宣宗实录》卷二二六，道光十二年十一月壬寅。
② 《清高宗实录》卷一三七一，乾隆五十六年正月戊戌。
③ 《清高宗实录》卷一三七五，乾隆五十六年三月丙申。

建的海盗，在海南劫掠了商船之后，便逃回福建，登岸后将赃物变卖后获利。为此，朝廷在围捕海南洋面的海盗时，常常令福建、广东的水师和官兵协同进行。《清实录》对此有大量的记载。

康熙年间，海盗杨二等大闹海南，甚至一度攻占海口千户所和澄迈、定安二县，清朝廷予以镇压。据《清圣祖实录》载，康熙十七年十二月三日，琼州水师副将王珍等率领水陆官兵，"大破海逆杨二等于山墩地方"①。然而，康熙二十年五月丙寅，广东巡抚金俊却疏报："海贼杨二等攻犯琼州，据海口所城，又攻陷澄迈、定安二县。总兵官蔡璋等于三月十五日督舟师渡琼，贼分兵迎敌，我兵奋勇夹击，于十六日克复县所三城。杨二等势穷逃窜。擒斩伪总督周胜、伪总兵陈曾等，焚毁贼船一百余只，见获三十余只。"圣祖降旨嘉奖，并下部议叙。②

乾隆五十五年六月，一帮海盗窜至海南崖州老虎头山洋面行劫，当崖州官兵前往围捕时，这群海盗拒捕并杀伤官兵。此一事件影响很大，朝廷十分重视，以至于《清实录》连篇累牍地进行记载。是年八月，署两广总督郭世勋根据雷琼道府上报的情况，描述了崖州老虎头山洋面拒捕事件的经过：当时参将钱邦彦带领外委张中秀出洋巡查，"遇见盗船，即施放枪炮，打伤盗匪，盗船退逃。该参将乘势追拏，冲礁撞破船头。盗匪回帆抗拒，将钱邦彦杀害，并伤毙兵丁舵水人等。外委张中秀赶上救护，兵丁亦各受伤"。高宗对此特发圣谕道："钱邦彦带兵出洋巡缉，陡遇盗船，即放枪炮，打伤盗匪，复乘势追拏，尚为奋勇。乃因遇礁碰损船只，不能行驶，被盗拒伤身死，殊堪悯恻。钱邦彦着照阵亡例议恤。其余伤毙兵丁等，并着郭世勋查明，照例分别恤赏。"他还宣谕军机大臣道："雷、琼一带海面，向有盗匪出没，经福康安严饬沿海文武官兵，两次捕获巨盗林亚五等，审明正法，稍示创惩。今崖州洋面，尚有盗船出没。参将钱邦彦奋勇追拏，因遇礁石，撞破船头，不能行驶，盗匪等竟取乘机回帆抗拒，将钱邦彦杀害，实属逞凶藐法，愍

---

① 《清圣祖实录》卷七九，康熙十八年正月丁酉朔。
② 《清圣祖实录》卷九六，康熙二十年五月丙寅。

不畏死。似此拒捕伤官巨匪，不可不上紧搜捕，按名拏获严办，以惩凶暴而靖海疆。"对海盗猖獗的现象，高宗分析了原因，指出："海洋盗匪，敢于如此肆行无忌，杀害参将大员，未必不因福康安赴京后，郭世勋等不能认真整饬，而沿海文武员弁及水师官兵等，俱各心存懈弛，以致盗匪出洋肆劫，行凶拒捕。郭世勋等实难辞咎。"他要求"各提镇督率水师员弁，带领兵丁出洋搜捕"。指出"若能按名擒获，该抚及提镇等，尚可将功抵过。如盗匪逃散匿迹，不能全数搜拏，惟郭世勋等是问，恐不能当此重咎也"。高宗还提出"福康安接奉此旨，知崖州地方有盗匪拒捕伤官重案，自必急于回粤，严饬督拏，更为得力"。等到福康安赶回粤东后，"如盗匪尚未全获，务须督饬严拏，尽法处治，毋使一名漏网"①。

至十二月，崖州老虎头山洋面拒捕案件有了进展。署同安县知县张学溥"缉获崖州拒捕官兵案内盗犯邓全、吴佑二名"，经过审讯，得知他们一伙共二十二人，"乘驾纪日盗船，于六月二十五日，驶至广东虎头山外洋，遇船六七只在洋对敌。见有一船损坏，该犯等乘势驶拢，同各盗船人众拥上，抢夺马褂腰刀，拒伤官兵，各自回船逃逸"。但这些海盗供称："那日见各船互相抵敌，乘势往抢，实不知何人把官兵伤害。其先在洋面盗船三只，并非同夥。再三诘讯，姓名尚无指实。"闽浙总督伍拉纳建议"将邓全等严行监禁"于闽省。但此案前据两广总督福康安奏，称"盘获崖州案内夥盗关应华等四犯，供出拒捕日期及洋面，尚属相符。惟关应华等所供案内盗首系何起文、李广才、蛋家二、亚常、大辫三，共船五只，除李广才一船落后，其拒捕伤官首夥，实系何起文等四船，与本日伍拉纳奏到邓全所供只有盗船三只，船数不符。且关应华等供词内，亦无邓全等坐驾纪日船只，乘势抢劫，帮同拒捕之语，情节未能吻合，恐各供均有不实不尽，及另有逸盗之处"，要求"将邓全等解粤质讯"。高宗权衡后决定"将邓全、吴佑二犯，派委妥协员弁，小心解送广东，交福康安确加审讯，审明后即行正法。若羁禁日久，恐防范稍疏，致有越狱脱逃之事"。他指出"邓全等所供

---

① 《清高宗实录》卷一三六一，乾隆五十五年八月癸酉。

逸盗纪日等二十犯，关应华等所供逸盗李广才等三十余犯，多未就获"，因此要求"福康安、伍拉纳严饬文武员弁，上紧缉拏。其沿海各省地方，海道俱属相通，恐该犯等闻闽粤洋面追拏紧急，窜入他省洋面藏匿。并着各该督抚一体严缉务获，毋使一名漏网"。并对同安县知县张学溥作了鼓励。①

但崖州老虎头山拒捕案并未完结。乾隆五十六年正月，伍拉纳奏称"各营县报获浙江劫船案内，洋盗蔡市等十五名，广东戕官案内洋盗梁麟等十五名，现在提省严鞫"。对此，高宗传谕："该犯等劫得货物，回至闽省，势须登岸变赃。是以节经降旨，令伍拉纳严饬各文武员弁，于洋面海口严密访拏。兹据伍拉纳前后拏获浙省行劫哨船案内盗犯二十八名，拏获广东戕官案内盗犯前后十七名，可见各盗犯在浙江、粤东洋面行劫后，俱纷纷窜回原籍，希图上岸变卖赃物。伍拉纳尤当上紧饬属，于洋面及各处海口，认真缉捕。"但高宗马上又想到"崖州案内盗首，系何起文、李广才、蛋家二、亚常、大辫三等犯，俱未经拏获。是各案首夥盗犯尚多，正应趁此跟踪购线，务须全数弋获，尽法处治，以靖海疆而戢盗风"②。十月，高宗对浙江地方官员督捕海盗不力提出了严厉批评，指出："上年浙江温州洋面，盗匪拒捕戕官一案，所有正夥各犯，俱系闽省拏获审办。浙省只获盗一名。即广东崖州盗案，节据福康安等具奏，将首夥各犯拏获多名，分别正法，严示创惩。而浙江海洋盗匪，未闻就获多人，今又有此事，可见福崧、陈杰无能，并不严饬地方文武员弁实力巡缉，岂不自知愧励耶？"警告巡抚福崧、提督陈杰"若再不认真督缉，致盗匪远扬，将来被闽粤二省拏获，福崧、陈杰恐不能当其咎也"③。

二月，闽浙总督伍拉纳上奏表功，称"前后拏获四十五名，今又据拏获浙省草屿洋拒伤官兵之林水等十七名，在闽叠劫多次之林前等十四名，审明正法"。然而，高宗紧抓崖州老虎头洋面拒捕案

① 《清高宗实录》卷一三六九，乾隆五十五年十二月壬申。
② 《清高宗实录》卷一三七一，乾隆五十六年正月戊戌。
③ 《清高宗实录》卷一三八八，乾隆五十六年十月甲辰。

不放，指出"粤东崖州洋面戕官之何起文、蛋家二、大辫三、亚常等首夥各盗，俱未经拏获"，因此要求伍拉纳"务当督率地方文武各员，趁此跟踪严缉，毋使一名漏网，以靖海疆而戢盗风"。① 三月，崖州拒捕案的破获又有了进一步的发展。两广总督福康安奏称"拏获崖州拒捕案内盗犯，将周元保等八犯，先行正法。伍维连一犯，暂留质证"，高宗认为"所办均属认真妥协"。② 至四月，此案又有进展，据两广总督福康安等另折奏："拏获崖州拒捕盗犯梁章有等，讯出梁章有即系蛋家二，顶名支饰，希图避重就轻。俟催提盗犯陈学辉等到日，再行质审，立置重典。"高宗深感欣慰，指出："蛋家二，系为首戕官之犯，情罪重大，既经就获，讯明定案时，自当问拟凌迟。"至于"所有未获之盗首何起文、大辫三及案内夥盗，仍着严饬文武。及各路委员人等，加紧搜捕，尽数查拏，毋使一名漏网"③。

然而，在审问崖州老虎头山拒捕案犯的过程中，出现了口供矛盾、含混不清的地方。福康安只得另折奏称："闽省解到盗犯邓全等一十七名至省，隔别研讯，供词各皆矛盾。据邓全等十二名供明，系在闽洋行劫之犯，内有邓全、吴佑、陈送、梁麟四犯，曾在闽省虎头山洋面抢劫，并非崖州案内正犯，监提正盗关应华当堂质认，各称从未见过。闽省讯供时，因闽省厦门虎头山，与广东崖州老虎头山地名相似，该犯等图免受刑，朦胧混认。查两山相距不下三千六百余里，原供开船行劫月日，本属未确，拒捕情形，亦未吻合。该犯等甫经解到，未便仍行解闽，致有疏虞。现饬牢固监禁，录供咨闽，查讯明确，即在粤省正法。"但高宗却认为："邓全等虽非本案正盗，但曾在闽洋叠次行劫，即系例应斩枭之犯，亦不必因供内地名不符，稍稽显戮。闽粤洋面毗连，盗船往来出没，原无定踪，全在两省文武员弁，协力缉拏，以靖盗风而安行旅。"他特别强调了各省联防，共同捕盗的政策，指出："在闽在粤，自不可略

---

① 《清高宗实录》卷一三七二，乾隆五十六年二月乙卯。

② 《清高宗实录》卷一三七五，乾隆五十六年三月丙申。

③ 《清高宗实录》卷一三七七，乾隆五十六年四月丁卯。

存畛域之见，致追拏员弁等彼此推诿，转使盗匪远扬漏网。朕以沿海地方洋盗肆劫，严饬各该督抚上紧查拏，果能实力督缉，即行恩加褒叙，从不肯将盗犯本籍地方官，治以失察之罪，致启其讳匿之心。即如浙江、广东所获盗犯，多籍隶福建之人，朕并未咎及闽省，转因伍拉纳获盗较多，加之甄叙。该督等惟当协力缉拏，更毋庸以疆界区分，稍存歧视。嗣后闽粤获有盗犯，于何省拏获，即于何省正法。"他不赞同口供不符，便解往犯事地点进行质讯的做法："若以供词稍有不符，复解往犯事地方质讯，恐长途往返接递，致有疏虞。且该犯等自知罪在必死，往往信口诬扳，混供情节，希冀反覆咨查，苟延残喘。"他要求"福康安等拏获盗犯，惟当悉心研鞫。不得任其诬扳、狡展，稽延时日。其未获要犯匪夥等，既有逃匿安南之供，自应照会阮光平于境内堵截搜拏。该国王最称恭顺，想能严饬镇目上紧缉捕。如果将匪犯获献，自当优加恩赉也"①。看来，高宗不接受邓全等人是在闽省虎头山洋面抢劫而非崖州拒捕案正犯的说法，认为是"混供情节"，以图"苟延残喘"。

直到乾隆六十年十一月，高宗仍对崖州拒捕案紧盯不放。当他从朱圭的奏中得知已被革职的总兵陆廷柱的家丁协拿海盗后，大怒，指出"陆廷柱于崖州营参将钱邦彦巡洋遇盗一案，事前既防范不周，事后又漫无调度，以致盗犯日久未获。前经革职，留于地方协缉，自应实力奋勉，稍赎前愆，乃此次朱圭所奏，拏获洋盗陈亚乙等犯，乃系该革镇家丁，随同协拏就获。家丁微贱，既不应随同地方弁役缉盗，况陆廷柱又系获咎之人，乃竟不亲身前往，是其性耽安逸，不肯认真出力，竟系始终怠玩，难望其再能振作。即使留于该省，亦属无益"。因此决定"陆廷柱着发往伊犁当差，以示惩儆。设此案内有关系人命情事，尚当重治其罪，不仅以遣发完结也"②。

咸丰初年，海南的海盗被告知肃清。据《清文宗实录》卷五〇载，咸丰元年十二月乙巳，"以剿捕广东琼州洋盗，一律肃清，赏

① 《清高宗实录》卷一三七五，乾隆五十六年三月丙申。
② 《清高宗实录》卷一四九一，乾隆六十年十一月甲子。

总兵官吴元猷、都司吴全美花翎，把总马中骏等蓝翎，余升叙有差”。然而，这些记载并不真实，因为不久海南的海盗便复出了，而且与陆盗勾结，可进可退。据《清文宗实录》卷一三四，咸丰四年，有人奏广东琼州府属琼山、文昌、会同三县，“有无赖游手纠集多人，名为老洪会，藉端讹索，肆行抢掠。虽被练勇格毙多名，其分扰各县，亦均有捝戮，而党与尚多，并各海口时有盗船停泊，居民惊恐。会匪勾引洋盗，其患更不可胜言”。文宗告谕“叶名琛、柏贵按照折内所指各情，檄饬该管道府，督率所属地方官，务将首要各犯，严密查拏，就地正法，无任一名漏网”。

外国的海盗，主要是越南的海盗，他们有时候勾结中国的海盗，在海南洋面劫掠商船和渔船。早在明代，海南便有外国的海盗在洋面上活动。据《明太祖实录》卷一五五载，洪武十六年六月辛卯，“海南卫巡捕海上，获阇婆等国人吴源等十四人，送至京师”。但太祖“诏释而遣之”。这些人虽然没有表明身份，但应该属于海盗。到清代时，外国海盗在海南洋面活动日益猖獗，引起清廷恐慌，因此加意督捕。

据《清宣宗实录》载，道光十三年三月一日，两广总督卢坤等奏上《歼捝盗首夥匪洋面安静及现在办理情形》一折，指出：“越南国奸民陈加海，与内地游匪杨就富、冯生疔痣、吴三狗，先在夷洋狗头山啸聚，因乏食出巢，图越内地劫掠。”于是清军副将李元、游击李凤仪等带领兵船，驶赴夷洋交界白龙尾前往清剿，“各匪船十余号驶来，林凤仪等迎截驶拢围捕，枪炮并施，击破匪船一只，夥匪落海三十余名。都司余清生捝大头目杨就富，并获夥匪炮械，余匪窜逃”。官兵追至越南洋面青蓝山，“歼毙渠魁冯生疔痣及夥匪王恶狗等，又打破匪船三只，获船四只，生捝头目梁尚添等二十余名，击伤匪党李亚吉等，落海淹毙”。“商船宋敬利等追入夷洋，认系盗首陈加海船。”正在这时，越南方面也前来参战，“越南夷目亦带兵船赶到”，经过交战，“匪夥落海淹毙过半，追至雾水洲，陈加海船撞礁击破，杀著名凶盗吴三狗及段俚咸，并余匪多名。陈加海带妻属夥伴十余人逃入深山，其胜发、黄亚喜二船，打坏后望南驶脱”。而越南“土目捝贼匪潘亚八，取供移送，其盗首莫亚吉潜回东莞，亦经拏获解送"。宣宗览奏后甚悦，指出："陈加海虽经逃逸，已如釜鱼阱兽，不日当可就捕；黄亚喜、胜发两船，虽被枪炮击伤，现已望南驶脱。"他要求"除恶务尽，必须绝其本根。亦着随时侦拏，勿任漏网"。皇帝还对卢坤照会越南国王的咨文作了评价，认为"尚为得体"。宣宗指出地方官员"现将师船渔船收回内地，照常各守边界，并稽查澳甲渔户，毋许越界采捕滋事，所办均妥"，还称自己对"提督李增阶在洋屡次遭风，几至沉溺，飘入琼州昌化港，始得收泊，幸获生全；其参将林开疆遭风击损师船，飘至琼州澄迈县收泊"的情况，感到"稍慰"。对于"其督标中营二号米艇、阳江右营二号米艇尚无下落"，命令"卢坤等飞饬沿海州县探明具奏"。①

然而，越南海盗陈加海最终还是没能逃脱惩罚。据《清宣宗实录》载，道光十三年三月二十五日，卢坤等"由驿驰"奏上《生捦越南巨盗陈加海匪巢尽扫华夷洋面肃清》一折，内称陈加海为越南政府军队所擒获："越南土目禀报生捦陈加海即阮保，并匪党阮文军等男妇十一名口，押回州屯槛禁。"当商船盰勇宋敬利、陈金发得知首犯已获后，"随转至青蓝山，搀获余匪陈亚福等七名，斩匪目黄矮二、王亚二首级，起获大铜炮一门，铁炮一门，及环刀挑刀七把，火药一箱"。通判陆向荣等"搀获逃匿逸犯王亚大、覃大业二名"。署琼州镇谢德彰等在竹山一带，"获解匪犯黄沅洸等十余名，其文武委弁获解匪党张亚德等二十余名"。经过审讯，得知"此股洋匪，尚有出海为盗主谋之林致云，现在冠头岭外洋游奕窥伺"。于是廉州府知府张堉春"密饬员弁前往躧拏，获解来府，提同各犯质证，究出行劫实情"。提督李增阶"现驻儋州，督饬参将林开疆等，会同文武缉获吴亚麟等十七名，并船只、铁炮、越南国藤牌等件，贼巢已扫，渠魁就获，华夷洋面全就肃清"。宣宗"览奏欣悦"，下令卢坤等"即提集现获首从各犯，严讯确情，按律从重定拟，毋稍宽纵。其在事出力文武员弁，着卢坤等择其发为奋勉者，

① 《清宣宗实录》卷二三三，道光十三年三月壬申朔。

秉公酌量保奏，候朕施恩，毋许冒滥"。① 这里擒获的海盗头子，便是越南人陈加海。

还有一种海盗，虽为中国人，但逃往外国，担任伪职，与海盗勾结，为害商旅。对于擒获这种"奸人"，皇帝深感诧异，予以特别关注，因此实录得以详载此事。据《清高宗实录》卷一〇二二载，乾隆四十一年十二月丁未，高宗宣谕道："本日吏部将擎获在洋劫夺各盗并究出奸民李阿集等私越外番得受伪职之广东琼山县知县汪壆，带领引见，已降旨令其回任，以同知升用矣。朕观汪壆，不过谨慎老实，即该督所出考语，亦属中平，并非才具出众者，何以能查擎盗犯，盘获重案？如是之能事，是否系该员留心察访，亲自擎获，抑其中另有别情？着传谕李侍尧即行查明，据实覆奏。"不久，李侍尧等回奏："汪壆才具虽非出众，但遇事颇能奋勉。此案李阿集一犯，实由该令细意根究，得悉罪状。"高宗报闻。

六、《清实录》所见清剿海盗的方针和策略

清廷在剿捕海南一带洋面劫掠的海盗时，形成了一定的方针和策略。在剿捕国内海盗时，注重各镇配合和陆海协作，对海盗则注重离间和分化；在剿捕与越南有关的海盗时则比较谨慎。对于剿匪的官兵则奖罚分明。

清廷还重视在剿捕海盗时各方协作配合。一是重视闽广之间的协作。海南洋面上的海盗，许多来自福建，因此朝廷要求福建方面严查登陆后变卖劫掠财物的海盗们的行踪，以为广东和海南方面破案提供线索。乾隆五十五年，海盗窜至海南崖州老虎头山洋面行劫，气焰嚣张，高宗提出了清剿海盗的分头督缉和多方堵截的方针，要求署提督苍保、总兵陆廷桂、署臬司韩尉俱驰赴事发地，"分头督缉"，并要求郭世勋"迅速查擎，多方堵截"。他还提出了闽广两省联防共捕的方针："至粤东洋面，与闽省毗连。盗匪闻擎紧急，或潜逃闽省岛屿藏匿，或登岸窜逸，均未可定。着伍拉纳即酌派水师将弁出洋，分头巡缉，帮同截擎，并密饬各海口员弁，留

---

① 《清宣宗实录》卷二三四，道光十三年三月丙申。

心侦缉。如有盗匪进口，立即盘获，毋得稍有疏漏。"①

二是重视陆海之间的配合。陆上防御与海上剿捕相结合，陆军与水师相协调。陆上断绝海盗的粮食、淡水和军火的供应，海上再加以剿捕。据《清仁宗实录》卷二三一载，嘉庆十五年，张百龄到任后，"严禁口岸杜绝接济，贼匪无处觅食，日形穷蹙，前此纷纷投诚，已有数万"。只有西路乌石二等"心持两端，仍行抗拒"。于是张百龄"备造船只炮位，派拨官兵分路兜剿"，开始了海上的清剿："兵船在儋州洋面，追及乌石二等匪船，童镇升、黄飞鹏等即挥令连环攻击；经首民张保认定乌石二坐船，奋勇逼拢，首先跳过，将该逆生擒；副将洪鳌、署都司胡佐朝、委员花东苑、周飞熊等将盗首乌石三及贼目郑耀章等擒获。其乌石大一船，经孙全谋一意专注，亲率弁兵过船，又将该逆生擒，并擒获各犯"，结果是全省洋面的海盗一律被荡平。②

在海盗剿捕时，清廷除了征剿外，还设法离间或分化。道光二十三年，广东西海洋面，有海盗匪船滋扰，琼州镇总兵、崖州协副将何芳迎剿失利，署参将陈魁伦畏缩不前，结果发生了焚毁师船之事。宣宗决定"着该督等酌量情形，或设法离间，以毒攻毒，或大施剿捕，净绝根株。务当严饬水陆各营分头截堵，毋令滋蔓，以靖地方"③。

清朝的另一项重要策略是，在剿捕越南海盗或躲入越南的海盗时，谨慎处理与越南的关系。据《清仁宗实录》载，嘉庆元年，两广总督吉庆奏："访出洋匪聚集并藏匿船只各处，在安南境内，且有该国隐匿贼匪之情，此时若行文该国，反致贼匪闻信潜逃。"仁宗认为："所见尚是。刻下暂且无庸行文晓示该国，俟派往访查官员呈报到日，吉庆当不露声色，妥为办理。即将贼首擒获，以绝根株。"由于广东包括海南一带的洋面，与越南相接，因此吉庆还奏请分三路进行巡察和清剿。他指出："粤省十府三州之内，八郡皆

---

① 《清高宗实录》卷一三六一，乾隆五十五年八月癸酉。

② 《清仁宗实录》卷二三一，嘉庆十五年六月壬子。

③ 《清宣宗实录》卷四○二，道光二十四年二月乙丑。

系滨海。自惠、潮以迄雷、琼，袤延二千余里，处处毗接外洋。"
于是打算将海防分为三路："西路高、雷、廉、琼，所属洋面，每
有盗匪伺劫商旅。琼州孤悬海外，雷州近接夷洋，查盗船俱在江坪
白龙尾一带藏躲，而雷属之海安与琼属之海口二营，隔洋对峙，中
间水面。仅八十余里，向来盗船，俱由此处潜驶来粤。现于二营各
派兵三十号，分作两帮，遴委将弁，往来巡缉，轮赴龙门、硇洲、
涠州等处搜拏。"此外，东路自惠州平海以东至潮州闽粤交界，中
路则为二者之间的广州、肇庆所属之虎门、大鹏、广海寨、老万山
等处洋面，这两处也派参水师官兵"实力追捕"。他分析说："至洋
匪所需硝黄、米谷、淡水，自系图利奸徒接济。现派员密赴各口岸
访拏严究。"并对剿捕海盗的兵丁月饷"每名每日应请给盐菜口粮银
五分，在藩库杂款项下作正开销"。仁宗批准了他的计划。①

据《清宣宗实录》载，道光十二年，廉州府知府张培春禀报：
"探得越南红螺沙口白龙尾洋面，有匪船三十余只，盗匪数百人肆
劫。越南国现有师船缉捕，难保不窜越内地。"于是两广总督卢坤
即"咨行水师提督李增阶，并各该道府等会拏"。李增阶报称："副
将李贤等巡至崖州三恶外洋玳瑁洲，与越南夷洋接壤，见匪船三
只，每船约一二千人，当即追捕，记委陈鸿恩等被伤，兵役奋前施
放枪炮，打沉匪船一只，击毙拒伤水手贼匪一名，溺死者不计其
数，生擒朱恶二等十二名。该匪等现聚夷洋甲洲山岛护赃，与龙门
协所属竹山不远。该署镇已飞饬龙门舟师，购线侦探。闻有匪船三
十余只，常在马洲老鼠山甲洲等处踞占，时出游奕。今被廉州等处
擒杀多名，已经丧胆，自不敢深入内地。现觅雇儋州红鱼船，配坐
兵丁，行驶洋面诱缉。"这些战绩上报到两广总督卢坤那里，卢坤
奏上《廉州、琼州二府所属外洋，毗连越南处所，聚有盗船，散出
劫掠，现饬堵捕，歼擒盗匪多名，务清洋面》一折，宣宗览奏后指
出："所办尚属妥协。惟华夷洋面虽连，而疆域攸分，必须确悉情
形，方可计出万全。盗船在洋行劫，固应严密追擒，贼巢越在夷
境，应密咨该国严饬夷官，多拨师船，厚集兵力，订期会剿。俾首

---

① 《清仁宗实录》卷一一，嘉庆元年十一月壬戌。

尾牵制，并力歼除，肃清洋面。该督即饬李增阶，会同道府等，分头堵捕。一面檄谕该国王合力同心，剿除净尽，于内地固为有益，在该国亦免劫掠。卢坤素为晓事，檄文自能措词得体，务须剀切宣示，令该国王敬服，合力剿捕，迅速蒇事。”并要求卢坤“督检查旧案，内地人民越境采捕，该国王曾咨呈查办，前任督臣亦尝照会该国办理”①。

朝廷固然同意移文越南将已经越界的海盗擒获送回，但却反对让越南军队与大清军队一起合围海盗，认为“无此体制”，实际上是不想示弱于夷国，同时也担心清朝军队形成依赖心理。在追剿琼州、廉州一带的海盗过程中，有人上奏要求与越南协同堵截和擒拿。道光二十四年二月，祁𡎴等奏称“广东琼州、廉州一带，近接夷洋，嗣后遇有匪徒，请知照越南国员弁，一体堵拏”，宣宗谕内阁道：“夷洋交界处所，遇有盗贼游奕劫掠，即责成沿海文武员弁，认真督缉，尽力捕剿，不得意存观望。傥侦知窜入夷界，即行檄令捡获解回。其夷匪逃进内地，亦即拏解该国，自无虑其此拏彼窜。着即照所议办理。”但是，宣宗认为：“至该前督等请知会越南国一体堵拏，是中国应行缉捕匪犯，借资外夷兵力，不但无此体制，且沿海兵船，恃有外夷协缉，转致懈怠军心，废弛武备，又安用设立水师将弁为耶?”他要求将“所奏实属冒昧”的祁𡎴和程矞采“交部议处”。②

清廷在剿捕海南一带海盗时，还实行严格的奖惩措施。对于剿捕海南海盗不力的官军，清廷予以严惩重处。道光二十二年六月，“署守备庞贯超派令千总叶光显管驾巡船，至榆林外洋，遇金二纪等盗船，炮位被劫。该署到将李邦汉，讳匿不报。嗣奉行查，又复含混禀覆”。祁𡎴奏《请将玩视捕务，复讳报盗劫重案之将弁，归案审办》一折，称：“广东盗犯金二纪等在崖州洋面，劫夺师船炮位一案，前经降旨，谕令该督提省究讯。兹据奏称，署崖州协副将李邦汉平日玩视捕务，以致所属洋面盗贼充斥，且于此案先既讳匿

① 《清宣宗实录》卷二二六，道光十二年十一月壬寅。

② 《清宣宗实录》卷四〇二，道光二十四年二月乙丑。

不报，迨经奉札饬查，又不详查禀覆。李邦汉着即革职，其署崖州协水师守备事龙门协右营千总庞贯超，并着一并先行斥革，交该督严讯确情，毋任稍有讳饰，以肃洋政而儆怠玩。"于是，宣宗谕内阁，下令将叶光显从重发往新疆效力赎罪，李邦汉、庞贯超业已革职，应请从宽免议。①《清宣宗实录》载，道光二十三年闰七月，祁埙等奏上《现获劫抢盗犯情形请将镇将分别惩处》一折，内称"广东已革署龙门协副将张斌前因巡洋遇盗，劫去炮械关防，降旨革职留缉。现据该处文武，将案内夥犯先后获解，惟首犯及所抢关防未经起获，而该革员自留缉以来，并未亲获一犯，是平日缉捕废弛，业经参革，又复不知愧奋，必应从重办理，以示惩儆"。宣宗下令"张斌着先于海口枷号两个月，满日发往新疆效力赎罪。琼州镇总兵鲍起豹统辖洋面，并不认真督缉，至今要犯未获。着先行摘去顶带，如始终不能振作，即着从严参办"②。同书又载，道光二十三年夏间，"广东西海洋面，有匪船滋扰，该处毗连阳江、琼州二镇。该护理琼州镇总兵、崖州协副将何芳迎剿失利，署参将陈魁伦畏葸不前，以致有焚毁师船之事，实属剿捕不力"。于是广东地方疆吏徐广缙、叶名琛奏上《请将迎剿洋匪失利之总兵议处并现在擎获多名仍饬搜捕》一折，宣宗于二十四年二月览奏后，谕军机大臣等："何芳着交部议处。陈魁伦业已撤任，着与禀报不实、现经撤任之署广海寨游击邝勉，一并交该督等督同臬司研讯确情，从严审办。"③

对于有功之臣，则大力表彰和奖励。乾隆五十六年四月，官兵拿获崖州拒捕盗犯梁章有等人，高宗指示："其擎获该犯之文武员弁，并着福康安等，查明出力之人，随案咨部议叙，以示鼓励。"④当崖州拒捕案案犯、海盗周元保等九人被捕获，其中八人正法，一

---

① 《清宣宗实录》卷三九八，道光二十三年十月甲辰。
② 《清宣宗实录》卷三九五，道光二十三年闰七月癸巳。
③ 《清宣宗实录》卷四〇二，道光二十四年二月乙丑。
④ 《清高宗实录》卷一三七七，乾隆五十六年四月丁卯。

人暂留质证时，高宗要求对缉捕出力的文武各员"咨部议叙，以示鼓励"①。嘉庆十五年由于在海南儋州洋面"生擒积年巨寇乌石二等首夥各犯，并帮匪带船投诚，及盗首东海霸等悉数乞降，海洋肃清"，仁宗认为"允宜特沛殊恩，用昭懋赏"，于是下令："百龄着加太子少保衔，赏戴双眼花翎，给予二等轻车都尉世职。童镇升着赏戴花翎，给予云骑尉世职。韩封、黄飞鹏着赏戴花翎，交部议叙。随同办事之道员温承志着赏给按察使衔，并赏戴花翎。朱尔赓额着赏戴花翎，交部议叙。藩司曾燠、臬司陈若霖亦着交部议叙。孙全谋着赏戴花翎，以游击超升。副将洪鳌、署都司胡佐朝俱赏戴花翎，交部议叙。委员花东苑、周飞熊俱着赏戴蓝翎，交部议叙。千总顶带张保着赏戴花翎，以守备超升。并着将此次在事出力官弁，查明分别等次保奏。其兵丁内尤为出力者，亦着查明保奏，其稍次出力者，赏给一月钱粮，以示奖励。"②道光十三年，在剿捕以越南海盗陈加海为首的中越海盗集团中，清军副将李元、游击李凤仪等奉命前往清剿，击破匪船一只，众匪落海三十余名，并生擒大头目杨就富等人，歼毙渠魁冯生疗痣及王恶狗等，战绩辉煌，宣宗提出对于"其在事文武员弁，俟定案时，择其尤为出力者"要求"核实保奏，候朕施恩，毋许冒滥"。③

对于为国捐躯的剿捕官兵则予以旌表和抚恤。据《清德宗实录》卷四六六载，光绪二十六年七月庚子朔，"予积劳瘴故署广东崖州都司骑都尉易廷辉等八员、捕盗阵亡训导廖迪南等二员议恤。其易廷辉等四员，并附祀琼州府昭忠祠"。官兵在海南剿捕海盗时捐躯的功烈，有时候可以作为其亲人减轻处罚的依据。据《清穆宗实录》卷一〇七载，同治三年六月甲午，黄岩镇总兵黄彬因失职有罪，将充军远戍，其父称"其三子六品军功黄枝，曾于道光年间随琼州镇出洋捕盗阵亡"，其他儿子也病故，只有长子黄彬尚存，请求"援照呈缴台费加倍之例，措凑银三千九十余两呈缴，恳请加恩

① 《清高宗实录》卷一三七五，乾隆五十六年三月丙申。
② 《清仁宗实录》卷二三一，嘉庆十五年六月壬子。
③ 《清宣宗实录》卷二三三，道光十三年三月壬申朔。

免遣"，德宗传谕："情殊可悯，黄彬着加恩免其发遣，并着无庸呈缴加倍台费银两，以示体恤。"

这些方针和策略，虽然起了一时一地之效，但并未能将海盗完全铲绝。

除了五指山地区的生黎造反问题外，海南岛及其周围发生的海事活动，是大清编年体国史《清实录》所关注的主要内容，占据了有关海南记载的绝大部分的篇幅，反映出海南与海洋的密切关系，以及在海上丝绸之路上的重要地位。由于海运的繁兴，海盗问题由之而生，如影随形，挥之不去，成为困扰清廷的重要问题。为了镇压和剿捕海盗，清廷动用了很多军队，采用陆军与水师联合作战，以及闽广配合，协力剿捕的战术，但有清一代海盗都一直存在，此起彼伏。看来，海盗问题的解决，不能光靠军事手段，还应该与社会改革相结合。只有铲除社会不平等的根源，保证农民不失去土地，渔民能够正常生产，才能从根本上解决海盗问题。海南的历史虽有像《琼州府志》这样的地方志为之记载，但《清实录》以中央的视角和官方的立场，记载了海南的海洋事务，自有独特的价值和作用，值得我们进一步挖掘、应用和研究。

第六章 明、清实录的比较研究

本章将明清两朝实录放在一起，对各自的总体情况、皇帝形象的塑造以及湖北武当山的记载三个方面进行比较。明清两朝是中国古代社会最后的两个王朝，二者有很多相同之处，亦有不少相异之点。明清两朝都通过官设机构修纂了本朝的实录。《明实录》由 13 部实录组成，有时也将《献皇帝实录》(55 卷)及清修崇祯《实录》《长编》包含在内，构成广义的《明实录》。《清实录》由 11 部实录组成，再加上太祖实录别本《满洲实录》、末帝《宣统政纪》故有 13 部。实录始于南朝萧梁，盛于唐宋，迄于明清，随清王朝的灭亡而终结。它与传统王朝的命运相关联，随其发展而鼎盛，衰亡而沉寂。清朝对实录的续修，表明它对中原文化的继承。学界对于中国古代帝王实录的研究，成果甚丰①，对明清实录各自的研究，亦有不少成就，然而对明清两朝实录的比较研究，笔者迄未寓目，故本章试作一探，并通过两朝实录的比较，观察明清两朝在史学上的区别与联系。

第一节 明、清实录总体之比较

一、对象、主题、体裁的异同

明清两代虽然其统治者分属不同的民族，但二朝在实录修纂

---

① 《明实录》的研究成果，主要有吴晗的《记明实录》(《读史札记》，三联书店 1956 年版)、谢贵安的《明实录研究》(上海古籍出版社 2013 年版)等；《清实录》的研究成果，主要有陈捷先的《满文清实录研究》(台湾大化书局 1978 年版)和谢贵安的《清实录研究》(上海古籍出版社 2013 年版)等。

上，既有许多相同或相似之处，亦有一些不同的特点。下面逐一阐述。

第一，都以本朝已故皇帝作为记载的对象，但《明实录》将追封的兴献帝列为记录的对象，《清实录》未出现这一现象，但却一度将女性名号加入实录名称之中。

明清实录都属于传统的实录史学范围，以本朝已故先帝为记载对象。"实录"本是据实直录的意思，但自南朝萧梁以后，开始将为本朝皇帝撰写的专史名命为实录，逐步垄断了这一褒称，于是实录成了皇帝专史的同义语。与唐代出现过的"今上"实录不同，[①] 明清两代实录均采纳"先帝"实录的模式，即不以活着的当朝皇帝为记载对象，而以去世的先帝为载录对象。为先帝修实录于明朝来说并无问题，但对于清朝来说，则存在一个"汉化"和"集权化"问题，即从"部落民主"制向"君主专制"的转化，一旦将皇帝写入实录，则表明皇帝具有独尊的地位，从而与部落联盟首领的"民主性"告别。因此，《清实录》的纂修，表明清廷决意"汉化"和"集权化"，表现出与明朝一致的政治追求和制度承袭。

然而，明清实录在记载对象上，也产生了一定的差异。明代虽为汉族政权，但却模仿元代的做法，为追封的皇帝修纂实录。元代成吉思汗的四子拖雷虽曾一度监国，但未当过皇帝，其子蒙哥继窝阔台、贵由之后担任皇帝，谥拖雷为睿宗，蒙哥四弟忽必烈称帝后，为拖雷修纂了《元睿宗实录》。明世宗朱厚熜利用大礼议之争的胜利，将其生父兴献王朱由杬追尊为献皇帝，并上庙号为睿宗，为他修纂了《睿宗献皇帝实录》。类似的还有《元裕宗实录》。所谓元裕宗，即世祖忽必烈的嫡子，成宗之父，名真金，并未当过一天皇帝，其子成宗继位后追尊为帝，庙号裕宗，并下令为他修纂实录。明嘉靖四年二月，大学士费宏、贾咏、石珤等揣摩帝意，上疏称献皇帝生平嘉言善行，亦当备载，乞命当时藩府内外臣僚，备述献皇帝之国以来的一言一事，可为谟训者，以类开写，以便纂录。

---

① 钱茂伟：《实录体起源、发展与特点》，《史学史研究》2004 年第 2 期。

明世宗准奏，并让自己的心腹"议礼新贵"席书担任监修。世宗在诏修乃父实录的敕谕中，称睿宗事迹可以"大书特书"。嘉靖五年六月，50卷的《献皇帝实录》正式修毕。但该书未能全帙流传，只有天津图书馆藏有一部缺第1~10卷的残本①。

　　清代未出现这种状况，但却出现过将生母之名号加入实录名称中的情况。清太宗下令修纂其父的《清太祖实录》，但在崇德元年十一月修纂完成后，为了强调自己的合法地位，出人意料地将自己的生母位号加入实录的名称之中，将是书改名为"太祖太后实录"。据《满文老档》载："十五日，《太祖太后实录》告成……表文曰：'国史院希福、刚林及满蒙汉笔帖式等跪奏宽温仁圣汗。钦奉宽温仁圣汗谕旨，纂修《太祖承天广运圣德神功肇纪立极仁孝武皇帝、太后孝慈昭宪纯德贞顺成天育圣武皇后实录》，以满、蒙、汉三体字编译成书，以为万世之史。"②实录修成后，举行了隆重的进呈仪式："《太祖武皇帝、孝慈武皇后实录》告成，进呈。设大驾卤簿。"内国史院大学士希福、刚林率上表称："臣等钦奉上谕，纂修《太祖承天广运圣德神功肇纪立极仁孝武皇帝、孝慈昭宪纯德贞顺承天育圣武皇后实录》，今以满洲、蒙古、汉字编译成书，永垂万世。"③均称该实录为太祖和武皇后的实录。松村润分析道："起这个书名的理由是在表彰太祖之外，还把太宗袭位正当化作为目的。在满族内部，嫡庶的区别非常严格。太宗生母 Yehe Nala（叶赫纳拉）氏在生太宗前可能不是 amba fujin（正皇后），而可能是 ashani fujin（侧妃）。对太宗来讲，利用这本实录来表明自己的生母

　　①　高艳林：《论〈大明恭穆献皇帝实录〉的史料价值》，《南开学报》1998年第3期。

　　②　《满文老档》，下册，崇德元年十一月十五日，中华书局1990年版，第1698页。

　　③　《清太宗实录》卷三二，崇德元年十一月乙卯，日本内阁文库本（康熙本）。但是，这段文字，在乾隆本（今本）《清太宗实录》卷三二中，已分别将"孝慈武皇后"和"孝慈昭宪纯德贞顺承天育圣武皇后"等字样删去。这是因为乾隆时太宗的地位已牢不可破，用不着标示皇后以揭示其子太宗的正统地位，且清朝正趋向汉化，将皇后名字作为实录之名，实属不妥，故特删之。

是 amba fujin，力争把袭位正当化是重要的，因此编纂了和中国历代实录体例有区别的《太祖太后实录》。"①徐丹俍也认为："武皇后之列名实录题签，无非皇太极特隆其生母，强调自己嫡生正统地位之举。"②但笔者认为，除了以上目的外，还反映了游牧民族重视母系的遗风。

第二，修纂主题大致相同，但存在民族性差异。

首先，明清实录均有政治鉴戒的用意。修纂前帝实录，是为今上和后世皇帝提供治国理民的镜鉴，为王朝统治明治乱兴衰。宣宗朱瞻基在《序》中称修《明太宗实录》是为了让后世君主"考于是编，法仁以施爱，法义以兴治"。明神宗朱翊钧在《明穆宗实录·序》中指出："后之为子若孙者，三复是编，其尚思葆佩，而宪章之哉。"都强调修实录的目的是给后世子孙提供治理国家的借鉴。皇帝如此要求，修纂人员自然全力奉行。杨士奇表白他们修《明宣宗实录》，于"大经大法，备究于精微；善政善教，致详于本末。言足为训，虽简必书，事之可师，虽繁必录"③。《清实录》也确立了政治鉴戒的主题。康熙帝在为重修本《清太祖实录》所作的《序》中强调："朝夕式观，以申继序绍庭之志，其在我后嗣子孙，循省是编，于栉风沐雨之勤劳，可以知积累之艰焉；于文谟武烈之显承，可以识燕贻之厚焉。不愆不忘，以率旧章。"④仁宗在《清高宗实录》的御制《序》中指出高宗经常阅读《清实录》以为资政之用："一曰法祖，五朝实录，晨兴敬观，六十三年，周岁而复始。"⑤大臣们在修纂实录时，也秉承政治借鉴的主旨。顺治十八年户科给事中彭之凤为请修实录事奏曰："皇上宜及时先修《世祖皇帝实录》，良法美意，嘉言懿行，勒成一书以资政治。"⑥

① 松村润：《清太祖实录研究》，《蒙古学信息》2002 年第 1 期。
② 徐丹俍：《"努尔哈赤实录"考源》，《满学研究》第一辑，吉林文史出版社 1992 年版，第 166~168 页。
③ 杨士奇：《明宣宗实录》之《进实录表》。
④ 玄烨：《清太祖实录》卷首《太祖高皇帝实录序》。
⑤ 颙琰：《清高宗实录》卷首《清高宗实录序》。
⑥ 《皇清名臣奏议》卷一七。

　　其次，明清实录均有显亲尽孝的主题。"追孝莫大于显亲，显亲莫大于述事。"①古代实录修纂的基本主题，便是表彰孝行。《实录》是"家国一体"的集中表现形式，修纂《实录》的目的既是为国家保存史实，更是为先帝显亲尽孝。《明实录》便确立了显亲尽孝的修纂主题，将父祖的功绩突显出来，载入史册，以显孝子无穷之思。明太宗朱棣在为三修本《明太祖实录》作的《序》中指出，将帝王的言行政治记载下来是"朝廷之先务"，修实录是为了让太祖"创立之艰难，栉风沐雨，劳心焦思，辛勤万状"的光辉形象"垂宪万世"。② 宪宗朱见深也坦陈自己"继统之初，首命儒臣纂修《实录》"，就是为了让"皇考之盛德尽在是"编。③ 以此表达孝子无穷之思。《清实录》虽然作为满洲少数民族皇室所修，但也贯穿了显亲尽孝的主题。清皇太极在动员文馆诸臣为其父修《清太祖实录》时宣称若不能将皇考太祖的行政用兵之道"一一备载，垂之史册"，就不能"尽孝"。④ 清顺治帝亲政后，内院大学士希福提出修纂实录，将太宗文皇帝的德业"必载史册，永为法守，用昭我皇上孝思"⑤。

　　再次，明清实录均有张扬忠义的修纂主题。对于家国一体的社会而言，孝是忠的基础，忠是孝的升华。因此，明清实录除了旌表孝行外，还特别重视奖励忠臣。《明英宗实录》卷二一二《废帝郕戾王附录》第三十载，景泰三年春正月庚申，"镇守浙江兵部右侍郎孙原贞等言：'比者金华不靖，各处抚捕官员，（遇）寇贼或领当先，或督战失利，或被执不屈，或被胁不从，遭害以死，忠义难泯，褒恤实宜，乞将各官本身褒赠，仍遣官赐祭，庶慰死者之灵，以为生者之劝。'"《清世祖实录》卷四三载，顺治六年三月戊寅，"浙闽总督陈锦奏：福建福清等二十县士民同心效死守城，忠义可嘉，请免本年丁徭以示鼓劝"。清代实录修纂体例中，专门确立旌

① 见《历代名臣奏议》卷二七七《国史》。
② 朱棣：《明太祖实录》之《序》。
③ 朱见深：《明英宗实录》之《序》。
④ 《清太宗实录》卷一六，天聪七年十月己巳。
⑤ 《清世祖实录》卷六一，顺治八年十二月戊辰。

表忠义的条目。如《清世祖实录·修纂凡例》自述："文武大小官员殁于王事者书，有褒恤者书，旌表前代忠义亦书。"①

复次，明清实录均确立了劝励风俗的修纂主题。实录作为国史，有劝化风俗之功，故在修纂时，注意将劝风俗作为其主题之一，对有关风俗向化的史实记载较详。劝化风俗的基本内容是旌表节孝。《明穆宗实录》卷一八记载，隆庆二年三月辛酉，"旌表义夫节妇孝子顺孙，所以劝励风俗"。为了增进家庭人伦亲情及和睦相处，《明实录》实录还旌表多世同居。《清实录》紧随明代，也树立了劝化风俗的主题，详载有关风俗向化的史实，如旌表节孝等。高宗在太和殿前策试天下贡士徐烺等人时发表了一番讲话："风俗者，教化所蒸也。我国家重熙累洽，承平百余年之久，朕轸念群黎，尤加培养"，提出"黜浮靡以导淳风"②。《清高宗实录》卷八〇二载，乾隆三十三年正月戊午，高宗针对江宁不法僧人恒昭诱奸民妇，仅被判以改发伊犁一事，认为"所办殊属轻纵。此等淫恶劣僧，久为地方风俗之害，一经败露，即当立予杖毙，以示惩儆"。《清实录》还对赌博、溺女婴、干讼等事进行记载，目的就是为了劝励风俗。

然而，明清实录的修纂主题上，也存在较大的差异。《清实录》是由清朝廷主持修纂，因此贯穿着保持满洲精神和满洲特色的主题，是《明实录》所没有的。在《清实录》的修纂凡例中，不少条目都强调保持满洲精神及特色。如《清太祖实录·修纂凡例》称"皇朝发祥之始书""设八旗兵制书""设固山额真以下牛录以上各官制书""设八大臣副八和硕贝勒共理国政书""乌喇、哈达、叶赫、辉发四国兴废本末书"等。《清太宗实录·修纂凡例》称"上亲统大兵入关，及亲征蒙古、平服朝鲜书，外藩蒙古来归、属国遣子入侍亦书""初立八旗、定官制书""增定满文字体书"。这些凡例反映了实录具有弘扬满洲精神、坚持满族风尚的主题。

保持满洲精神和特色，主要体现在保持满洲淳朴风俗、学习满

①　《清高宗实录》卷八〇六，乾隆三十三年三月己丑朔。

②　《清高宗实录》卷八三三，乾隆三十四年四月癸酉。

语和坚持尚武风尚等方面，《清实录》中反复记载清帝鼓励满人保持淳朴风俗的谕旨。如《清高宗实录》卷二〇六载，乾隆八年十二月辛亥，高宗宣称"盛京为我朝丰沛之地，人心风俗，最为淳朴"。他担心外来人口和商贾，会使"本处之人，渐染流俗，以奢靡相尚"，于是要求"饬禁浮华，务使人心风俗，不致渐染。崇尚淳朴，生计饶裕；勤加训练，技艺精强，不失满洲本色"。《清实录》也不断载录清帝提倡满人学习满语，保持骑射和尚武精神。乾隆十七年，高宗翻阅《清太宗实录》，看到太宗关于训勉满人骑射的记载，深有感触，命满人遵循旧制："学习骑射，娴熟国语，敦崇淳朴，屏去浮华，毋或稍有怠惰。"①乾隆二十四年，高宗阅读《清世宗实录》又见到世宗的类似训谕，深恐满人子弟武事既废，文艺又不通，将成无用之人，特下令将世宗谕旨勒石于各旗操阅兵之处。②这些史实的记载，反映出《清实录》秉持主题的特色。

第三，都以编年体为体裁，但出现附传有无的差异。

明清两朝虽然都以编年体为体裁，但前者采用的是标准的实录体，即"编年附传体"，而后者则用的是纯粹编年体。《清实录》的体裁与《元实录》相同，没有人物附传。

明清实录的体裁，均以编年体为基本形式。《明实录》是以编年为主要形式。作为编年体史书，《明实录》继承历代实录的编纂方法，保持了自《春秋》以来"系日月而为次，列时岁以相续，中国外夷，同年共世，莫不备载其事，形于目前。理尽一言，语无重出"③的特点，把明代复杂纷繁的历史事件统一在日月季年的记载之中。《明实录》的卷数是以月来划分的，一般是每月为一卷。以《明宪宗实录》卷一七"成化元年五月"的记载为例，这一月中，既有皇帝斥责代世子违制出城的敕令，又有修比干庙、命官员致祭的

①　中国第一历史档案馆编：《乾隆朝上谕档》第二册，乾隆十七年三月二十日，档案出版社1991年版。

②　中国第一历史档案馆编：《乾隆朝上谕档》第三册，乾隆二十四年九月二十五日，档案出版社1991年版。

③　刘知幾撰，浦起龙释：《史通通释·二体》，上海古籍出版社1978年版，第27页。

命令；既有宫中赐高层诰命并升授阶勋之事，又有前线征讨大藤峡瑶人之军事战斗；既有乌思藏高僧来贡，又有朝鲜国王遣使来朝；既有天星异常，又有地震有声；既有西北绥德、宁夏边储筹划，又有东北的建州女真入京驿站安排等种种史实。这些分类不同、内外不一、天地相隔、汉夷有别的史实排列在一起，仅仅是因为它们同在成化元年五月发生。《清实录》同样是编年体。以《清圣祖实录》卷一一五"康熙二十三年六月"的记载为例，这一月既写了"上驻跸汤泉"，又写了九卿等议覆户科给事中孙蕙的疏奏；既记载了升贵州贵西道王梁为云南按察使司按察使，还记录了礼部议覆册封琉球国王使臣翰林院检讨汪楫、内阁中书林麟焻奏疏，称"中山王尚贞，亲诣馆舍，恳臣等转奏，愿令陪臣子弟四人赴京受业"；既写了"以翰林院编修周庆曾为浙江乡试正考官"，又记载了"暹罗国王森烈拍腊照古龙拍腊马呼陆坤司由提呀菩挨，遣陪臣坤孛述烈瓦提等奉表进贡"，完全是以编年为线索，只要是同年同月同日之事，不管它们之间是分属政治，还是分属军事，是讲宫内之事，还是讲万里之外的事，不管它是讲汉族的事，还是讲少数民族的事，甚或是讲琉球、暹罗之事，无论是关于言论，还是关于行为，都编排在一起。只要是"同年共世"，便都"形于目前"。

然而，明清实录虽都属于编年体，但《明实录》属于"编年附传"体，《清实录》属于纯粹的编年体。前者是实录体的正体，而后者是变体。实录体是编年体下的一个新的分支，有自己独特的体例。自唐以后，五代、宋、辽、金、明诸朝均以"编年附传"形式编年实录。《明实录》继承实录正体，将人物附传写入书中。据《明太宗实录·修纂凡例》载："凡公、侯、驸马、伯、在京文武官三品以上，近侍五品以上，在外都司、布政司、按察司正官，殁皆书卒及概见其行实、善恶，务合公论。"《明实录》总共也不过1600余万字，而人物传记部分就有100万字，占了1/16。① 而《清实录》

---

① 李国祥、杨昶等在编纂《明实录类纂》时，就曾从《明实录》中辑出人物传记，编成一部长达105万字的《明实录类纂·人物传记卷》(除去5万字的排版差额，刚好是100万字)。《明实录类纂·人物传记卷》，武汉出版社1990年版。

中大量的人物记载只是有关大臣薨卒的流水记录，不再呈现附传的形式。如《满洲实录》卷七载，天命七年七月，"大臣硕翁科罗巴图鲁卒，年六十四岁"。这显然是一则编年记事。《清仁宗实录》卷二四五，嘉庆十六年六月乙丑，"予故湖南按察使傅鼐，祭葬如巡抚例，并赐祭一次"。有无附传，成为明清实录在体裁上的最大区别。

二、直书、曲笔观念及其应用的异同

明清实录都在修纂时既贯彻了直书精神也注入了曲笔观念。为了保存信史和提供借鉴，二者都尽量对非敏感的历史事实进行直书。然而，二者也应用了曲笔观念，对敏感问题进行讳饰或诬诋。虽然明清两朝实录都有曲笔现象，但曲笔的对象却有明显的差异。《明实录》主要对开创者朱元璋的阶级出身和叛乱者朱棣政治身份作粉饰，而清实录主要是对满族皇室的民族出身及相应的文明状态作粉饰，形成了特有的汉化倾向。

第一，明清实录都遵循了传统直书的精神。

明清实录都秉承了据实直录的精神，在记述以皇帝为核心的历史时，尽量直笔，如实直书。即使是统治者，也都公开倡导直书。《明实录》将尊重事实、据实直书作为自己贯彻的主旨之一。直书不仅是史臣的道德标准，而且也是皇帝认可的修纂标准。如神宗皇帝在《穆宗实录·序》中告诫臣下要"据事属辞，庶几不失其真"。杨士奇等在《太宗实录·修纂凡例》中直言对所写"行实善恶，务合公论"。大学士张居正在所总裁的《明世宗实录》中对世宗时的政治直言为"时政污浊"①。叶向高等人在《明光宗实录》中进行直书，人称"其书立论颇正，而又忠厚不尽人情，良史也"②。《明武宗实录》的修纂官们在修实录时直书武宗朱厚照四处游荡、畋猎狩兽、搜括妇女、玩妓宿娼等一系列荒淫无耻的行径。不过，上举三例直书，都有共同的背景，即皇帝干预较少，要么皇帝年幼，要么"今

① 《世宗实录》卷四八五，嘉靖三十九年六月戊戌。
② 孙承泽：《春明梦余录》卷一三《皇史宬》。

上”对“先帝”不满。

与前朝实录一样，《清实录》坚持贯彻直书精神。清太宗在天聪年间敕修《太祖实录》时，谕史臣道："朕睹汉文书，殊多饰词，虽全览无益也。"①要求《清太祖实录》的修纂尽量直笔。顺治九年，世祖命修《清太宗实录》时，谕大学士希福等人道："尔等稽核记注，编纂修辑，尚其夙夜勤恪，考据精详，毋浮夸以失实，毋偏执以废公，毋疏忽以致阙遗，毋怠玩以淹岁月。"②清圣祖宣言"史为永垂后世之书，关系最要，必据实秉公论断得正，始无偏颇之失，可以传信后世"③。清世宗要求馆臣"删去无稽浮夸之词，务采确切事实"④。对实录直书的提倡，也就有了来自最高层的保障。

第二，明清实录都承袭了曲笔的原则。

明清实录都是当朝皇帝为先帝书写历史，而先帝都是今上的父兄，这就不免在书写时执行为尊者讳、为亲者讳和为贤者讳的"三讳"原则。《明实录》在修纂时有皇帝派的监修监视，书成之后还要进呈皇帝审阅，因此，明代的史家在修《明实录》时，便难免屈从皇权，产生曲笔。如在二修《太祖实录》时，解缙希望做到"皆据事而直书，不假一辞之赞美"，结果得罪了朱棣，终遭杀身之祸。⑤朱棣又下令第三次修纂《明太祖实录》，于是总裁胡广只得"实仰赖于圣断"⑥了。《明实录》的曲笔主要表现在为太祖的阶级身份、太宗的政治身份作掩饰。《明太祖实录》将朱元璋粉饰成很有文化的高贵者，掩盖了他文化程度低的现实。在实录中，朱元璋宏论精湛，文采斐然。⑦《明太祖实录》还将叛乱者朱棣，打造成嫡出的身

---

①　《钦定光绪大清会典事例》卷一〇四九《翰林院·职掌》。

②　《清世祖实录》卷六二，顺治九年正月辛丑。

③　《康熙起居注》，康熙二十二年十一月初十日戊寅。

④　《清世宗实录》卷十三，雍正元年十月乙丑。

⑤　据《解家谱》称，解缙被杀，是因为被"诬以私撰实录"。见(明)黄景昉：《国史唯疑》卷二《永乐》，台湾正中书局1983年版。

⑥　胡广：《进实录表》，《明太祖实录》卷首。

⑦　参见谢贵安：《试述〈明太祖实录〉对朱元璋形象的塑造》，《学术研究》2010年第5期。

份和靖难的角色，塑造其合法的政治身份。"嫡出"，就是把朱棣
伪装成朱元璋正妻高皇后马氏所生之子。实录公然宣称朱棣"母孝
慈高皇后"。解缙在二修本《进实录表》中曾明确宣称朱棣为马皇后
所生，谓"高皇后天生圣善"，"诞育圣躬"。卷一四七"马皇后"附
传中称马皇后"独爱于今上"，刻意制造朱棣为马皇后嫡生的印象。
其实，朱棣并非马皇后所生，而是碩妃所生。"靖难"，就是为朱
棣发动"靖难之役"制造种种借口，从而把朱棣举行的叛乱粉饰成
"清君侧"的仁义之举。在《明太祖实录》中，增入了朱元璋"国有长
君，吾欲立燕王"之语；还增入了朱元璋死之前"敕符召燕王还京
师，至淮安，用事者矫诏却还。及帝临崩，犹问：'燕王来未'"①
之语。其意在于暗示朱元璋想把皇位传给朱棣，并影射建文帝及其
追随者阻挠了此事。言下之意，朱棣发动"靖难"是顺天承命。为
达此目的，实录甚至还去掉建文年号，擅增洪武三十二年至三十五
年以代之。

　　《清实录》的修纂也秉承三讳原则，对尊者、亲者和贤者都进
行过粉饰。清室来自关外，本为游猎民族，行为率真，文化质朴，
前期所修实录讳饰较少，但入关以后，汉化益深，后嗣帝王思为前
帝讳饰，故太祖、太宗、世祖三朝《实录》多有修改，"务使祖宗所
为不可法之事，一一讳饰净尽，不留痕迹于《实录》中"②。其表现
如下：其一，康乾时，对太祖、太宗和世祖前三朝实录进行反复修
改，对女真—后金政权与明朝的隶属关系进行讳饰，掩盖努尔哈赤
以下犯上的叛乱事实，自称后金是独立于明朝统治之外的国家。今
存《太祖武皇帝实录》是顺治十二年的改缮本，内称明为"大明"或
"大明国"，明帝为"万历皇帝"或"大明皇帝"，明帝的诏谕为"敕
书"，叙述时"语多卑顺"，但康熙迄乾隆间所修《太祖高皇帝实录》

---

　　①　夏燮：《明通鉴》卷首《义例》，中华书局 1959 年版。
　　②　孟森：《读〈清实录〉商榷》，《明清史论著集刊》下册，中华书局 2006
年版，第 686 页。

"已尽删对明敬词"。① 其二，《太祖武皇帝实录》自肇祖孟特穆直到努尔哈赤，皆直书其名，而康熙间改修而成的《太祖高皇帝实录》基本上皆称庙号或"上"。清前三朝之后的圣祖、世祖、高宗等实录也都有粉饰清室和清帝的倾向。《清圣祖实录》称"噶尔丹至阿察阿穆塔台地方饮药自尽"，但根据《康熙起居注册》满、汉文本及满文奏折记载，准噶尔汗噶尔丹并非"饮药自尽"，而是"得病，至晚即死"。写成自杀，是为了迎合圣祖在征讨准噶尔部时的"英明"预见。《清世宗实录》卷一〇，竭力标榜雍正帝做皇子时，毫无争夺皇位的野心，并引雍正帝的话称："向日朕在藩邸时，坦怀接物，无猜无疑，饮食起居，不加防范，此生利害，听之于命。"②其实雍正帝是一位喜怒不定、暗藏杀机的严酷之君。并对于雍正间波及数省、影响全国的曾静一案只字不提。《清高宗实录》秉持"为尊者讳"的修书原则，维护高宗出生于雍和宫的说法。民间传说高宗是世宗即雍正帝在避暑山庄打猎时，与一汉族女子生的私生子，这一说法有损高宗的威严和高贵，因此受到高宗本人、宣宗皇帝及其操纵的实录的驳斥，然而，1999 年中国第一历史档案馆首次公开发布了一件清宫密档，披露乾隆生母姓钱，这一原始文献的记录与《清实录》记载的乾隆生母是钮祜禄氏竟是如此不同。显然，在为尊者讳、为亲者讳上，明清实录是一脉相承的。

第三，明清实录曲笔的差异。

然而，明清实录曲笔也存在着重大差异。《明实录》的曲笔主要针对各位皇帝的丑行进行回避和粉饰，涉及民族性的粉饰很少，而清实录中很多曲笔都集中于民族身分及其文明状态的粉饰。表现如下：其一，对清代早期国名避讳。清代太祖、太宗《实录》早期修纂本多用"建州""（大）金""后金"指其国名，而改修本则多用"满洲"取代前者，反映了对早期国名的避讳心理。清太祖统一女真诸部落时，为了鼓舞女真人的战斗意志和胜利信心，便沿用前金

---

① 庄吉发：《清太祖武皇帝实录叙录》，《清代史料论述》（一），台湾文史哲出版社 1979 年版，第 213~214 页。

② 《清世宗实录》卷一〇，雍正元年八月甲子。

旧号，选择"大金"一词作为国名。及至清太宗兼并内蒙古，征服朝鲜后，汉人归附者日益增多，清太宗虽屡次与明朝议和，但明人多以宋金前事为鉴，拒绝与后金和好。为避免引起汉人反感，太宗遂废"大金"旧号，改国号为"清"。清康熙间，圣祖为了避免引起汉人不愉快的历史记忆，于是在重修的《太祖高皇帝实录》和《清太宗实录》中，将此前的"大金"或"后金"，一律改为"满洲"。这样做的目的就是为了抹去历史记忆，一是掩盖本族出身的历史，二是适应当时调和满汉关系的需要。

其二，粉饰女真人的早期不文明风俗。清代早期实录记录了满洲许多"未开化"的风俗，如子娶后母、侄娶叔母和弟娶兄嫂，等等，但入关日久，汉化日深，清朝统治者开始修改和回避《实录》中的这些满洲旧俗。初纂本《清太宗实录》卷二一，还保留了一些满洲婚姻旧俗的痕迹：天聪九年十二月初三日，"满洲国本族妇女及伯母叔母嫂等，皆无嫁娶之禁，后汗以乱伦严禁之。莽古儿泰、得格垒二贝勒既行悖逆之事，即为仇敌，因令众贝子愿者便取莽古儿泰二妻，和格贝勒纳其一，姚托贝勒纳其一。得格垒一妻，阿吉格贝勒纳之，其余侍妾并罪犯之妻妾，俱各配人"。莽古儿（尔）泰是清太宗的五哥，和格（豪格）是太宗的长子，豪格纳莽古尔泰一妻，就是侄娶伯母；姚托（岳托）是大贝勒代善的长子，岳托纳莽古尔泰一妻，就是侄娶叔母；得格垒（德格类）是清太祖第十一子，阿吉格（阿济格）是清太祖第十二子，阿济格纳德格类妻，就是弟娶兄嫂。这种现象为满洲旧俗，虽然曾禁止，但因将莽古尔泰和德格类视为仇敌，因此又允许这种乱伦行为的发生。重修本《清太宗实录》"以其不合儒家伦常规范，而俱行删削，满洲婚姻旧俗，遂不得其详"①。《清太宗实录》初纂本还载，崇德七年七月初三日，"正黄旗厄里克淫其父婢女生子，又满洲壮丁十七名，止编兵三名"。子淫其父婢且生出一子，亦属乱伦。重修本《清太宗实录》中干脆将此事删掉，只留下了"正黄旗额尔克，所属满洲壮丁十七

① 庄吉发：《故宫档案述要》，台湾"故宫博物院"1983年版，第328页。

名，止编甲三名"的记载。《清世祖实录》将摄政王多尔衮娶太宗妻、幼帝福临母孝庄太后的史实删削殆尽。弟娶兄妻本为满洲旧俗，但康熙修此实录时，认为有伤风化，于是尽除之。早期的实录记载了满洲的男女关系比较随便的事实，顺治改缮本《太祖武皇帝实录》中记载有太祖之嫔御与孟革卜凶私通及孟革卜凶谋逆伏诛之事，但康熙迄乾隆间重修的《太祖高皇帝实录》则加以回避。早期修纂本《太祖武皇帝实录》卷二曾记载了中宫皇后薨后太祖"将四婢殉之"的人殉制度，但在乾隆定本《太祖高皇帝实录》卷二中将人殉旧俗删削一尽。满洲还有赏赐"妻奴"（性奴）的制度。《太祖武皇帝实录》卷二记载，天命三年，太祖对"归顺酋长，列等赐职，俱给妻奴、牛马、房田、衣物"。但乾隆定本《太祖高皇帝实录》卷五，则将赐妻奴改成"无室者并给以妻"。

其三，讳饰清人屠杀汉人的历史。清早期实录直书了女真人屠杀汉人的事实，但清朝入关后力图抹去这些历史记忆，以避免汉人对清政权产生仇恨。女真—后金—清朝在崛起过程中，对辽东、中原的汉人进行过残暴的征服和无情的屠杀。太祖较早的实录版本记载万历十四年，清太祖为报二祖深仇，追杀尼堪外兰时，在鹅儿浑城中，杀了"城内所有汉人十九人"。康熙朝重修本把"所有"二字删去，[1] 减轻了迫害汉人的程度。《太祖武皇帝实录》卷二载，天命三年（1618）九月二十五日，努尔哈赤"遣兵掠会安堡，屠戮甚众，得人畜一千，其中有屯民三百斩于抚顺关，留一人，割双耳，令执书回"，康乾重修本《太祖高皇帝实录》卷五作了删节和改动："庚戌，我军略地至抚顺城北之会安堡，俘千人，戮三百人，于抚顺关留一人俾执书。"将"屯民三百斩于抚顺关"改为"戮三百人"，以掩盖其滥杀无辜的罪行；将"留一人，割双耳"的后半句删去，以掩盖其残暴行径。天命九年四月，《清太祖实录》旧本载"命束草为汉人形，放炮呐喊，斩草人，以夺其地"。康熙重修本的汉文本中把

---

① 罗振玉编：《太祖高皇帝实录稿本三种》，《清史资料》第二辑《开国史料》（二）第七册，台湾台联国风出版社 1969 年版，第 242 页。

汉人的"汉"字删去，变成"束草为人形"，以免引起汉人的反感。①雍乾校订本（定本）中，干脆将此事全部删掉。②《清世祖实录》还掩盖清朝入关时屠杀内地汉族民众的暴行，从未见扬州十日的屠杀记录，也不见嘉定三屠的蛛丝马迹，江阴屠城的罪恶也遭隐讳，这些汉民族的灾难和痛苦仅仅化成《清世祖实录》卷一七"顺治二年六月丙辰"条的一段轻松的捷报文字，为镇压反抗薙发所导致的残暴和血腥都屏弃于《实录》之外。

《明实录》的曲笔多属于对皇帝行为的政治性讳饰，而《清实录》的曲笔则多体现在对民族身分及其满洲旧俗的掩饰上面。

三、明清实录价值之异同

第一，史料价值上，《明实录》因其特殊的历史原因，远胜于《清实录》。由于明实录是明代所修的惟一国史，且修成后，原始档案散佚殆尽，因此史料价值十分珍贵，堪称目前最为原始的史料。沈德符指出"本朝无国史，以列帝实录为史"③。万历间，陈于陛一度提议政府编修当朝的纪传体国史，④ 但因为他的去世以及随后的一场火灾将史馆付之一炬，⑤ 该计划最终流产。因此，终明之世，《明实录》都占据明代史坛中的"国史"地位，具有不可取代的价值。《清实录》修纂时还编修了多种当代史，包括纪传体《国史》，加之修纂较晚，原始档案很多都保存了下来，因此史料价值较前者为逊。

第二，文本价值上，《清实录》由于修有三种文本而超过《明实

---

① 罗振玉编：《太祖高皇帝实录稿本三种》，《清史资料》第二辑《开国史料》（二）第七册，台湾台联国风出版社 1969 年版，第 169 页。

② 参见陈捷先：《满文清实录研究》，台湾大化书局 1978 年版，第 89 页。

③ 沈德符：《万历野获编》卷二《列朝·实录难据》，中华书局 1959 年版，第 61 页。

④ 《明神宗实录》卷二六四，万历二十一年九月乙卯。

⑤ 李小林：《万历官修本朝正史研究》，南开大学出版社 1999 年版，第 35 页。

录》。《明实录》是汉族政权所修，因此只修有汉文本。虽然清代入关后，曾将部分《明实录》译成满文本，但那是后人所为。《清实录》则是少数民族政权所修，为了突出自己的民族意识和满蒙联盟的政策，清廷每修实录，都下令修纂满文本、蒙文本和汉文本。除了盛京不藏蒙文本外，其他各自收藏都是三种文本并存。其实，满、汉、蒙三种文本的修纂秩序，随清朝汉化程度的加深而发生变化。起初在清朝汉化程度不高时，实录修纂的第一步是先修满文本，然后翻译成蒙古文本和汉文本。但随着汉化程度的加深，懂得满、蒙文的人越来越少，① 因此实录修纂时，便先修毕汉文本，然后再翻译成满文本和蒙文本。满、汉、蒙诸文本修纂秩序的变化，还与实录史料的文本变化有关。太祖、太宗、世祖三朝，由于身处关外或初入关内，大臣多为满蒙旧臣，诏令奏疏等档案文件多由满蒙文写成，故纂修实录时，便先将满、蒙文史料整理消化，撰成满文实录，然后再译成汉文本和蒙文本。但圣祖朝以后的实录，史料来源多为汉文本文献，因此撰写时便先撰成汉文本实录，然后再译成满文本和蒙文本。当然，民国时修成的《清德宗实录》和《宣统政纪》因为清朝已亡，只修了汉文本。尽管如此，绝大多数的《清实录》都有三种文本，对于研究三种之间的关系，以及文本之间的差异，有重要的意义。乾隆定本《太祖高皇帝实录》卷二中对太祖为下葬皇后"将四婢殉之"的人殉旧俗作了回避，但乾隆四十四年依据盛京旧本（初纂本《太祖实录》）的原貌重缮的满文本《满洲实录》，却留下了人殉记录："taidzu sure beile haji fujin ofi, delheme yadame, fujin i takûraha duin sain hehe, be dahabuha."译成汉语就是"由于太祖聪睿贝勒所爱的福金，单独的离去，便把福金使唤的四个好婢女殉葬了"。这是对今本《太祖高皇帝实录》（乾隆校订本）粉饰的绝好反证。

　　第三，致用价值上，《清实录》远胜于《明实录》。明清实录均藏于宫中，但皇帝可以阅读，明实录读得最多的是神宗皇帝，而清

---

① 杨亚庚、王小影：《以〈清实录〉为依据看清朝中期满语文的衰微》，《长春师范学院学报》2005 年第 4 期。

实录读得最多的是嘉庆皇帝。神宗为了阅读实录，特地让首辅申时行抄录了一份小型御览本。然而，明代皇帝依照实录行政治国的记载，并不多见。与此不同，清朝皇帝对历史经验的学习与借鉴远超明代，因此出现了很多皇帝日阅实录的现象，常有"晨兴恭诵"或"日阅一册"的记载。据《大清会典》称："内阁尊藏列圣《实录》，以次进呈皇帝恭阅，周而复始，日以为常。"①清代上自圣祖下至文宗，都留下了恭阅实录的丰富记录。清朝皇室昭梿曾以"皇上日阅实录"为题，生动记载了清代皇帝敬阅实录的情况："列圣于每早盥沐后，即敬阅列朝实录一卷，自巡狩斋戒外，日以为常，虽寒暑不间也。"②清圣祖就熟读祖宗实录。他曾谕大学士等曰："朕阅《实录》，太宗皇帝统大军抵北京，击败明兵……"③清世宗也自述"朕每恭读《圣祖仁皇帝实录》，必虔加顶礼，然后展诵"④。对《清实录》阅读较勤的要数清高宗和仁宗。高宗已经将纂修好的五朝实录阅读了一遍，并决定再读一遍。乾隆元年，高宗曾亲谕诸臣道："太祖、太宗、世祖、圣祖、皇考《实录》、《宝训》，朕已敬谨捧阅一周。着再按次进呈，朕循环览诵……"⑤仁宗对本朝《实录》的恭读已到了痴迷的程度，突破了"间日"恭读的惯例，每日进读。有臣工在贺表中称："皇上深宫表正，昧旦跪诵《五朝实录》，精一传心，羹墙如见。"⑥仁宗曾谕内阁道："朕每日恭阅先朝《实录》，诚以列圣修齐治平之道，无不备载，典型仪式，夙夜寅承，即万几之

---

①　允裪等：《大清会典》卷二，景印文渊阁四库全书本。

②　昭梿：《啸亭杂录·续录》卷一"皇上日阅实录"，中华书局1980年版，第392页。

③　《清圣祖仁皇帝圣训》卷一一《法祖》。

④　又载中国第一历史档案馆编：《雍正朝汉文谕旨汇编》第七册（雍正七年至十三年谕旨），广西师范大学出版社1999年版，第313~314页；《清世宗实录》卷六三，雍正五年十一月丙子；《清世宗宪皇帝圣训》卷一《圣德》。

⑤　中国历史档案馆编：《乾隆朝上谕档》第一册，乾隆元年至九年，档案出版社1991年版，第714页；《清高宗实录》卷一三九，乾隆六年三月甲午。

⑥　吴荫：《吴学士诗文集·文集》卷一《皇上六旬万寿恭纪乐府二十章谨序》，清光绪八年江宁藩署刻本。

暇，披览者亦皆经史诸书，鉴观得失，以期有裨治化。"①他曾让大臣制订阅读《实录》的具体计划。②仁宗死后，其子宣宗道光皇帝在为其《实录》所作的《序》中指出，仁宗重视"法祖"："每日晨兴，恭阅六朝《实录》，周而复始。凡用人行政诸大端，莫不取法鸿模，因时损益……"③清代统治者阅读实录的目的，就是为了将其作为政策和措施的依据。嘉庆皇帝在政治、经济、司法、治安、文化等各方面都参照祖宗实录来进行治理。④

四、比较后的总结

明清实录的比较，是一项很有意义的研究。明清不仅是两个前后相继的王朝，而且是两个统治民族不同的王朝。它们是两个文明形态完全不同的王朝，还是完全相同的王朝，这关涉中国文明是否具有一致性和延续性。通过明清实录的比较，则发现明清王朝在文化上有极大的承传性和相同性，都是对中华文明和中华文化体制的继承和发展；同时发现明清文化之间也存在一些具体的差异。由于主导实录修纂的统治者的民族差异，使清廷在继承中原体制的同时，还刻意保持其民族性和文化特色，如在修汉文本实录同时，还修纂了满文本乃至蒙古文本；在直书和曲笔的应用上，侧重于对清廷早期民族身分和文明状态的讳饰。为了掩饰民族身分的文化落差，清廷信奉韩愈所说："孔子之作《春秋》也，诸侯用夷礼则夷之，夷而进于中国则中国之。"⑤亦相信辽道宗之言："上世獯鬻、

---

① 中国第一历史档案馆编：《嘉庆道光两朝上谕档》第十四册，嘉庆十四年，广西师范大学出版社2000年版，第538~539页；《清仁宗实录》卷二一八，嘉庆十四年九月己巳；《钦定大清会典事例》卷三○八《礼部·经筵·经筵典礼、日讲》。

② 中国历史档案馆编：《嘉庆道光两朝上谕档》第十五册，嘉庆十五年，广西师范大学出版社2000年版，第170页。

③ 清宣宗：《清仁宗实录》之《序》。

④ 参见谢贵安：《试论〈清实录〉在整饬吏治中的指导性作用》，《北京联合大学学报》2013年第3期。

⑤ 韩愈：《昌黎先生文集》卷一一《原道》，宋蜀本。

猃狁，荡无礼法，故谓之夷。吾修文物彬彬，不异中华，何嫌之有！"①从而走上了"汉化"之路。清廷为此大力推行"右文"政策，在紫禁城内外遍设书馆，修纂各种大型典籍，除了实录之外，还修纂了国史等各种书史。这也带来了实录定位的差异。明代只修有实录，使《明实录》在明代史坛上占据了"国史"的地位，正如沈德符所言"本朝无国史，以列帝实录为史"；而《清实录》则因为清代另修本朝《国史》，而未能获得同样的地位。由于清朝遍设书史修纂机构，因此明清实录在修纂机构上既有相同点，亦有相异处。二者都将实录修纂机构设在宫城之内，但《明实录》修纂机构是史馆，史馆属于多功能的修纂机构，既修实录，亦修其他史书，而《清实录》的修纂机构是专设的实录馆，属于例开之馆和专有机构，只为实录修纂而设。

明清两朝是中国古代社会最后的两个王朝，二者既有很多相同之处，亦有一些相异之点。有人以政权的建立者为汉族与少数民族之不同，而过于强调其具有根本性的差异。日本人有所谓"涯山之后无中国"之说，而美国"新清史"学派则试图通过清朝"满洲化""内亚化"的阐释，强调其历史发展的独特性。事实上，明清两朝虽因统治者所属民族不同而有较多的差异，但入主中原的清廷在其"清承明制"政策的导向下，和"夷而进于中国则中国之"的感召下，仍然大量继承了明朝的政治制度和文化政策，只是在具体执行中，又融入了清朝的一些特色。这是明清实录比较后得出的结论。

第二节　明、清实录对皇帝形象塑造的比较

《明实录》和《清实录》分别是明、清两朝政府修纂的编年体的本朝皇帝专史，主要内容是皇帝在位时的国家大事，因此对两代皇帝形象的塑造上进行比较，具有典型意义。明、清实录关于皇帝本人的历史叙述，主要集中在每部实录第一卷的卷首的序言，本节称之为"弁言"。《弁言》集中反映了修史的主导者(皇帝与权臣)及所

---

① 洪皓：《松漠记闻》卷上，明顾氏文房小说本。

属史官(编修、修撰等)的立场和观点。每部实录由于是当朝皇帝为先帝所修,因此其立场基本上倾向于歌颂和赞美,对皇帝进行正面的描述甚至是主观塑造。本节试图通过明清两代实录对皇帝形象的塑造,比较二者之间的相同之处和相异之点,以窥探中国皇帝实录撰述上的史学共性和因朝代不同而呈现的个性差异。明、清两代都是中国的正统王朝,秉承着中华文化的传统和血脉,因此无论明代还是清朝,都保持着中国传统的实录修纂制度,然而,明清两朝之间,依然存在着明显的差异,即明朝廷是以汉民族为主建立政权,而清朝廷是以少数民族满族(前称女真)为主建立的政权。明代以前,女真—满族处在中华文化圈的边缘,被视为"夷狄";其入主中原后,必然会在保持本民族特色的同时开始汉化过程,因此《清实录》对其皇帝形象的塑造便会出现有别于《明实录》的地方。可将明清两代实录对皇帝形象的塑造进行比较,通过探讨其塑造手法和形式的异同,进而探察明清两朝共有的中国本质和因统治民族不同所产生的细微差别。

对明清实录在皇帝形象粉饰上的探讨,可追溯至晚明时钱谦益的《太祖实录辨证》①,晚近笔者对明初诸帝形象的探讨,也是该问题相关的前期研究②。本节是以明清两代实录对皇帝形象塑造所作的比较与探讨,目前似未见类似的成果,故不揣冒昧,试一探之。

一、相同的塑造

明、清实录对皇帝形象的塑造,应用了很多的手法或形式。虽然明清两个王朝统治者的民族不同,但对皇帝形象的塑造却有很多共同之处,反映了中国传统史学文化所具有的共性。

---

① 钱谦益:《太祖实录辨证》,《牧斋初学集》卷一〇〇至一〇五,《四部丛刊初编》本,台湾商务书局1967年版。

② 谢贵安:《试述〈明太祖实录〉对朱元璋形象的塑造》,《学术研究》2010年第5期;谢贵安:《试述〈明太宗实录〉对建文帝形象的描写与塑造》,《学习与探索》2011年第1期;谢贵安:《试论〈明实录〉对建文帝的态度及其变化》,《北京联合大学学报》2010年第3期;谢贵安、谢盛:《试析〈明实录〉对刘基形象的记述与塑造》,《学术研究》2013年第5期。

明清两朝实录都是当朝皇帝为其故世的父兄先帝所撰，因此在塑造皇帝形象时，多以正面形象示人。其塑造手法，应用了神化、美化、圣化、德化和仁化诸方式，使皇帝的形象高大亮丽。下面逐一分析。

（一）神化

对皇帝进行神化，是中国传统史学的惯用手段，是"君权神授"观念的典型表征。像汉高祖出生前其母"刘媪尝息大泽之陂，梦与神遇。是时雷电晦冥，太公往视，则见蛟龙于其上。已而有身，遂产高祖"①、唐太宗出生时"有二龙戏于馆门之外，三日而去"②等描写，莫不如此。明、清实录在描写皇帝诞生时，不厌其烦地虚构各种祥瑞异象，特别是"红光""紫气""奇香""异梦"等奇兆，以证明其非俗子凡胎，与芸芸众生不同。《明太祖实录》卷一《弁言》称太祖朱元璋之母陈氏梦中服用神授药丸而怀上他，醒后告诉了丈夫。明日，朱元璋便降诞人间，当时"红光满室"，光芒闪射，邻居误认为失火，都奔来相救，结果并无火灾，"人咸异之"。朱棣出生时被作了明显的神化处理："上初生，光气五色满室，照映宫闼，经日不散。"③《明仁宗实录》卷一《弁言》描写仁宗朱高炽降诞时云："是夕，仁孝皇后梦冠冕执圭者上谒，寤而生帝。"《明宣宗实录》卷一《弁言》也说宣宗出生时"众望见光气五彩腾于宫闱之上"，还说他出生前夜，乃祖太宗"梦太祖高皇帝授以大圭，命曰传之子孙，永世其昌"，不久宣宗诞生，太宗和仁孝皇后"心咸异之"。宪宗皇帝诞于宫闱，"生时，红光满室"④。孝宗出生时，实录虽未写红光紫气之象，但写了"有雷风之异"，且突出孝宗"颅骨耸起，俨如龙形"。⑤ 甚至出生于藩邸的世宗，其实录

① 司马迁：《史记》卷八《高祖本纪第八》，中华书局 1959 年版，第 341页。

② 薛居正等：《旧唐书》卷二《太宗本纪上》，中华书局 1975 年版，第21 页。

③ 《明太宗实录》卷一《弁言》。

④ 《明宪宗实录》卷一《弁言》。

⑤ 《明孝宗实录》卷一《弁言》。

也将之塑造成天命所归的形象。据《明世宗实录》卷一《弁言》称："诞圣之日，宫中红光烛天，远近惊异。其年，黄河清，庆云见于翼轸者，楚分也，盖识者已知为受命之符矣。"据笔者统计，明代太祖、太宗、仁宗、宣宗、英宗、宪宗、孝宗、世宗等八帝，实录俱描写了异象，一般是光、红光、五彩光气、五彩祥云、雷风之异，或梦见神人出现。

清廷来自关外，本属阔略疏放的满人，但由于汉化的加深，始对前三朝实录不断修改①，故其所纂《清实录》也仿效汉族实录对清朝皇帝进行神化。实录称努尔哈赤的母亲喜塔喇氏"孕十三月乃生"，以表明太祖异于常人；又借"望气者"之口称"满洲将有圣人出，戡定众乱，统一诸国而履帝位"，② 以表明努尔哈赤为天命所归。《清世祖实录》卷一《弁言》对世祖出生亦作了充分的神化，说孝庄文皇后"方娠时，有红光绕身，衣裾间如有龙盘旋状"。女侍"皆惊以为火，近视之不见"。诞生前夕，孝庄文皇后梦一神人抱一子授之曰："此统一天下之主也！"孝庄文皇后醒后告诉了太宗，太宗说："是异祥，子孙大庆之兆也！"次日，福临诞生，顿时"红光照耀宫闱，经久不散，香气弥漫数日"。这一记载与《明太祖实录》神化朱元璋出生场景大同小异。《清圣祖实录》卷一《弁言》称康熙帝之母孝康章皇后佟氏，生圣祖前，"诣慈宁宫问安。将出，衣裾若有龙绕"。太皇太后见而异之，问佟氏，得知其有娠，对近侍说："朕曩孕皇帝时，左右尝见朕裾褶间有龙盘旋，赤光灿烂。后果诞生圣子，统一寰区。今妃亦有此祥征，异日生子，必膺大福。"至上诞降之辰，"合宫异香，经时不散。又五色光气，充溢庭户，与日并耀"。这里在写康熙帝诞生时，不仅虚构了场景，而且还通过孝庄太皇太后之口，把《清世祖实录》虚构的祥瑞场景加以强化。像龙绕、异香、五色光气等神化元素，这里均配置整齐。

---

① 孟森：《读清实录商榷》，《明清史论著集刊》下册，中华书局 2006 年版，第 688 页；谢贵安：《清实录研究》，上海古籍出版社 2013 年版，第 440~457 页。

② 《清太祖实录》卷一《弁言》。

《清世宗实录》卷一《弁言》在神化皇帝形象时，另辟蹊径，使用了月亮的符号，称世宗母亲孝恭仁皇后吴雅氏"嘉祥肇集，尝梦月入怀，华彩四照。已而诞上"，还称"诞生之夕，祥光煜爚，经久弗散，阖宫称异"。虽无异香之述，但用了祥光来弥补。

明清两朝实录都是在中后期实录中，改变了对皇帝形象神化的措施。明穆宗、神宗、光宗、熹宗诸朝实录，对皇帝的出生，放弃了神化的努力。这一做法，也为《清实录》所效法。《清实录》自《清高宗实录》以后，在记载皇帝降诞时，很少用异象祥瑞的标配符号进行神化。高宗出生时，只说其母孝圣宪皇后钮祜禄氏"诞上于雍和宫邸"，未描述任何异象和祥瑞。此后的仁宗、宣宗、文宗、穆宗、德宗、宣统诸帝，在记录他们出生时皆未作神化处理，而多强调是人事所定。这是因为皇位已稳，无需强调"天命攸归"。这一变化当然是历史观念的进步。

（二）美化

明、清实录基本上都将所记载的皇帝，塑造成相貌不凡、举止得体的形象。这是对皇帝形象所做的美化处理。明代皇帝中，不乏长相不俗的人，但由于朱元璋的独特基因，使得后嗣帝王不少都长相奇怪；清朝皇室爱新觉罗家族的基因，虽然有削瘦苗条的特点，但在当时却缺乏皇帝所应有的奇伟特征，然而，在实录中，他们均被塑造成相貌奇杰的美男子。

《明实录》对本朝皇帝的外貌多予以正面描述。《明太祖实录》将长相丑陋的朱元璋，写成"姿貌雄杰"[1]，说他"日章天质，凤目龙姿，声如洪钟，奇骨贯顶"[2]。《明太宗实录》卷一《弁言》对太宗的长相也有不俗的描述："上貌奇伟，美髭髯，举动不凡，有善相者见上，退谓人曰：'龙颜天表，凤姿日章，重瞳隆准，太平天子也！'"《明宣宗实录》卷一《弁言》用太宗之口称赞刚刚出生的朱瞻基"天日之表，且英气溢面"；并在太宗登基时，年方四岁的宣宗被抱出来示人："仪容俨恪，屹如巨人。"如果说宣宗被描写成身材

---

① 《明太祖实录》卷一《弁言》。
② 《明太祖实录》卷二五七，洪武三十一年闰五月辛卯。

高大的话，那么英宗则被描写成头大的特异形象。据《明英宗实录》卷一《弁言》形容道："上天质秀杰，龙颅魁硕，迥异常伦，巾帽皆须式样加广大为之，乃克适用"，且相貌威严，"居常顾盼之际，烨然有威，立其侧者，皆若上旁睨之，不敢稍怠肆也"。实录对宪宗皇帝的长相的描写是"群臣见上相表奇异，玉色和粹，无不惊服。上广额丰硕，方面大耳，目睛如漆，黑光彩射，左右侍者皆莫敢仰视"①。孝宗的长相，也被《明孝宗实录》描写得十分奇绝："上隆准高额，颅骨耸起，俨如龙形。"②

受到汉族政权所修实录的影响，《清实录》对本朝皇帝的外形也特别维护。《清太祖实录》卷一《弁言》称努尔哈赤，"及上生，龙颜凤目，伟躯大耳，天表玉立，声若洪钟，仪度威重，举止非常"。皇太极被实录加以美化："上天表奇伟，面如赤日，严寒不栗，龙行虎步，举止异常。"③《清世祖实录》卷一《弁言》称福临"天日之表，龙凤之姿，仪范端凝，见者慑服"。《清圣祖实录》卷一《弁言》称圣祖"天表奇伟，神采焕发，双瞳日悬，隆准岳立。耳大声洪，徇齐天纵。稍长，举止端肃，志量恢宏。语出至诚，切中事理"。雍正帝被实录描绘成"天表奇伟，隆准颀身，双耳丰垂，目光炯照，音吐洪亮，举止端凝"④。《清高宗实录》卷一《弁言》对乾隆帝的相貌进行了美化，称"天挺奇表，珠庭方广，隆准颀身。发音铿洪，举步岳重。规度恢远，巍然拔萃"。嘉庆帝被实录塑造成"天表奇伟，隆准丰颐，举止凝重，神明内蕴"⑤的形象。《清宣宗实录》卷一《弁言》称道光帝"天表挺奇，宸仪协度，颀身隆准，玉理珠衡"。《清文宗实录》卷一《弁言》称咸丰帝"发音铿洪，举步岳重"，未突出其外貌，但强调其声音洪亮和步履稳重，也算是扬长避短。光绪帝则被实录形容为"生而岐嶷，英姿天挺，隆准龙目，

① 《明宪宗实录》卷一《弁言》。
② 《明孝宗实录》卷一《弁言》。
③ 《清太宗实录》卷一《弁言》。
④ 《清世宗实录》卷一《弁言》。
⑤ 《清仁宗实录》卷一《弁言》。

广颡修颐"①。《宣统政纪·序》对溥仪的长相则是通过"天钟圣哲，星流虹渚之祥，生而神灵，日角龙颜之表"这种套话来加以美化。

(三)圣化

明、清实录都乐于将各自所写的皇帝，塑造成生而知之的形象；不仅如此，还把他们刻画成努力学习的榜样，对皇帝形象加以圣化。耳聪目明、智慧超凡之为圣。实录就是要把皇帝塑造成天赋异禀且好学勤奋的典范。

《明太祖实录》在描述文盲朱元璋时称其"既就学，聪明过人"②。《明太宗实录》卷一《弁言》称朱棣"比长，聪明睿智""勤学好问，书一览辄记，终身弗忘。五经子史皆该贯，而旁通天文地志、百家之书，得其要领。日从明儒讲论，无厌倦意"。宣宗被实录作了圣化处理，说他"稍长"则在宫中"喜册"，初出就学便"智识益广，襟度益弘"，特地借太宗之言赞扬他"好学之笃，夙夜孜孜，日诵万言，心领要义"。③孝宗之子武宗在为其父修的实录中，把孝宗描绘成"圣性聪颖，每背诵所授书，未始错误"，"凡听讲之际，专心注目，不移视听"的聪明好学的形象。④世宗皇帝在其子穆宗、孙子神宗为其修纂的实录中，更是一位好学聪慧的典型。据《明世宗实录》卷一《弁言》称："上生五岁，即颖敏绝人，献皇帝口授以诗，不数过辄成诵。语以读书、作字、问安、视膳之节，与夫民间疾苦、稼穑艰难，靡不领略。稍长，通《孝经》大义，问先王至德要道之旨，献皇帝为之讲解，上意感悟。献皇帝大奇之。"穆宗的好学也是实录刻意渲染的内容："出阁讲读，每儒臣进说经义，必注目敛容听受之，虽风雨不辍。"⑤看来明朝皇帝在其实录的塑造下，都成了聪明好学的圣人。

清朝实录亦是如此，对本朝的皇帝都作了圣化处理。《清太祖

① 《清德宗实录》卷一《弁言》。
② 《明太祖实录》卷一《弁言》。
③ 《明宣宗实录》卷一《弁言》。
④ 《明孝宗实录》卷一《弁言》。
⑤ 《明穆宗实录》卷一《弁言》。

实录》卷一《弁言》称太祖努尔哈赤"凡所睹记，一经耳目，终身不忘。众称为英明主"。皇太极被其实录圣化成"言辞明敏，威仪端重。耳目所经，一听不忘，一见即识"的聪明形象。实录又称他"性嗜典籍，披览弗倦……甫三龄，颖悟过人"①。其实，清太祖、太宗时代，女真—满洲人的文化水平都不太高，爱好阅读连环画和插图本图书②，但是，为了表明他们的文化素质高，是文明人而非"夷狄"，清朝实录都竭力将他们的皇帝塑造成天生聪明、勤学不倦的形象。世祖以后，清室入主中原，受到汉文化的熏陶，其文化水平不断提升，实录突出了他们在文化上取得的成就，在客观描写的同时，仍有拔高之嫌和塑造之意。《清世祖实录》卷一《弁言》称世祖"聪明英睿"，"稍长，颖敏轶伦。六龄即嗜观书史，尝曰：'父皇自幼读书，予亦欲读书。'每披览所及，一目辄数行下。不由师授，解悟旁通，博于经籍，以是太宗皇帝甚钟爱而属意焉"。把福临写成天才，一目数行，且不由师授，显然把他当成超人予以圣化。圣祖康熙也被其实录圣化了："读书十行俱下，略不遗忘。自五龄后，好学不倦，丙夜披阅，每至宵分。凡帝王政治、圣贤心学、六经要旨，无不融会贯通，洞彻原委。"实录又称他"且多艺多能，允文允武。著作则上媲典、谟，吟咏则直追雅、颂。精娴细楷，妙擅擘窠"③，也是极尽歌颂之能事。康熙帝出生在北京，生长于中原，置身于汉文化的环境，因此其汉文化水平很高，自是事实，但像实录这样的吹捧，显然是作者刻意塑造的结果。实录通过对康熙帝的圣化，以突出清朝皇帝文化水平之高，甚至超过汉人，以此证明满人并非不知礼仪的"夷狄"，而是知书达礼的华夏正统。类似的圣化现象，在以下各朝实录中也广泛存在。如雍正帝被其实录圣化成"幼耽书史，博览弗倦，精究理学之原，旁彻性宗之旨，

---

① 《清太宗实录》卷一《弁言》。

② 努尔哈赤君臣对明朝的绣像版《三国演义》和《水浒传》有深厚的兴趣。参见杨勇军：《〈满洲实录〉成书考》，《清史研究》2012 年第 2 期。

③ 《清圣祖实录》卷一《弁言》。

天章浚发，立就万言。书法遒雄，妙兼众体"的形象。①《清高宗实录》卷一《弁言》也将乾隆帝塑造成圣人，称颂他"自六龄就学，受书于庶吉士福敏，过目成诵，课必兼治。进业日勤，动契夙悟"。乾隆本身比较重视文化素养，在书法和诗歌上随处题咏，水平不高，留下的数量不少，但实录说他学习上"过目成诵"和"动契夙悟"，显然过誉了。嘉庆帝在治学和文化上并无突出表现，但《清仁宗实录》卷一《弁言》却刻意塑造其"天藻浚发，英词炳蔚，援笔立就，动成典则"的形象。清朝皇帝文化素质的形象提升，固然与他们在汉文化包围下急起直追有关，但也与实录修纂者有意塑造密不可分。

(四)德化

明清两朝实录对各自所描绘的皇帝，均进行了道德塑造，将他们拔高成道德高尚的楷模，加以德化处理。在实录修纂者的笔下，皇帝不仅是天之骄子，而且是人间的道德典范，集孝、友、恭、俭于一身，为世所景仰。

明代实录对本朝诸帝的道德形象之塑造，特别留意和用心。朱元璋被其实录塑造成孝顺和节俭的形象。据《明太祖实录》卷一《弁言》称"事亲至孝，侍奉左右不违意"。同书卷二五七称其临死"遗命丧葬仪物一以俭素，不用金玉"；又称他"摧奸暴，佑良善，宽仁爱人，专务德化"。②朱棣被其实录塑造成"仁孝友悌出于天性""虚己纳善，宽仁爱人，意豁如也"的道德形象。③《明宣宗实录》卷一《弁言》称宣宗"稍长，在宫中孝敬日隆"，并借太宗之口称赞他"孝友英明，宽仁大度，年未一纪，体具志宁，动必中规，言必合道"。《明英宗实录》卷一《弁言》称九岁的英宗在乃父宣宗去世之际，"哀疚之诚、怆惨之容，已出于圣性之天然矣"，以塑造其至孝的形象。甚至将其塑造成友爱至上、心胸宽广之人。当朝廷遣使

---

① 《清世宗实录》卷一《弁言》。
② 《明太祖实录》卷二五七，洪武三十一年闰五月乙酉、辛卯。
③ 《明太宗实录》卷一《弁言》。

到瓦剌告诉被俘的英宗，说初六日郕王已经即位，结果"上皇闻之喜"①。至于宪宗，实录也说他"侍膳问安，孝敬备至"②。世宗也被实录描写成"仁孝诚敬，聪明英毅，又躬有圣人之德"的形象。③明代皇帝被实录写得德义无亏，品行高尚。事实上，明代皇帝多长养深宫，意志不坚，德行不彰，显然实录所记的他们的道德形象是塑造的结果。

　　清朝皇室本出自女真—满洲，明代以前尚处在部落制时代，自有游猎民族所拥有的剽悍民风和原始道德，但随着占据辽东和入主中原，社会风俗日渐汉化，道德水准也向中原看齐。在反复修改的太祖太宗两朝实录中，皇帝的道德行为一步步被改纂成符合中原的标准。④ 在今天流行的定本(雍乾校订本)《清太祖实录》卷一《弁言》中，努尔哈赤被描述成"至诚御物，刚果能断，任贤不贰，去邪不疑"的"英明主"形象。皇太极被实录形容为"天锡睿智，恭孝仁惠。诚信宽和，圣德咸备"⑤。对于康熙帝，《清圣祖实录》卷一《弁言》也作了德化处理，称其"至孝性成，继志述事"，"奉事太皇太后、皇太后，竭诚尽敬，历久弥殷"。刚愎残酷的雍正帝被其实录描述成："性尤纯孝，婉愉爱慕，悉本乎至诚。逮事孝庄文皇后、孝惠章皇后，备膺慈眷，侍奉圣祖仁皇帝、孝恭仁皇后，尽礼尽敬，仰惬欢心。偶遇圣祖违和，必躬亲汤药，问视惟虔，昼夜无少懈。圣祖常称为诚孝焉。"实录还特别说他"谊敦友爱，值二阿哥罪废，众议当幽禁，上独涕泣不能起。圣祖为之动容"⑥。事实上，雍正通过夺嫡篡位，对同气相连的兄弟杀伐无情，而此实录则将之塑造成"友爱"的形象，不能不令人生疑。《清高宗实录》卷一《弁

---

　　① 《明英宗实录》卷一八三《废帝郕戾王附录第一》，正统十四年九月癸巳。

　　② 《明宪宗实录》卷一《弁言》。

　　③ 《明世宗实录》卷一《弁言》。

　　④ 参见谢贵安：《清实录研究》，上海古籍出版社 2013 年版，第 372～381 页。

　　⑤ 《清太宗实录》卷一《弁言》。

　　⑥ 《清世宗实录》卷一《弁言》。

言》也塑造了乾隆帝的品德，称他对父亲“竭奉欢养，尽孝殚诚，问视滋谨”，“惟以恬静冲和，内葆明德”。《清宣宗实录》卷一《弁言》则描写宣宗“天性纯孝，晨昏问视，养志无违”，说孝淑睿皇后去世后，他“悲深罔极，擗踊逾恒”，仁宗“俯鉴肫诚，每值忌辰及清明、中元、冬至，必命躬亲行礼，用遂孝思”。而宣宗“孺慕衔哀，屡形章句，数十年如一日”。仁宗称他“忠孝兼备”。实录将他写成“有大能谦，不矜不伐，圣人之功，超迈前古，圣人之量，亦复越寻常”，总之德行无亏。《清文宗实录》卷一记述咸丰帝“博慈颜之愉悦，勖同气以匡襄。惟孝惟友”；当孝全成皇后故世时，他“悲深罔极，擗踊哀伤”，其父宣宗“俯鉴肫诚，每值忌辰周年，必命躬亲行礼，用展孝思”，而咸丰帝“孺慕衔悲，屡形章什，二十余年如一日”。这段对文宗孝行的描写，实抄自《清宣宗实录》，可见《清文宗实录》的作者已无辞可写，只好抄袭了事。至于光绪皇帝，《清德宗实录》卷一《弁言》形容他“圣德夙成”，“俭约本乎性初，嗣后三十四年，器用服御，不敝不改”；又言不由衷地称赞他“孝事宫闱，圣情肫挚，承迎娱悦，无所不尽其诚”。其实德宗为慈禧所软禁，根本无孝事宫闱之心。实录这样写无非是一种主观的道德塑造而已。

(五) 仁化

实录中皇帝形象的仁化与德化同类，但仁化重在塑造皇帝的仁治，把他们描写成爱民如子、勤政治国的典范。仁者爱人，皇帝的爱人，就是通过对国家的治理，而将仁爱施诸天下臣民。这是明清两朝实录共同津津乐道的内容。

《明实录》将朱明皇帝刻画为勤政爱民的仁君。《明太祖实录》称赞太祖“疾作”时仍“日临朝决事不倦如平时”[①]，结果殉职于宫中。太宗朱棣被其实录作了如下的仁化处理：“时出访民疾苦，劳来抚循，百姓爱戴而力行节俭，故国内无事，上下咸和，年谷屡丰，商旅野宿，道不拾遗，人无争讼，规摹宏远。”[②]即使像明熹宗

---

① 《明太祖实录》卷二五七，洪武三十一年闰五月乙酉。
② 《明太宗实录》卷一《弁言》。

这样贪玩的皇帝，《明熹宗实录》卷一《弁言》也说他"念光皇大业未究，雅志继述，践祚之初，委任老成，搜罗遗逸，振鹭充庭，称盛理焉。时四方多故，上宵旰靡遑，辽左及滇黔相继请帑，无不立应。大臣行边，恩礼优渥，将士陷阵，恤典立颁。又虑加派苦累，每有诏谕，谆谆戒守令加意抚字，毋重困吾民。其轸念民瘼如此，故能收拾人心，挽回天步，虽有炀灶假丛之奸，而得人付托，社稷永固于苞桑。庙号曰熹，盖称有功安人云"。显然，这是明代实录用"仁化"的手法，对皇帝形象处理的结果。

《清实录》也善用"仁化"手法，将本朝皇帝塑造成仁治之君。《清太宗实录》卷一《弁言》称赞皇太极"善抚亿众，体恤将卒。无论疏戚，一皆开诚布公以待之。自国中暨藩服，莫不钦仰"。顺治帝被其实录写成"广罗俊乂，酌定章程，采纳群言，执中乾断，廓清六宇，怀保兆民，靖寇乱于崇朝，致恬熙于中外"，说他"宏一统之业，肇开创之模"。①《清圣祖实录》卷一《弁言》称康熙帝"大德好生，民物在宥，励精求治，日理万几。六十余年，孜孜如一日。户口繁增，风俗淳美，远过唐虞之世。料敌制胜，庙算如神，辟前古未辟之封疆，服从来未服之方国。巡阅河工，指授方略，淮黄底定，世赖平成"。八岁即位后，孝庄太皇太后问他有何打算，他回答道："惟愿天下乂安，生民乐业，共享太平之福而已。"雍正帝被实录描述为"抚驭臣民，乂安中外，揆几达变，振纪饬纲"；说他"仁渐义摩，熙熙皞皞，共游于尧天舜日之下"，赞扬他"措海宇于晏安，登民物于康阜"。②《清高宗实录》卷一《弁言》形容高宗的仁治是："上下感孚，天人归与"，"继绳一体，锡天下臣庶无疆之麻"。自嘉庆帝以后的清帝，治绩不佳，国势下颓，但他们的实录无一例外地对其作仁化塑造。签下第一个丧权辱国条约的道光帝，《清宣宗实录》卷一《弁言》竟称他"率土归心，天人翕从，符应昭著，用以寅绍丕基，锡天下臣庶无疆之福"，又赞他"深仁厚泽，锡庆垂裕，于万斯年"。虽然实录竭力对他进行仁化，但因内容苍

---

① 《清世祖实录》卷一《弁言》。
② 《清世宗实录》卷一《弁言》。

白而显得空洞无物。被英法联军赶出北京的咸丰帝，其实录竟称他"寰海归心，天人协应，贻万亿年无疆之庥"①。在咸丰统治的时候，第二次鸦片战争导致京城失陷，圆明园被焚，何来"寰海归心"？这位无能的皇帝除了逃亡热河、签订城下之盟，带来百年耻辱外，何来"贻万亿年无疆之庥"？实录虽欲作仁化塑造，不免空穴来风，终成无病呻吟。至于《清德宗实录》卷一《弁言》称光绪帝"所以厘百工而熙庶绩，遵成宪而焕新猷"，还说他"至夫昌明教育，亭毒黔黎，靡不一秉慈谟，蔚为辰告。用是觐光扬烈，缵十三载中兴耆定之庥，创制显庸，开亿万禩宪政文明之局，天人协运，中外归心，懿欤盛哉"，虽然所说并非皆是虚言，但是由于光绪受到保守的慈禧太后的阻挠和挟制，维新变法以失败告终。虽然后来重启"新政"，但革命军兴，大势已去，人心已失，哪里能"开亿万禩宪政文明之局"，又如何会"天人协运，中外归心"？

综上所述，明清两朝实录对各自皇帝的塑造，从出生时天命所归、祥瑞呈现的神化，长相奇伟举止不凡的美化，生而知之勤学好问的圣化，孝友兼备谦和淡定的德化，到爱民如子勤政治国的仁化，用各种手法进行描述和书写，从不同侧面将皇帝塑造成立体的光辉形象。通过比较，明清两代的实录在皇帝形象的塑造上并无本质的不同，反映出中国传统文化的巨大惯性和强大的统和能力，它不仅使汉族政权所修的《明实录》呈现"为尊者讳"的特点，使少数民族政权所修的《清实录》也呈现相同的面貌。

然而，在比较了明清两朝实录之后，也发现二者在皇帝形象塑造上呈现出一些细微差异。下面加以分析。

二、相异的塑造

(一)神化个人与神化民族

明、清实录虽然在神化皇帝上面有惊人的一致，但二者之间却出现了一个明显的差异，即《明实录》只神化皇帝个人，而《清实录》则连本民族一起神化。

---

①　《清文宗实录》卷一《弁言》。

《明太祖实录》卷一《弁言》中只神化了朱元璋出生时的场景："（后被追封为太后的其母陈氏）方在娠时，太后常梦一黄冠，自西北来，至舍南麦场，取白药一丸置太后掌中，有光，起视之，渐长。黄冠曰：'此美物可食。'太后吞之，觉，以告仁祖（朱元璋父亲），口尚有香气。明日，上（朱元璋）生，红光满室。"该处实录还进一步描写道："自后，夜数有光，邻里遥见，惊以为火，皆奔救，至则无有，人咸异之。"此后的明代历朝实录也只是对皇帝本人出生进行神化，绝口不提对本民族汉族的神化。

然而，《清实录》则首先对女真—满族的起源进行神化。《清太祖实录》卷一《弁言》记载："长白山……山之东，有布库里山，山下有池曰布尔湖里。相传有天女三：曰恩古伦，次正古伦，次佛库伦，浴于池。浴毕，有神鹊衔朱果，置季女衣。季女爱之，不忍置诸地，含口中。甫被衣，忽已入腹，遂有身……寻产一男，生而能言，体貌奇异。及长，母告以吞朱果有身之故，因命之曰：'汝以爱新觉罗为姓，名布库里雍顺，天生汝以定乱国，其往治之。汝顺流而往，即其地也。'与小舠乘之，母遂凌空去。子乘舠顺流下，至河步登岸，折柳枝及蒿为坐具，端坐其上。是时，其地有三姓争为雄长，日构兵相仇杀，乱靡由定。有取水河步者，见而异之。归语众曰：'汝等勿争。吾取水河步，见一男子，察其貌，非常人也。天必不虚生此人！'众往观之，皆以为异，因诘所由来。答曰：'我天女佛库伦所生，姓爱新觉罗氏，名布库里雍顺。天生我以定汝等之乱者！'众惊曰：'此天生圣人也。不可使之徒行。'遂交手为舁，迎至家。二姓者议曰：'我等盍息争？推此人为国主，以女百里妻之。'遂定议，妻以百里，奉为贝勒。其乱乃定。于是布库里雍顺居长白山东，俄漠惠之野，俄朵里城。国号曰满洲。是为满洲开基之始也。"又载："历传至后世……布库里雍顺之族被戕，有幼子名范察者，遁于荒野。国人追之。会有神鹊止其首，追者遥望鹊栖处，疑为枯木，遂中道而返。范察获免，隐其身以终焉。自此后世子孙俱德鹊，诚勿加害云。"在这里，实录将女真—满洲的族源，神化为天女佛库伦，媒介则为神鹊衔的一枚神异的红果。这就将满族塑造成神的后代。与此同时，实录也将女真—满族的图腾——喜鹊作了神化处理，称之为"神鹊"，记载了它保护爱新觉罗先祖的神话。

之所以出现明清实录的上述差异，是因为朱元璋所属的民族汉族已经存在数千年之久，其族源被《史记》等书追溯为炎帝与黄帝，早为人所共知，《明实录》已无需再作叙述和神化；而努尔哈赤所属的民族女真—满族，虽然可以追溯至金朝所属的女真，清初期也曾认可，甚至将国号取名为"金"（史称"后金"），但后来决定另起炉灶，不仅改国号为清，而且将族名改为满洲，并讳言与女真的关系，因此，今天流行的雍乾校订本《清太祖实录》便将努尔哈赤所属民族的初祖神化为天女所生。《清实录》对满洲族源的神化，与对努尔哈赤个人的神化一样，都是实录修纂者的有意为之。

（二）文化与武化

明清两朝实录在圣化各自的皇帝时，基本上是相同的，都把他们写成天生聪明、勤学好问，文化水平很高的样子。然而，二者之间也存在着一个明显的区别，那便是《明实录》很少赞扬皇帝个人的武功和勇力，而《清实录》则将皇帝塑造成孔武有力、武功高超的形象。换句话说，明清两朝实录都重视皇帝的文化，但《清实录》除重视文化外，还重视武化，而《明实录》则对此很少提及。对皇帝个人勇力和武功的描述和夸饰，是重文轻武的农耕民族汉族所修《明实录》羞于启齿的现象，却为游猎民族满族所修《实录》津津乐道，反映农耕民族与游猎民族之间价值取向的明显差异。

《明实录》写皇帝，甚少圣化其个人武功和勇力。记载朱元璋事迹的《明太祖实录》，其卷一《弁言》中从未提及他武功高强。《明英宗实录》卷一《弁言》对英宗的聪明好学，一味浓墨重彩地描绘：英宗"稍长，能知书。宣宗皇帝命近侍以经书劝上读讲，辄喜动颜色，至或以玩好奉之，若不经意然"，并不在意他是否拥有武功。《明实录》偶尔在谈到皇帝的武功时，也是先扬后抑。如实录在描写仁宗朱高炽"闻读书辄喜""书册翰墨不去手"的同时，提到了他的武功："稍长习射，数日辄造精艺，发无不中。左右问'何若是巧也'？曰：'心志既正，无难者。'"但是话锋一转，说他"绝口不自矜。盖于驰射及奇巧玩适之具，志非所好，独好学问，日从儒臣论说不厌"①。《明实录》中惟一对皇帝个人武功作正面叙述的是《明宪宗实录》，卷一《弁言》称宪宗"读书，音向洪亮，不数遍即作字运笔有法，尤便习骑射"，但只是一笔带过，并未作过多夸奖。其实，明代皇帝中，个人武功比较高强的还有不少，如开国皇帝太祖朱元璋、靖难之主太宗朱棣和文武全能宣宗朱瞻基，以及以武为庙号的明武宗朱厚照，但是，前三人的实录对其武功并不刻意炫耀，而描写朱厚照的《明武宗实录》，则对其恃勇好斗、善用蛮力的尚武行为进行了猛烈抨击②。以上事实充分反映了宋朝重文轻武之后农耕民族的社会风尚。

然而，《清实录》在极力圣化帝皇，渲染其文化才能的同时，则不忘塑造清帝的武功和勇力形象。除了《清世祖实录》卷一《弁言》未提及世祖的武艺外，其他的实录多赞美皇帝的武功和勇力，称赞他们箭无虚发、勇力绝伦。努尔哈赤被其实录称赞为"英勇盖世，骑射轶伦"③。《清太宗实录》卷一《弁言》夸赞皇太极"勇力轶伦，步射骑射，矢不虚发"。甚至描写他"凡遇劲敌，辄亲冒矢石"。实录称康熙帝"挽弓十五钧，用矢十三握。左右骑射，发必中的"④，极力炫耀其武功。《清高宗实录》卷一《弁言》称乾隆帝在木兰秋狝时，"甫上马，熊突起，控辔自若"。圣祖命他"学射于贝勒允禧，学火器于庄亲王允禄，肄轫擅能，精传家法"。实录夸他"每呈毂宫门，习围南苑，闳体审机，叠发奇中，垂髫英武，观者莫不钦为天授，而神枪宝韣，准的具存，贻诲有深焉者"。《清宣宗实录》卷一《弁言》称道光帝"［自］幼神武，智勇天锡"，说他在侍奉高宗围猎时"引弓获鹿，喜动天颜"。并用大量篇幅描写了道光用火枪抗击林清天地会起义的事迹，说他"大胆差人至所内，取进撒袋、鸟枪、腰刀"，见"五六贼在养心门对面南墙外膳房房

① 《明仁宗实录》卷一《弁言》。
② 参见谢贵安：《明实录研究》，上海古籍出版社 2013 年版，第 350~351 页。
③ 《清太祖实录》卷一《弁言》。
④ 《清圣祖实录》卷一《弁言》。

上", 于是"大胆在宫内放枪, 将一贼打坠", 看见"又有两三贼仍在墙上, 一贼手执白旗, 似有指挥"时, "复将执旗贼打坠"。可谓浓墨重彩地渲染其武功和勇力。《清文宗实录》卷一称咸丰帝"陈经偶暇, 练艺习劳, 常制枪法二十八势, 曰棣华协力, 刀法十八势, 曰宝锷宣威, 皆宣宗所赐名", 并不讳言皇帝对武功的喜好。

明、清实录的上述不同, 反映了农耕文化与游猎文化在实录书写上的差异。当然, 这种差异也并非不可逾越, 除了上述清帝外, 清代其他皇帝的实录, 如清世宗、仁宗《实录》, 以及穆宗以下诸帝的《实录》, 均不再突出皇帝的个人武功和勇力, 则说明《清实录》的审美趣味已经汉化。虽然朝廷一再要求满洲子弟不废武功, 保持骑射传统, 但身为九五之尊的皇帝, 本身却渐失骑射武功, 实属无可奈何花落去, 其实录也不再以武功勇力相标榜了。

(三)嫡子与非嫡

明清两代实录对皇帝形象的塑造, 还有一个明显的差异, 那便是由于汉、满民族继承制不同, 造成了嫡庶观念的区隔, 导致皇帝形象书写上的差异。

明朝廷作为汉民族为主的政权, 实行的是宗法制下的嫡长子(正妻所生长子。若长子去世, 则嫡子依次递补)继承制。某些篡位的皇帝, 其子孙为了突出父祖的正统地位, 便在所修的实录中宣称该皇帝是皇后所生的嫡子, 把他塑造成理应继位的合法储君。朱棣便是通过"靖难"篡夺皇位的统治者, 他的儿子仁宗和孙子宣宗在相继修纂的《明太宗实录》中便把朱棣打扮成太祖正妻马皇后所生的嫡子。其实, 朱棣乃太祖与硕妃所生。①

清朝满族皇帝没有宗法制观念, 也不按嫡长子继承制传位(笔者用"非嫡"来概括), 因此其实录在描写皇帝事迹时, 因皇帝无需考虑"嫡"与"非嫡"的合法性问题, 故其实录不用篡改皇帝的出身。

---

① 谈迁:《国榷》, 中华书局1958年版, 第847页; 傅斯年:《明成祖生母纪疑》,《中央研究院历史语言研究所集刊》第2本第4分, 1932年; 吴晗:《明成祖生母考》,《清华学报》第十卷第3期, 1935年, 又收入《吴晗史学论著选集》第一卷, 人民出版社1984年版, 第542~556页。

《清太宗实录》卷一《弁言》在写太宗身世时，直书太宗是太祖高皇帝的第八子，并且并非元妃(原配)所生："初，太祖高皇帝未成帝业，时元妃佟甲氏生子二，长褚英，赐号洪巴图鲁，再赐号阿尔哈图土门；次代善，赐号古英巴图鲁。继妃富察氏，生子二：长莽古尔泰，次德格类"。最后才说："孝慈昭宪敬顺仁徽懿德庆显承天辅圣高皇后叶赫纳喇氏，诞育圣子，即上也。"这段记载中，特别指出太祖的元妃是佟甲氏，所生二子是褚英和代善，次妃是富察氏，所生二子是莽古尔泰和德格类，皇太极只是皇帝的三妃叶赫纳喇氏所生。至于实录称叶赫纳喇氏为"孝慈高皇后"，乃是后所追封。显然，《清太宗实录》并未像《明太宗实录》那样，将皇太极扮成元妃佟甲氏所生。清朝没有推行嫡子继承制，是否元佟所生无关紧要，因此实录没有必要篡改太宗的身世。

由于清代没有实行嫡长子继承制，皇位继承全在皇帝的心意和喜好，因此《清实录》在塑造皇帝的储君形象时，便刻意记录皇帝对意中人的态度和语言。如《清太宗实录》卷一《弁言》称皇太极"自幼命名，太祖甚钟爱焉"；及长，"圣心默注，人望攸归"。康熙帝被其实录刻意描述道：六岁时，曾经与皇二子福全、皇五子常宁一起被世祖询问各自的志向，皇二子回答说是"愿为贤王"，而康熙回答说："待长而效法皇父，黾勉尽力。"世祖"于是遂属意焉"。[①]《清世宗实录》卷一《弁言》称雍正帝作皇子时，"军国大计，亦多咨决；禋祀钜典，恒令恭代"。圣祖尝谕诸大臣曰："朕万年后，必择一坚固可托之人，与尔等作主，令尔等永享太平。"实录说"盖天心默定，神器攸归人矣"。乾隆帝也被其实录有意写成受到乃父的钟爱，有传位于他的意愿。雍正元年正月，世宗继位后的首次大祀之典——祈谷礼成，世宗特地召弘历(乾隆)"入养心殿，赐食一胾，意已为他日付托之本，志早先定，仰告昊苍，故俾承福受祚也"。是年秋八月，雍正帝御乾清宫，"密书上名缄固"，藏于"正大光明"匾额后。[②] 此后的实录，对嘉庆帝、道光帝、咸丰帝等均

---

① 《清圣祖实录》卷一《弁言》。
② 《清高宗实录》卷一《弁言》。

进行了类似的描述和处理。

　　如果说《清实录》对先帝将储君的名字置于"正大光明"匾后的描述是据实直录的话，那么对皇帝继位前被先帝所中意的记载，则是一种刻意的史料选择，甚至是一种虚构和塑造，把所载皇帝塑造成君意所属的储君形象，从而为其后面的继位进行铺垫和气氛的烘托。这种现象的出现，显然与清代无嫡子继承制密切相关。

　　(四) 杂音与同调

　　将明清两朝实录比较后，笔者还发现一个特点，便是《明实录》对本朝皇帝的态度比较复杂，既有正面称颂也有负面诋毁，《清实录》则只有赞扬而甚少诋毁。换句话说，即《明实录》在塑造本朝皇帝形象时有杂音，而《清实录》在塑造本朝皇帝形象时则保持同调。究其原因，乃在于《明实录》反映的对象(皇帝)与读者都是汉人，而《清实录》反映的对象是满族皇室，而其读者则大多是汉人。于是，《明实录》是在没有"外人"干扰的情况下，较容易地出现了内讧，从而在其皇帝形象的塑造上产生了杂音；《清实录》则是在有"外人"可能看笑话的背景下，清朝廷内部一致对外，从而在其皇帝形象的塑造上形成了同调。

　　《明实录》的主旋律仍是为当朝皇帝唱赞歌，但像建文帝、代宗、武宗、神宗、熹宗诸帝，在他们死后修纂的实录并未遵循或完全遵循主旋律。第一种情况是像建文帝、代宗这种被推翻的皇帝，被取消了修实录的待遇，分别写入《清太宗实录》和《清英宗实录》时，都是作为负面形象来塑造的，不仅未赋予其出生时的红光祥云之异，甚至对他们的经历多有诽谤。如实录称，太子朱标薨时，太祖说"长孙弱不更事。主器必得人，朕欲建燕王为储贰，以承天下之重"①，便是对建文帝进行诋毁，对朱棣作了拔高。实录还直接将朱允炆塑造成僭越篡位者，说太祖崩后，"皇太孙遂矫诏嗣位"②。实录将建文帝塑造成反面典型，从而烘托

朱棣靖难和登基的顺天应人、力挽狂澜的形象。① 第二种是像武宗，后嗣皇帝对其嫉妒和暗恨，把他当作好大喜功、荒唐不经的形象来描述。由于大礼议之争，使"外来户"朱厚熜受到强烈的羞辱和刺激，于是恨屋及乌，对根红苗正的前任皇帝、其堂兄武宗心生嫉妒和恨意，在自己主持修纂的《明武宗实录》中，对武宗的形象进行了负面的塑造，无情讽刺了武宗好动、贪玩、违禁出游、荒淫好色、狎亵妓女、抢人妻妹、禁民间养猪、视国家大事如儿戏等一系列荒诞无耻的行径。② 第三种是像神宗、熹宗这种结仇士大夫的皇帝，在士大夫们为其修纂的实录中，遭到明刺暗讽。神宗由于滥派矿监税使和国本之争，与整个大明王朝的文官集团为敌；熹宗则由于支持阉党镇压东林党人，受到东林党人的痛恨，因此，两位皇帝在文人士大夫所修的实录中，均受到了明里暗里的批评和讽刺。神宗被塑造成负气、贪财、好色、拒不纳谏、听信内臣的昏君形象。史臣们甚至将雒于仁奏本对神宗酒、色、财、气抨击的内容暴露于实录中。黄仁宇对此感到十分惊讶。③ 熹宗则不仅被塑造成贪玩、昏庸的形象，而且还暴露其出身卑贱、母为选侍的事实。④ 可见，《明实录》在其修纂过程中，前帝与后帝，皇帝与大臣，大臣与史官都存在着各种矛盾和利益冲突，在对皇帝形象书写时，也就出现了不同调的杂音。

与《清实录》相比，《明实录》是对皇帝作过负面塑造的史书。明实录中产生对皇帝形象负面塑造的原因，主要是明代皇位传承过程中出现的断裂现象导致一些皇帝非正常登基，前后任皇帝产生了相应的矛盾，致使现任皇帝对前任皇帝产生不满，从而鼓励史臣对前任皇帝进行直书，甚至有意识地进行抹黑和负面塑造。这种情况虽不普遍，但的确存在。另一方面，皇帝作为上层建筑的代表，有

---

① 参见谢贵安：《试述〈明太宗实录〉对建文帝形象的描写与塑造》，《学习与探索》2011年第1期。

② 关于《明实录》对武宗形象的书写，可参看谢贵安：《明实录研究》，上海古籍出版社2013年版，第350~351页。

③ 黄仁宇：《万历十五年》，中华书局1982年版，第254~257页。

④ 《明熹宗实录》卷一《弁言》。

时也与作为意识形态代表的儒臣发生冲突，后者利用史书对皇帝的过错予以揭露，使其负面形象暴露于世。

《明实录》对上述皇帝形象的负面塑造，只是主旋律中的变音和杂声，未能改变作为官方史学代表著作的实录对皇权讴歌的实质。然而，与《清实录》一直保持对皇帝形象的正面塑造相比，《明实录》的杂音又显得十分独特和难能可贵。《清实录》在讴歌皇帝时的同调，简单重复，缺乏变化，难以树立其立体而真实的形象。

中国古代社会最后的两部实录《明实录》和《清实录》，对明清两朝的皇帝形象通过神化、美化、圣化、德化和仁化的手法进行了正面塑造，把他们粉饰为天命所归的神仙，长相奇伟举止不凡的美男，天赋异禀勤勉向学的圣人，德性崇高孝友兼备的模范，勤政治国爱民如子的仁君，树立了高大英明的形象。然而，在《明实录》中，由于统治链条的断裂造成的"今上"对前帝的嫌怨，以及史臣对君主的不满，也使其部分实录在描写皇帝形象时进行了负面塑造，产生了杂音。作为少数民族政权所修的《清实录》，在正面塑造皇帝形象上，向汉族所修实录看齐，迅速掌握了各种塑造手法，使其皇帝的形象显得高大英武。与《明实录》不同，《清实录》由于清朝廷急于在汉人面前树立正面光辉的形象，因此一直保持讴歌的同调；它还在神化皇帝个人形象时，连带将其民族起源也作了神化；对皇帝个人武功和勇力则大力宣扬，不避讳皇帝为庶出的出身，并着力描写先帝对未来储君的默识暗赏。明清两朝实录所产生的上述差别，实源于农耕民族与游猎民族各自特性的差异，而两朝实录对皇帝形象塑造的一致性，则又反映出明清两朝皆受到中国传统文化的深刻影响，以及清朝廷在史学上不断加强的汉化倾向。

第三节　明、清实录对武当山记载的比较

对明清实录的比较，除了从两朝实录修纂、皇帝形象书写等主要方面的比较外，还可以从一些细小的问题上进行比较。本节从湖

北武当山记载角度，比较《明实录》与《清实录》记载与书写上的异同。武当山是道教圣地和全国名山，是中国文化的部分精华所在。但武当山在历史上的地位并非恒一不变，而是随时代变迁而起伏。由于武当山在明代永乐年间作为国家宗教圣地进行过大规模建设，因此该山在明代的地位最为崇高；入清后，清人从信仰萨满教改为推崇藏传佛教——喇嘛教，因此武当山的地位急剧下滑。武当山在明清官方中的地位的变化，突出反映在明清两代的国史《明实录》和《清实录》中。关于实录与武当山的关系，研究者甚少，目前似只有笔者的《试述〈明实录〉对武当山的记载及其价值》一文有较详的论述①。本节则将明清两代实录对武当山的记载作一比较，以窥见武当山在明清国史中受重视程度和被关注点的差异。

明清两代实录对武当山均作过记载，但各有侧重。

一、《明实录》对武当山的记载

《明实录》共载武当山的内容为 134 条(每一条代表某日中的一件事)。也就是说，整部《明实录》共记载了武当山 134 件历史事件。数量虽然不算多，但置诸宏观历史上观察，应该还是有相当份量的。《明太祖实录》仅记"武当"2 条；《明太宗实录》记武当山 9 条，其中"武当"6 次，"太(大)岳太和山"有 6 次，重叠 3 次(所谓重叠是指某条中既有"武当山"又有"太和山")；《明仁宗实录》只记载了武当山 1 条，即"大岳太和山"1 次；《明宣宗实录》载武当山 4 条，"太岳太和山"5 次，重叠 1 次；《明英宗实录》记武当山 9 条，其中记"武当"2 次，"太(大)岳太和山"7 次；《明宪宗实录》记武当山 22 条，其中"武当"1 次，记"太(大)岳太和山"21 处；《明孝宗实录》记武当山 19 条，其中记"武当"16 次，记"太(大)岳太和山"9 次，重叠 6 次；《明武宗实录》记武当 9 条，其中"武当"1 次，记"太岳太和山"8 次；《明世宗实录》记武当山 35 条，其中记"武当"3 次，"太岳太和山"23 次，"玄岳"9 次，重叠 2 次；《明

①　谢贵安：《试述〈明实录〉对武当山的记载及其价值》，《江汉论坛》2011 年第 12 期。

穆宗实录》记武当山 6 条，其中记"太岳太和山" 8 次，重叠 2 次；《明神宗实录》记武当山 15 条，其中记"武当" 3 次，"太岳太和山" 13 次，重叠 1 次；《明熹宗实录》记武当山 3 条，即记"太岳太和山" 3 次。

在《明实录》所载武当山史事的总共 134 条中，分为四个方面：第一是武当山宫观建设与维护方面，共 32 条。包括宫观建设及维修 11 条，军士役使 4 条，度牒数额 5 条，奉安圣像 6 条，奉安御碑 1 条，建祠颂德 1 条，治安管理 4 条(其中禁止樵采 1 条，盗窃供器 1 条，捕盗获赏 2 条)。如《明太宗实录》最早记载了武当山道教宫观的兴建情况，该书卷一二九载，永乐十年六月戊午，"建湖广武当山宫观。命隆平侯张[信]、驸马都尉沐昕董其役"。同时，实录还记载了武当山宫观的维修情况。《明英宗实录》卷一二九载，正统十年五月戊戌，"提调太岳太和山湖广右参议李偶奏：'太和、南岩、紫霄、五龙、玉虚、净乐六宫俱渗漏，请预烧砖瓦为修理计。'从之"。《明宪宗实录》卷二九一载，成化二十三年六月"庚午，诏湖广均州盐钞、农桑、丝绢并皮张、鱼油、翎鳔折银，悉留修理大岳太和山宫观"。武当山的治安管理，包括禁止樵采和捕治盗贼也写入实录中。《明宪宗实录》卷二八一载，成化二十二年八月癸酉朔"甲戌，敕禁太狱太和山樵采，并复其侵占田地。时本山道士奏武当山多被民开垦樵采，请赐护敕，并敕所在官司禁治，及拨还民之侵占者。从之"。

第二是武当山经费与供给方面，共 30 条。包括恩赐钱物 8 条，维修经费 2 条，香物买办 1 条，靡费不赀 3 条，裁减供给 3 条，调钱他用 13 条。关于皇帝和朝廷恩赐武当山道观和道士经费和钱物情况，《明宪宗实录》卷三八中有记载，成化三年春正月丁丑，"命给湖广太岳太和山宫观油蜡，每三年一给，令襄阳府于夏税内折办四万五千九百三十六斤"。《明武宗实录》卷一六二载，正德十三年五月甲寅，"以长芦运司盐五千引给太和山道众典祀"。《明孝宗实录》卷一七七则记载了弘治十四年闰七月己巳，内阁大学士刘健等攻击"显灵、朝天等宫，泰山、武当等处，修斋设醮，费用累千万两，太仓官银存积无几"，要求"绝异端无益之费"。孝宗嘉纳之。

《明孝宗实录》卷二五载，弘治二年四月壬子，巡抚湖广都御史梁璟指出："永乐中武当山食粮道士不过四百，近至八百余人，道童亦有千余。乞照额放免，以省冗食。"孝宗从之。

　　第三是宗教与迷信活动方面，共 22 条，包括遣官致祭 13 条，祥瑞灵异 6 条，裁抑修醮 1 条，痛抑道教 2 条。《明实录》记载了朝廷遣官至武当山祭真武大神的活动。《明孝宗实录》卷一一载，弘治元年二月丙辰，命恭顺侯吴鉴、保定侯梁任等赍香帛祭祀"大岳太和山真武等神"。《明世宗实录》卷二二〇载，嘉靖十八年正月己亥，因为世宗准备回承天谒陵祭告，严嵩进拟仪式称："南阳遣官祭武当山之神"。祥瑞灵异的内容也是《明实录》记载的对象。《明太宗实录》卷一四〇载，永乐十一年"六月戊申朔，隆平侯张信言武当山大顶五色云见，绘图以进。上出示百官"。崇信道教的世宗对祥瑞尤其看重。据《明世宗实录》卷四三八载，嘉靖三十五年八月壬寅，嘉靖帝问礼部："古之用芝草入药者，今产于何所？求之可得否？"尚书吴山等称灵芝是祥瑞之物，只能等到民间贡献，世宗忍不住"诏有司采诸玄岳、龙虎、鹤鸣、三茅、齐云及五岳，仍访之民间"。

　　第四是行政建置与人事安排以及人物生平方面，共 49 条。包括行政建置 2 条，人事任免 36 条，人物生平 9 条，官宦冲突 1 条，官员恩荫 1 条。《明实录》所载最多的是有关武当山的人事任免，其中包括提督武当山的行政官员、提点武当山宫观的道官和司香武当的宦官的任免。《明孝宗实录》卷一六七载，弘治十三年十月己酉，"升南京刑部郎中华山为湖广布政使司右参议，及提督太岳太和山，兼管抚民之事"。实录也记载了提点武当山宫观的道官任免情况，如《明宣宗实录》卷三五载，宣德三年春正月丁酉，"以太岳太和山玄天玉虚宫提点任自垣为太常寺丞，仍掌玉虚宫事"。实录还记载了司香太监兼守湖广行都司事宜。《明神宗实录》卷五三二载，万历四十三年五月己未，"命司礼监左监丞张时调内官监左监丞，着太和山提督兼分守湖广行都司等处地方"。

　　总之，《明实录》密集地记载了武当山的宫殿建设和宗教活动的各个方面，武当山成为《明实录》记载的直接对象和重要内容。

由于笔者在《试述〈明实录〉对武当山的记载及其价值》一文中已对《明实录》有关武当山记载的内容特点作了探讨，兹为从略。

二、《清实录》对武当山的记载

《清实录》对武当山的记载，也有一定的内容。经检索，《清实录》中含有"武当"（内含"武当山"）12条，"太和山"3条，总共15条，且无"玄岳"和"大（太）岳太和山"词条，说明清代对武当山的称呼，较明代大为简省。有关武当山条目的分布，《清圣祖实录》有3条（其中"太和山"1条），《清高宗实录》有5条（其中"太和山"1条），《清仁宗实录》2条（其中"太和山"1条），《清宣宗实录》3条，《清文宗实录》2条。《清太祖实录》和《清太宗实录》由于写关内之事，无一条涉及武当山。清后期实录如《清穆宗实录》和《清德宗实录》也无武当山的记载。总之，清代的国史《清实录》对武当山的记载较之明代大为减少，连《明实录》中132条的零头都不及，反映了武当山在清代官方眼中的地位的大幅度下滑。

《清实录》记载武当山的所有15条内容中，关于军事和治安的内容有11条，占了2/3强。

军事与治安成为武当山得以载入《清实录》的主要原因。大清王朝最为关心的就是江山永固，而武当山则因为是军事和治安的事发地，而受到清代实录的关注。

首先武当山是军事行动之所而受到记载。《清圣祖实录》卷四八载，康熙十三年六月丁未，副都统德业立等疏报："五月二十九日，叛将洪福等侵犯均州，营于武当山下。臣率领官兵迎击，大败贼众。"下部议叙。这是三藩之乱时周将洪福等屯兵于武当山下，该山才得以载入史书。清仁宗时，川楚陕白莲教大起义时，武当山得以载入实录。《清仁宗实录》卷二载，嘉庆元年二月己亥，毕沅奏："痛剿灌湾腊、太和山贼匪。"至《清文宗实录》中，也有因军事活动而将武当山载入者。该书卷二三〇载，咸丰七年六月丁卯，文宗谕曰："曾望颜奏兴安、商南防兵遣撤归伍一折。陕西兴安等处，上年因襄樊土匪扰及郧阳一带，调兵设防。本年武当山剿匪净尽，业经该抚将兴安府属防兵酌撤。现在南阳土匪均已肃清，近陕地方并皆安堵，所有商南在防兵丁，着一并撤令归伍。"《清文宗实录》卷三〇七又载，咸丰十年二月丙申朔，"以湖北均州守城及攻克武当山出力，予外委欧贵贤等、升补加衔有差"。这些记载，均是因为武当山成为军事行动的发生地点，而被载入实录中。

其次武当山是治安问题的事发地而受到载录。《清高宗实录》基本上记载的都是有关武当山的治安问题。该书卷八一七载，乾隆三十三年九月庚子，皇帝谕军机大臣等："据阿思哈奏，鲁山县挐获山西算命人席守业，搜出字帖一纸，语多谬诞。审讯该犯，系辗转抄来。传闻湖广武当山雷雨后水发，冲出石碑，上有此记。逐层根究，始自湖广竹溪县捉鸡沟地方张钦抄得，现在飞咨究办等语。此等荒诞不经之事，流播民间，惑人闻听，自应严切查挐，务得造作为首之人，重加惩治。既据豫省查出，其事始自湖广，该督岂无闻见，曾否追究查办，何以未据该督奏及？着传谕定长即行确查武当山，果否实有其事，及该省有无传播犯案之人。其河南咨挐之张钦，曾否弋获讯供根究之处，迅速据实覆奏，并谕程焘知之。"皇帝对源于武当山的神秘文字十分重视，决心一查到底。《清高宗实录》卷一二六九又载，乾隆五十一年十一月甲午，谕军机大臣等："据刘峨等将大名案内要犯张均德解京审讯，供称曾到过汉口，由该处从河南回家，即被挐获等语。该犯既到过汉口，若该地方文武员弁，认真缉捕，即应立时盘获，何以任其来往自如？该地方官竟置之不问，所司何事！李侍尧向来办事认真，不应如此。现在段文经、刘勤二犯尚未就获，屡经谕令李侍尧等饬属严挐。或该犯等亦逃往汉口、武当山一带潜匿，着该督等即选派干练员弁，改装觅线，实力搜捕，以期弋获。该督等既失察于前，又疏纵于后。将来若经别省缉获，究出又在该省潜藏经过，则获咎滋重矣。将此由六百里谕令知之，仍即迅速覆奏。"卷一二七五又载，乾隆五十二年二月庚申，高宗谕军机大臣等曰："大名案内首犯段文经等至今未获，节经降旨，令各督抚上紧躧缉。前据陕西省奏报，盘获貌似段文经之犯，特派司员带同王成功迎赴前途识认，又非段文经，是该犯尚无实在踪迹。因思上年该犯等曾有逃上盐船及往武当、汉口之信。此时直隶、山东等省查挐紧急，不致潜匿。或竟由盐船，逃往汉口，或窜入武当山藏避，均未可定。徐克展一犯，系毛师沅在亳州访获，尚属能事。着传谕毕沅，仍密饬该员，带同眼目前赴汉口、武当山一带及各盐船上，不露形迹，设法购线查拏。若该员果能再将段文经、刘勤盘获，朕必破格加恩升擢，该员不可不倍加奋勉也。将此谕令知之。"卷一二七六载，乾隆五十二年三月庚午，高宗又谕："大名案内首犯段文经等至今未获。前经降旨，谕令毕沅密饬毛师沅，带同眼目，前赴汉口、武当山一带，购线查拏。本日据保宁奏，拏获王福一名。讯据供称，与段文经等相识，曾诱赴大名城内行劫，该犯并未随行，逃往四川等语。看来此案人犯，或因附近省分查拏紧急，复逃至川省，希图潜窜漏网，亦未可定。该省峨嵋山高峻深远，易于藏匿奸匪。着传谕毕沅，即速饬知毛师沅，如汉口、武当山等处查无段文经等踪迹，即由该处径赴川省峨嵋山一带，改装逐细根缉，务获解京审办，必邀格外加恩也。将此由五百里谕令知之。"长达1500余卷的《清高宗实录》，只在逃犯段文经可能窜往武当山时，该名山才得以载入这部国史中。

《清实录》所载武当山的烧香活动和风俗，清统治者也当作治安问题加以提防。据《清宣宗实录》卷六〇载，道光三年十月壬寅，宣宗传谕军机大臣等道："襄阳、均州地方，有武当山，每年三月至九月，男妇烧香，动辄数百人。其寺观僧道，藉以敛钱作会，容留无赖匪徒，文武大员姑容不问等语……至襄樊一带，最易藏奸。该督等严饬所属员弁，明查暗访。有犯必惩，其应如何编查保甲，并责成兵役缉捕，务须妥为办理，不可藉端滋扰，亦不可养痈贻患，以戢奸宄而靖闾阎。将此谕令知之。"《清宣宗实录》卷一六〇又载，道光九年九月庚戌，宣宗谕军机大臣等道："刑部奏，审讯京控案内附递条陈之湖北岁贡生千总顶带喻若印，请照例斥革，问拟杖罪，交该省折责管束，已依议行矣。此案喻若印所递条陈内，有该省均州武当山香客鸣锣聚众，商贾设立会馆，结讼演戏，并私学天主教、青莲教一节。聚众习教，为害地方，不可不严行究办。该处现在有无匪徒潜匿，着嵩孚确切查明，据实具奏，勿稍隐饰。将此谕令知之。"但官府寻奏："遵饬司道及委员查明均州武当山，间有人赴庙烧香，并无鸣锣聚众，结讼习教。观宇之外，亦无商贾设立会馆等事。"显然皇帝是有点过敏，但宣宗仍要求"严行查禁，并责成安襄郧荆道，每年于会哨四峰山之例，亲诣细查"。《清宣宗实录》卷二四八又载，道光十四年正月辛卯，步军统领曾拿获形迹可疑来京烧香各犯，其中李有军一起，带有红边小白布旐；张德潮一起，带有蓝边红绅旐各一面，书写朝山进香及烧香人姓名。据李有军供称："伊因族人李文恭、李加满早年来京烧香，伊借处人李兴文与伊前赴湖北武当山烧香旧用旐子，将同社七人姓名书写旐上。伊兄李有道另立堆金社，李文滢系属会首，亦曾赴武当山烧香。"宣宗认为："愚民报赛酬神，事所恒有。何以各该犯等先后起意来京，跋涉千里，其始不约而同，其继不谋而合。且各犯等多系直隶、河南两省邻县之人，所居村庄，近或二三十里，远亦不过百余里。其取立社会名目及敛钱章程，众供如出一口，难保无豫先纠约，及事后捏饰别情。"对此极为紧张，要求琦善督同臬司陈崇礼，栗毓美督同臬司经额布，各迅派干员，驰赴各该县，即将单开李有军、张德潮等起各犯姓名籍贯，确实查明，"并掺查各起会首家，有无往来书件、收藏经卷，务须不动声色，密速确查。不准稍有含糊，亦不准稍事张皇，扰累地方。原单着抄给阅看。将此各谕令知之"。但是，河南巡抚栗毓美奏：除了一位幼时曾与成安县泰山庙道士为徒，学习经咒，应解交刑部候质外，"余皆安分乡民，并无不法情事"。由于进京烧香，牵扯出赴武当山烧香，显然武当山成为治安事件中的衍伸地名，既非行为主体，也不是"第一案发现场"，其地位更加低下，已不能与明代同日而语。

除了军事与治安外，武当山还有其他一些内容记入《清实录》，如派人查访密奏、免交武当山所贡之物和香税等。《清圣祖实录》卷二七五载，康熙五十六年十一月丙子，圣祖谕大学士等曰："令人密奏，亦非易事，偶有忽略，即为所欺。"但他自鸣得意地声称："朕听政有年，稍暧昧之处，皆洞悉之。人不能欺朕，亦不敢欺朕！"并说"朕曾遣人往五台、武当等处，皆于兵部起票，驰驿前往，并将差遣缘由声明，光明正大。伊等亦不能假借也"。武当山只是圣祖密奏成效的一个举例而已。《清世祖实录》卷五七载，顺治八年六月壬戌，世祖谕户部曰："太和山春秋二季贡符箓、黄精等物，实属无用，且长途转运，未免烦扰驿递，以后着永免办解。尔部传谕知之。"黄精是武当山产的一种植物，根茎能够入药，具有补气养阴、健脾润肺和益肾功能。符箓则属于道教避邪之符咒，皇帝下令免进符箓，反映出清朝入关后的统治者对道教的不信。实录中还有记载免武当山香税的。据《清高宗实录》卷一六载，乾隆元年四月丁丑，"免湖北太和山香税"，高宗宣谕道："山东泰安州香税，朕已降旨豁免。近闻湖北太和山，凡远近进香者，亦有香税一项。小民虔礼神明，止应听其自便，不宜征收香税，以滋扰累。所有太和山香税，着照泰安州之例，永行豁免。该督抚即饬令地方官，实力奉行，毋使奸胥土棍，巧取滋弊。"这是突出皇帝"爱民"的一个行为，并非突出武当山的地位。

当然，清代实录中也记载有关祭祀武当山的活动，这与《明实录》中的记载是相同的，可惜只有一条，即《清仁宗实录》卷一一七载，嘉庆八年七月戊申，军机大臣庆桂等奏："查明四川、陕西、湖广、河南应行遣官告祭名山大川：陕西西岳华山、昭灵普润太白山神，河南淮渎之神、济渎之神、黄河神，四川江渎之神、灌县敷泽兴济通佑王、承绩广惠显英王，湖广南岳衡山。又山川祠宇灵迹显应处所：湖北武当山真武帝君庙、荆州关帝庙，四川梓潼县文昌帝君庙，陕西汉江之神、终南山之神、定军山汉臣诸葛亮祠。"奏上，仁宗谕内阁道："川省军务告蒇，捷书驰奏，八表同欢。因思前此兵燹扰及三省地方，并曾窜及豫境。大兵所至，仰赖山川效灵神祇助顺，用得师行贞吉，全奏底平，允宜修举明禋，敬答鸿佑。所有四省岳渎诸神，湖广、河南着派赓音、邵自昌，于审案事竣后分往告祭；陕西着派额勒布、初彭龄，于查办事竣后分往告祭；四川即派勒保亲往告祭。凡载在祀典者，着该衙门照例撰文，将应用仪物，虔备发往。其向来告祭所不及，而自用兵以来经过名山大川灵迹显应各祠宇，经军机大臣查明开单进呈，均着颁发藏香，分交承祭各大员，一体申谢。"算是采纳了内阁的建议，对包括武当山真武帝君庙在内的名山大川和显灵的祠宇进行了祭祀。这类内容在《明实录》中是记载武当山的主要内容之一，但在《清实录》中却仅此一条，说明清代官方对武当山的重视程度远逊明代。

三、明清两代实录对武当山记载的差异

明清两代实录虽然所载数量不同，但毕竟都记载了武当山的内容，将之比较，便可看出两代实录对武当山记载的异同之处，从而反映明清两代官方对待武当山及道教的态度。

通过比较，笔者觉得明清两代实录对武当山记载有如下不同：

第一，《明实录》将武当山当作宗教圣地看待，因而大书特书。如《明英宗实录》卷一六三载，正统十三年二月丁卯，"敕赐太岳太和山紫霄宫、南岩宫、五龙宫、净乐宫道经各一藏"。《明宪宗实录》卷一一六载，成化九年五月戊申："给太岳太和山各宫观道童一百四十名度牒。"还有"太监李荣传旨遣御用监太监甄瑾往湖广太岳太和山奉安圣像"的记载。① 而《清实录》则将武当山当作军事和治安问题加以重视，在清代统治者眼中，武当山的道教不再是神圣的，武当山的深山密林成为藏污纳垢之所，乱党所聚之地，并因此将之写入实录。这是明清实录对武当山记载的最大不同之处。

第二，《明实录》对武当山的记载，不仅数量繁多，而且深入细致，常常写出了武当山的具体宫殿和道观的名称，或提点武当山官员的任免情况，而《清实录》对武当山的记载不仅数量稀少，而且缺乏对武当山的细节描写。《明实录》中提到的武当山的宫观名称有紫霄宫、南岩宫、五龙宫、金殿等。如"武当山宫观成，赐名曰太岳太和山。山有七十二峰，三十六岩，二十四涧。峰之最高者曰天柱，境之最胜者曰紫霄、南岩，上轶游气，下临绝壑。紫霄、南岩旧皆有宫，南岩之北有五龙宫，俱为祀神祝厘之所，元季兵毁。至是，悉新建宫。五龙之东十余里名玄元玉虚宫，紫霄曰太玄紫霄宫，南岩曰大圣南岩宫，五龙曰兴圣五龙宫。又即天柱峰顶冶铜为殿，饰以黄金，范真武像于中"②。而《清实录》仅仅在一处提到了真武帝君庙："山川祠宇灵迹显应处所：湖北武当山真武帝君

---

① 《明武宗实录》卷二八，正德二年秋七月壬戌。
② 《明太宗实录》卷二〇七，永乐十六年十二月丙子朔。

庙。"①对于清代武当山的管理者，完全没有涉及。该实录对于武当山的记载是模糊的。

第三，《明实录》对武当山的记载，是以其为主体和直接对象的，属于傅斯年所说的"本事"。《明世宗实录》卷三二九载，嘉靖二十六年十月己酉，"诏添设武当山太岳太和宫、大玄紫霄宫、大圣南岩宫提点各一人，仍降敕禁护"。《明世宗实录》卷四〇四载，嘉靖三十二年十一月甲寅，"御制《重修太岳太和山玄殿纪》成，碑文遣中书官往勒石。先是，侍郎陆杰言：'本山自兴工以来，始现霞光三日，壬子年秋七月现三公峰至金锁峰，是月又数现天柱峰麓三公峰、显定峰、苍龙岭方丈房脊，冬十月现皇崖峰涧下及三公峰，良久乃散。前此八月，琉璃厂窑中发五色祥光萦绕，而荆州府获楠木一株，围八尺有奇于宜都水中，此与永乐间瑞应何异？请降御制，勒碑于山门前。'从之"。而《清实录》对武当山的记载，常常是"旁涉的"②，兼及的。如《清高宗实录》卷八一七"乾隆三十三年九月庚子"条所述之事的事发地在鲁山县，而武当山则是牵扯出来的地点，"鲁山县挐获山西算命人席守业，搜出字帖一纸，语多谬诞。审讯该犯，系辗转抄来。传闻湖广武当山雷雨后水发，冲出石碑，上有此记。逐层根究，始自湖广竹溪县捉鸡沟地方张钦抄得，现在飞咨究办"。《清高宗实录》卷一二六九"乾隆五十一年十一月甲午"条所载之事是审讯"大名案内要犯张均德"，由此引起乾隆对"段文经、刘勤二犯尚未就获"的担心，推测他们可能"逃往汉口、武当山一带潜匿"，武当山根本不是叙事的主体③。

总之，明、清实录对武当山记载的这种不同，其原因就在于明清两代政府对于武当山道教的不同态度。明代将武当山视作帮助永

① 《清仁宗实录》卷一一七，嘉庆八年七月戊申。
② 傅斯年：《史料论略及其他》，辽宁教育出版社1997年版，第32~33页。
③ 2013年《中国经济信息》杂志的纪念特刊《武当山大兴六百年》第10~11页"武当历史大事记"，列举了汉、唐、宋、元、明和新中国各时期对武当山建设的贡献，唯独缺少清代的史实，对这一问题的解释，本节的结论可作参考。

乐帝夺取江山的真武大帝的祭祀之所和神圣之地，而清代的宗教政策则贬低道教的地位和作用。清廷首倡"崇儒重道（指道学）"，将其定为国策，同时推行取缔民间秘密宗教的"黜邪崇正"和推行藏传佛教的"树立正统"政策。在提倡孔孟正学的同时，对佛、道二教颇多批评。康熙皇帝甚至认为仙佛思想是左道异端，其臣熊赐履奏称二氏之书"其指大都荒唐幻妄"；乾隆皇帝指责当时的僧、道等人窃佛、道二氏之名，而无修持之实，甚至作奸犯科，并痛斥僧道不耕而食，不织而衣。为了笼络蒙藏，清廷放弃早期的萨满教信仰，大力推崇藏传佛教——喇嘛教。① 在此背景下，清帝已不再崇奉武当山真武大帝。这一政策无疑影响到国史的书写，导致《清实录》对武当山的关注急剧下滑，所记内容十分稀疏。然而，在民间，武当山的宗教地位和名山效应已经形成，进香者不断②，与官方产生了不同的取向；清代地方政府则对武当山宫观进行了维修③，与清廷对武当山的冷漠形成了反差。但无论民间和地方政府如何信奉武当山，在全国范围内，清政府对武当山及其道教的崇祀已经远逊明朝，作为官方史学代表的《清实录》无疑反映了这一趋势。这种因政权更迭和官员替换而对已形成传统的文化产生漠视的现象，值得我们引以为戒。所幸的是，武当山于 1994 年已被联合国教科文组织批准列入世界文化遗产名录，此后，在世界范围内，在国际眼光衡量下，该山及其道教文化可望超越政权与官员的更替，从而改变其起伏不定的命运。

① 参见庄吉发：《清朝宗教政策的探讨》，氏著《清史论集》（五），台湾文史哲出版社 2000 年版。

② 参见梅莉：《明清时期武当山朝山进香研究》，华中师范大学出版社 2007 年版。

③ 参见杨立志：《论清代湖广官吏与武当山建筑维修》，《湖北社会科学》2006 年第 6 期。

第七章 《清实录》的文本解析
与史料分析

《清实录》的文本，是指流传至今的《清实录》的文字和内容，及其各种形态的版本。它带来三个层面的问题：第一，《清实录》的这些文字和内容来自何处，是原文照抄，还是有所改纂；第二，实录修成后是固定不变，还是有所修订和篡改；第三，编纂好的这些文字和内容，翻译成何种文字，是满文、蒙文还是汉文，并抄成或印成了多少版本。本章就主要针对以上问题，探讨《清实录》从档案改纂成史书，及修订和形成不同版本的问题，并顺带谈到《清实录》的史料流向。

第一节 《清实录》文字与内容的形成

关于《清实录》的性质，不同的人有不同的看法，有将之视为档案范畴的①，也有将之视为史料的②，众多的史学史专著则将之视为史书即史学著作的③。笔者以为，《清实录》（包括《宣统政纪》）既保留浓厚的档案痕迹，也具有一定的史料属性，但更应视

---

① 中国人民大学历史文献学专业李建宏 1995 年所作的硕士学位论文《试论〈清实录〉的编纂》，是置于"档案文献编纂学研究方向"下的；南昌大学王立萍 2009 年所撰硕士学位论文《〈清实录〉的编纂理论与实践》，也是置于"档案学专业"之下。

② 陈高华、陈智超等将《清实录》作为清史史料的"基本史料"，见《中国古代史史料学》，天津古籍出版社 2006 年版，第 424 页。

③ 金毓黻：《中国史学史》，河北教育出版社 2000 年版，第 143、146页；瞿林东：《中国史学史纲》，北京出版社 1999 年版，第 675 页。

为史书。史料是客观的原始的文献与档案，是纂述历史的依据和研究历史的材料，而史书则是具有明确编纂动机、体例和书法标准的具有主观色彩的历史著作。实录究竟是属于前者，还是倾向于后者，需要斟酌。笔者认为，《清实录》并非纯粹的史料，当然也不再是原始档案，而是对原始档案选择、裁剪和编纂后形成的具有史料性的史书，虽然载录了大量的谕旨和奏疏，但这些谕旨和奏书是经过史官筛选、裁剪、连缀和改写的，不再属于原始史料。其实，在每部实录的前面，都有反映编纂者主观思考的《修纂凡例》，这些凡例阐述了编纂者对原始档案和史料的选择标准。如《清太祖实录·修纂凡例》载："一、皇朝发祥之始书，自肇祖原皇帝以后世系备书。一、诸贝勒大臣等奉表劝进，上首登大宝，告天御殿，君臣朝贺仪注书。一、诸国进上尊号书……一、躬亲征讨剪灭群雄备书……"但它们并不涉及怎样具体裁剪和改写原始档案和史料。实际上，实录正是通过对档案的具体剪裁、合并和改写，使得它从史料上升为史书。《清实录》的史料大部分来源于档案，然而，却对档案进行了改写。它改写档案有其特有手法和体例。① 下面逐一讨论。

一、立意与点题

作为史书的《清实录》，在处理杂乱无章的档案时，为了确立主题，常常在叙述时开门见山，将主语径改为皇帝，或将奏疏归纳主题，置于奏疏之首，于是产生了画龙点睛之效。

（一）将主语确定为皇帝，树立实录为皇帝立传的意识

上谕档的开头一般都是"内阁奉上谕"，而《清实录》无一例外地都将这句话改为"上谕内阁"。如《仁宗上谕档》载："嘉庆九年二月初七日，内阁奉上谕：'朕恭阅皇考高宗纯皇帝乾隆三十

---

① 冯尔康《〈雍正朝起居注〉、〈上谕内阁〉、〈清世宗实录〉资料的异同——兼论历史档案的史料价值》(《明清档案与历史研究——中国第一历史档案馆六十周年纪念论文集》下册，中华书局 1988 年版，第 623～629 页) 和王素兰《〈康熙朝汉文朱批奏折汇编〉研究》第四章"奏折的文献价值"之第二节"《清实录》与奏折的对比"(华东师范大学硕士学位论文，2011 年) 有所论述，且与本章对象并不全同。

一年《实录》……'"①这段史料被《清仁宗实录》卷一二六"嘉庆九年二月丁卯"条改写成："谕内阁：朕恭阅皇考高宗纯皇帝乾隆三十一年《实录》……"《仁宗上谕档》载："嘉庆九年正月二十七日，内阁奉上谕：'朕前因跸路经过地方，直隶办差官员过多，曾屡经面谕该督等，不得纷纷调派。……'"②《清仁宗实录》卷一二五"嘉庆九年正月丁巳"条记载了这段内容，但将"内阁奉上谕"改成了"谕内阁"。档案原件作"内阁奉上谕"，主语是内阁，而《实录》改作"谕内阁"，主语是皇帝，反映了史臣在纂修实录时，考虑到了实录的对象和主体问题。《道光上谕档》载："道光元年十月二十四日奉朱谕：'朕恭阅嘉庆五年皇考《仁宗睿皇帝实录》，内载"国家设兵，原以卫民……"'"③《清宣宗实录》卷二五"道光元年十月辛丑"条，将"奉朱谕"改为"谕内阁"。档案中的"奉朱谕"的主语是内阁，在《实录》中则被改成了"谕内阁"，显然也注意到了实录叙述的主体是皇帝而非内阁。《同治上谕档》载："同治二年四月十九日内阁奉上谕：礼部奏，朝鲜国王李昇遣员以先诬未尽昭雪，请将谬妄书籍，恳恩刊正……"④《清穆宗实录》卷六四"同治二年四月乙未"条亦将"内阁奉上谕"改为"谕内阁"。

(二) 归纳奏疏主题，置于奏疏之首

嘉庆五年三月二十九日，有一份档案开头作："内阁奉上谕：朕恭阅皇考《高宗纯皇帝实录》，乾隆三年八月钦奉谕旨：'贤良大臣之子孙，已登仕籍者固多……'"⑤而《清仁宗实录》在录入这段

---

① 中国第一历史档案馆编：《嘉庆道光两朝上谕档》第九册，嘉庆九年，广西师范大学出版社 2000 年版，第 37 页。

② 中国第一历史档案馆编：《嘉庆道光两朝上谕档》第九册，嘉庆九年，广西师范大学出版社 2000 年版，第 27 页。

③ 中国第一历史档案馆编：《嘉庆道光两朝上谕档》第二十六，道光元年，广西师范大学出版社 2000 年版，第 488～489 页。

④ 中国第一历史档案馆编：《咸丰同治两朝上谕档》第十三册，同治二年，广西师范大学出版社 1998 年版，第 172 页。

⑤ 中国第一历史档案馆编：《嘉庆道光两朝上谕档》第五册，嘉庆五年，广西师范大学出版社 2000 年版，第 146 页。

谕旨时，略作了修改："甄录贤良后裔，谕内阁：朕恭阅皇考《高宗纯皇帝实录》，乾隆三年八月钦奉谕旨：'贤良大臣之子孙，已登仕籍者固多……'"①显然，"甄录贤良后裔"这句话是史官增加的，属史家联缀之文，意在提示这段奏疏的主题。嘉庆五年八月十二日的一份档案，一开头是："内阁奉上谕：朕恭阅乾隆六年《实录》，内开钦奉谕旨：'知府一官，承上接下，为州县之表率，诚亲民最要之职也。……'"②而《清仁宗实录》则作了改写："命督抚甄别知府。谕内阁：朕恭阅乾隆六年《实录》，内开钦奉谕旨：'知府一官。承上接下，为州县之表率，诚亲民最要之职也……'"③"命督抚甄别知府"，也是实录纂修官为该段谕旨作的概括。《道光上谕档》载："道光元年十月二十四日奉朱谕：'……承平日久，文恬武嬉，各营伍将弁，往往自耽安逸，竟不以操练为事，而该管上司又复不加察查，以致日渐废弛……'仰见我皇考圣虑深远，有备无患之至意……若不实心操练，仍视为泛常，经朕觉察，或随时看出，决不宽恕，用副朕安不忘危，保卫民生之至意。"④《清宣宗实录》卷二五"道光元年十月辛丑"条在记载此史料时，前面加上了"命整饬内外旗营训练"一句，为原始档案所无，在此起"开题"或"题眼"之意。说明《清实录》并非完全的史料汇编，而是经过史家改动了的史著，蕴含着史臣的心思和目的。

二、简化与删削

（一）简化

《清实录》融铸档案的一项重要工作，便是化繁为简，简明扼要。《乾隆上谕档》载："大学士臣于敏中等谨奏：'前奉谕旨令主事门应兆恭绘《开国实录》一分，图内字迹应派员缮写，令［今］臣

---

① 《清仁宗实录》卷六二，嘉庆五年三月辛巳。
② 中国第一历史档案馆编：《嘉庆道光两朝上谕档》第五册，嘉庆五年，广西师范大学出版社2000年版，第398页。
③ 《清仁宗实录》卷七二，嘉庆五年八月壬戌。
④ 中国第一历史档案馆编：《嘉庆道光两朝上谕档》第二十六，道光元年，广西师范大学出版社2000年版，第488~489页。

等谨拟派内阁中书德宁、爱星阿、德成、常明缮写清字，军机处行走中书范鏊、程维岳、杜兆基、关槐缮写汉字，内阁中书三官保、和绷额、舒兴阿、明善缮写蒙古字，供在南书房，敬谨缮写，以昭慎重。理合奏明，谨奏。'乾隆四十四年正月三十日，奉旨：'知道了。钦此！'"①此事《清高宗实录》卷一〇七五"乾隆四十四年正月乙卯"条改写成："大学士于敏中等奏：'前奉谕旨令主事门应兆恭绘《开国实录》，图内事迹，应派员缮写。拟分清字、蒙古字、汉字，各派中书四员，在南书房恭缮。并轮派懋勤殿行走翰林一人入直，照料收发。'报闻。"可以说是对档案进行了简化，用"派员缮写"代替了众多的人名，用"报闻"代替了"奉旨，知道了"等语。此外，《清实录》还将两条以上的文件或档案，融贯起来，用简明扼要的语言表述。关于裘行简死后其子元善受到恤赏的情况，《嘉庆上谕档》所载较繁："嘉庆十一年九月二十八日奉上谕：胡钰奏原署直隶总督裘行简由北运河履勘各工，行至三河头地方，于二十六日身故等语，实属大奇丧。行简究竟系何病症，何以猝然竟至不起，该道既由静海县驰赴该处，则裘行简患病身故情形，必当深悉。着胡钰即行据实覆奏，不可稍有隐讳。将此传谕知之。军机大臣遵旨传谕天津道胡钰。"②该档案又载："查裘行简之子裘元善系监生，于戊午科顺天乡试挑取誊录，充补实录馆誊录，议叙盐大使，现在候选。臣等谨于拟写谕旨内将裘元善赏给举人。谨奏。"③而《清仁宗实录》卷一六七"嘉庆十一年丙寅九月壬申"条，对此数段史料化繁为简，使行文简明扼要："予故侍郎衔署直隶总督裘行简祭葬如总督例，谥恭勤；赏其子元善举人，一体会试。"这样一来，文字显得简明扼要。

---

① 中国第一历史档案馆编：《乾隆朝上谕档》第九册，乾隆四十三年至四十五年，档案出版社1991年版，第553页。

② 中国第一历史档案馆编：《嘉庆道光两朝上谕档》第十一册，嘉庆十一年，广西师范大学出版社2000年版，第758～759页。

③ 中国第一历史档案馆编：《嘉庆道光两朝上谕档》第十一册，嘉庆十一年，广西师范大学出版社2000年版，第759页。

(二) 删削

中国古代历史编纂学理论中，常有"史书繁简"的讨论，有不少人主张繁简适当。档案作为最原始的文件，内容具体而庞杂，连篇累牍，过于冗长，于是实录在收录档案时，作适当的删削。乾隆三十七年十月二十五日，大臣们在遵旨查阅郭琇参劾明珠的原疏时"恭阅《实录》内，亦未载有全文"①。所谓"未载有全文"，表明当时实录是记载了郭参劾明珠的奏疏，但却不是原疏，而是作过裁剪的。再如《同治上谕档》载，同治三年八月十二日内阁奉上谕："国史馆奏遵保在馆出力人员分别开单请奖一折，本年该馆恭缮《宣宗成皇帝实录》黄绫本全书告成，各该员等数载以来尽心缮校，尚属著有微劳，自应量予奖励。"下面是长长的奖叙名单：

> 署镶黄旗汉军副都统奕庆，着交部从优议叙。内阁侍读庆钊、文堉均着以知府不论双单月，归于各项正班间用，仍在任候选；文堉并赏加道衔。检讨赵新，着交军机处记名，遇有道员缺出，请旨简放，先换顶戴。编修车顺轨，着赏加翰林院侍读衔。内阁侍读福年，着以知府不论双单月，遇缺即选，仍在任候选。长任御史孙翼谋、谭钟麟，均着作为历俸期满。左中允何廷谦，着赏加翰林院侍读衔。翰林院侍读文奎，着遇有升缺，由吏部题奏，即行升用，在任候选道。内阁侍读英廉，着以道员不论双单月，归正班间选，并赏加盐运使衔……蒙古誊录官廉樾等四员，均着先令在理藩院学习行走，作为理藩院议叙班笔帖式分缺，先选用拣发。甘肃道员苏彰阿，着赏加随带二级。户部银库员外郎英祥等二十一员，均着交部从优议叙。供事候选县丞刘赐龄等三十四员名，均着照所请给予奖叙。余依议。该部知道。单三件并发。钦此！②

---

① 中国第一历史档案馆编：《乾隆朝上谕档》第七册，乾隆三十七年至四十年，档案出版社1991年版，第192页。

② 中国第一历史档案馆编：《咸丰同治两朝上谕档》第十四册，同治三年，广西师范大学出版社1998年版，第284~286页。

这段字数约有 1200 字，可见原始文件的繁冗程度。对此，《清穆宗实录》作了大刀阔斧的删削："以国史馆补缮《宣宗成皇帝实录》黄绫本告成，予清文总校等官署副都统奕庆、翰林院编修车顺轨等，加衔升叙有差。"①从史料价值来看，这则上谕显然要大于实录。因此，实录是经过史官主观过滤了的史书，对原始史料作了融铸和剪裁，不再是完全的史料了。

（三）舍弃

档案是《清实录》撰著的基本依据，但实录并非简单的档案汇编，而是有取有舍的。清实录"取"的部分，在历朝实录的《修纂凡例》中已经列举，兹不重复。本处列举的一些档案即为实录所舍去。《乾隆上谕档》载："（乾隆五十一年十月二十三日）恭查《圣祖仁皇帝实录》共三百卷，业经恭进过二百八十一卷，尚有十九卷未进。今自十月二十四日起，除十月三十日恭值圣驾诣坛斋宿不进外，每逢双日进呈一卷，于十二月初四日可以进呈完竣。谨奏。二十三日。"②此条档案史料，《清高宗实录》相应部分并未载录，表明可能舍去。《咸丰上谕档》载："咸丰二年五月初六日，内阁奉上谕：前因恭纂《宣宗成皇帝实录》，已进至道光十五年，降旨将在馆官员及誊录供事等交部议叙，兹据监修总裁等将在馆尤为出力人员，分别奏请，自应优加甄叙，以励勤劳，所有提调官内阁侍读学士文惠，翰林院侍读蒋元溥，着遇有升缺，先行题奏；兼提调编修葛景莱，着遇有应行开列升缺，开列在前请旨；总纂官太仆寺卿廖鸿荃，着交部从优议叙；编修龙元僖，本系开列在前人员，着以应升之缺，即行升用；编修赵畇着以应升之缺，开列在前请旨……议叙捐职县丞衔徐芝，及未经掣签之供事张辉、方铨、陈松、杨瑞琛、吴嘉禾、赵棠、张澍，俟掣定职衔后，着一并分发各省，遇缺

---

① 《清穆宗实录》卷一一二，同治三年八月庚辰。
② 中国第一历史档案馆编：《乾隆朝上谕档》第十三册，乾隆五十一年至五十二年，档案出版社 1991 年版，第 546 页。

即补。余依议，该部知道。钦此！"①这一长段文字约 760 字，因为过于冗长，而为《清文宗实录》所屏去。说明实录对档案史料并非兼收并蓄，而是有取有舍的。

三、增加与完善

上谕档等档案材料有时散乱无序，《清实录》在采用时，为了使一个历史事件表达完整，还采用了档案以外的史料来补充叙述。

（一）增加事件结果

实录在改写档案时，常根据事实，加上档案所载事件的结果，而这些结果，往往是档案不载的。《乾隆上谕档》载："乾隆十九年九月十八日内阁奉上谕：朕由吉林至盛京，周览山川形胜，敬稽《实录》所载，仰见列祖缔造艰难，维时宗室诸王，克奋忠勤，功成百战，开国翊运之勋，彪炳简册，深切景念。思盛京为龙兴重地，国初诸王，功烈懋著如此，并宜建祠，以酬旧勋而示来许。此地现有怡贤亲王祠，应将太庙配享之通达郡王、武功郡王、慧哲郡王、宣献郡王及礼烈亲王、饶余敏亲王、郑简亲王、颖毅亲王一并崇祀，即命曰贤王祠。令所司春秋致祭。应行典礼，该部详议以闻。祠内碑亭，可移于正中，镌勒此旨，永昭我朝宗功元祀之钜典。钦此！详议以闻，以上发抄全旨发刻。"②《乾隆上谕档》到此为止，而此段史实，《清高宗实录》卷四七三几乎全载，但删去了"钦此"这样的套话，以及"详议以闻，以上发抄全旨发刻"等语，并在后面还加上了此事的结果："寻议：盛京怡贤亲王祠，正宗五间，请于室内分设三龛，每龛安奉三位。中龛，中奉通达郡王，左武功郡王，右慧哲郡王。左龛，中奉宣献郡王，左礼烈亲王，右饶余敏亲王。右龛，中奉郑简亲王，左颖毅亲王，右怡贤亲王。每龛各设一案，每案用羊一，豕一，果实五盘，尊一，炉一，镫二。每

---

① 中国第一历史档案馆编：《咸丰同治两朝上谕档》第二册，咸丰二年，广西师范大学出版社 1998 年版，第 192~193 页。

② 中国第一历史档案馆编：《乾隆朝上谕档》第二册，乾隆九至二十一年，档案出版社 1991 年版，第 762 页。

位爵三，素帛一。钦定祠名、上谕碑文及神牌清汉字样，交内阁、翰林院缮写，送盛京工部制造镌刻，移建碑亭，及祠内所供龛、案、尊、爵、炉、镫、帐幔，并交敬谨办理。每岁春秋二季，令奉天府府尹承祭。读祝、赞礼，用盛京礼部人员。神牌入祠日，先期开列盛京五部侍郎职名，奏请遣员读文致祭。从之。"①这就将档案的个案性和凌散性，变成了史书应有的连续性和条理性了。《咸丰上谕档》载，咸丰六年十二月初四日内阁奉上谕："庆连奏'赏需缎匹，请饬部筹款解办'等语。实录馆全书告成，应赏缎匹，既据该织造奏称，未能依限解交，应如何折赏之处，着户部酌议（其）〔具〕奏。钦此！"②此事《清文宗实录》卷二一四"咸丰六年十二月丁亥"条亦载此段史料，删去了套话"钦此"，加上了实际性的处理结果："寻奏：应赏缎匹，议以现存杭细夏布抵放，毋庸另议筹款。从之。"

（二）增加具体内容

《咸丰上谕档》载，咸丰二年三月初二日内阁奉上谕："我朝列圣相承，山陵礼成，恭建圣德神功碑用垂不朽。我皇考宣宗成皇帝，临御天下三十年，深仁厚泽帱载弥纶，时敕几康，躬行节俭，举凡制治保邦之要，悉本忧勤惕厉之心，洵足媲美前徽，昭兹来许。乃圣怀谦抑，遗训谆谆，不得建立丰碑，颂扬功德。泣读慈谕，曷敢有违？伏念我皇考功德之盛，天下臣民共闻共见，况《实录》、《圣训》，炳若日星，朕即竭虑阐扬，讵能仰赞万一。兹当慕陵奉安大礼告成，祗承先志，不敢建立圣德神功碑，谨述感恩哀恋之忱。含泪濡毫，撰成慕陵碑文一篇，用志孺慕，并当敬谨书写，即镌于隆恩门外碑石，以垂永久。我皇考在天之灵，定邀默鉴也。钦此！"③《实录》删去"钦此"后，还加上了碑文的具体内容："碑文

---

① 《清高宗实录》卷四七三，乾隆十九年九月甲午。

② 中国第一历史档案馆编：《咸丰同治两朝上谕档》第六册，咸丰六年，广西师范大学出版社1998年版，第349页。

③ 中国第一历史档案馆编：《咸丰同治两朝上谕档》第二册，咸丰二年，广西师范大学出版社1998年版，第82页。

曰：皇考宣宗成皇帝御极之初，首戒声色货利，垂训谆谆。临莅日久，圣衷弥笃，骄奢永戒，而心虞或放，勤俭时操，犹力恐未坚。迨辛卯岁，重卜龙泉吉壤，一切规模，悉从俭约。并圣制诗章以垂法守，崇俭德，训后世，可谓至且尽矣。我皇考孝思不匮，谓斯地不独龙脉蜿蜒，且咫尺昌陵得遂依依膝下之素志。岁在戊申春三月，上恭谒诸陵，至龙泉峪大殿，召子臣同恭亲王奕䜣至御座傍，命读朱谕，藏于殿内东楹。盖圣意深远，默定陵名，现已恭镌在石碑坊南北面，遵遗训也……敬卜于咸丰二年壬子春三月二日丑时。恭奉宣宗效天符运立中体正至文圣武智勇仁慈俭勤孝敏成皇帝梓宫，安葬慕陵，以孝穆温厚庄肃端诚孚天裕圣成皇后、孝慎敏肃哲顺和懿熙天诒圣成皇后、孝全慈敬宽仁端悫符天笃圣成皇后祔。含泪濡毫，以志永慕云尔。"①这篇长达 810 字的碑文，应该是从御制文集中搜集来的，为《咸丰上谕档》所无，因此，《清实录》实际上是将两种史料，加以整合后形成的文本，是史学工作者主观心智努力的结果。

（三）加字

《清实录》在改写档案时，为了叙述明白晓畅，有时候增加文字。如《咸丰上谕档》载，咸丰三年十二月二十六日，内阁奉上谕："许乃普着充实录馆总裁官，罗惇衍着充副总裁官。钦此！"②而《清文宗实录》卷一一六"咸丰三年十二月丙申"条改写成："命刑部尚书许乃普为实录馆总裁官，都察院左副都御史罗惇衍为副总裁官。"增加了表明身份的"刑部尚书"和"都察院左副都御史"。上谕档载，咸丰四年二月十一日，内阁奉上谕："工部尚书赵光为实录馆总裁官，彭蕴章着充副总裁官。"③《清文宗实录》卷一二一"咸丰四年二月庚辰"条将此改写成："以工部尚书赵光为实录馆总裁官，

---

①　《清文宗实录》卷五五，咸丰二年三月壬子。

②　中国第一历史档案馆编：《咸丰同治两朝上谕档》第三册，咸丰三年，广西师范大学出版社 1998 年版，第 460 页。

③　中国第一历史档案馆编：《咸丰同治两朝上谕档》第四册，咸丰四年，广西师范大学出版社 1998 年版，第 43 页。

兵部左侍郎彭蕴章为副总裁官。"增加了"以"字和表明身分的"工部尚书""兵部左侍郎"。类似的例子还有：《咸丰上谕档》载，咸丰四年十月二十五日，内阁奉上谕："花沙纳着充实录馆总裁官，穆荫着充总裁官。钦此！"①而《清文宗实录》卷一四九"咸丰四年十月庚申"条增改作："以吏部尚书花沙纳为实录馆总裁官，吏部右侍郎穆荫为副总裁官。"花沙纳前增加了"吏部尚书"，穆荫前增加了"吏部右侍郎"，信息均更具体，表述更为清晰。

四、合并与融铸

（一）合并

《清实录》对档案的改写，有一种方式便是进行合并和拼合。《清德宗实录·修纂凡例》提出："奉旨查询之件，当时未及奏覆者，应查后文；有豫载者，则书'寻奏'云云，有应追书者，则书'先是'云云。"这条凡例道明实录修纂时，一般是结合前后的档案文件，综合考虑和叙述。其标志性的用语是"寻奏"和"先是"等。如《清圣祖实录》卷六载，康熙元年二月庚午，"先是，平西大将军平西王吴三桂、定西将军内大臣公爱星阿等，奉命征缅。两路进兵，于顺治十八年十一月初八日会师木邦……滇南平。十二月初十日，大军凯旋。吴三桂、爱星阿等汇疏上闻。得旨：'览王等奏，大兵进抵缅城，伪永历及其眷属全获无遗，伪巩昌王白文选逃奔茶山，大兵昼夜追及白文选并伪官四百九十九员、兵丁三千八百余名、家口七千余名，全军归降，获马象甚多，具见王等调度有方，将士同心戮力，克奏肤功。朕心深为嘉悦。在事有功官兵，着从优议叙！'"这段记述，实际上是将两份文件合并记载，以记载"得旨"为主，同时通过"先是"，将此前的原委交代清楚。再如，《清高宗实录》卷一载，雍正十三年八月壬辰，"谕总理事务王大臣：'梓宫前供膳时，闲散宗室觉罗俱在景运门外齐集。朕意欲令伊等进乾清门内瞻仰，其如何分班之处，着议奏。'寻议：'每供膳时，宗室各

① 中国第一历史档案馆编：《咸丰同治两朝上谕档》第四册，咸丰四年，广西师范大学出版社 1998 年版，第 306 页。

三十人，觉罗各二十人，轮班瞻仰.'得旨报可。"这段文字也是将两个文件合并叙述。其一是传谕总理事务王大臣议奏宗室觉罗入乾清门内瞻仰，其二是稍后的议奏内容，实录通过将二份文件合并，先正面叙述前一件事，然后用"寻议"一词，引入下一件事，使整个事件过程变得完整。

（二）融铸

《清实录》将凌乱的档案材料融铸成流畅的叙事体。如《宣统政纪》载，宣统三年闰六月二十五日，"命学部左侍郎宝熙为实录馆副总裁"①。这条简略的叙述，其实是将两条杂乱的档案材料合并改写而成的。《宣统上谕档》曾收录了一份名单：

> 应派实录馆满副总裁名单
> 司法大臣绍昌
> 署民政大臣桂春
> 民政部左侍郎乌珍
> 度支部左侍郎绍英
> 朱〇学部左侍郎宝熙
> 理藩部左侍郎达寿
> 大理院正卿定成

然后又录了另一份上谕：

> 宣统三年闰六月二十五日，内阁奉上谕：着派宝熙充实录馆副总裁。钦此！②

这两条档案材料，上一条有官职，无时间；下一条有时间，无宝熙的官职，《宣统政纪》将此二者合并成"命学部左侍郎宝熙为实录馆

---

① 《清宣统政纪》卷五七，宣统三年闰六月辛酉。
② 中国第一历史档案馆编：《光绪宣统两朝上谕档》第三十七册，宣统三年，广西师范大学出版社1996年版，第200~201页。

副总裁"一句，可谓言简意赅。再如《宣统上谕档》所收宣统元年二月初九日的一份奏章为："军机大臣钦奉谕旨：内阁奏请勘修尊藏《实录》、红本大库工程一折，着派鹿传霖查勘修理。钦此！军机大臣署名　臣奕。"①被《清宣统政纪》卷八"宣统元年二月己未"条改写成叙述体的文字："派协办大学士鹿传霖查勘修理实录、红本大库工程。"增加了鹿传霖的官职"协办大学士"，去掉了"钦奉谕旨""内阁奏请"等文件语汇，使事件表述得十分清晰而流畅。《清实录》将档案体改写成叙述体，即将史料写成了史书。

五、辨析与订误

《清实录》作为后修的史书，较原始档案更为成熟，是经过辨讹和订误了的典籍。其对原始档案的订正，亦是其修纂制度和纂修体例的一个必备步骤。

（一）辨析与权衡

《清实录》在改写档案时，遇到一些难题需要解决，那就是上奏的时间与批准时间有一个时间差，实录在综合叙述时，到底依据哪一个时间，颇费周折，有时只好折衷。《清德宗实录·修纂凡例》："朱批奏折，敬展丹毫，事事皆蒙训示，惟原折有拜发而无批回之日，其按日可查者，俱应恭载，其无档案可查，无日可归者，统于是月末照宪纲汇载。"如《嘉庆上谕档》载一份奏疏称：

> 臣等谨查乾隆三年三月上《实录》恭载将湖北巡抚张楷调补西安巡抚，二月下《实录》恭载朱批张楷奏折"已用汝为陕西巡抚矣"，蒙皇上指出垂询：二月张楷已用为陕西巡抚，何以三月内方有调补之旨。仰见皇上每日恭阅《实录》前后贯串，一字靡遗。臣等实深钦服。查纂办《实录》，凡有朱批臣工奏折，如无月日可排者，不能空无附丽，是以凡例内，仅就诸臣折内拜发日期，载于每月之末，统以"是月"二字贯之。张楷

---

① 中国第一历史档案馆编：《光绪宣统两朝上谕档》第三十五册，宣统元年，广西师范大学出版社1996年版，第57页。

此折系二月二十七日拜发到京，钦奉朱批时已在三月中旬，兹将朱批载在二月之末，系以张楷发折日期为任，至张楷调补陕西巡抚，系三月初三日，所奉谕旨，是在朱批张楷奏折之前。谨奏。①

这则档案说明，《清实录》在湖北巡抚张楷调任陕西巡抚的时间上，既未用二月早期的调令上奏的日期，也未用三月皇帝批准的日期，而是折衷将这条任命放在二月末。这也算是当时实录修纂的一个体例。

(二) 订误

《清德宗实录·修纂凡例》中提到像六科史书这样的连续的档案材料，"一有未经阅采，动辄漏略抵牾，其中事迹或始见于此，而结案远在隔年，或奉旨于前，而议上见诸后月"，并特别指出，"且档案不无疑误，须按其时事考其异同、原委脉络，画一流通，尤须与上下各卷互相考订"。因此，实录对所采史料常常进行订误，然后采用。《同治朝上谕档》在录同治元年十一月上谕时称"贾桢着充实录馆稿本总裁"②，表述有误，故《清穆宗实录》卷五〇"同治元年十一月庚午"条改为："命大学士贾桢为实录馆监修总裁官。"因为当时的监修总裁官翁心存病死，因此贾桢是来接任翁心存监修总裁职务的，并非任稿本总裁，当时任实录馆稿本总裁官的是周祖培。又《光绪朝上谕》档载："光绪四年三月十五日内阁奉上谕：着派载龄充实录馆蒙古总裁官。钦此！"③此处作"蒙古总裁官"，必误，因为下面还附载了一张拟选名单及朱笔圈定符号，拟选的是"应派总裁官之满洲尚书名单"，有载龄、魁龄（现在请假）、广寿、全庆四人的名字，朱笔圈中的是载龄。既然是在拟选"总裁

---

① 中国第一历史档案馆编：《嘉庆道光两朝上谕档》第五册，嘉庆五年，广西师范大学出版社2000年版，第99~100页。

② 中国第一历史档案馆编：《咸丰同治两朝上谕档》第十二册，同治元年，广西师范大学出版社1998年版，第662页。

③ 中国第一历史档案馆编：《光绪宣统两朝上谕档》第四册，光绪四年，广西师范大学出版社2000年版，第97页。

官"，就不可能选的是"蒙古总裁官"。因此，《清德宗实录》卷六九
"光绪四年三月乙丑(十五日)"条更正为："派协办大学士吏部尚书
载龄为实录馆总裁官。"当时的蒙古总裁官为理藩院尚书皂保。《清
穆宗实录》修成后升赏时，皇帝称载龄是"总裁大学士载龄，在馆
一年，着赏加二级"①，根本未提他当过蒙古总裁官。以上事实说
明，《清实录》在采用档案史料时，是进行过辨析和订误的。

通过以上的分析，可以看出《清实录》与上谕等档案的关系，
是史书与史料的关系，前者是在后者的基础上，经过史官的立意与
点题、简化与删削、增加与完善、合并与融铸、辨析与订误等主观
筹画和编纂活动后，形成的具有史料性和档案性的史学著作。通过
对《清实录》与上谕档改纂的分析，有助于加深对史书与史料关系
的探讨，以个案为基础丰富史学史和史学理论的研究。

显见，《清实录》的文字与内容来源于档案，但由于清代档案
留存至今，前者是否仍有史料价值？实录撰成后，遭到反复的修
改，产生了不同的版本，这些版本价值又如何，值得进一步探讨。

第二节 《清实录》文本的独特性

如上节所述，《清实录》由档案改纂而成，而清代档案大量保
存至今，使前者的史料价值受到质疑。另一方面，清代太祖、太
宗和世祖三朝实录多经修改和粉饰，形成了不同的版本，其史料
价值也备受争议。本节则用事实证明，《清实录》的文本仍然具有
独特性和不可取代的史料价值。前三朝实录的版本虽然多有纷
歧，但对于窥探文本形成的过程，分析清廷的汉化心理，也具有
重要意义。与汉民族政权所修实录不同，清廷主修的《清实录》纂
成汉、满、蒙三种语言的文本，彼此间可以互照和比勘，对于研
究实录的文字异同、意思歧异和微言大义、民族关系，有不可小
觑的价值。

---

① 《清德宗实录》卷一〇四，光绪五年十一月甲午。

一、《清实录》文本的特殊之处和独到价值

《清实录》不仅具有史料的广泛性，而且具有独到性，不少史实都为其他书史记载不详或完全失载。清代所修的有关当代历史的典籍很多，如《起居注》(今已不全)、《清史列传》、《清三通》、《清会典》、《吏部则例》、《大清律例》、《赋役全书》、《大清通礼》、历朝"奏议"、"朱批谕旨"、"方略"等，民国所修的有关清朝的史籍也有《清史稿》、《清朝续文献通考》等书，这些典籍虽然对清朝历史的记载也相当丰富，但是并不能取代《清实录》的史料价值，由于体裁或内容的局限，它们要么比较琐碎(如起居注)，要么各有侧重(如清三通、清会典、吏部则例)，要么比较零散或凌乱(如朱批谕旨)，不如《清实录》兼收并蓄，博采综录和首尾相续。仅就史料的记载来看，《清实录》许多记载都具有独到的价值。

《清实录》的独到性，主要表现在两个方面：一是在记叙同一历史事实时，与其他书史的记载有所不同，实录的记载要么角度独特，要么更加具体；二是其部分史料具有惟一性。换言之，实录的史料具有某种程度的不可替代性。

第一，《清实录》的史料与其他书史的记载有所不同。

《清实录》在记载某些历史事实时，有时候相当具体和完整。如《清世祖实录》卷一一九所载，顺治十五年七月戊午的一则对吏部的上谕，对于清代政治制度史的研究十分重要：

> 自古帝王设官分职，共襄化理，所关甚钜，必名义符合，品级画一，始足昭垂永久，用成一代之典。本朝设内三院，有满汉大学士、学士、侍读学士等官。今斟酌往制，除去内三院秘书、弘文、国史名色，大学士改加殿阁大学士，仍为正五品，照旧例兼衔。
>
> ……
>
> 内阁，满字称为多尔吉衙门，汉字称为内阁。
>
> 翰林院，满字称为笔帖黑衙门，汉字称为翰林院。其侍读学士以下员数官衔，满名照汉官称谓。通着察例详议具奏。

六部，满汉尚书，俱作正二品，满字仍称阿里哈昂邦，汉字仍称尚书。满汉侍郎，俱作正三品，满字仍称阿思哈尼昂邦，汉字仍称侍郎。理事官，满字称为一齐下喇哈番，汉字称为郎中，俱作正五品。副理事官，满字称为爱惜喇库哈番，汉字称为员外郎，俱作从五品。主事，满字称为额者库哈番，汉字仍称为主事，俱作正六品。司务，添设满官，汉字仍称为司务，满字仍称为他库喇布勒哈番，俱作从九品。

……

各衙门见任各官，俱照本品改衔供职。以后升除衔品，俱照新制。凡改定官名，通行传谕。至各衙门满汉启心郎，原因诸王、贝勒管理部院事务而设，今宗人府启心郎仍照旧，其余部院满汉启心郎俱着裁去，照原品另用。其太常寺等衙门，满汉官名品级，着一并详议画一具奏。

以上记载了清朝前期满汉官制、名称和品级的画一措施，方便了满汉官制的对应和参考，对于清代官制史的研究非常重要，对清代政治制度史的研究能够起到深化作用。此条内容，《大清会典》中虽然载录了各衙门的相关情况，但对于将某一官名的满文名称与汉文名称逐一介绍并作一比照，则完全无此记载。此条史料，后来为《皇朝文献通考》卷七七《职官考一》所转录，但在原始性上，显然不及《清世祖实录》，属于二手史料。

第二，《清实录》的部分史料具有唯一性。

《清实录》以清代档案为史源，但档案保存并不容易，有不少档案最终都散佚了，实录反而成了最早的史源，史料具有独特性甚至惟一性。如《清高宗实录》卷三六载，乾隆二年二月乙丑（七日），"谕履亲王允裪、庄亲王允禄、果亲王允礼：'皇考世宗宪皇帝临御十三年，所降谕旨、所行政事，现在恭修《实录》敬谨叙入，但皇考前在藩邸时事迹，并无记载。我皇考与皇祖圣祖仁皇帝、世祖章皇帝不同，皇祖圣祖仁皇帝、世祖章皇帝皆自冲龄即位，临御以前，并无应行恭纪之事。皇考即位之时，年已四十有五，从前恭侍皇祖，承欢慈颜，恪遵庭训，仰蒙皇祖恩勤教育。及处朕伯叔之间，诸事如何措置之处，理宜详载，以备将来纂修《国史》，叙入皇考本纪。雍正七年，皇考曾于养心殿，连日召见诸王公文武大臣、官员等，面谕以皇考所行所历之事。时朕与和亲王亦预闻焉。其后皇考屡向朕弟兄降旨，欲将自幼阅历之事俟闲暇之时，再行详悉告谕，而竟未果。现在大臣中经阅其事者甚少，即或有人虽及其时，而于关系内廷之事，亦无从得知。惟有诸叔父，皆及其时，经阅其事。履亲王、庄亲王、果亲王尔三人尚其思绎，各据所见所闻所记者，恭录呈览。候朕笔削更定后，再交大学士等纂入《国史》皇考《本纪》。"此条上谕，表达了高宗对世宗历史的记录要求，相当重要，但查《乾隆上谕档》第155页载录乾隆二月七日的内容，并无此条上谕，证明了这条上谕最早只见于《实录》的记载，具有独特的价值。

乾隆四十六年十月，高宗命部臣核对国史《吴三桂传》内所载具疏的内容，发现"上谕部臣一条，遵照康熙十三年四月《实录》原文叙入；又《耿精忠传》内所载议政王等覆核精忠罪状，较尚之信尤为重大，且与安亲王书，语多狂悖一条，遵照二十一年正月《实录》原文叙入。其三桂原疏及精忠原书，馆中积年检查红本，并无此二种，他本中亦未见附载"[1]。这条史料证明，国史列传的史料来自实录，而更原始的档案则散佚无存，无从查找。这使《清实录》无意中成为最独特的史料。乾隆四十六年十二月，高宗令"国史馆查取《刘进忠传》"，该馆覆称"刘进忠未立专传，惟《实录》、红本内载有刘进忠事迹始末"，并将"摘叙事迹进呈"。[2] 从这条史料来看，实录的记载常是国史所没有的。乾隆五十年五月二十二日，有大臣"遵旨查噶礼之母呈控被噶礼用毒谋害一案"，发现"所有康熙年间原案及噶礼之母原呈，俱检查无存，惟查康熙五十三年

---

① 中国第一历史档案馆编：《乾隆朝上谕档》第十册，乾隆四十五年至四十六年，档案出版社1991年版，第854页。

② 中国第一历史档案馆编：《乾隆朝上谕档》第十册，乾隆四十五年至四十六年，档案出版社1991年版，第929页。

《实录》内所载刑部原题内叙噶礼之母呈词较详，谨将《实录》抄录
呈览"。① 这封奏疏表明，记载噶礼毒母一案的原始档案均已不存，
《清实录》成为记载这一案件的惟一史料。相似的情况还有很多。
乾隆五十七年二月二十三日，有大臣覆奏："前将康熙十三年吴三
桂奏章交查国史馆、内阁，据覆查无此件红本，臣遵旨恭查《实
录》内载有此事之处，夹签进呈。"② 显然，吴三桂在康熙十三年的
奏疏，原始档案已散佚不见，只有《清圣祖实录》卷四十五、卷四
十七间接有所记载，可为此事的惟一线索。

有一种情况是，某一事件的原始档案部分散佚，《清实录》成
为散佚部分的惟一记载。乾隆五十年五月，有大臣"遵旨查康熙年
间给事中王原参奏吏部郎中陈汝弼一案，谨将红本抄录呈览"，但
他们发现"其议政王大臣、九卿等覆审及定案二本，检查无存，谨
于康熙四十四年《实录》内将议政大臣、九卿等覆审后节次所降谕
旨恭录进呈"。③ 这说明，此案审讯部分的档案，皆已无存，只能
靠《实录》的记载，即在这一部分，实录是惟一的史料。

二、前三朝实录早期版本的特殊史料价值

《清实录》的史料价值，还必须动态地加以审视，即根据其不
同的版本，分析其不同的史料价值，然后始能正确地进行应用。
《清实录》自《清圣祖实录》以后，都只有一个定本流传下来，而其
太祖、太宗和世祖三朝实录，则经过多次修纂，产生了多个版本，
除雍乾校订本（今定本）外，还有其他的早期版本留传下来。这些
早期版本每一个版本都不完全相同，它们与雍乾校订本之间也有较
大的差异。今天留传下来的版本，太祖实录依次是《太祖武皇帝实
录》（顺治重修本）、康熙第一次修改本、第二次修改本、第三次改

---

① 中国第一历史档案馆编：《乾隆朝上谕档》第十二册，乾隆四十九年
至五十年，档案出版社 1991 年版，第 634 页。

② 中国第一历史档案馆编：《乾隆朝上谕档》第十六册，乾隆五十五年
至五十七年，档案出版社 1991 年版，第 689 页。

③ 中国第一历史档案馆编：《乾隆朝上谕档》第十二册，乾隆四十九年
至五十年，档案出版社 1991 年版，第 642 页。

修本(康熙三次改修本被罗振玉编成《太祖高皇帝实录稿本三种》)、雍乾校订本《太祖高皇帝实录》(定本);太宗实录依次是现藏台北"故宫博物院"的《太宗实录》初纂本和今天流行的定本《太宗文皇帝实录》;世祖实录依次是《世祖实录稿本残卷》和雍乾校订本《世祖章皇帝实录》(定本)。这些版本的价值规律是,版本产生得越早,其史料的原始性越强、价值越高;而版本形成得越晚,其改纂和润色得越多,史料的真实性越受影响。三朝实录的早期版本,保存了更多的历史真实信息。

第一,保存了明清君臣关系的真实记录。早期的实录版本,称明为"大明",后修实录则改为"明"。《太祖武皇帝实录》中,对明朝仍持恭顺和敬畏的态度,在文字上多用敬语,如称明朝为"大明国"等,记录了清建州女真对明朝的臣属关系。但是,后修实录则加以讳饰,康熙重修本《太祖高皇帝实录》"尽删对明朝的敬词字样,而以明清为对等的国家"①。以努尔哈赤祖父与父亲死于古勒兵火的一段记述为例,《太祖武皇帝实录》卷一记努尔哈赤听到其祖父与父亲被杀后,在与明朝官员交涉时,这样记载道:"太祖奏大明曰:'祖父无罪,何故杀之?'诏下言:'汝祖父,实是误杀。'遂还其尸,仍与敕书三十道,马三十匹,复给都督敕书。"②太祖奏大明,显然是臣向君的求诉。康熙朝第一次修改本将这段改为:"上闻之大恸,悔恨不已,谓明边臣曰:'我祖父无罪,何以加害?'明国答言:'非有意加害,乃误耳。'遂归其丧。"③开始将"大明"改为"明国",明朝所下诏书和努尔哈赤接受明朝敕书之事一笔勾销。康熙朝第二次修改本进一步改作:"上闻之大恸,勃然震怒,谓明边吏曰:'我祖父无故被害,汝等乃我不共戴天之仇也。

---

① 陈捷先:《满文清实录研究》,台湾大化书局1978年版,第41页。

② 《清太祖武皇帝实录》卷一,潘喆等编:《清入关前史料选辑》第1辑,中国人民大学出版社1984年版,第304页。

③ 罗振玉编:《太祖高皇帝实录稿本三种》,《清史资料》第二辑《开国史料》(二)第七册,台湾台联国风出版社1969年版,第25页。

汝何辞!'明边吏答曰:'非有意也,误耳!'乃归二祖丧。"①将努尔哈赤原来委屈的态度,变成了凛然不可侵犯的态度,将努尔哈赤上奏,改为责问明朝边吏,强调明朝和建州是有"边界"的。康熙朝第三次修改本,甚至把"明边吏答曰"改成"明遣使答曰",表现出明朝对建州女真的惧怕,以及明满之间的对等地位。② 相比较而言,《太祖武皇帝实录》记载更为真实。太祖、太宗《实录》的早期修纂本中,天聪九年以前,都经常有"建州卫"的称谓。《太祖武皇帝实录》卷三曾记载天命四年朝鲜遣使之事:"五月二十八日,朝鲜遣官一员,从者十三人,并前使者赍书至。其书曰:'朝鲜国书,平安道观察使朴化,致书于建州卫马法足下,吾二国地土相连,大明为君,吾二国为臣,经二百余载,毫无怨恶……'"但是到了《太祖高皇帝实录》里面,则改成:"五月庚戌,朝鲜遣使者一人、从十三人,随我国使臣赍书至。其辞曰:'朝鲜国平安道观察使朴化,顿首致书满洲国主。吾二国接壤而居,明与我二国,历二百余载,毫无怨恶……'"③可见,早期修纂本中,还保留了朝鲜国书中"建州卫马法"的称呼,但到了改修本中竟将"建州卫"改称"满洲国",将"马法(即酋长之义)",改为"国主"。

第二,保存了清女真部落的真实信息。《太祖武皇帝实录》,记载了努尔哈赤家族成员的名字,如努尔哈赤的祖父作"觉常刚"或"觉昌安"(giocangga),父亲作"塔克世"或"塔石"(taksi),其生母姓"奚塔喇"(hitara)名"厄墨气"(emeci),其妻即太宗生母作"孟古哲哲"或"孟古姐姐"(monggojeje)等,太祖本人在《实录》中也被记为 Nurhaci,"最多只在名字上划些圆圈,以作敬讳的表示"④。然而,这些名字,在康熙重修本中全都因避讳,或因重男轻女而不载。将后妃的名字改为氏名。如长子褚英、次子代善的生母名字

① 罗振玉编:《太祖高皇帝实录稿本三种》,《清史资料》第二辑《开国史料》(二)第七册,台湾台联国风出版社 1969 年版,第 209~210 页。

② 罗振玉编:《太祖高皇帝实录稿本三种》,《清史资料》第二辑《开国史料》(二)第七册,台湾台联国风出版社 1969 年版,第 431~432 页。

③ 《清太祖实录》卷六,天命四年五月庚戌。

④ 陈捷先:《满文清实录研究》,台湾大化书局 1978 年版,第 45 页。

"哈哈纳扎亲"被改作"元妃佟甲氏"，莽古儿泰的生母"滚代"被改作"富察氏"，"孝慈武皇后孟古姐姐"改作"孝慈高皇后叶赫纳喇氏"，多尔衮生母"阿把亥"改作"大妃乌喇纳喇氏"，"皇妃赖"改作"侧妃伊尔根觉罗氏"。

三朝实录早期初纂本还透露出满洲君臣关系的真实状态，并不像汉族政权那样等级森严。天聪八年（1634）正月初一日，初纂本《太宗实录》载太宗皇太极前往大贝勒代善府第拜年的场景是："上行三跪九叩头礼。大贝勒令其子芍托阿哥跪奏曰：'上行九拜，异日必生九子，一统天下，永享遐龄，共乐太平。'"雍乾校订本则觉得以君拜臣特别不妥而改为："诣大贝勒代善拜之，以代善兄，行有加礼。代善令其子硕托跪奏曰：'上恩优渥，臣无以报，惟愿上富寿多男，一统天下，永享太平。'"刻意隐瞒皇太极向兄长代善行三跪九叩头大礼的实情，而改以模糊的"有加礼"字样，朦胧其事。三朝实录的早期修纂本，还保存了许多满洲旧俗，如子娶后母、侄娶叔母和弟娶兄嫂等。此外，人殉旧俗、赏赐"妻奴"制度等在早期版本中都有记载，而为改修本所隐讳。初修本《清世祖实录》残卷载，崇德八年八月丁丑，"敕谕都尔白特索朗：汝都尔白特索朗阿，原系内里特地方人，巴祁蓝、撒木世噶往征黑龙江时，有布颜图带领六十人逃亡，汝率领七人将布颜图追回，又擒获二十人。索海、撒木世往征黑龙江时，因汝尽心向导，赐汝达儿汉名，免汝供应马匹牲畜，令子孙仍袭其名"①。所载信息丰富，但定本《世祖章皇帝实录》则简化成"以杜尔伯特部落索朗阿，随征黑龙江等处为向导，及擒获逃亡布颜图等功，赐名达尔汉"数语，损失了不少满洲部落情况的细节。

三、满、蒙文《清实录》文本的特殊价值

《清实录》除了汉文本外，还有满文和蒙古文本，也具有重要的历史文献价值。

---

① 《世祖实录稿本残卷》，《文献丛编》，台湾台联国风出版社 1964 年重印本，第 552 页。

据清代实录修纂制度，实录修成后，要抄缮成五份，分别藏于皇史宬(大红绫尊藏本)、乾清宫(小红绫御览本)、内阁实录库(小红绫副本)、内阁实录库(小黄绫呈审本)、盛京崇谟阁(大红绫尊藏本)。除内阁副本基本散失外，其他四份至今犹存，不过收藏地点多有变动：原藏皇史宬的大红绫尊藏本，现藏于中国第一历史档案馆，原藏盛京崇谟阁的大红绫尊藏本，现收藏于辽宁省档案馆；原藏乾清宫的小红绫御览本，现藏于故宫博物院图书馆。只有原藏于内阁实录库的小黄绫呈审本未发生改变。早在嘉庆十一年，仁宗在一份谕令内便同时提到过《清实录》的5种宫藏本："现在恭纂皇考《高宗纯皇帝实录》将次告成，因思朕每日恭阅之黄绫本，经馆臣编校进呈，间有体例不合、纂辑舛漏之处，均经朕随时指示，敬谨订正。至尊藏大内及内阁、皇史宬，并恭送盛京尊藏本四分，均系未经呈览，卷帙繁多，恐尚有讹误之处，不可不详慎校勘。"①其中所谓的"黄绫本"实即恭阅小黄绫本，"尊藏大内"本实即乾清宫小红绫本，"内阁本"即小红绫内阁副本，皇史宬和盛京"尊藏本"，即两部大红绫保藏本。这表明，至迟在仁宗嘉庆十一年，《清实录》已形成了五部宫藏本。民国时，故宫博物院成立后，清理出藏在北京皇宫和盛京故宫崇谟阁的各种《清实录》版本，竟与仁宗谕中提到的版本严丝合缝。

除了盛京崇谟阁那一份只有满、汉两种文本各一部，计2部外，其他四份都是满、蒙、汉三种文字的文本各一部，计12部。也就是说，当时共有满文本实录五份计5部，蒙古文本实录四份计4部。这些满、蒙文本的清实录，并非完帙，有部分册数散落于外。这些保藏在北京、沈阳、台北及其他地区的满文、蒙古文《清实录》具有重要的史料价值。

其一，满文实录可以弄清被汉文实录所掩盖的历史真相。在乾隆之前，实录修纂的程序是先修成满文本，然后翻译成蒙古文本和

① 中国第一历史档案馆编：《嘉庆道光两朝上谕档》，第十一册，嘉庆十一年，广西师范大学出版社2000年版，第945页；又《清仁宗实录》卷一七二，嘉庆十一年十二月己卯。

汉文本；乾隆以后是先修成汉文本，然后再翻译成满文本和蒙文本。① 因此，早期的清代实录，满文实录是最原始的文本，在翻译成蒙古和汉文本时，难免出现带有政治倾向的技术性处理。要弄清历史真相，满文本无疑是"第一手材料"。雍乾校订本（即定本）《太祖高皇帝实录》删去了原始档案中满洲对明朝的敬称，而在《满洲实录》的满文本中，仍然保留了对明朝的敬词，如"nikan I daiming gurun i wan lii han i juwan emuci sahahuûn honin aniya"，翻译过来就是"汉人大明国万历汗的第十一年癸未"；再如"daiming gurun I wan lii I taidzi tai boo hergen I lii ceng liyang"，翻译过来就是"大明国万历汗的太子太保官衔的李成梁"，里面都是称"大明"，而不像定本那样改称"明"，似乎与明朝是对等之国。雍乾校订本《太祖高皇帝实录》汉文本还删略了满洲殉葬旧习，但《满洲实录》的满文本却记载了这一历史事实。如太祖以四个婢女殉葬皇太极生母之事。尽管汉文本《满洲实录》也记载着这一事实，但满文本却以原汁原味的形式，还原了历史场景和真相，给我们切身的感受。

其二，满蒙文实录可以用来与汉文本对照，改正汉文本中的翻译错误。

在记述留守辽阳的满洲将臣时，《太祖武皇帝实录》中称这些人为"多毕（或多铎弼）叔叔""背胡吉叔叔""沙进"和"素把海（或苏巴海）姑夫"，但定本《太祖高皇帝实录》汉文本则写成："命族弟铎弼、贝和齐，及额驸沙进、苏把海统兵守辽阳。"②其实，只有苏把海娶了太祖的宗妹，可以称"姑夫"，而沙进则不能称为"姑夫"。《太祖高皇帝实录》都称之为"额驸"，显然不对。《太祖武皇帝实录》所称"多毕叔叔""背胡吉叔叔"，此"叔叔"置于人名之后，并非表家庭亲属关系，而是对长辈的尊称，然而《太祖高皇帝实录》却译成"族弟"，实有不妥。考《满洲实录》的满文本，则发现所记与《太祖武皇帝实录》相同，从而证明了《太祖高皇帝实录》的错误。

---

① 参见谢贵安：《〈清实录〉稿底正副本及满汉蒙文本形成考论》，《史学集刊》2008年第2期。

② 《清太帝实录》卷八，天命七年春正月甲寅。

关于费扬古的称号与名字，定本《太祖高皇帝实录》汉文本称：
"天命七年七月乙未朔，一等大臣硕翁科罗巴图鲁安费扬古卒。年
六十四。"①这种记载较《太祖武皇帝实录》增加了硕翁科罗巴图鲁
的本名"安费扬古"（an fiyanggû），但这种记载却大有问题。硕翁
科罗巴图鲁的资料在《太祖武皇帝实录》中有记载："初名谙班偏哥，
因其英勇超众，故名雄科罗（即硕翁科罗）把土鲁。"②康熙朝重修
太祖实录时，在初稿本中还过录了这段文字："春科落初名昂邦费
扬古，因其英勇超众，故名春科落把土图。"③这两段记载中，"谙
班"与"昂邦"都是满文 amban 一字的音译，意思有"大臣""大人"
等，"偏哥"与"费扬古"则为满文 fiyanggû 一名的译音。满洲人的
名字常常以排行来命名。fiyanggû 原意是"老幺"，因此硕翁科罗巴
图鲁的本名应是"费扬古"；"谙班"或"昂邦"只是他的官衔。定本
《太祖高皇帝实录》取 amban 第一音节，称硕翁科罗姓"安"，非是。
按照满洲早期习俗，所赐"巴图鲁"（勇士）称号，前面再加特殊的
限定词，就成了此人的专称。如费扬古的限定词是"硕翁科罗"
（šongkoro，其义为"海东青"，乃东北出产的珍贵名雕），于是，
"硕翁科罗巴图鲁"就是费扬古的专称，有专称的人必不再记载他
的本名。因此，定本《太祖高皇帝实录》称"硕翁科罗巴图鲁安费扬
古"（满文本作 šongkoro baturu an fiyanggû）既不合满洲习惯，也将
其姓名弄错了。考《太祖武皇帝实录》满文本载："nadan biyade,
uju jergi amban šongkoro baturu mimeme akû oho, ninju duin se bihe."
翻译过来就是："（天命七年）七月里，第一级的大臣硕翁科罗巴图
鲁死了，得岁六十四。"这才是正确的写法，既不将 amban（谙班）
断章取义成 an 而硬说成是费扬古的姓；也不在已称费扬古专称"硕
翁科罗巴图鲁"后再提他的名字"费扬古"。可见，满文实录对于改

① 《清太祖实录》卷八，天命七年七月乙未朔。

② 《太祖武皇帝实录》卷一，潘喆等编：《清入关前史料选辑》第 1 辑，
中国人民大学出版社 1984 年版，第 13 页。

③ 罗振玉编：《太祖高皇帝实录稿本三种》，《清史资料》第二辑《开国
史料》（二）第七册，台湾台联国风出版社 1969 年版，第 30 页。

正《清实录》中汉文错误乃至其他满文错误，都有重要意义。①

满洲入关后，随着汉化的加深，蒙古文修成的《清实录》似乎成了一种象征，然而，蒙古文《实录》的价值还是受到了学者们的重视，不仅在于它"提供了在满洲统治当时，蒙古公文书或文献书写的方式，尤其是当时在北京和朝廷中，所用的一套格式"，而且"也可以藉它来找出若干或部分的，非汉语人名地名的正确读音"。②

蒙文实录可解决汉文本中的地名问题。《清世宗实录》汉文本载，雍正九年十月癸卯，"随于木城、噶顺、镜儿泉、察罕哈麻尔、陶赖、搜济一带，各设卡伦"③。原文中的地名有译意与译音混乱在一起的。根据蒙文实录，则发现这些地名作"Modun-u Qota，Tasun，Toli Bulaɣ，Ĉaɣan Qamar，Seüji". 据此可知，"木城"（Modun-u Qota）、"镜儿泉"（Toli Bulaɣ）两个地名是意译，其他地名则系音译。

蒙文实录还可以解决汉文本中的人名问题。《清世宗实录》汉文本载，雍正九年三月乙丑，"命左副御史二格，协办肃州军需事务"。"二格"，蒙文实录作"Elke"，汉译当作"额勒和"，不作"二格"。

蒙文实录还可以解决汉文本中的官制问题。借蒙文实录来了解官制名称的字义，如《清世宗实录》汉文本"雍正九年二月癸卯"条，载有蒙古鄂尔多斯地方的"余丁"一词，其原意是指"披甲"以外的壮丁。"余丁"，蒙文实录作"qamjilɣan-u eres"，意即"支援的男丁们"，也就是支援披甲们的男子壮丁们之意，蒙文将"余丁"的含义，说得比汉文更清楚。④ 可见，蒙古文本的《清实录》并不仅仅是

---

① 以上参见陈捷先：《满文清实录研究》，台湾大化书局1978年版，第79~81页。

② 札奇斯钦：《"故宫博物院"所藏蒙文清朝实录简介》，台湾《故宫文献季刊》第4卷第2期，1973年，第6页。

③ 《清世宗宪皇帝实录》卷一○三，雍正九年二月癸卯，据纪成斌奏。

④ 札奇斯钦：《"故宫博物院"所藏蒙文清朝实录简介》，台湾《故宫文献季刊》第四卷，第2期，1973年版，第7页。

摆设，可以解决实录研究中的许多问题。①

在《清实录》诸文本中，满文和蒙古文本的历史文献价值显然也是不容小觑的。

综上所述，《清实录》的文本具有特殊性，太祖、太宗和世祖三朝实录的早期版本，保存着真实的女真部落的历史文化信息。《清实录》的满文本和蒙文本，更是研究少数民族历史文献学和史学的重要资料，也是用以考证汉文本实录和清代历史事实的独特依据。

第三节 《翁心存日记》所见《清宣宗实录》版本

《清实录》是清史研究的重要典籍，其学术价值日益受到学界的重视，但对其版本的探讨，集中在前三朝实录②，对其中后期实录版本以及整个实录版本的探讨，成果尚少③。本节拟通过《翁心存日记》(简称《日记》)的梳理和分析，弄清翁氏校阅的《清宣宗实录》的版本属性，并由此窥探整个清代实录的版本及其纂修问题。

---

① 以上关于《清世宗实录》蒙文本的价值，参见庄吉发《故宫档案述要》，台湾"故宫博物院"，1983 年，第 336~337 页。

② ［日］神田信夫：《关于日本遗存的清三朝实录来历》，《庆祝王钟翰先生八十寿辰学术论文集》，辽宁大学出版社 1993 年版；齐木德道尔吉：《关于康熙本〈三朝实录〉》，《内蒙古大学学报》2002 年第 3 期；徐丹俍：《〈清太祖高皇帝实录〉康熙重修本辩证》，《北京社会科学》1995 年第 1 期；达力扎布：《清太祖武皇帝实录版本浅议》，《满学朝鲜学论集》，中国城市出版社 1995 年版；庄吉发：《清太宗汉文实录初纂本与重修本的比较》，《清代史料论述》一，台湾文史哲出版社 1979 年版；白新良：《康熙朝修太宗、世祖实录残卷抄本跋》，《清史考辨》，人民出版社 2006 年版；孟森：《清世祖实录初纂本跋》，《明清史论著集刊》上册，中华书局 1959 年版。

③ 似只有谢贵安《〈清实录〉稿底正副本及满汉蒙文本形成考论》(《史学集刊》2008 年第 2 期)、谢贵安《清实录宫藏版本考》台湾《中国历史学会史学集刊》第 40 期，2008 年)、杨立红《盛京崇谟阁本〈清实录〉庋藏浅述》(《历史档案》2011 年第 4 期)等为数不多的论文。

一、《翁心存日记》的背景

翁心存(1791—1862),字二铭,号邃庵,江苏常熟人,道光二年进士,选庶吉士,授编修。后入直上书房授书。历内阁学士、工部侍郎,调户部。三十年(1850)二月二十日,"内阁奏请派实录馆官",奉旨任命"翁心存充副总裁官"。① 六月四日,翁心存调补户部右侍郎兼管钱法堂事务,但仍兼实录馆差事。咸丰二年四月,代替出差的杜受田接办稿本,七月,以工部尚书兼任实录馆总裁官,专勘稿本。咸丰六年正月,转任国史馆正总裁。十一月,实录馆议叙,因翁心存"在馆四年续办稿本,悉心纂辑",其孙监生翁曾源被赏给举人。是年冬,兼翰林院掌院学士,以吏部尚书协办大学士,寻调户部。八年,充上书房总师傅,拜体仁阁大学士。九年,辞职。十一年文宗崩,特诏起用,以大学士衔管理工部。同治元年,入值弘德殿,偕祁寯藻等教授穆宗。七月,接替已故的桂良担任实录馆监修总裁官。是年冬卒,优诏赐恤,赠太保,入祀贤良祠,谥文端。后赐祭一坛。翁心存有四子二女,长子同书,字祖庚;次子同爵,号玉甫;三子音保,早殇;四子同龢,最幼,排行第六;长女寿珠,字绎龄;二女璇华,又名端恩,字纫卿。与翁心存同修《清宣宗实录》的,还有其"六儿"翁同龢。

《翁心存日记》始于道光五年(1825),终于同治元年(1862),其中记载了《清宣宗实录》开馆与修纂的过程(道光三十年二月至咸丰六年十一月)。翁心存从开馆起至咸丰六年正月止,一直在实录馆中从事稿本校阅工作。即使离馆后,仍然持续对实录馆的活动进行记述。该日记手稿现存 27 册,间有缺损,藏于国家图书馆善本室,近由张剑整理,中华书局 2011 年出版,共 5 册,其中第二册、

---

① 翁心存著,张剑整理:《翁心存日记》第二册,中华书局 2011 年版,第 784 页。本节所引《翁心存日记》皆为该本,由于其年月日比较清晰,便于查阅和检索,故本节在引用时,除非必要,只标注册数及页码,一般不再标示出处,换言之,只要没有另标出处者,皆出是书。

三册记载了清实录馆的运作情况。

《翁心存日记》反复记载了他所校阅的《清宣宗实录》版本，有恭阅本、黄绫正本和红绫正本等。清代承袭明代制度，实录修成后抄成数份，藏之宫中，秘不外传，直至1924年，紫禁城中都完整地尊藏着《清实录》的四种版本，加上盛京故宫崇谟阁藏本，共五种本子。

这五种宫藏版本是怎样形成的，它们之间是什么关系，通过《翁心存日记》提供详细的史料，可予以解读。

二、《翁心存日记》所载《清宣宗实录》版本名目

翁心存在宣宗实录馆中先后担任副总裁、专办稿本副总裁和专办稿本总裁官。《翁心存日记》记录的翁心存校阅的《清宣宗实录》本子名目很多，计有"稿本"（7次）、"恭阅本"（50）、"恭本"（3次）、"正本"（24次，除去"红绫正本"1次和"黄绫正本"2次，剩21次）、"红绫正本"（1次）、"黄绫正本"（2次）和"黄绫本"（11次）等。这些纷繁的名词各自指称的是何种本子，各名词之间又是什么关系？实有一一辨正的需要。下面将《日记》中记载的校阅过程及对象列表说明（见表6.1）。

表6.1　《翁心存日记》载录所校《清宣宗实录》版本一览表

校阅(或所载)日期	实录版本	册数	备注
咸丰元年正月十一日	恭阅本	3	实录馆收掌官、内阁中书联奎始送恭阅本三册来
咸丰元年正月十二日	恭阅本		以恭阅《实录》事体尤重，遂不起局，午正阅竟，卷一、二、三共六签
咸丰元年正月廿四日	恭阅本	2	午正一刻退直，恭阅《实录》第四、五两册
咸丰元年正月廿五日	恭阅本	2	午正一刻退直，恭阅第六、七两册
咸丰元年正月廿七日	恭阅本	5	午正一刻退直，恭阅《实录》五册

续表

校阅(或所载)日期	实录版本	册数	备注
咸丰元年二月一日	恭阅本	5	午正一刻退直，恭阅《实录》五册
咸丰元年二月二日	恭阅本	2	午正一刻退直，恭阅《实录》二册
			咸丰元年十月三日至十二月三十日《日记》散佚
咸丰二年正月七日	恭阅本	2	夜，寒，校恭阅本二册
咸丰二年正月十一日	恭阅本	2	至暮雪止，校恭阅本二册
咸丰二年正月十四日	恭阅本	2	夜，月皎。校恭阅本二册
咸丰二年正月十六日	恭阅本	2	校恭阅本二册
咸丰二年正月十八日	黄绫正本	2	辰初二刻退值，至馆校黄绫正本，午正竣事。遂回城寓。灯下复校恭阅本二册
	恭阅本		
咸丰二年正月廿七日	恭阅本	2	未正二刻退直，校恭阅本二册
咸丰二年二月一日	黄绫本	2	辰正退，至馆校黄绫本，午正出，回寓，校恭阅本二册
咸丰二年二月三日	恭阅本	3	校恭阅本三册
咸丰二年二月五日	恭阅本	3	申正仍回城寓，校恭阅本三册
咸丰二年二月九日	红绫正本		夜，实录馆会奏缮红绫正本四分。
咸丰二年二月十日	恭阅本	3	未正一刻回，校恭阅本三册
咸丰二年二月十四日	恭阅本	3	午正入城，校恭阅本三册
咸丰二年二月十五日	黄绫本		退至馆，校黄绫本
咸丰二年三月十二日	正本		午初二刻退直，至馆校正本
咸丰二年三月十三日	恭阅本	4	午初三刻退直，阅恭阅本四册
咸丰二年三月二十日	黄绫本		辰正退直。至馆校黄绫本
咸丰二年三月廿三日	恭阅本	4	校恭阅本四册
廿四日	恭阅本	2	校恭阅本二册
咸丰二年四月一日	恭阅本	2	校恭阅本二册

续表

校阅(或所载)日期	实录版本	册数	备注
咸丰二年四月二日	恭阅本	3	校恭阅本三册
咸丰二年四月三日	正本		午初二刻退直，至馆校正本
咸丰二年四月廿三日	稿本		奉上谕：杜受田现在出差，恭纂《实录》稿本着派翁心存接办
咸丰二年四月廿七日	稿本	1	辰正到馆，阅稿本末一册，尚未定稿也。归寓，校恭阅本三册，二十四年春季。接芝农手也
	恭阅本	3	
咸丰二年四月三十日	黄绫本	5	巳初至馆校黄绫本五册
咸丰二年五月一日		2	未正二刻退直，至馆校书二册
咸丰二年五月二日	恭阅本	3	校恭阅本三册
咸丰二年五月三日	正本	3	辰初三刻出，至馆校正本三册
咸丰二年五月八日	恭阅本	3	校恭阅本三册。鹤溪所纂者殊多舛漏，穷日之力始得竣
咸丰二年五月十四日	恭阅本	3	生日，校恭阅本三册
咸丰二年五月十九日	恭本	2	回寓庐，校恭本二册
咸丰二年五月廿二日	恭本	5	实录馆奏事，退，校恭本五册
咸丰二年五月廿三日	恭阅本	4	校恭阅本四册
咸丰二年五月廿五日		7	实录馆园中公所尚未修竣，乃借阿实甫下处校书，辰正往，书尚未至。恭校七册
咸丰二年五月廿六日	恭阅本	6	辰刻复往校书，午初毕，三册。回，校恭阅本三册
咸丰二年五月廿八日	恭阅本	3	辰初二刻退，阅恭阅本三册，为许云生所纂者，甚潦草，且句读亦多误，每册下廿余签
咸丰二年六月七日	恭阅本	2	校恭阅本二册

续表

校阅(或所载)日期	实录版本	册数	备注
咸丰二年六月八日	恭阅本	3	未初一刻退，校恭阅本三册
咸丰二年六月十三日	黄绫正本	7	翁心存母亲忌日，他上香遥叩后，仍于午初到园中实录馆公所，校黄绫正本七册，申正回
咸丰二年六月十四日	正本	3	未初到馆，校正本三册，申正回
咸丰二年六月十九日	正本	2	巳刻到馆，诸同人尚未到也，校正本二册，复与总纂、提调商略公事，出巳未初
咸丰二年六月廿三日	正本	8	辰正到馆，校正本八册，申正二刻回
咸丰二年六月廿四日	恭阅本	3	校恭阅本三册
咸丰二年六月廿七日	恭阅本	3	午初二刻冒雨至东华门小寓，校恭阅本三册
咸丰二年六月廿八日	正本	10	辰刻退至馆，校正本十册，至申正乃出。祁相国、朱桐轩皆在馆住宿。灯下校恭阅本三册
	恭阅本	3	
咸丰二年七月三日	恭阅本	4	校恭阅本四册
咸丰二年七月十三日	正本	5	辰刻到园馆，恭校正本五册，午正回直庐
咸丰二年七月十四日	正本	5	辰正到馆，校正本五册，申初回
咸丰二年七月十九日	稿本		谕"翁心存着充实录馆总裁"；又谕"恭纂皇考宣宗成皇帝《实录》稿本，着派翁心存敬谨专司勘办"
咸丰二年七月廿一日	正本	10	辰初退。至园馆，校正本十册，酉初乃毕。灯下复校恭阅本三册
	恭阅本	3	

校阅(或所载)日期	实录版本	册数	备注
咸丰二年七月廿二日	恭阅本	3	校恭阅本三册
咸丰二年七月廿三日	恭阅本	3	校恭阅本三册
咸丰二年七月廿四日	恭本	3	夜,繁星满天,校恭本三册
咸丰二年七月廿五日	恭阅本	4	夜,浓阴蔽天,校恭阅本四册
咸丰二年七月三十日	正本	6	辰正到园馆,校正本六册
咸丰二年八月一日	正本	6	辰正到馆,校正本四册
咸丰二年八月九日	恭阅本	1	实录馆奏启皇史宬,量度金匮尺寸。回寓,校恭阅本一册
咸丰二年八月十日	恭阅本	1	巳正入署治事,午正回城内寓,校恭阅本一册
咸丰二年八月十一日	恭阅本	1	巳初入署治事,午初二刻出,回寓,校恭阅本一册
咸丰二年八月十三日	正本	10	辰正二刻出,至馆恭校正本十册,至申正乃竣事
咸丰二年八月二十日	恭阅本	1	由西便门下园,未正一刻到直庐,校恭阅本一册。工部会同实录馆启视皇史宬,恭视金柜尺寸
咸丰二年八月廿一日	恭阅本	2	校恭阅本二册
咸丰二年八月廿五日	恭阅本	3	未初三刻乃饭,校恭阅本三册
咸丰二年八月廿九日			两日馆上请校书,无暇也
咸丰二年九月一日	正本	5	辰正到馆,阅正本五册,申正乃出,至小寓
咸丰二年九月廿一日	恭阅本	3	巳刻,校恭阅本三册
咸丰二年九月廿二日	正本	10	辰正到馆,校正本十册
	恭阅本	3	申正回,阅恭阅本三册

续表

校阅（或所载）日期	实录版本	册数	备注
咸丰二年九月廿三	恭阅本	4	校恭阅本四册
咸丰二年十月二日	正本	6	至内阁饭竣，偕同实甫大寇至馆，校正本六册
咸丰二年十月四日	恭阅本	1	未正回小寓，校恭阅本一册
咸丰二年十月五日	正本	4	辰正至馆，校正本四册
咸丰二年十月八日	恭阅本	3	夜校恭阅本三册。于是竣事，至此翁心存终于校完了所有的恭阅本
咸丰二年十月廿六日	黄绫本	7	已正入馆，校黄绫本七册，申正出
咸丰二年十月廿七日	黄绫本	3	午正入馆，校黄绫本三册，酉初出
咸丰二年十一月十九日	正本	5	午正入馆校正本五册
咸丰二年十二月十四日	正本	5	午正入馆，校正本五册，申正一刻出
咸丰二年十二月十五日	正本	3	午初入馆，校正本三册
咸丰三年正月十八日	黄绫本		卯初二刻，实录馆请发黄绫本折，留中
咸丰三年正月十九日	黄绫本	6	已初到馆，校黄绫本六册
咸丰三年正月廿二日	黄绫本	2	午正入馆，校黄绫本二册，黄绫本四百七十△[六]册已通行竣事
咸丰七年正月廿六日	黄绫本		实录馆于廿三日以黄绫本交武英殿

笔者通过揣摩和分析，发现以上众多的版本名词，其实只指称三种本子，第一种是"恭阅本"，或简称"恭本"，属于底稿；第二种是"黄绫正本"，或简称"黄绫本""正本"，属于据底稿改正抄缮后的定稿；第三种是"红绫正本"，即据定稿抄缮成的尊藏本。由于翁心存负责"专司勘办稿本"，因此他日复一日连续校阅的"恭阅本"和"黄绫正本"，便均属广义的"稿本"，而"红绫正本"只是他

顺便提到的，并非其职责范围内的事儿，因此不属于"稿本"。

第一种翁心存校阅的《清宣宗实录》的本子是"恭阅本"或"恭本"。咸丰元年(1851)正月十一日，午初退值后，"实录馆收掌官、内阁中书联奎始送恭阅本三册来"。这是第一次提到"恭阅本"。咸丰二年(1852)五月二日"校恭阅本三册"，八日"校恭阅本三册"，十四日"校恭阅本三册"，十九日"回寓庐，校恭本二册"，廿二日"校恭本五册"，用的是"恭本"名词，但意思与"恭阅本"相同。

第二种翁氏校阅的《清宣宗实录》本子是"黄绫正本""黄绫本"或"正本"。咸丰二年正月十八日，"辰初二刻退值，至馆校黄绫正本，午正竣事……访淳甫相国，遂回城寓。灯下复校恭阅本二册"。六月十三日，翁心存于"午初到园中实录馆公所，即在澄怀园后西北隅，校黄绫正本七册，申正回"。"黄绫本"概念出现较黄绫正本为晚，实际上便是黄绫正本的简称。同年四月三十日，"巳初至馆校黄绫本五册，申初乃出"。十月廿六日，翁心存"巳正入馆，校黄绫本七册，申正出"。十月廿七日，"午正入馆，校黄绫本三册，酉初出"。咸丰三年正月廿二日，"午正入馆，校黄绫本二册"。在使用"黄绫正本""黄绫本"的同时，翁心存还使用了更简易的称呼"正本"。咸丰二年三月十二日，午初二刻退值后，"至馆校正本"，四月三日"至馆校正本"。证明黄绫正本、黄绫本和正本是一个概念，可从两个方面证实，其一，无论黄绫正本、黄绫本还是正本，均是在实录馆中校阅的，不能带回寓所和家中；其二，自咸丰三年正月廿二日，"午正入馆，校黄绫本二册，黄绫本四百七十△[六]册已通行竣事"后，《日记》再也没有出现"黄绫本""黄绫正本"和"正本"的名字，说明"黄绫本"就是"黄绫正本"和"正本"，它们随着黄绫本的修竣而一起消失了。

第三种翁氏提到的《清宣宗实录》本子是"红绫正本"。咸丰二年二月九日，"实录馆会奏缮红绫正本四分，拣选得汉总校官二员"、"详校八员"、"清书阁校官二员"、"详校官十二员"。《日记》中只有此处提及"红绫正本"。红绫正本四份应该是指尊藏在皇史宬、盛京崇谟阁的两部大红绫本，以及尊藏乾清宫暖阁和内阁实录库的两部小红绫本。红绫正本与翁的工作无关，他不负责红绫正本的工作。

此外，"稿本"概念在《日记》中出现过7次。其实，恭阅本(恭本)和黄绫正本(黄绫本、正本)两种本子，是翁心存日夜校阅的对象，属于他"专司勘办稿本"的工作范围，故均属于"稿本"范畴。一般而言，狭义的"稿本"概念是不包括"正本"的，而《日记》中又明确称黄绫本为"正本"，说明"稿本"是广义的概念，而且是个动态的概念——稿本修改好了即成正本。《清宣宗实录》的稿本最开始是由周祖培专办。道光三十年(1850)五月八日，"有旨命周祖培专办《实录》稿本"，至八月六日，奉上谕："实录馆稿本改派杜受田敬谨专司勘办。"①这是因为周祖培"在刑部主稿事繁"，忙于刑部事务，才"改命刑部尚书杜受田敬谨专勘《宣宗成皇帝实录》蕖本"的。②当时皇帝谕内阁："现在实录馆纂辑稿本，渐次成书，杜受田专司勘办，着毋庸赴刑部办事。"③然而，到了咸丰二年四月二十三日，《清宣宗实录》的稿本由时任户部右侍郎的翁心存专司勘办。奉上谕："杜受田现在出差，恭纂《实录》稿本着派翁心存接办。"④二十七日，翁氏"辰正到馆，阅稿本末一册，尚未定稿也。诸公皆不在，遂冒雨而出，归寓，校恭阅本三册，二十四年春季。接芝农手也"。芝农就是杜受田的表字。同年七月十九日，文宗在命令"翁心存着充实录馆总裁"后，又宣谕："恭纂皇考宣宗成皇帝《实录》稿本，着派翁心存敬谨专司勘办。"至此，翁心存从副总裁，一跃而为《清宗实录》的总裁，并专办稿本，成为监修总裁之下的总负责人。咸丰六年十一月一日，进呈仪式后，议叙实录馆臣，奉上谕："翁心存在馆四年续办稿本，悉心纂辑。"那么，从咸丰二年四月开始，直到他离馆前，所做的工作都是勘办稿本，因此文宗在议叙时，便称他"四年续办稿本"。

---

① 《翁心存日记》第二册，第818页。
② 《清文宗实录》卷一五，道光三十年八月乙丑。
③ 《清文宗实录》卷一九，道光三十年十月丙寅。
④ 《翁心存日记》第三册，第880页。又《清文宗实录》卷六〇，咸丰二年四月癸卯。

《清实录》有满、蒙、汉文之不同，翁心存校阅的《清宗实录》稿本（恭阅本和黄绫本），均为汉文本。咸丰三年正月廿二日，最后两本黄绫正本校阅完成，于是二月廿一日"《实录》汉文四百七十六册进呈完竣"。看来，这黄绫正本是汉文本。另从专司勘办稿本的总裁，先是周祖培、杜受田，后是翁心存，都是汉官来看，《清宣宗实录》的稿本也应该是汉文本无疑。另据咸丰三年二月二十二日的档案，称"此次《宣宗成皇帝实录》汉本告成"，在拟定应行加赏名单中，基本上都是"汉提调官葛景莱，兼汉提调官贡璜，汉总纂官龙元僖、孙铭恩，帮汉总纂官龚宝莲、张金镛、宋晋，汉黄绫本总校官徐玉丰、孙鼎臣、李联琇，汉红绫本总校官杨元白、殷兆镛，汉纂修官宝鋆、卓枟、郑琼诏、金鹤清、李载熙、袁芳瑛、刘书年、黄倬、邹焌杰，汉协修官边浴礼、宋宝珂（此二员系与纂修官一体办书）、汉详校官汤修、郭襄之、缪嘉谷、钮福厚、翁同龢、张汲、胡肇智、潘希甫"①，显然先纂成的稿本是汉文本实录，至于满文和蒙古文本，是事后翻译而成的。

三、《翁心存日记》所载恭阅本与黄绫正本的关系

在弄清了《日记》所载的各本子的概念和含义后，还需弄清楚它们之间的关系。诚如上言，无论是恭阅本还是黄绫正本，都属于动态和广义的"稿本"范畴。二者之间既有联系又有区别。

第一，恭阅本与黄绫正本的关系，是底本与改进本的关系，但二者均属稿本范畴，始终处在修改和变动的过程中。恭阅本（简称恭本），属于稿本的范畴，是稿本中的底本，纂修官编纂后，校对官（或详对官）进行校正，贴上签条指出错误所在及应当如何改正，然后交由翁心存校阅。翁心存当时身兼户部侍郎（后任工部尚书、都察院左都御史等职），在实录馆专司勘办稿本，不可能从头到尾地校对稿子，只能在校对官校对的基础上，进行审查和核定，即对校对官交上来的稿本册中夹着的签条（贴黄）进行审核。咸丰元年

---

①　中国第一历史档案馆编：《咸丰同治两朝上谕档》第三册，咸丰三年，广西师范大学出版社1998年版，第70~72页。

正月十二日，他对前一天收到的"恭阅本三册"，"以恭阅《实录》事体尤重，遂不起局，午正阅竟。卷一、二、三共六签"。也就是说，他校阅的这三册（每册一卷，共三卷），上面共贴了六个签条。咸丰二年五月廿八日，他"阅恭阅本三册，为许云生所纂者，甚潦草，且句读亦多误，每册下廿余签"。也就是说，校对官在许云生纂修的实录稿本上每册各贴了二十多个签条，三册共有六十多个签条。翁心存要对这些签条逐一审核，提出最终的方案和意见。审阅完恭阅本后，再由誊录官抄缮成黄绫正本，进呈皇帝审阅，然后发回实录馆改正，最后据以抄缮成红绫正本四份。从恭阅本形成黄绫正本的整个过程，其实就是稿本纂修的过程，包括两个环节：一是纂修官编成底稿，装订成恭阅本，由校对官或详对官初校后，交由翁心存校阅。二是根据翁的意见改正，将恭阅本抄缮成黄绫正本，进呈皇帝审正后，发回实录馆，再由翁心存校正后抄缮成其他正本。对此，《清仁宗实录》中有旁证材料，仁宗谕内阁："实录馆纂办底本，总裁各官自当一体恭阅，至缮出正本，总裁等又不细阅，遽行进呈！"①说明恭阅本是"底本"，黄绫正本是改进本，是从底本"缮出"的"正本"。这还可以从翁心存校阅时所花的时间上看出来。恭阅本是比较初级的稿子，因此错误多，签条必然多，翁心存校阅时就会费时多，从表6.1可见，校恭阅本最多只能校4册，一般都是校3册；而黄绫正本（黄绫本、正本）则是改过一道的稿子，比较成型，错误已经不多，因此翁心存校阅时，速度很快，一天竟能校完10册，而且常常如此，此外校阅六七册也是常事。

第二，恭阅本校阅在前，而黄绫正本校阅在后，说明后者应该是在前者基础上修改后抄缮而成，而不可能相反。恭阅本在《翁心存日记》中出现的时间，是咸丰元年（1851）正月十一日，"实录馆收掌官、内阁中书联奎始送恭阅本三册来"。而黄绫正本则是在咸丰二年正月十八日才首次被提到，"至馆校黄绫正本，午正竣事"。显然比恭阅本晚了一年的时间。

第三，恭阅本的地位不如黄绫正本高，后者似更加尊贵。恭阅

---

① 《清仁宗实录》卷一四六，嘉庆十年闰六月庚戌。

本可以带回家中校正，而黄绫正本必须在实录馆中校阅。《日记》中有些记载，同时描述了翁心存对恭阅本（恭本）和黄绫正（黄绫本、正本）的校阅过程，从中可见前者可以在下班后带回家中和在灯下校阅，而后者则只能在实录馆中校阅的事实。咸丰二年正月十八日，"遂回城寓，灯下复校恭阅本二册"。七月廿一日，"至园馆，校正本十册，酉初乃毕……灯下复校恭阅本三册"。九月廿二日，"辰正到馆，校正本十册。祁相国亦至。申正回……阅恭阅本三册"。以上记载除说明黄绫正本与恭阅本不是一个本子外，还说明前者地位珍贵，后者地位较低。《日记》中大量的记载表明，恭阅本是可以在家里和寓所里校阅的。咸丰二年二月五日，"申正仍回城寓……校恭阅本三册"。四月廿七日，翁氏"归寓，校恭阅本三册"。五月十九日"回寓庐，校恭本二册"。八月九日，"回寓，校恭阅本一册"。十月八日，"夜校恭阅本三册"。可见，恭阅本是可以带回寓所校阅的，因此能够在夜晚或灯下校阅。与此不同，黄绫正本（黄绫本、正本）则必须在实录馆中校阅的。咸丰二年正月十八日，"至馆校黄绫正本，午正竣事"。六月十三日，"午初到园中实录馆公所，即在澄怀园后西北隅，校黄绫正本七册，申正回"。简称"黄绫本"时也是在馆中校阅的。咸丰二年四月三十日，"巳初至馆校黄绫本五册，申初乃出"。十月廿六日，"巳正入馆，校黄绫本七册，申正出"。简称"正本"时，依然是在实录馆中校阅的。咸丰二年四月三日，"至馆校正本"。六月廿三日"辰正到馆，校正本八册，申正二刻回"。八月十三日，"至馆恭校正本十册，至申正乃竣事"。由上述例子可见，凡是作"黄绫正本""黄绫本"和"正本"的，均是在实录馆中校阅的，从不带到家中或寓所。这是因为黄绫正本是要进呈给皇帝审阅的本子，所以不敢马虎。

第四，皇帝审阅的不是作为底本的恭阅本，而是修改抄缮后的黄绫正本。这可以《清高宗实录》的修纂过程作为旁证。《清高宗实录》从嘉庆四年（1799）二月开始，至嘉庆十二年（1807）三月十五日告成，在此期间，实录馆每成一册，都要进呈皇帝审阅。仁宗审阅的是黄绫正本，而不是恭阅本。如嘉庆九年二月，仁宗在审阅时发现实录馆"恭进《实录》内抬写之处，讹缮一字"，并严厉地指出：

"节次进呈正本，屡有字画讹错者，均经指出。至抬写字样，关系尤重。朕于恭阅时更为留心，一经看出错误，岂能不加惩处？乃此次于钦奉圣谕内应行抬写之处，讹书一字，实非寻常疏率可比。所有专办稿本之总裁内阁学士曹振镛、纂修官编修叶绍本、覆校官编修周兴岱，着照所请交部严加议处。"结果专办稿本的总裁曹振镛"降三级留任"①。可见，皇帝审阅的是"正本"，即黄绫正本，并且黄绫正本仍属于"稿本"范畴，因此惩戒的是"专办稿本之总裁"曹振镛等人。同理，《翁心存日记》所载的黄绫正本（正本），也是皇帝审阅的对象。文宗审阅实录的记载不多，但应该未废祖制，此后同治和光绪等冲龄继位的皇帝，虽不能直接审阅黄绫正本，但也都由大臣代劳。如同治二年九月，"派惠亲王绵愉、恭亲王奕訢、醇郡王奕譞、大学士衔礼部尚书祁寯藻、礼部尚书倭什珲布、兵部右侍郎伊精阿，每日在弘德殿敬谨详阅《文宗显皇帝实录》黄绫本"②。光绪二年十一月二十五日，"派御前大臣伯彦讷谟祜、奕劻、景寿，户部右侍郎翁同龢、兵部右侍郎夏同善，每日在毓庆宫敬谨详阅《穆宗毅皇帝实录》黄绫本"③。均可证皇帝审阅的是黄绫本（黄绫正本）。

四、《翁心存日记》所见红绫正本

《翁心存日记》还记载了红绫正本，它们都是尊藏本，因此不属稿本概念，不归"专司勘办"的翁心存负责。关于红绫正本，《日记》记载不多，但仍极具学术价值。

第一，从《日记》所见，红绫正本并非等所有黄绫正本完成后才开始抄缮，而是在黄绫正本部分完稿时便开始着手抄写和校对。换言之，在进行恭阅本和黄绫正本的校阅工作期间，实录馆已经组

---

① 《清仁宗实录》卷一二六，嘉庆九年二月乙亥。

② 《清穆宗实录》卷八〇，同治二年九月庚午。

③ 中国第一历史档案馆编：《光绪宣统两朝上谕档》第二册，光绪二年，广西师范大学出版社1996年版，第404页；《清德宗实录》卷四三，光绪二年十一月壬午。

织人员抄缮和校对红绫正本四份。咸丰元年正月十一日开始校阅"恭阅本"，咸丰二年正月十八日开始校阅"黄绫正本"，稍后的二月九日，"实录馆会奏缮红绫正本四份，拣选得汉总校官二员，杨元白、周学浚。详校八员，汤修、郭襄之、甘晋、缪嘉谷、钮福厚、翁同龢、张汲、胡肇智。清书阁校官二员，恩霙、德瑛。详校官十二员，和琨、志勋、□绮、阿克丹、锡奎、恩昶、毓桂、寿昌、恒升、受昌、广顺、锡佩。"这表明，恭阅本每修一部分，便校阅一部分，缮成黄绫正本进呈皇帝审阅一部分，然后发回实录馆抄写红绫正本一部分。据咸丰三年二月二十二日的一份档案载，"此次《宣宗成皇帝实录》汉本告成"，应依据道光朝的惯例先"加赏"在馆各员，并将"现在监修总裁以下各官，开列名单，进呈御览，伏候指示"。所开列的名单中，既有"汉黄绫本总校官徐玉丰、孙鼎臣、李联琇"，也有"汉红绫本总校官杨元白、殷兆镛"①，说明红绫正本是紧随黄绫本之后开始抄缮的，而不是说等汉文本全部完成后，再抄缮成红绫本。《日记》中所载的红绫本四份，当为皇史宬藏本和盛京崇谟阁藏本两部大红绫本，以及乾清宫藏本和内阁藏本两部小红绫本。

第二，《日记》实际上记载了乾清宫小红绫本的进呈过程。《日记》中记载了黄绫正本校竣并进呈的时间是咸丰三年，正月廿二日"黄绫本四百七十△[六]册已通行竣事矣"，二月廿一日"是日《实录》汉文四百七十六册进呈完竣"。②而没有明确记载乾清宫小红绫本进呈的时间。其实，《日记》对乾清宫小红绫本的进呈有所记载，只是未提"乾清宫"和"小红绫本"而已。我们知道，乾清宫东西暖阁内是尊藏着一份《清实录》小红绫本的，由于它是正式进呈本，因此清代历朝都派官员加以抖晾："乾清宫尊藏《实录》、《玉牒》，旧例每年春秋二季，由批本处官员奏明日期，会同总管太监等敬谨

---

① 中国第一历史档案馆编：《咸丰同治两朝上谕档》第三册，咸丰三年，广西师范大学出版社1998年版，第70～72页。

② 《翁心存日记》第三册，第945、955页。

抖晾"，自仁宗时决定"嗣后着间岁抖晾一次"。①《清宣宗实录》小红绫本于咸丰六年十一月尊藏乾清宫后，文宗于咸丰七年四月二十四日，朱笔圈出肃顺、载堪、许乃普、刘崐四人前往乾清宫抖晾实录。② 咸丰九年又派出抖晾人员文影、成琦、沈兆霖、钱宝青。③直到20世纪80年代中华书局在整理出版《清实录》时，还指出《清实录》"小红绫本两部"中的"一部收藏在乾清宫"。④ 据《翁心存日记》记载，咸丰六年十月一日，《清宣宗实录》正式完成，"礼部奏《实录》告成、十一月初一日受书事宜"。十月三十日，做进呈的准备工作："《实录》告成，时陈于保和殿，王公百官皆朝服恭集。卯初起，卯正至太和门外恭俟。辰刻龙亭三十六座自馆来，鼓乐仪仗前导，总裁以下各官蟒袍补服，俟亭行，王公皆朝服在金水桥北，百官在桥南，予领班。东向跪迎，俟过，随至太和殿下乃退。"文宗也从圆明园赶回紫禁城，准备举行受书仪式，"是日清晨上还宫"。十一月一日，进呈仪式正式开始。这天"五更风定云停，卯刻朝霞满天，旭日焕采，竟日晴暖。上行受书礼，予率儿子同龢于寅正三刻入内恭俟，卯正二刻上御太和殿，在馆人员进贺表，行礼退，复与王公百官庆贺致辞，行礼，各退。时卿云腾宵，五色绚烂，群臣抃舞，快睹嘉祥"。这次进呈的《清宣宗实录》，《日记》没有点明是何本子，藏诸何处，笔者肯定不是黄绫正本，也不会是皇史宬本、盛京本和内阁本，只能是乾清宫小红绫本，进呈后收藏在乾清宫的西暖阁内。据《清文宗实录》记载此次进呈，尚有如下文字："王以下文武各官行庆贺礼，派出奉书之贝子、公及宗人府

---

① 中国第一历史档案馆编：《嘉庆道光两朝上谕档》第二十册，嘉庆二十年，广西师范大学出版社2000年版，第87页；《清仁宗实录》卷三〇三，嘉庆二十年二月戊寅。

② 中国第一历史档案馆编：《咸丰同治两朝上谕档》第七册，咸丰七年，广西师范大学出版社1998年版，第138页。

③ 中国第一历史档案馆编：《咸丰同治两朝上谕档》第九册，咸丰九年，广西师范大学出版社1998年版，第207~209页。

④ 《清实录·影印说明》，中华书局1986年版。

官，由保和殿，恭奉《实录》《圣训》至乾清宫安设。上诣香案前行礼。"①可以证明这次进呈的就是小红绫本，进呈后便"安设"在乾清宫内。为了证明进呈的是乾清宫小红绫本，我们还可以用旁证材料予以证实。道光四年三月壬辰，《清仁宗实录》告成时，当时宣宗批准的进呈仪式是："前一日，总裁等官恭捧全书，送至保和殿陈设……其表文着于送书进乾清宫时，监修官一并送进。所有照看归架事宜，南书房翰林着派英和、黄钺、许乃普、田嵩年，总管内务府大臣着派穆彰阿、恩铭。至《实录》黄绫本，馆臣编次，按日呈览，均经朕详慎阅定。届时毋庸再行进呈。"②宣宗明确指出，黄绫本是"按日呈览"均经他"详慎阅定"，因此不必"再行进呈"；"送书进乾清宫"一句，及派员"归架"一词，表明当时进呈的本子是送乾清宫尊藏的本子。以此类推，《清宣宗实录》修成后，进呈时也是"陈于保和殿"，那么进呈完后，同样会送入乾清宫"归架"尊藏，因此，它应该也是乾清宫小红绫正本。笔者还有另一个反证材料，可以证明十一月一日尊藏的只会是乾清宫小红绫本。根据《咸丰朝上谕档》得知，事隔数月，清廷又举行了一次实录进呈仪式，这次进呈仪式非常详细，其仪式是：在咸丰七年二月四日那天，"恭进盛京尊藏、皇史宬尊藏并内阁尊藏之《实录》《圣训》首函各一分"，先在乾清宫东暖阁，恭设书案三张，又在保和殿设书案三张，设彩亭三座于实录馆门外，分别将盛京尊藏之《实录》首函一分、皇史宬尊藏本首函一分、内阁尊藏本首函一分放进一座彩亭中，将彩亭抬至太和殿阶下，再由纂修官将三份实录的首函捧到保和殿的三张内书案前分别放下。这时由宗室侍卫等官将实录捧在手上，由两位亲王引路，出保和殿后楠扇，来到乾清宫东暖阁的三张书案前，将实录分别放下。至巳刻，皇上御龙褂至乾清宫东暖阁，以次恭阅《实录》《圣训》，完毕后还宫。亲王率领宗室侍卫和总裁

---

① 《清文宗实录》卷二一一，咸丰六年十一月乙卯朔。

② 中国第一历史档案馆编：《嘉庆道光两朝上谕档》第二九册，道光四年，广西师范大学出版社 2000 年版，第 101~102 页；又《清宣宗实录》卷六六，道光四年三月壬辰。

官等人，至东暖阁将实录捧出乾清宫，经过保和殿，"仍异至实录馆安设"。① 这份被称为"礼节"的文件，让人们产生了重大歧误，以为这次仪式便是尊藏乾清宫小红绫本，如《清文宗实录》卷二一九载，咸丰七年二月丙戌（四日），"尊藏《宣宗成皇帝实录》《圣训》于乾清宫，上亲诣行礼恭阅"。其实，这次仪式中出现的《清宣宗实录》的版本，既没有乾清宫小红绫本，也没有黄绫正本。只有盛京本、皇史宬本和内阁本（即内阁副本）的首函，而且在皇帝恭阅后均被抬回实录馆安设。这反过来证明，小黄绫本的确经过皇帝的"详慎阅定"，不用"再行进呈"；而乾清宫小红绫本实录肯定是在此前咸丰六年十一月一日的进呈中被归架于乾清宫西暖阁中（东暖阁藏更为尊贵的祖宗实录）。因此，笔者认为《清宣宗实录》正式修完的时间是咸丰六年十月，十一月一日进呈的、标志实录最终告成的本子不是黄绫正本，而是藏入乾清宫的小红绫本正本，也就是咸丰二年二月就开始抄缮的四份红绫正本中的一种。

第三，《日记》记载了其他三本红绫本（皇史宬、盛京和内阁藏本）的去向。在乾清宫小红绫本进呈三个多月后，咸丰七年二月二十日，内阁和实录馆接到上谕："宣宗成皇帝《圣训》《实录》尊藏皇史宬及内阁，所有典礼，各衙门敬谨预奏，至尊藏盛京本，俟玉牒告成，一并恭送。"尊藏皇史宬本，需要将此前尊藏在此的太祖、太宗、世祖、圣祖、世宗、高宗、仁宗七朝实录先移至东配庑，等到进呈仪式结束后，再移回正殿，与新藏的《清宣宗实录》统筹安排。三月二十日，"是日内阁奏皇史宬于四月一日卯时暂移七朝《实录》金匮于东配庑，请派大学士一员行礼，予列衔不递牌，亦未下园也（派裕诚）"。四月一日将七朝实录移出，四月六日便将《清宣宗实录》尊藏于皇史宬："是日尊藏《实录》于皇史宬，恭拜书函也。"显然，翁心存参加了这次仪式。笔者以为，此次尊藏，只是将《清宣宗实录》先安置于皇史宬中，四月十三日，才是由皇帝参加的正式尊藏仪式，据《咸丰朝上谕档》载，四月二日内阁奉上

① 中国第一历史档案馆编：《咸丰同治两朝上谕档》第七册，咸丰七年，广西师范大学出版社1998年版，第42~44页。

谕："本月十三日，朕亲诣皇史宬行礼，着先于皇史宬殿内设香案一，香炉一，香盒一，亲自拈香行礼，毋庸派人递香。御前大臣、御前侍卫随入殿门内，乾清门侍卫俱在殿门外。至实录馆总裁及礼部各员，均毋庸随往。"①而到了十三日(甲午)那天，如期举行了尊藏仪式："以尊藏《宣宗成皇帝实录》《圣训》于皇史宬，上亲诣行礼。"②此后，盛京本《清宣宗实录》缮成，朝廷举行盛大的恭送仪式。咸丰八年八月廿四日，翁心存获悉"九月十二日上在东华门外彩棚、圣容、《实录》、《圣训》前行礼"。廿五日，"复至朝房，以彭相国、周冢宰以现送《实录》到盛京，馆中乏员(提调李德仪、邵亨豫出差，丁绍周入闱，钱镜患病)，欲国史馆派员助理也"，于是他"查国史馆前在实录馆者仅有徐申甫(嵩生)一人，托其转邀(并校对周文俞、彭祖贤、贾致恩、管贻葊等)"。九月八日，确知"克王等恭送圣容、《实录》、《圣训》、册宝、玉牒至盛京尊藏"。由于要等新修的《玉牒》一起上路，直到咸丰八年九月十二日，盛京本才正式举行恭送仪式，由文宗亲自参加："辰初，上诣太庙，阅册宝毕，(执事人员皆朝服，起居注站班)出诣东华门彩棚，先诣圣容前，行三跪九叩礼，复诣《实录》《圣训》前行礼如初。王以下、侍郎以上皆蟒袍行礼，(讲官班备而未站)礼成。"③由于内阁红绫本是副本(说它属于红绫正本四分时，是相对于稿本而言，相对于皇史宬、盛京本而言，它只是副本。前人已有结论，兹不赘)，因此并未举行值得书写的尊藏仪式，无论是《上谕档》还是《日记》，都没有任何记载。

综上所述，《清实录》的版本问题，是个重要的学术难题，学者以前用档案、清国史、《清实录》自身以及《清史稿》和清人文集等史料进行研究，均难以窥见清实录馆的具体运作情况和清代宫藏

---

① 中国第一历史档案馆编：《咸丰同治两朝上谕档》第七册，咸丰七年，广西师范大学出版社1998年版，第109页；《清文宗实录》卷二二三，咸丰七年四月癸未。

② 《清文宗实录》卷二二三，咸丰七年四月甲午。

③ 《翁心存日记》第三册，第1350~1356页。

各版本的关系，本节用清代当事人所写的日记来研究此问题，能够微观和真切地探明《清实录》各版本的关系。根据上述研究，笔者得出以下结论：第一，《清实录》的"稿本"是个动态和广义的概念，它包括底本"恭阅本"（恭本）和改进本黄绫正本（黄绫本、正本），这两种版本均属"专办稿本"的总裁负责。第二，皇帝审阅的是黄绫正本，而非恭阅本。因此黄绫正本的地位比恭阅本高，恭阅本只是个过渡的底本，它最终形成黄绫正本。第三，《日记》记载的"红绫正本四分"，皇史宬本、盛京本和内阁本三份的去向都很明了，只有乾清宫小红绫本未作明确的说明。其实，翁心存已记载了它的进呈时间和过程，只是没有点明它的名称和收藏地点。笔者通过考证，认为《日记》记载的咸丰六年十一月一日在保和殿正式进呈的实录，最终归架于乾清宫西暖阁，是为乾清宫小红绫本。第四，《清实录》至迟在仁宗时形成的宫藏五本的格局，到《清宣宗实录》纂修时基本上没有变化，直到光绪朝修《清穆宗实录》时，仍保持原样。显然，《日记》对于研究现存《清实录》各主要版本有重要的参考价值。

第四节 《清实录》史料的来源与流向

清代承继此前的史学传统，建立了史料储备和征集制度，为《清实录》的修纂提供了丰富而可靠的原始材料，使其成为清代史料的一大总汇，经过它的编辑和纂修，清史杂乱的档案得到第一次清楚的梳理，并以易查易读的特点为后人所重视，或摘录，或取用，或改编，或融汇，成了《清圣训》《东华录》《清国史》《清史稿》《清会典则例》《皇朝文献通考》和《皇朝续文献通考》等一系列清史著作的史料来源。从清代整个史学史的发展过程来看，所有官方史书乃至私修史书，基本上都遵循原始档案—《清实录》—清代国史—各种下游史书的史料流程，形成史料讲究、史实可信的史书系列。虽然难免有史料重复、辗转传抄之弊，但却保证了史源可靠和来源明了的特性。

作为清代史学重要成果的《清实录》，其史料来源及其价值的研究，已为学术界所广泛关注。对《清实录》与档案关系论述的，有李光涛、陈捷先、黄彰健、庄吉发、徐丹俍、齐木德道尔吉、敖拉及崔东权、陈鹏等人①；对某部实录的史料学作探讨的，有薛虹等人②；对整个《清实录》的史料作论述的，则有冯尔康、李建宏、朱正业和杨立红等人③；对《清实录》史料的流向研究，有牟润孙等人④。然而，将《清实录》的史料置于史源学的视野下，整体考察史料的来源与流向过程的研究，尚不多见⑤，本节拟在这一方面有所讨论。

一、《清实录》纂修的史料储备制度

《清实录》的史料并非凝固不动的，而是汲源泄流，流动有致，反映出中国作为一个历史悠久和传统深厚的史学大国，具有集散有序的史料流程和行之有效的修史制度。

中国历朝政府都有意识、有组织、有步骤地进行档案、文件的

---

① 李光涛：《清太祖实录与沈阳旧档》，台湾《大陆杂志》1956 年第 5 期；李光涛：《清世祖实录与沈阳旧档》，台湾《大陆杂志》1956 年第 6 期；陈捷先：《满文清实录研究》，台湾大化书局 1978 年版；黄彰健：《读清世祖实录》，《明清史研究丛稿》，台湾"商务印书馆" 1977 年版；庄吉发：《从故宫旧档看清实录的窜改》，《清史拾遗》，台湾学生书局 1992 年版；徐丹俍：《"努尔哈赤实录"考源》，《满学研究》第一辑，吉林文史出版社 1992 年版；齐木德道尔吉、敖拉、崔东权：《〈清太祖武皇帝实录〉与〈旧满洲档〉史料比较研究——以内喀尔喀史料为主》，（韩国）《蒙古学》2007 年第 8 期；陈鹏：《〈太祖高皇帝实录〉中有关努尔哈赤时期对蒙古政策史料整理研究》，《古籍整理研究学刊》2004 年第 5 期。

② 薛虹：《清太祖实录的史料学研究》，《东北师范大学学报》1988 年第 2 期。

③ 冯尔康：《清史史料学》，沈阳出版社 2004 年版，第 33~41 页；李建宏：《〈清实录〉的史料价值》，《档案学通讯》1995 年第 3 期；朱正业、杨立红：《〈清实录〉史料来源探微》，《档案学通讯》2010 年第 3 期。

④ 牟润孙：《蒋良骐的东华录与清实录》，《注史斋丛稿》，中华书局 1987 年版。

⑤ 笔者着意于实录史料的来源与流向的整体考察，曾发表《〈宋实录〉史料的来源与流向》（《武汉大学学报》2009 年第 4 期）。

保管和整理，以及初级、二级史书的编纂，形成了卓有成效的史料储备制度，为实录修纂提供了完善而丰富的史实。早在唐宋时期，实录修纂便形成了原始档案和史料的储备及供应制度，"凡史官绅绎之所须者，上则中书密院，下则百司庶府，以至四方万里郡国之远，重编累牍，如水赴海，源源而集"①。元代设时政科，负责搜集和管理档案奏牍，"以事付史馆，及一帝崩，则国史院据所付修《实录》而已"②。明代"累朝纂修实录，皆移文在京各衙门修辑事件文册，送馆参订"③。显然，实录修纂前，朝廷制定了史料储备和供应制度。不过，实录修纂并不是修史流程的终点，而是为修纂下一部史书提供史料，以备采择的："采百司奏对事实为《时政纪》，取柱下见闻为《起居注》，类次而润色之为《日历》，修而成之为《实录》，以备史官之采择是已。"④

满族主导的清朝建立后，逐步受到汉化的影响，在史料储备上效法和学习汉族王朝的做法，制定了一系列史料收储及供应的规章，建立了较为完善的史料储备制度，为《清实录》修纂打下良好的史料基础，保证了实录撰写的效率和成功。

清代修纂实录的史料储备制度包括三个方面的内容。

第一，史事的记录。与唐、宋、明等朝不同，清朝不仅从事汉文史料的储备，而且还从事满文和蒙文史料的储备。16世纪末，建州女真崛起后，努尔哈赤命令额尔德尼和噶盖二人创制满文，用蒙古字母记录满洲语音。于是，女真人开始用无圈点满文记载国史，编纂 ejehe dangse（"记录了的档子"），此即所谓《旧满洲档》，属于编年式的历史记录。据崇谟阁汉文旧档中天聪六年杨方兴的《条陈时事疏》，得知此前金国榜什、日记等满文老档"皆系金字而无汉字"，杨建议"选实学博览之儒，公同榜什将金字翻成汉字，使金、汉书共传，使金、汉人共知"。这些档案成为早期实

① 《历代名臣奏议》卷二七七《国史》。
② 徐一夔：《始丰稿》卷六《与王待制书》，清武林往哲遗著本。
③ 薛三省：《薛文介公文集》卷三《移阁列实录条例揭帖》。
④ 孙承泽：《春明梦余录》卷三二《翰林院》。

录修纂的基本史料。至清太宗天聪十年(1636),改文馆为内三院,其中"内国史院职掌记注皇上起居、诏令,收藏御制文字。凡皇上用兵、行政事宜,编纂史书,撰拟郊天告庙祝文,及升殿宣读庆贺表文,纂修历代祖宗《实录》,撰拟圹志文,编纂一切机密文移及各官章奏,掌记官员升降文册,撰拟功臣母妻诰命印文,追赠诸贝勒册文。凡六部所办事宜可入史册者,选择记载,一应邻国远方往来书札,俱编为史册"。内国史院掌管的起居注,只负责记录一般性的皇帝言动,至于秘殿召对,则另有召对记注制度。今存顺治二年五月二十九日至七月初九日《摄政王日记》一册,书名系近人所加,黄彰健认为应改为"召对纪注",是入值内院官纪录大学士等官进见摄政王时的谈话内容,以及摄政王处理政务的情况。① 这些档案和记注,为实录修纂准备了充足的史料。

第二,档案的收贮。清朝规定,各衙门的文件档案要送往内阁大库保藏,以便修史时取用。早期的开国档案,据徐中舒指出:"内三院上承文馆之旧,下讫入关之初,所有开国期档案,皆存于此。入关以后,所有盛京旧档,或随内院移入内阁,或在康、乾时纂修实录时陆续移来。"②到雍正时,各种档案都要抄一副本收贮。据《东华录》雍正七年二月乙巳载,皇帝下旨:"至内阁本章及各衙门档案,皆应于正本外,立一副本另行收贮。如本章正本系红字批发,副本则批墨笔存案。"于是大学士、步军统领会同九卿会议:"在京各衙门卷牍收贮之所,应派笔帖式轮班值宿巡查;各省督抚题奏事件,例有副本送通政司,嗣后应令一并送阁,俟奉旨后,内阁将副本遵照红本用墨笔批录,另贮皇史宬;其在京各部院覆奏本章,亦照此办理。""各部院一切档案,应另立册,将全案备录,印信钞盖,挨次编号,其存贮之所,亦酌派笔帖式值宿巡查。"③则京

① 黄彰健:《读清世祖实录》,《明清史研究丛稿》,台湾"商务印书馆"1977年版,第610页。

② 徐中舒:《内阁档案之由来及其整理》,《徐中舒历史论文选辑》(上),中华书局1998年版,第309页。

③ 王先谦:《东华录》,雍正七年二月乙巳,清光绪十年长沙王氏刻本。

省题本都要送往内阁。揭帖也同样送往内阁："雍正七年议准各省题奏本章，俱增写揭帖一通，送起居注馆，俟记注后，将揭帖转送内阁收存。"设军机处后，内阁成为一个承递文件的机关。据《清会典》卷二注："每日钦奉上谕，由军机处承旨，其应发抄者，皆下于阁。内外陈奏事件有折奏，有题本，折奏或奉朱笔，或由军机处拟写随旨题本，或票拟钦定，或奉旨改签，下阁后，谕旨及折奏则传知各衙门抄录遵行。题本则发于六科，由六科传抄。"皇帝批阅过的奏章——红本，"红本发抄后，本科（六科）别录二通。供史官记注者曰《史书》，存储科署以备编纂者曰《录书》。敬谨校对，钤盖印信。《史书》送内阁，《录书》分存六科"①。这些《史书》和《录书》，在实录修纂时，都被发往实录馆以供修史之用。民国时，在清理内阁大库档案时，发现大库分东西两库，东库也叫实录库，"实录库楼上贮实录、圣训，楼下贮起居注，及书籍表章档册之属"。据《中书典故汇纪》所载，内阁大库"北面有围墙一带，开门二，其西为典籍厅送请关防及查取红本出入之门，其东为本堂请送实录出入之门"。看来，内阁大库在储存史料的同时，已敞开了送往史馆的大门。

第三，史料的催征。在史料记录制度和收贮制度建立的同时，清朝还建立了史料送史馆纂修国史和实录的制度。每当实录修纂之际，实录馆的负责人都要通过"给札"和"片催"，向各衙门和史料贮藏处催征史料。顺治六年，身为国史院大学士的刚林出任《清太宗实录》总裁，"疏请令六科录诸臣章奏并批答，月送史馆，备纂修国史"②。于是顺治皇帝准奏："臣民章奏，天语批答，应分曹编辑，以垂法戒，备章程，为纂修国史之用，令六科每月录送史馆，付翰林官分任编纂。"③看来，清朝建立了将档案等史料交付史馆的制度。实录馆开馆后，一般都要行文各衙门，咨取档案文件，以便修纂实录。雍乾校订前三朝实录时，实录馆负责人便曾"披图华

---

① 《光绪大清会典事例》卷一〇一四"都察院·六科"。
② 《清史稿》卷二四五《刚林传》。
③ 《光绪大清会典事例》卷一〇一四"都察院·六科"。

省，给札内廷"①和"分曹给札，近篆开函"②。乾隆初，鄂尔泰担任《清世宗实录》的监修总裁，再次"给札彤廷，翻书紫篆"③。据"中研院"历史语言研究所收藏的一份《实录馆行文档》载，乾隆元年实录馆发往刑部的咨文道："本馆（实录馆）恭纂《世宗宪皇帝实录》，业经行请贵部造送清册，续又屡次行催在案。……查贵部经回禄水淹以后，已经通行各该处抄送档案以备存贮，今本馆编辑《实录》，专候贵部事件……为此烦请汇齐各处所抄送档案，造具满、汉清册，移送本馆。"④清代实录馆征集史料和档案的工作十分繁多琐碎，与实录纂修整个过程相始终，不少史料是根据修纂的进度而去征集的。如嘉庆二十五年十一月二十日，实录馆发文景运门档房调取朱批奏折，二十八日行文军机处调取清汉文日折，十二月初二日致文国史院调取嘉庆元年至五年之译汉档，初三日行书方略馆调取文武缙绅档。有的史料和档案如起居注册、红本档、上谕档保存相对完备，且比较集中，容易征集，而另一些档案因年深日久已经糜烂，整理起来难度很大，而实录馆的要求毫不含糊。⑤ 实录馆向全国中央和地方各衙门征集的史料范围很广，举凡御制诗文集、丝纶簿、满月档、明发档、国史馆所存宫门抄、现月档、洋务档、随手档、外记注、内记注、起居注、黄本、折包、译汉档、军机档、国史、方略和"六科史书"等。六科史书"每帙一二寸，每年二百余帙"。此外还有皇帝朱笔档案。嘉庆间修《清高宗实录》时，实录馆调用的高宗朱笔便达184箱之多，"几成充栋"⑥。实录馆官

---

① 鄂尔泰：《清太宗实录》之《进实录表》。

② 鄂尔泰：《清世祖实录》之《进实录表》。

③ 鄂尔泰：《清世宗实录》之《进实录表》。

④ 《实录馆行文档》，转引自徐中舒：《再述内阁大库档案之由来及其整理》，《徐中舒历史论文选辑》（上），中华书局1998年版，第361~362页。按朱正业、杨立红在《〈清实录〉史料来源探微》（《档案学通讯》2010年第3期）中称此咨文系乾隆帝的诏令，误，此文用词显系实录馆口气。

⑤ 参见王清政：《〈大清历朝实录〉纂修考》，武汉大学历史系，1999年，第54页。

⑥ 《清仁宗实录》卷首《纂修凡例》。

员可谓"爰采金匮之藏，尽发琅函之秘"①。文庆等在修《清宣宗实录》时，"纪事则载笔载言，史佚之搜摩敢懈？启批章三十楼，朱文传心性之微；检纪注八百篇，绿字纂动言之则。如丝如纶如綍，按簿籍而兼订史书；其事其义其文，提纲维而并稽御集。闻见极三生之幸"②。

在史料储备制度下，《清实录》的史料得到充分的保障。《清高宗实录》的监修总裁官庆桂陈奏："臣等承命恭纂实录，仿例攟编，凡朱批、红本、记注、阁簿、科钞、旗册，一事一言，靡不竭诚搜辑。"③据《清德宗实录·凡例》称该实录的"编纂之法"："必须恭查御制诗文集、朱批折奏、起居注、内记注、宫史、军机档、丝纶簿、外记档，及国史、方略、三通、会典官纂诸书；而六科史书一项，每帙一二寸，每年二百余帙，一有未经阅采，动辄漏略抵牾，其中事迹或始见于此，而结案远在隔年；或奉旨于前，而议上见诸后月，且档案不无疑误，须按其时事考其异同、原委脉络，画一流通，尤须与上下各卷互相考订，庶脱稿如出一手，以免歧异。"提供给实录馆的史料源源不绝，有御制诗文集、丝纶簿、满月档、明发档、国史馆所存宫门抄、现月档、洋务档、随手档、外记注、内记注、起居注、黄本、折包、译汉档、军机档、国史、方略、六科史书等。由此可见《清实录》史料来源之广。其中，起居注、上谕、题本、奏折为实录馆重点采集的史料。

二、《清实录》史料的来源

清代史料储备制度，有力地保证了《清实录》的史料供给，使各种史料源源不断地输入实录之中，实录的内容因此变得丰富和饱满。《清实录》的史料来源既广泛又可靠。依文献的文字类别划分，分为以下三种。

---

① 勒德洪：《进太祖实录表》。
② 文庆：《进宣宗实录表》。
③ 庆桂等编：《国朝宫史续编》卷七五，北京古籍出版社 1994 年版，第702 页。

第一，满文文献。

《清实录》的史源，较早且较有系统的首推《旧满洲档》。《旧满洲档》也称为《无圈点老档》，是现存唯一一部记录建州女真—后金时期(1607—1636)政治和军事历史的比较完备的档案汇编，"是以无圈点老满文为主、兼以加圈点新满文并间杂蒙古文和个别汉文书写的、记载满洲兴起和清朝开国的史事册档，是现存最为原始、系统、详尽、珍贵的清太祖、太宗时期编年体的史料长编"[①]。《旧满洲档》基本上属于编年体，记载了太祖、太宗两朝的政治、军事活动和社会活动，是满洲人编纂本族历史的最早史书，编纂者是后金文房笔帖式噶盖、达海、刚林等人。《旧满洲档》属于初级史书，即对原始档案作过一些整理和加工的简单史籍，其内容有不同的层次，"有的是原写内容，是最原始的笔录；有的是重抄内容，是对原始内容的忠实抄写；有的是重写内容，即把原写内容中的一部分有目的地挑选出来，进行增添或改写。所以《旧满洲档》既有原始档案面貌，又有经后人改动的内容"[②]。清代早期实录依据的满文史料还有《满文老档》。它与《旧满洲档》有密切的渊源关系，都来源于满洲旧档。乾隆年间，鉴于满洲旧档年久破损，便组织人员将它抄写成有圈点文字本和无圈点文字本共7部，各180册，贮藏在内阁大库(今藏在中国第一历史档案馆)和盛京崇谟阁(今藏辽宁省档案馆)、故宫上书房等处。[③]《满文老档》是旧满洲档中用新满文(有圈点)抄写的那一份，而《旧满洲档》是满洲旧档中用以老满文(无圈点)为主的文字抄写成的一份。不过，《满文老档》对原档的部分内容做了删削和改动，与《旧满洲档》并不完全一样。学者们做过大量比对，发现《清太祖实录》和《清太宗实录》中的历史记载，很多都来源于《旧满洲档》和《满文老档》。陈捷先指出："张俭等人

---

① 阎崇年：《〈无圈点老档〉及乾隆朝钞本名称诠释》，《历史研究》1998年第3期。

② 参见敖拉：《从〈旧满洲档〉到〈满文老档〉——1626年之前满蒙关系史料比较研究》，内蒙古大学博士学位论文，2005年，第3~4页。

③ 阎崇年：《〈无圈点老档〉及乾隆朝钞本名称诠释》，《历史研究》1998年第3期。

最初画的《太祖实录图》也是依据这批旧档，所以这份《旧满洲档》实在是《太祖武皇帝实录》与《太祖高皇帝实录》两书最原始、最根本的史料依据"①，黄彰健称"清太宗时修《太祖武皇帝实录》即主要取材于满文档"②。因为是根据满文档翻译，故《太祖武皇帝实录》一书记明朝地名、人名，及朝鲜人的姓名，有时误用同音或音近的字，如柴河堡为钗哈，朴烨为朴化，郑应井为张应京，董国云为董国胤，卢太监为鲁太监。他还指出"今存《清太宗实录稿》即有许多地方系据今存《满文老档》改成汉文，然后再润色"③。

此外，满文记功档册也是《清实录》的史料来源。《清世祖实录》卷六〇"顺治八年九月壬午"条载有赐给平西王吴三桂的金册，从文中将秦王"朱森釜"误作"朱生福"来看，这则史料"当源出于满文记功档册"。④ 当时满文记功档册曾译为汉文，康熙时的《功牌残稿簿》堪为证据。这些记功稿簿已译为汉文，上有眉批称"清文不解"，因此将"衢州府"译为"曲州府"，"义乌"译为"彝乌"等，证明这些"功牌"原文是满文，传递至京后始译为汉文，编进了《清世祖实录》。与记功档册相似的满文军功奏报，也是《清实录》的史料来源。今藏于中国第一历史档案馆的题为"盛京满文清军战报"即是其中的一部分，包括满文木牌和纸写档案两部分。其中，《满文木牌》28件，属战报，记录崇德元年（1636）阿济格率八旗兵，在北京周围与明军作战时攻克城堡、俘获物品的数目，以及统兵之王、贝勒下达的命令等情况。⑤《纸写档案》共104件。崇德元年至八年

---

① 陈捷先：《满文清实录研究》，台湾大化书局1978年版，第56页。

② 黄彰健：《读清世祖实录》，《明清史研究丛稿》，台湾"商务印书馆"1977年版，第594页。

③ 黄彰健：《读清世祖实录》，《明清史研究丛稿》，台湾"商务印书馆"1977年版，第594页。

④ 黄彰健：《读清世祖实录》，《明清史研究丛稿》，台湾"商务印书馆"1977年版，第600页。

⑤ 松村润研究该满文牌（《关于崇德元年的满文木牌》，《日本大学人文科学研究所纪要》第13号，1971年），逐一检查了崇德元年和崇德三年的木牌上所记载的事项，明确其内容是清远征明朝时各旗、各人战功记录。崇德元年木牌在《满洲原档》（《旧满洲档》）编成之际作为原始资料使用。据李勤璞的考察（《关于天聪五年正月蒙古文信牌》，《八旗制度与满族文化》，辽宁民族出版社2002年版），这些木牌今收藏于沈阳故宫博物院。

间形成。是由统率清军征明之王、贝勒将各军呈送的战报汇总后上奏阅览之文件。在《清世祖实录》中，凡汉人将领奏报所记击败和杀死的汉人姓名皆不误，而满人将领奏报所记汉人姓名多误，说明该《实录》的来源是满文奏报。

清朝早期的满文奏疏，也是《清实录》的史料之源。顺治五年十一月，河道总督杨方兴在其揭帖中提到，满洲大人在审讯伪公侯伯后当即正法，并"具清字驰报上闻"，对于战利品则"听满洲众大人总开数目报部，见蒙清字咨文，分给官兵"。① 看来，满文在当时应用很广。有些满文奏疏在当时就被译成汉文，然而仍有不少满文档案并未译成汉文，或所译汉文本已经散佚。清朝早期满文档案，不少都在内国史院保存，现藏于中国第一历史档案馆，被编成《清初内国史院满文档案》②。这些原始满文档案，许多都被《清实录》采撷入书，成为实录的重要史料来源。

第二，蒙古文文献。

《清实录》的史料来源还有蒙古文档案。特别是早期的三朝实录，是处在满蒙联姻和政治联盟的黄金阶段，因此实录记载了大量的满蒙交往史实，其部分史料便取自蒙古文原始档案。蒙文史料今存的有《蒙文老档》③，包括清朝"内秘书院档""蒙古堂档"在内的蒙古文档案及"内阁留存蒙古文折件""内阁留存理藩院记事档"，这些蒙古文档案多系清初形成，故统称为"《蒙文老档》"。

第三，汉文文献。

除了满文和蒙古文文献外，汉文文献也是《清实录》的重要史料来源。随着清廷汉化的加深，许多满族官员和族众对满文的使用越来越生疏，而改用汉文撰写奏疏和草拟文件，使汉文档案和文献日益成为《清实录》的主要史料渊薮。

清前三朝实录纂修时，除了大量采用满文档案外，也采用了一

---

① 《明清史料》丙编第七本。

② 中国第一历史档案馆选译：《清初内国史院满文档案》，光明日报出版社 1989 年版。

③ 20 世纪初在内阁发现，藏于中国第一历史档案馆。

些汉文档案和文件。清太祖天命七年，正白旗备御刘学成曾用汉文上奏太祖。清太宗所立《实胜寺碑》，碑文用满、汉、蒙、藏四种文字，由刚林撰满文，罗锈锦译为汉文。有学者发现，清太宗时的汉文文件在当时保存得比较好，今存《清太宗实录稿》记清太宗与袁崇焕来往书信时，即注明系根据汉文原件。清太宗的《书房日记》也是用汉文纪录的，是仿效朝鲜的《承政院日记》而作。清世祖入关后，也仿照明朝内阁的做法，设置丝纶簿，将每天进呈的章奏摘出，记奏者姓名，并记奏上后所奉旨意。黄彰健发现，史语所所印《明清史料》戊编第四本，即收有顺治朝、康熙朝丝纶簿的残本。[①] 顺治四年正月，命给直隶和各省文武官员敕书，都要兼书满汉字。汉文开始受到重视。朝廷发给汉官的敕书，先译为满文后存档，再将汉文敕书发出。顺治九年正月，世祖规定给各省汉官的敕书，"俱着翻译清字启奏记档，敕上止用汉字给发"[②]。世祖还要求"一应奏章案牍，须兼用满汉文字，以便通晓"[③]。康熙以后，随着清朝汉化的加深，臣工奏疏多为汉文，因此修纂《实录》的史料，多来源于汉文文献。[④]

《清实录》的汉文史料，有一部分是来自朝鲜国王的奏书和使臣的朝贡表文。由于朝鲜使用汉文作国文，因此清朝皇帝写给朝鲜国王的敕书，也用汉文撰写，从而留下了一些汉文文件，被实录纂入书中。《清世祖实录》卷八三"顺治十一年五月壬子"条载，朝鲜国王李淏奏称："原任议政李敬舆、李景奭，原任判书赵絅等，久著忠勤，请复加任用。"实录此条史料，来源于朝鲜王国的汉文奏本，故所记朝鲜大臣人名无一错误。

依内容来分，《清实录》主要的史料来源可分为以下四类：

第一，皇帝上谕和红本。

---

① 黄彰健：《读清世祖实录》，《明清史研究丛稿》，台湾"商务印书馆" 1977 年版，第 594 页。

② 《清世祖实录》卷六二，顺治九年正月壬寅。

③ 《清世祖实录》卷七六，顺治十年六月丁酉。

④ 参见谢贵安：《〈清实录〉稿底正副本及满汉蒙文本形成考论》，《史学集刊》2008 年第 2 期。

有关皇帝的档案材料是纂修实录的最重要的史料。上谕档是首选材料。所谓上谕，是指皇帝处理日常政务时发布的指示和命令，以及在奏疏上的批示，也称"谕旨"和"圣旨"。上谕又分为"明发档"和"密寄档"。前者由军机处拟稿，经皇帝朱笔审定，再经内阁传抄，宣示中外，故称"明发上谕"或"内阁明发上谕"，简称"明发"；后者由军机处拟稿，经皇帝朱笔审定后，通过军机处直接寄发各有关官员，此称"寄信谕旨"，因其发自内廷，且秘而不宣，故又称"廷寄"或"密寄"。上述由军机处承旨代拟、皇帝朱笔修改的谕旨，也统称为"朱改谕旨"。此外，上谕中还有一种"朱谕"，是皇帝处理政务时用朱笔所作的批示。咸丰年间，纂修《清宣宗实录》将成之时，文宗要求将宣宗封皇六子奕訢为亲王的"朱谕"载入实录："道光三十年正月十四日，皇考宣宗成皇帝升遐。朕与顾命大臣敬启密缄，钦奉朱谕：'皇六子奕訢封为亲王。钦此！'"他要求"将此旨宣付史馆，于实录、本纪内，将皇考朱谕封奕訢为亲王，纂入道光三十年正月十四日遗命各条之次"①。雍正七年（1729）设军机处，军机处将发出的谕旨皆存档备查，由值日章京逐日逐条将谕旨誊录于特备簿册，每月一册，称为"现月档"。《清实录》中很多内容，便来源于各类上谕。在修《清世宗实录》时，乾隆帝要求将皇考世宗宪皇帝"临御十三年所降谕旨"，在恭修《实录》时"敬谨叙入"。②《清德宗实录》在每条内容后都注明史料来源，其中便有"明发""现月"和"电寄"等档案。部分上谕在载入实录时，曾作过不同程度的删削。③

朱笔红本是实录修纂中经常使用的材料。朱笔是指皇帝朱批的奏疏，因称红本，收藏在红本库中。据载，内阁大库的满本堂"之东为红本库，又东为尊藏实录库"，朱笔都在红本处存贮，修实录

---

① 《清文宗实录》卷一八一，咸丰五年十月丁巳。

② 《清高宗实录》卷三六，乾隆二年二月乙丑。

③ 朱正业、杨立红：《〈清实录〉史料来源探微》，《档案学通讯》2010年第3期。

时取出，修完后仍归原处。① 姚元之曾说："臣工奏折，凡经有朱笔，虽一圈点俱呈缴，不独有朱批而后缴也"，"遇纂修《实录》时，奏明请出"。② 嘉庆间修《清高宗实录》时，实录馆从红本库调用的高宗朱笔便达184箱之多，"几成充栋"③。嘉庆二十五年，实录馆修《清仁宗实录》时，曾从景运门档房调取朱批奏折。洪亮吉"恭修实录，见一日中朱笔细书，折成方寸，或询张、鄂，或询孙、朱，曰某人贤否，某事当否。日或十余次。诸臣亦皆随时随事奏片，质语直陈，是上下无隐情"④。他见到的这些档案，就是朱笔御批。

　　第二，臣工题本与奏折。

　　《清实录》的史料来源，大部分来源于大臣的奏书。清朝曾一度模仿明朝万历以后修纂六曹章奏的方法，编纂六部章奏，以备实录纂修之用。顺治十二年，詹事府詹事梁清宽奏言："前代设起居注，专记人主嘉言善行，垂法后世；又设六曹馆，删润六部本章，备修《实录》。"⑤根据这封奏书，得知清曾于顺治六年纂修过《六曹章奏》，但未设专官，因兼职史官出差而停止。尽管六曹章奏没有继续编纂成册，但大臣们的奏章还是不断在累积。

　　清代大臣所上奏书，早期沿袭明制，公事称为"题本"，私事称为"奏本"，但二者难以截然分开，故常常相混。康熙以后，特别是雍正帝继位后，让心腹大臣通过上密折的方式反映政情和人心，但行文格式与奏本相似，故称奏折。乾隆十三年废除奏本形式，剩下题本与奏折相辅而行。题本虽然属于正式的文书，奏折属于权宜性的文书，前者要经过通政司上达内阁，再经内阁票拟后才转到皇帝手中，非壅塞则泄密，后者则直达帝廷，速度快，效率高，逐渐成为大臣奏书的最重要的形式。光绪二十八年（1902），正式下令废除题本，改用奏折。奏折成为晚清唯一的一种奏书。奏

① 章乃炜：《清宫述闻》，北京古籍出版社1988年版，第147、148页。
② 姚元之：《竹叶亭杂记》卷一，中华书局1982年版，第17页。
③ 《清仁宗实录》卷首《纂修凡例》。
④ 《清史稿》卷三六五《洪亮吉传》。
⑤ 《清世祖实录》卷八八，顺治十二年正月甲寅。

折直达御前，由皇帝亲自拆阅后，用朱笔将意见批于奏折上面，称为"朱批奏折"，简称"朱批"。朱批奏折在康熙时发还原奏人遵行。雍正时规定原奏者须将朱批奏折定期缴还宫中。凡御批过的奏折，均由军机处另录一份备查，称为"录副"。军机处每日将录副和未经朱批的奏折箍作一捆，每半月合为一包，即"月折包"，亦称"折包"或"月折"。有时，军机处也按专题，将处理同一问题的奏折及上谕装订一起，成为"议覆档""早事档"和"剿捕档"等档册。① 大臣们的奏折不少都成为清修实录的史料来源。如嘉庆二十五年，实录馆修《清仁宗实录》时，行文军机处调取清汉文日折，又致文国史院调取嘉庆元年至五年之译汉档，行书方略馆调取文武缙绅档。这些大多是大臣奏折和满蒙文奏折的汉译本。修《清德宗实录》时，史料多取自"月折""议覆""剿捕""早事"等档。

第三，起居注。

《清实录》的重要史料来源，还来自《起居注》。《起居注》是专载皇帝起居和言行的流水簿式的编年体初级史书，内容包括自起居注官侍值时闻见的皇帝的言行，以及官方文书和档案。康熙朝起居注中大多记录起居注官入值时闻见的皇帝言行，但雍正以后各朝起居注的内容则基本上都是官方文书和档案。清代起居注正式置馆是在康熙九年(1670)。康熙五十七年，圣祖以起居注记载不实、泄露秘密为由，一度将其裁省。② 雍正元年(1723)，世宗复置起居注馆，直至清末未再中断。从《清圣祖实录》以迄《清德宗实录》，都大量取用起居注中的史料。如《清德宗实录》在很多史事的末尾，注明史料出处，常有"起居注册""起居注""内记注"和"外记注"字样。该实录卷一"同治十三年十二月癸未"条共记载了18件史事，其中有16件都来自起居注。《起居注》作为初级史书和史料源头，对《清实录》有直接的影响，甚至决定着记事风格。如《清圣祖实录》卷三八载，康熙十一年二月丁丑朔，"过长安岭，上自山麓下

---

① 庄吉发：《故宫档案述要》，台湾"故宫博物院"1983年版，第9～38页。

② 《(光绪)大清会典事例》卷一〇五五《起居注》。

马，扶太皇太后辇步行，至坦道始乘马"。辛巳，"皇子承祜薨，
上悼之。诣太皇太后行宫问安，笑语如常。出，谕内大臣觉罗塔达
曰：'恐太皇太后闻之伤悼。倘诸王等闻信，前来慰朕，俱令散
去。'"这两条史料来源于《康熙起居注》康熙十一年二月初一日和初
六日①，显得十分真切而生动。雍正以后的起居注则较少记载类似
的事情，因此《清世宗实录》以后的实录记事显然比较严肃而凝滞。
正如《清穆宗实录·进实录表》所说的那样，"敬陈左史纶言，收起
居之记注"，实录修纂必采起居注的史料。许宗衡在《起居注官考》
中称，咸丰八年三月，他"迁起居注主事"，"到官时，衙门所存记
注副本，自道光三十年至咸丰六年止。询诸同官，成皇帝记注副
本，存实录馆者，凡二十九年。送回者只一年。自来实录馆所取之
书，往往不发还，亦有进之国史馆者"。② 这则史料告诉我们，起
居注副本常被实录馆调去修纂实录。

　　第四，前朝实录。

　　《清实录》史料来源，还包括前朝实录。出于两朝实录之间衔接
的考虑，以及今上在先帝时的活动需参考先帝实录，实录馆常将前
朝实录作为参考对象和史料采摘的来源。《清宣宗实录》卷一在大段
叙述宣宗的生平和功绩后，特别指出这些事迹是依据《清高宗实录》
和《清仁宗实录》等史料撰成的："谨就两朝《实录》，暨圣制诗文诸
集，条次御极以前事实，敬胪卷端。"特别是皇帝继位前的史事，都
会在前朝实录中有反映，把前朝实录拿来作参考和史料来源，表明
了两部实录之间的承接关系。再如《清文宗实录》卷一，开篇就对文
宗的生平和事迹作了叙述和讴歌，然后指出："谨就《宣宗实录》暨
《御制诗文集》，条次临御以前之事实，敬胪简端。"《清穆宗实录》卷
一开篇也是以大量的篇幅述说穆宗的伟绩，然后指出："臣等志切揄
扬，职司记纂，谨就《文宗实录》，暨《御制诗集》，条次临御以前事
实，敬胪简端。"《清德宗实录》卷一相同的位置，也讲述了德宗的生

---

　　① 中国第一历史档案馆整理：《康熙起居注》第一册，中华书局 1984 年
版，第 20 页。

　　② 盛康辑：《皇朝经世文续编》卷二〇《吏政三·官制》。

平和丰功伟烈，然后同样指明："臣等窥天测海，无补高深，谨就《穆宗实录》，条次临御以前事实。敬胪简端。"也就是说，参考前朝实录，主要是记载今上皇帝继位以前的事迹，然后再据其登极后的史料，撰写其实录，可以说方便了前后的衔接。

正是上述诸多史料源源不绝地汇入清代实录中，使《清实录》成为清代史料的渊薮，并因此变得丰满和厚重。《清实录》一旦修成后，并非凝固不变，而是对下游史书产生着进一步的影响，其史料又成为后者的史源。清代史料经由《清实录》后，形成了一个向下奔涌的流变过程。

三、《清实录》的史料流向

《清实录》史料本来属于清代档案、起居注等原始史料之流，但对于下游史书来讲，又成了它们的史源，实录中的史料为下游史书所汲取和采录，反映出《清实录》对后修史书产生了强烈的辐射和影响。《清实录》修成后，对后修之皇帝书史、纪传体和传记体、编年体和典章制度体史书，都产生过影响，其史料不断为后修诸史所汲取和引用。与原始档案的凌散和零乱不同，《清实录》修成后，成为编整有序、装订成册、便于查阅和翻览的史料性史书，后修各种史书一般都首先从实录中汲取相关的史料，而不是从原始档案中查找。因此，《清实录》成为后修许多史书的史料之源。

第一，《清实录》史料流向后修之有关皇帝的史书。

《清实录》最早的史料流向是《大清圣训》。《大清圣训》相当于明朝所修的《大明宝训》，是从修好的《清实录》中，专摘皇帝的懿言嘉谟堪为宝训者，编纂而成。顺治十二年，内翰林国史院侍读黄机上奏称："年来纂修太祖、太宗《实录》告成，伏乞皇上特命诸臣详加校订。所载嘉言善政，仿《贞观政要》、《洪武宝训》诸书，缉成治典。"于是决定从实录中摘取录史料，仿《洪武宝训》等书纂成清太祖和太宗两帝的《圣训》。① 癸未，世祖谕内三院："《实录》业

①　《清世祖实录》卷八九，顺治十二年二月丁卯；《清史稿·黄机传》也有类似的记载。

已告成，朕欲仿《贞观政要》、《洪武宝训》等书，分别义类，详加采辑，汇成一编，朕得朝夕仪型，子孙臣民咸恪遵无斁，称为《太祖圣训》、《太宗圣训》。"①从康熙始，清廷恢复了明代制度，将《圣训》与《实录》一起修纂，而次序仍是先纂《实录》而后摘编成《圣训》，同时进呈。据《清圣祖实录》卷一〇七载，康熙二十二年二月丙子，"以重修《太祖高皇帝实录》、《圣训》，命内阁侍读学士翁英……为纂修官。又纂修《太宗文皇帝世祖章皇帝圣训》，命内阁侍读学士徐廷玺……为纂修官"。二十五年二月甲辰，"以纂修《太祖高皇帝实录》、《圣训》告成。上御太和门，立视捧送《实录》、《圣训》"。庄吉发研究了台湾"故宫博物院"现藏清代诸帝《圣训》后指出："就其内容而言，与实录所载上谕大致相同，间亦有出入。"②出入之处，表明《圣训》也可能另有源头，但不管怎样，《实录》都是《圣训》的一个重要史源。

除《清圣训》外，清康熙初期还从《实录》中撮抄史料编成《祖训》一书，作为经筵日讲的教材。当时福建道御史王鼐疏言："宜及时举行经筵。请于满汉词臣中，择其老成渊博者，授为讲官。将经史有关治道之言，采辑翻译，以备进讲。并请虔修三朝《实录》，撮其要旨，编为《祖训》一书，每次同经史进讲。皇上监于成宪，率祖攸行，其裨益圣学更大也。"帝报闻。③

第二，《清实录》史料流向纪传体和传记体史书。

《清实录》是清代《国史》的重要史料之源，对后者具有重要的学术影响。清代除开实录馆外，还开设国史馆，国史馆被特许到实录馆抄录一套《清实录》，作为纂修《国史》本纪的参考，并允许留存在国史馆中以供翻阅。如嘉庆八年十二月，命史馆恭纂《高宗纯皇帝本纪》，并谕内阁道："我朝列圣相承，均经国史馆恭修本纪"，鉴于《清高宗实录》"已进呈至三十年，自应恭修《本纪》，以

① 《清世祖实录》卷九一，顺治十二年二月癸未。
② 庄吉发：《故宫档案述要》，台湾"故宫博物院"1983年版，第337页。
③ 《清圣祖实录》卷九，康熙二年四月壬子。

垂史册"，因此下令"国史馆总裁派提调等督率誊录，就近赴实录馆，将业经进呈之书，照副本抄写，恪遵编纂，随时进呈。务于实录馆告成后，陆续办竣。其抄写《实录》副本，即藏贮史馆，以资考据"。①此后相沿成制，道光二年七月丙申、咸丰二年四月甲申、同治三年五月己酉、光绪三年九月甲戌都曾有皇帝准国史馆到实录馆抄录实录的谕令。于是，《清实录》为清代《国史》输送了大量的史料。据《异辞录》载："《清史》载圣祖见西洋人与之握手为礼，盖本于《实录》。"②清国史馆所修《国史》的部分内容，如《宗室王公功绩表传》等，从实录中汲取史料，因此构成《清实录》下游的史流。乾隆时所修《宗室王公功绩表传》卷首载高宗上谕称："《宗室王公表传》……并着交国史馆恭查《实录》、《红本》另行改纂，以昭征信。"③表明《实录》是重纂宗室王公列传的史源。当然，清朝《国史》并非仅有《清实录》一个源头。

《清实录》的史料在民国时，还流向了纪传体的《清史稿》。据《清史稿》卷二一八《诸王四·太祖诸子三·睿忠亲王多尔衮传》载，乾隆四十三年正月，高宗在为睿亲王多尔衮平反的诏书中引用了《清实录》："《实录》载：王集诸王大臣，遣人传语曰：'今观诸王大臣但知媚予，鲜能尊上，予岂能容此？昔太宗升遐，嗣君未立，英王、豫王跪请予即尊，予曰："若果如此言，予即当自刎。"誓死不从，遂奉今上即位。似此危疑之日，以予为君，予尚不可；今乃不敬上而媚予，予何能容？自今后有忠于上者，予用之爱之；其不忠于上者，虽媚予，予不尔宥。'且云：'太宗恩育予躬，所以特异于诸子弟者，盖深信诸子弟之成立，惟予能成立之。'朕每览《实录》至此，未尝不为之堕泪。"直接将《清实录》的史料转录其中。类似例子不胜枚举。中华书局在《清史稿》的《出版说明》中指出，"它

---

① 《清仁宗实录》卷一二四，嘉庆八年十二月癸亥。

② 刘体智：《异辞录》卷一"同治见西洋各国使臣"，中华书局1988年版，第59页。

③ 《宗室王公功绩表传》卷首《谕旨》，乾隆四十六年十一月二十六日上谕。

根据的大部分材料如《清实录》、清代的国史列传、《清会典》和一些档案等"①。

清代还采录实录中的史料，撰写了一些传记体的史书。雍正时，拟将"舍生取义臣子"、"临阵捐躯、守土授命之文武诸臣，以及偏裨士卒，赤心报国，奋不顾身者"的籍贯事迹详晰缮册"交翰林院分派各员详查《实录》、《国史》、《方略》各馆档案，移取兵部清册，各为立传，汇成一编，垂诸永久"②。这样一来，《实录》便成了这些文武诸臣、偏裨士卒传记的史料来源之一。乾隆时，高宗提议从实录中摘出勋戚公卿事迹以备观览。这些功臣"受封本末，事具《实录》、《国史》，简牒尊藏秘府"，"其令大学士会同宗人府，于《实录》、《国史》内，如显亲王以下，各王公等，凡立功之端委，传派之亲疏，一一悉心采订，分缮成帙进呈，以备观览"③。

第三，《清实录》史料流向编年体史籍。

《清实录》还是另外一部重要书籍的史料之源，此书便是著名的《东华录》。《东华录》是设在东华门附近的国史馆的馆臣们在修《国史》的空闲，将从实录馆抄缮而来作为参考的《清实录》进行摘抄，形成的一部当代编年体史书。《东华录》有不同的版本，一种是蒋良骐所辑录的本子，简称蒋录；一种是王先谦所辑录的本子，简称王录；一种是朱寿朋所辑录的本子。牟润孙指出："王先谦的《东华录》的确是抄《清实录》，没有什么疑问；而蒋良骐的书，则似乎并不是完全抄《清实录》。"④其实，王录也不是全抄《清实录》。据吴荣政研究，发现"王录还保留了《清实录》未有的资料"⑤。此

① 《〈清史稿〉出版说明》，中华书局1977年版。

② 《世宗宪皇帝上谕·旗务议覆》卷二，雍正二年十一月上谕；《钦定大清会典则例》卷八十四《礼部祠祭·群祀》。

③ 《钦定宗室王公功绩表传》卷首《谕旨》，乾隆二十九年九月二十六日上谕。

④ 牟润孙：《蒋良骐的东华录与清实录》，《注史斋丛稿》，中华书局1987年版，第479页。

⑤ 吴荣政：《王先谦与〈东华录〉——兼论王录与蒋录、潘录和〈清实录〉的异同》，《湘潭大学学报》(社会科学版)1987年第4期。

后，朱寿朋鉴于光绪朝无录，于是纂成《光绪朝东华续录》。尽管各种《东华录》都有出于实录之外者，但其基本史料却摘自《清实录》则是毋庸置疑的。

清代乾隆帝敕撰《御批历代通鉴辑览》，在纂至明清交迭的历史时，则多从《清实录》中搜集史料。据其《凡例》称："我国家诞膺符命，朱果发祥，瑞贶屡臻，昭烁今古。太祖高皇帝肇兴大业，太宗文皇帝嗣炳鸿谟，凡伟烈丰功，事关明纪者，自宜登诸简策，用昭兴运之隆。今并恭依《实录》，敬谨纂辑。"显然，《清实录》成为《御批历代通鉴辑览》的史料来源之一。

《皇清开国方略》是清乾隆间所修的一部叙述祖宗创业立国的编年体史书。其史料有不少都来自清早期的三朝《实录》。阿桂等人在《上皇清开国方略表》中指出："有典有则，谨依三朝《实录》之遗，是训是行，允冠四库全书之首。"纪昀等人在《皇清开国方略》的《提要》中指出，史臣利用三朝实录，特别是《开国实录》（即盛京旧藏《太祖武皇帝实录》）等史籍的材料，编成《开国方略》一书。

高宗还曾根据《清太祖实录》的记载，写了一篇按编年顺序叙述的萨尔浒战役的历史记录。高宗说："每观实录，未尝不流涕动心，思我祖之勤劳，而念当时诸臣之宣力也。谨依《实录》，叙述其事如左……"之后是一篇3119字的萨尔浒战役的详细记录。高宗以万乘之尊，改写《实录》，为前所未有之事。这样做，一是因为感动，"予小子披读《实录》，未尝不起敬起慕……此予睹萨尔浒之战，所由书事也"。二是因为实录尊藏，难以为外间看到，"此予因《实录》尊藏，人弗易见，而特书其事"①。

第四，《清实录》史料流向典章制度体史书。

《清实录》的史料还流向《大清会典事例》（也称《则例》），成为后者的史源之一。李鸿章在所拟定的《大清会典事例·奏折凡例》提出"制作宜探原"的建议，指出乾隆十二年，礼部奏准"纂修官亲赴皇史宬详考列朝实录，敬谨抄录，成宪具在，应令会典馆纂修各

---

① 《宗室王公功绩表传》卷首《御制文》。又载《盛京通志》卷一〇《天章一皇上圣制》；《满洲源流考》卷一四《山川一》。

官亲赴皇史宬，敬谨详阅，凡于典例有关者，抄录备纂"。有大量的实例说明，《清实录》对《大清会典事例》有直接的史料输送关系。《清高宗实录》卷一二一〇载，乾隆四十九年七月乙卯，命廷臣更议历代帝王庙祀典。谕："朕因览《四库全书》内，《大清通礼》一书，所列庙祀，历代帝王位号，乃依旧《会典》所定，有所弗惬于心。……"此一大段史料，后修的《大清会典事例》卷四三三《礼部·中祀·历代帝王庙·乾隆》也有收录。《清高宗实录》卷一〇五四载，乾隆四十三四月乙未，谕："前以辽、金、元三史内，人名字义，多未妥协，因命编纂诸臣，遵照《同文韵统》所载，详加更正……以昭画一。"这段史料也为《大清会典事例》卷一〇五〇《翰林院·职掌·纂修书史二》所载。《清实录》的史料，还流向《皇朝续文献通考》。据《清仁宗实录》卷三七四载，嘉庆二十五年七月甲戌，谕内阁："本日据方受畴奏称，深州地方，秋禾多有双穗，至十一穗者，摘取二十茎进呈。"这段记载，在《皇朝续文献通考》卷一三八载《职官考二十四·新疆》中也有相同的记载。《清仁宗实录》卷八三，嘉庆六年五月戊子，仁宗谕内阁："朕向于办理刑名事件，倍加详慎，务得情法之平。……"《皇朝续文献通考》卷二五二《刑考十一·详谳》也载有相同的上谕。

此外，一些其他的史书，也曾从《清实录》中选取史料。如清朝江蘩所撰《四译馆考》"略记外藩朝贡之目，恭载列祖敕谕及赐予数物，皆《实录》、《会典》之所有"①，似乎说明这部书也是从《清实录》和《清会典》中汲取的史料。乾隆时敕纂《盛京通志》，也从实录中汲取了不少史料。据其《凡例》称："盛京为王迹肇基，首隆谟诰，谨稽五朝《实录》、《圣训》、诏谕、碑记、诗文冠列卷端"，又谓"考卜兴京迁都，辽沈为我朝丰镐遗规，至若坛庙、宫殿、山陵创制典礼严重，谨稽《实录》及《会典》诸书"，都直接讲明从实录中取用了史料。

---

① 《四库全书总目》卷八三《史部三十九·政书类存目一》。

四、余论

《清实录》是清代史料的一大总汇，经过它的编辑和纂修，清史杂乱的档案得到第一次清楚的梳理，并以易查易读的特点为后人所重视，或摘录，或取用，或改编，或融汇，成了《清圣训》《东华录》《清国史》《清史稿》《清会典则例》《皇朝文献通考》和《皇朝续文献通考》等一系列清史著作的史料来源，而这些史籍则无一例外地成为《清实录》下游的史流。

从《清实录》成书过程来看，其上游史料多属于原始档案和记注文献，被实录汲纳后，被裁剪和编整，形成体例如一、编年有序的史料性史书，很容易为下游史书所汲纳和采用。从清代整个史学史的发展过程来看，所有官方史书乃至私修史书，基本上都遵循原始档案—《清实录》—清代国史—各种下游史书的史料流程，形成史料讲究、史实可信的史书系列。虽然难免有史料重复、辗转传抄之弊，但也保证了史源可靠和来源明了的特性。西方实证主义史学的代表兰克史学讲究"一手资料"，特别重视官方档案，为此不惜上下求索。而东方的中国，历来都有通过建立史料储备制度，催征收集档案和记注文献，纂修史书的传统。从《清实录》史料的来源与流向的过程的考察，再一次清晰地表明了中国传统史学具有史源清晰和史料可信的特色。

主要参考书目

一、史籍

刘知幾著，浦起龙释：《史通通释》，上海：上海古籍出版社，1978年。

韩愈：《昌黎先生文集》，上海：上海古籍出版社，2013年。

陈振孙：《直斋书录解题》，徐小蛮、顾美华点校，上海：上海古籍出版社，1987年。

晁公武：《郡斋读书志校证》，孙猛校证，上海：上海古籍出版社，1990年。

王应麟：《玉海》，《景印文渊阁四库全书》第943~948册，台北："商务印书馆"，1986年。

赵汝愚编：《宋名臣奏议》，《景印文渊阁四库全书》第431~442册，台北："商务印书馆"，1986年。

陈骙：《南宋馆阁录·续录》，北京：中华书局，1998年。

李心传：《建炎以来系年要录》，北京：中华书局，2013年。

李心传：《建炎杂记乙集》，《景印文渊阁四库全书》第608册，台北："商务印书馆"，1986年。

熊克：《中兴小纪》，《丛书集成初编》第3858~3860册，上海：商务印书馆，1937年。

留正：《皇宋中兴两朝圣政》，《续修四库全书》第348册，上海：上海古籍出版社，2002年。

曹彦约：《经幄管见》，《景印文渊阁四库全书》第686册，台北："商务印书馆"，1986年。

王称：《东都事略》，台北："中央图书馆"，1991年。

杨仲良：《宋通鉴长编纪事本末》，《续修四库全书》第383~385册，上海：上海古籍出版社，2002年。

杜大珪编：《名臣碑传琬琰之集》，《景印文渊阁四库全书》第450册，台北："商务印书馆"，1986年。

袁桷：《延祐四明志》，《景印文渊阁四库全书》第491册，台北："商务印书馆"，1986年。

马端临：《文献通考》，上海师范大学古籍研究所校注，北京：中华书局，2011年。

《宋史全文》，《景印文渊阁四库全书》第330册，台北："商务印书馆"，1986年。

李焘：《续资治通鉴长编》，北京：中华书局，2004年。

洪皓：《松漠纪闻》，《景印文渊阁四库全书》第407册，台北："商务印书馆"，1986年。

许应龙：《东涧集》，《景印文渊阁四库全书》第1176册，台北："商务印书馆"，1986年。

脱脱等：《宋史》，北京：中华书局，1977年。

冯琦原编、陈邦瞻增辑：《宋史纪事本末》，北京：中华书局，1977年。

徐松辑：《宋会要辑稿》，北京：中华书局，1957年。

《明实录》，台北："中央研究院"历史语言研究所，1962年。

宋濂：《宋学士文集》，《明别集丛刊》第1辑第6册，黄山书社，2013年。

解缙：《解学士文集》，《明别集丛刊》第1辑第27册，黄山书社，2013年。

金幼孜：《金文靖集》，《明别集丛刊》第1辑第27册，合肥：黄山书社，2013年。

金寔：《觉非斋文集》，《明别集丛刊》第1辑第30册，合肥：黄山书社，2013年。

杨士奇：《东里文集》，刘伯涵、朱海点校，北京：中华书局，1998年。

杨士奇：《历代名臣奏议》，《景印文渊阁四库全书》第433~

442 册，台北："商务印书馆"，1986 年。

李东阳：《怀麓堂集》，《景印文渊阁四库全书》第 1250 册，台北："商务印书馆"，1986 年。

黄佐：《翰林记》，《景印文渊阁四库全书》第 596 册，台北："商务印书馆"，1986 年。

黄景昉：《国史唯疑》，台北：正中书局，1983 年；陈士楷、熊德基点校，上海：上海古籍出版社，2002 年。

姜清：《姜氏秘史》，《四库全书存目丛书》史部第 46 册，济南：齐鲁书社，1997 年。

沈德符：《万历野获编》，北京：中华书局，1959 年。

尹直：《謇斋琐缀录》，邓士龙辑，许大龄、王天有主点校：《国朝典故》卷 54，北京：北京大学出版社，1993 年。

陆容：《菽园杂记》，北京：中华书局，1985 年。

徐一夔：《始丰稿》，《景印文渊阁四库全书》第 1229 册，台北："商务印书馆"，1986 年。

薛三省：《薛文介公文集》，《四库全书存目丛书》集部第 182 册，济南：齐鲁书社，1997 年。

查继佐：《罪惟录》，杭州：浙江古籍出版社，2012 年。

谈迁：《国榷》，北京：中华书局，1958 年。

董斯张：《吴兴备志》，《景印文渊阁四库全书》494 册，台北："商务印书馆"，1986 年。

杨瑞云修、夏应星纂，(万历)《盐城县志》，台北：成文出版社有限公司，1983 年。

潘柽章：《国史考异》，《续修四库全书》第 452 册，上海：上海古籍出版社，2002 年。

孙承泽：《春明梦余录》，《景印文渊阁四库全书》第 868～869 册，台北："商务印书馆"，1986 年。

张廷玉等：《明史》，中华书局，1974 年。

夏燮：《明通鉴》，北京：中华书局，1959 年。

印鸾章、李介人修订：《明鉴》，北京：中国书店，1985 年。

龙文彬：《明会要》，北京：中华书局，1956 年。

中国第一历史档案馆选译:《清初内国史院满文档案》,北京:光明日报出版社,1989年。

中国第一历史档案馆编:《雍正朝汉文谕旨汇编》,桂林:广西师范大学出版社,1999年。

中国第一历史档案馆编:《乾隆朝上谕档》,北京:档案出版社,1991年。

中国第一历史档案馆编:《嘉庆道光两朝上谕档》,桂林:广西师范大学出版社,2000年。

中国第一历史档案馆编:《咸丰同治两朝上谕档》,桂林:广西师范大学出版社,1998年。

中国第一历史档案馆编:《光绪宣统两朝上谕档》,桂林:广西师范大学出版社,1996年。

中国第一历史档案馆整理:《康熙起居注》,北京:中华书局,1984年。

《满文老档》,北京:中华书局,1990年。

爱新觉罗·玄烨:《圣祖仁皇帝御制文集·初集》,《景印文渊阁四库全书》,台北:"商务印书馆",1986年。

《圣祖仁皇帝圣训》,《景印文渊阁四库全书》第411册,台北:"商务印书馆",1986年。

《世宗宪皇帝上谕》,《景印文渊阁四库全书》第413册,台北:"商务印书馆",1986年。

《清会典馆奏议》,国家图书馆分馆藏。

《皇清名臣奏议》,都城国史馆琴川居士排字本。

《清实录》,北京:中华书局,1985—1987年。

《清太祖武皇帝实录》,潘喆等编:《清入关前史料选辑》第1辑,北京:中国人民大学出版社,1984年。

罗振玉编:《太祖高皇帝实录稿本三种》,《清史资料》第二辑《开国史料》(二)第七册,台北:台联国风出版社,1969年。

《世祖实录稿本残卷》,《文献丛编》,台北:台联国风出版社,1964年。

王先谦:《东华录》,《续修四库全书》第369~375册,上海:

上海古籍出版社，2002 年。

允裪等：《大清会典》，《景印文渊阁四库全书》第 619 册，台北："商务印书馆"，1986 年。

崑冈等：《钦定大清会典事例》，《续修四库全书》第 798～814 册，上海：上海古籍出版社，2002 年。

嵇璜等：《续通志》，《景印文渊阁四库全书》第 392～401 册，台北："商务印书馆"，1986 年。

徐乾学：《资治通鉴后编》，《景印文渊阁四库全书》第 342～345 册，台北："商务印书馆"，1986 年。

永瑢等：《四库全书总目》，北京：中华书局，1965 年。

昭梿：《啸亭杂录·续录》，北京：中华书局，1980 年。

翁心存著，张剑整理：《翁心存日记》，北京：中华书局，2011 年。

钱谦益：《牧斋初学集》，《四部丛刊初编》本，台北："商务印书馆"，1967 年。

吴蔚：《吴学士诗集文集》，《续修四库全书》第 1487 册，上海：上海古籍出版社，2002 年。

姚元之：《竹叶亭杂记》，北京：中华书局，1982 年。

刘体智：《异辞录》，北京：中华书局，1988 年。

庆桂等编：《国朝宫史续编》，北京：北京古籍出版社，1994 年。

章乃炜：《清宫述闻》，北京：北京古籍出版社，1988 年。

赵尔巽：《清史稿》，北京：中华书局，1977 年。

李光涛：《壬辰倭乱史料》，台北："中央研究院"历史语言研究所，1970 年。

王锺翰编：《朝鲜〈李朝实录〉中的女真史料选编》（清初史料丛刊第七种），沈阳：辽宁大学历史系，1979 年。

吴晗编：《朝鲜李朝实录中的中国史料》，北京：中华书局，1980 年。

李国祥、杨昶主编：《明实录类纂》，武汉：武汉出版社，1990—1995 年。

《阮朝硃本档案》，越南国家第一存档中心藏。

阮朝国史馆：《大南寔录》，日本庆应义塾大学言语文化研究所，1961—1981 年。

阮朝国史馆：《钦定大南会典事例》，越南汉喃研究院藏，编号 VHv. 1680/1—94。

阮朝国史馆：《钦定大南会典事例续编》，法国远东学院图书馆藏，编号 Paris EFEO VIET/A/Hist. 32（1—28）。

阮朝国史馆：《大南一统志（嗣德版）》，重庆：西南师范大学出版社，2015 年。

二、著作

李晋华：《明代敕撰书考》，哈佛燕京学社引得特刊之三，北平：燕京大学图书馆引得编纂处，1932 年。

吴晗：《记明实录》，《读史札记》，北京：生活·读书·新知三联书店，1956 年。

孟森：《明清史论著集刊》，台北：中华书局，1959 年。

孟森编：《明元清系通纪》，台北：学生书局，1966 年。

黄彰健：《明清史研究丛稿》，台北："商务印书馆"，1977 年。

陈捷先：《满文清实录研究》，台北：大化书局，1978 年。

黄云眉：《明史考证》，北京：中华书局，1979 年。

庄吉发：《清代史料论述》一，台北：台湾文史哲出版社，1979 年。

庄吉发：《故宫档案述要》，台北：台湾"故宫博物院"，1983 年。

庄吉发：《清史拾遗》，台北：学生书局，1992 年。

庄吉发：《清史论集》（五），台北：文史哲出版社，2000 年。

孟森：《明史讲义》，北京：中华书局，1981 年。

黄仁宇：《万历十五年》，北京：中华书局，1982 年。

陈高华、陈智超：《中国古代史史料学》，北京：北京出版社，1983 年；天津：天津古籍出版社，2006 年。

牟润孙：《注史斋丛稿》，北京：中华书局，1987 年。

蔡崇榜：《宋代修史制度研究》，台北：文津出版社，1988 年。

李晋华：《明史修纂考》，《民国丛书》第四编第 74 册，上海：上海书店，1989 年。

刘永智：《东北亚研究——中朝关系史研究》，郑州：中州古籍出版社，1994 年。

蔡茂松：《韩国近世思想文化史》，台北：东大图书股份有限公司，1995 年。

靳润成：《明朝总督巡抚辖区研究》，天津：天津古籍出版社，1996 年。

张舜徽：《张舜徽学术论著选》，武汉：华中师范大学出版社，1997 年。

傅斯年：《史料论略及其他》，沈阳：辽宁教育出版社，1997 年。

徐中舒：《徐中舒历史论文选辑》，北京：中华书局，1998 年。

梁启超：《梁启超全集》，北京：北京出版社，1999 年。

瞿林东：《中国史学史纲》，北京：北京出版社，1999 年。

李小林：《万历官修本朝正史研究》，天津：南开大学出版社，1999 年。

金毓黻：《中国史学史》，石家庄：河北教育出版社，2000 年。

陈寅恪：《陈寅恪集》，北京：三联书店，2001 年。

傅斯年：《傅斯年全集》，长沙：湖南教育出版社，2003 年。

冯尔康：《清史史料学》，沈阳：沈阳出版社，2004 年。

王定璋：《四川古代著名史学家》，成都：巴蜀书社，2004 年。

白新良：《清史考辨》，北京：人民出版社，2006 年。

浮田和民著、邬国义编校：《史学通论四种》，上海：华东师范大学出版社，2007 年。

侯云灏：《20 世纪中国史学思潮与变革》，北京：北京师范大学出版社，2007 年。

梅莉：《明清时期武当山朝山进香研究》，武汉：华中师范大学出版社，2007 年。

谢贵安：《中国实录体史学研究》，武汉：武汉大学出版社，

2007 年。

谢贵安：《中国已佚实录研究》《宋实录研究》《明实录研究》《清实录研究》（实录研究书系），上海：上海古籍出版社，2013 年。

赵中男：《宣德皇帝大传》，北京：中国社会出版社，2008 年。

吴德义：《建文史学编年考》，天津：天津教育出版社，2009 年。

[英]杜希德：《唐代官修史籍考》，黄宝华译，上海：上海古籍出版社，2010 年。

三、学位论文

王清政：《〈大清历朝实录〉纂修考》，武汉大学硕士学位论文，1999 年。

辛亦武：《明代巡抚云南研究》，云南大学硕士学位论文，2005 年。

曹术勇：《明代巡抚与中央政府关系探究》，云南大学硕士学位论文，2011 年。

辛亦武：《明代云南巡抚与边疆民族社会》，云南大学博士学位论文，2013 年。

张红：《〈明实录〉附传与〈明史〉列传比较研究》，武汉大学硕士学位论文，2016 年。

宗亮：《〈大南实录〉研究》，武汉大学博士学位论文，2017 年。

后　记

　　本人对实录的了解和探讨始于 1986 年 7 月，当时硕士研究生毕业后刚留校，便承担了华中师范大学中国历史文献学研究所的集体项目——《明实录类纂》的编纂工作。由于年富力强，便独自编纂了 110 余万字的《明实录类纂·湖北史料卷》，从此与实录研究结下不解之缘。该书由武汉出版社于 1991 年出版。1990—1993 年跟随导师张舜徽先生攻读博士学位期间，选择《明实录研究》作为博士学位论文，开始了对《明实录》的研究工作。1993 年 7 月博士研究生毕业后分配至武汉大学历史系执教，迄今已历近 30 年。在此期间，对实录的研究一直没有停止。1995 年，博士学位论文《明实录研究》由台湾文津出版社纳入"大陆地区博士论文丛刊"出版。2003 年，该书由湖北人民出版社出版简体字版，由 30 万字增至 39 万字。2013 年，由上海古籍出版社第三次出版，增至 41.8 万字。

　　2003 年，本人申报国家社会科学基金一般项目"中国实录体史学研究"获准，对《明实录》的研究扩展到对古代各朝实录的综合性探讨，撰成 50 余万字的《中国实录体史学研究》一书，入选"武汉大学学术丛书"，由武汉大学出版社于 2007 年出版。2006 年，本人又主持教育部人文社会科学重点研究基地重大项目"实录修撰与中国传统史学流变"，开始分朝撰著实录研究的专著，分别撰成《中国已佚实录研究》(48.6 万字)、《宋实录研究》(58.3 万字) 和《清实录研究》(76.1 万字)，其中《清实录研究》又获列 2010 年度国家社会科学基金后期资助项目。在吕健副总编辑的支持下，上述三书与修订本《明实录研究》形成"实录研究书系"，于 2013 年由上海古籍出版社出版。至此，本人已基本完成了古代列朝实录的研究。这年，本人已 51 岁，编纂和研究实录已历 27 年。

　　本想大规模的实录编纂与研究工作该落下帷幕了，没承想本人的《明实录类纂·湖北史料卷》又列入湖北省大型文化工程"荆楚文库"。2016年5月10日，武汉出版社副总编辑邹德清和编辑部主任齐大勇先生又找到我，让我修订该书。由于《明实录类纂·湖北史料卷》是手写本，出版社的电子档又没保存下来，于是只好重新编纂。在贵州孔学堂驻堂的七、八两个月间，除了晚饭后在花溪边散步外，几乎每天足不出户地忙于编纂，终于完成了分类和标点工作。原书电脑统计字数为78.8万字（排版字数为110万字），而新编本的字数据电脑统计多达131余万字（2019年出版后，版面字数为182万字），字数增加接近一倍。同时，体例上也做了较大的调整。再考虑到"明实录类纂"中只有其中的"湖北史料卷"符合"荆楚文库"的地方特色，不宜笼统地再称"明实录类纂"，于是将书名改为《〈明实录〉中湖北史料辑录》。直到2018年1月和9月，本人还先后两次校订此书。9月的那次校订之苦，尚历历在目。如此一算，笔者从事实录的编纂和研究，迄今已达32年之久。

　　在"实录研究书系"出版后，本人对实录的一些存留问题仍在继续研究，陆续发表了十余篇论文。此次乘武汉大学中国传统文化研究中心编辑《传统中国研究丛书》之东风，将实录研究的最新成果加以汇萃，整齐篇章，居然成册。全书共分七章，第一章是中国和东亚实录研究的学术回顾，相当于学术综述；第二章是从东亚史学同频共振的角度，对中国和越南实录修纂所作的比较；第三章是对宋、明实录的作者所作的分析，主要是对基本已佚但残存太宗部分内容的《宋实录》的作者群体的分布，以及对二修《明太祖实录》的总裁解缙所起的作用的分析；第四章是对保存至今的明、清两朝实录的政治内容，以一个皇帝（朱允炆）、一个制度（巡抚）、一个官员（王竑）和一种措施（整饬吏治）为个案所作的探讨；第五章是明、清实录关注地方史的视阈，以东方的海港城市登州，盛产食盐的盐城和南方的海南为视点作出的观察；第六章是将明、清两朝实录进行比较，对二者的总体修纂情况、皇帝形象塑造和武当山记载等三个不同层面进行考察；第七章是对现存《清实录》的文本和史料，从内容形成、多种语言文本的独特性，《翁心存日记》对实录版本的记载，以及《清实录》史料来源与流向等方面所作的探讨。由于该书所载多为新出成果，故名之为"中国实录史学新探"。

回顾以上学术经历，不禁令人感慨万千。从青葱岁月编撰实录类纂开始，到中年承担繁剧的实录课题，再到如今望甲之年对实录研究的总结，一生的大半时间都作了交代。然头发日见稀疏而未生华发，华发何时而生，又缘何种学术而催生，命运支配下的岁月或将作出说明。

谢贵安
记于武汉大学珞珈山麓、东湖之滨